파이썬과 JAX로
추천 시스템 구축하기

Building Recommendation Systems in Python and JAX
by Bryan Bischof and Hector Yee

© 2025 J-Pub Co., Ltd.
Authorized Korean translation of the English edition of *Building Recommendation Systems in Python and JAX*, ISBN 9781492097990
© 2024 Bryan Bischof and Resonant Intelligence LLC.
This translation is published by an sold by permission of O'Reilly Media, Inc., which owns or controls all rights to publish and sell the same.

이 책의 한국어판 저작권은 에이전시 원을 통한 저작권사와의 독점 계약으로 제이펍에 있습니다.
저작권법에 의해 한국 내에서 보호를 받는 저작물이므로 무단 전재와 무단 복제를 금합니다.

파이썬과 JAX로 추천 시스템 구축하기

1판 1쇄 발행 2025년 3월 20일

지은이 브라이언 비쇼프, 헥터 이
옮긴이 동동구
펴낸이 장성두
펴낸곳 주식회사 제이펍

출판신고 2009년 11월 10일 제406-2009-000087호
주소 경기도 파주시 회동길 159 3층 / **전화** 070-8201-9010 / **팩스** 02-6280-0405
홈페이지 www.jpub.kr / **투고** submit@jpub.kr / **독자문의** help@jpub.kr / **교재문의** textbook@jpub.kr

소통기획부 김정준, 이상복, 안수정, 박재인, 송영화, 김은미, 나준섭, 배인혜, 권유라
소통지원부 민지환, 이승환, 김정미, 서세원 / **디자인부** 이민숙, 최병찬

진행 권유라 / **교정·교열 및 내지 편집** 백지선 / **내지 디자인** 이민숙
용지 타라유통 / **인쇄** 해외정판사 / **제본** 일진제책사

ISBN 979-11-93926-96-3 (93000)
책값은 뒤표지에 있습니다.

※ 이 책은 저작권법에 따라 보호를 받는 저작물이므로 무단 전재와 무단 복제를 금지하며,
  이 책 내용의 전부 또는 일부를 이용하려면 반드시 저작권자와 제이펍의 서면 동의를 받아야 합니다.
※ 잘못된 책은 구입하신 서점에서 바꾸어드립니다.

제이펍은 여러분의 아이디어와 원고를 기다리고 있습니다. 책으로 펴내고자 하는 아이디어나 원고가 있는 분께서는
책의 간단한 개요와 차례, 구성과 지은이/옮긴이 약력 등을 메일(submit@jpub.kr)로 보내주세요.

파이썬과 JAX로
추천 시스템 구축하기

Building Recommendation Systems
in Python and JAX

Hands-On Production Systems at Scale

브라이언 비쇼프, 헥터 이 지음 / 동동구 옮김

※ 드리는 말씀
- 이 책에 기재된 내용을 기반으로 한 운용 결과에 대해 지은이/옮긴이, 소프트웨어 개발자 및 제공자, 제이펍 출판사는 일체의 책임을 지지 않으므로 양해 바랍니다.
- 이 책에 등장하는 회사명, 제품명은 일반적으로 각 회사의 등록상표 또는 상표입니다. 본문 중에는 ™, ©, ® 등의 기호를 생략했습니다.
- 이 책에서 소개한 URL 등은 시간이 지나면 변경될 수 있습니다.
- 책의 내용과 관련된 문의사항은 지은이/옮긴이나 출판사로 연락해주시기 바랍니다.
  - 옮긴이: sekyunpil1@gmail.com
  - 출판사: help@jpub.kr

차례

옮긴이 머리말	xii
추천의 글	xiv
베타리더 후기	xv
추천사	xviii
시작하며	xx
감사의 글	xxiii
표지에 대하여	xxv

PART I 워밍업

CHAPTER 1 소개 3

1.1 추천 시스템의 주요 구성 요소 — 4
    1.1.1 수집기 4 / 1.1.2 랭커 4 / 1.1.3 서버 4

1.2 가장 간단한 추천 시스템 — 5
    1.2.1 간단한 추천 시스템 5 / 1.2.2 가장 인기 있는 아이템 추천 시스템 6

1.3 JAX에 대한 친절한 소개 — 8
    1.3.1 기본형, 초기화, 불변성 8 / 1.3.2 인덱싱과 슬라이싱 10 / 1.3.3 브로드캐스팅 11
    1.3.4 난수 11 / 1.3.5 JIT 컴파일 12

1.4 요약 — 13

CHAPTER 2 사용자-아이템 평점 및 문제 정의하기 15

2.1 사용자-아이템 행렬 — 15

2.2 사용자-사용자 대 아이템-아이템 협업 필터링 — 19

2.3 넷플릭스 챌린지 — 20

2.4 암묵적 평점 — 21

2.5 데이터 수집 및 사용자 로깅 — 22
    2.5.1 기록 대상 22 / 2.5.2 수집 및 계측 26 / 2.5.3 퍼널 27

2.6 비즈니스 인사이트와 사람들이 좋아하는 것 — 29

2.7 요약 — 30

CHAPTER 3 수학적 고려 사항 33

- **3.1** RecSys에서 지프의 법칙과 마태 효과 ... 33
- **3.2** 희소성 ... 37
- **3.3** 협업 필터링을 위한 사용자 유사도 ... 38
  - 3.3.1 피어슨 상관관계 40 / 3.3.2 유사도를 통한 평가 40
- **3.4** 추천 시스템으로서의 탐색-활용 ... 41
  - 3.4.1 ϵ-그리디 전략 42 / 3.4.2 ϵ은 무엇이어야 하나요? 44
- **3.5** NLP와 RecSys의 관계 ... 45
  - 3.5.1 벡터 검색 45 / 3.5.2 최근접 이웃 검색 47
- **3.6** 요약 ... 47

CHAPTER 4 추천 시스템 설계 49

- **4.1** 온라인 대 오프라인 ... 50
- **4.2** 수집기 ... 51
  - 4.2.1 오프라인 수집기 51 / 4.2.2 온라인 수집기 51
- **4.3** 랭커 ... 52
  - 4.3.1 오프라인 랭커 52 / 4.3.2 온라인 랭커 53
- **4.4** 서버 ... 53
  - 4.4.1 오프라인 서버 53 / 4.4.2 온라인 서버 54
- **4.5** 요약 ... 54

CHAPTER 5 모두 하나로 합치기: 콘텐츠 기반 추천 시스템 55

- **5.1** 버전 관리 소프트웨어 ... 56
- **5.2** 파이썬 빌드 시스템 ... 57
- **5.3** 무작위 아이템 추천 시스템 ... 59
- **5.4** STL 데이터셋에서 이미지 가져오기 ... 61
- **5.5** 합성곱 신경망의 정의 ... 62
- **5.6** JAX, Flax, Optax를 사용하여 모델 훈련하기 ... 63
- **5.7** 입력 파이프라인 ... 65
- **5.8** 요약 ... 79

PART II   검색

CHAPTER 6 데이터 처리   83

- **6.1 시스템에 수분 공급하기** — 83
  - 6.1.1 파이스파크 83 / 6.1.2 예시: 파이스파크에서의 사용자 유사도 88
  - 6.1.3 DataLoader 93 / 6.1.4 데이터베이스 스냅숏 95
- **6.2 학습 및 추론을 위한 데이터 구조** — 97
  - 6.2.1 벡터 검색 97 / 6.2.2 최근접 이웃 근사하기 99 / 6.2.3 블룸 필터 100
  - 6.2.4 흥미로운 점: 추천 시스템으로서의 블룸 필터 101 / 6.2.5 피처 스토어 102
- **6.3 요약** — 106

CHAPTER 7 모델 및 아키텍처 제공   107

- **7.1 추천 구조에 따른 아키텍처** — 107
  - 7.1.1 아이템별 사용자 추천 108 / 7.1.2 쿼리 기반 추천 108 /
  - 7.1.3 콘텍스트 기반 추천 110 / 7.1.4 시퀀스 기반 추천 111
  - 7.1.5 왜 추가적인 특징이 필요할까요? 111
- **7.2 인코더 아키텍처와 콜드 스타트 문제** — 112
- **7.3 배포** — 115
  - 7.3.1 API로서의 모델 115 / 7.3.2 모델 서비스 시작하기 116 /
  - 7.3.3 워크플로 오케스트레이션 118
- **7.4 알림 및 모니터링** — 120
  - 7.4.1 스키마 및 선행 조건 121 / 7.4.2 통합 테스트 122 / 7.4.3 관측 가능성 123
- **7.5 상용 환경에서의 평가** — 124
  - 7.5.1 느린 피드백 125 / 7.5.2 모델 지표 125
- **7.6 지속적인 훈련 및 배포** — 126
  - 7.6.1 모델 드리프트 126 / 7.6.2 배포 토폴로지 127
- **7.7 평가 플라이휠** — 130
  - 7.7.1 일일 웜 스타트 131 / 7.7.2 람다 아키텍처 및 오케스트레이션 132
  - 7.7.3 로깅 133 / 7.7.4 능동 학습 136
- **7.8 요약** — 140

CHAPTER 8 모두 하나로 합치기: 데이터 처리 및 집계 추천기   141

- **8.1 기술 스택** — 142
- **8.2 데이터 표현** — 143
- **8.3 빅 데이터 프레임워크** — 145
  - 8.3.1 클러스터 프레임워크 146 / 8.3.2 파이스파크 예제 147

8.4 GloVe 모델 정의 157
  8.4.1 JAX와 Flax 내의 GloVe 모델의 사양 158
  8.4.2 Optax로 GloVe 모델 훈련하기 160
8.5 요약 162

PART III 순위

CHAPTER 9 특징 기반 및 카운팅 기반 추천   165

9.1 이중선형 요인 모델(지표 학습) 166
9.2 특징 기반 웜 스타트 169
9.3 세분화 모델과 하이브리드 171
  9.3.1 태그 기반 추천기 172 / 9.3.2 하이브리드화 174
9.4 이중선형 모델의 한계 175
9.5 카운팅 기반 추천기 176
  9.5.1 MPIR로 돌아가기 176 / 9.5.2 상관관계 마이닝 178
  9.5.3 동시 출현을 통한 포인트별 상호 정보 180 / 9.5.4 동시 출현에서의 유사도 181
  9.5.5 유사도 기반 추천 182
9.6 요약 183

CHAPTER 10 낮은 계수 방법   185

10.1 잠재 공간 185
10.2 도트 곱 유사도 187
10.3 동시 출현 모델 189
10.4 추천기 문제의 계수 줄이기 191
  10.4.1 ALS를 이용한 MF 최적화 193 / 10.4.2 MF를 위한 정규화 194
  10.4.3 정규화된 MF 구현 195 / 10.4.4 WSABIE 219
10.5 차원 축소 219
  10.5.1 아이소메트릭 임베딩 223 / 10.5.2 비선형 국소 측정 가능 임베딩 225
  10.5.3 중심 커널 정렬 226
10.6 선호도 및 판매 확률 227
10.7 추천 시스템 평가를 위한 성향 가중치 적용 228
  10.7.1 성향 229 / 10.7.2 심슨의 역설과 교란 완화 231
10.8 요약 233

CHAPTER 11 개인화된 추천 지표　235

11.1　환경　236
11.1.1 온라인 및 오프라인 236 / 11.1.2 사용자 대 아이템 지표 237
11.1.3 A/B 테스트 238

11.2　재현율과 정밀도　239
11.2.1 @k 241 / 11.2.2 k에서의 정밀도 241 / 11.2.3 k에서 재현율 241
11.2.4 R-정밀도 242

11.3　mAP, MRR, NDCG　242
11.3.1 mAP 243 / 11.3.2 MRR 243 / 11.3.3 NDCG 244
11.3.4 mAP 대 NDCG? 245 / 11.3.5 상관계수 246

11.4　친화도에서의 RMSE　247

11.5　적분 형태: AUC 및 cAUC　247
11.5.1 추천 확률에서 AUC-ROC로 247 / 11.5.2 다른 지표와의 비교 248

11.6　BPR　249

11.7　요약　249

CHAPTER 12 순위를 매기기 위한 훈련　251

12.1　추천 시스템에서 순위 결정의 역할　251

12.2　순위 결정 학습　252

12.3　LTR 모델 훈련하기　253
12.3.1 분류를 통한 순위 결정 253 / 12.3.2 회귀를 통한 순위 결정 254
12.3.3 분류 및 회귀를 통한 순위 결정 255

12.4　WARP　255

12.5　k-차 통계　257

12.6　BM25　258

12.7　멀티모달 검색　261

12.8　요약　261

CHAPTER 13 모두 하나로 합치기: 실험과 순위 결정　263

13.1　실험 팁　263
13.1.1 단순하게 유지하세요 264 / 13.1.2 디버그 출력문 264 / 13.1.3 최적화 지연 265
13.1.4 변경 사항 추적 266 / 13.1.5 피처 엔지니어링 사용 266
13.1.6 이해 지표 대 비즈니스 지표 267 / 13.1.7 빠른 반복 수행 267

13.2　스포티파이의 수백만 재생목록 데이터셋　268
13.2.1 URI 딕셔너리 구축하기 270 / 13.2.2 훈련 데이터 구성하기 272
13.2.3 입력 읽기 275 / 13.2.4 문제 모델링하기 277 / 13.2.5 손실 함수 구성하기 281

13.3 연습 285
13.4 요약 286

PART IV 서비스 제공

CHAPTER 14 비즈니스 로직 289

14.1 하드 순위 결정 290
14.2 학습된 회피 291
14.3 수동 조정 가중치 292
14.4 재고 건전성 293
14.5 회피 구현하기 294
14.6 모델 기반 회피 296
14.7 요약 297

CHAPTER 15 추천 시스템의 편향성 299

15.1 추천의 다양화 300
　　15.1.1 다양성 개선하기 300 / 15.1.2 포트폴리오 최적화 적용하기 302
15.2 다중 목적 함수 303
15.3 프레디케이트 푸시다운 304
15.4 공정성 306
15.5 요약 307

CHAPTER 16 가속 구조 309

16.1 샤딩 310
16.2 지역 민감 해싱 310
16.3 k-d 트리 313
16.4 계층적 k-평균 316
16.5 더 저렴한 검색 방법 318
16.6 요약 319

PART V 추천 시스템의 미래

CHAPTER 17 순차적 추천기 323

17.1 마르코프 체인 — 324
  17.1.1 2차 마르코프 체인 325 / 17.1.2 기타 마르코프 모델 326
17.2 RNN 및 CNN 아키텍처 — 327
17.3 어텐션 아키텍처 — 329
  17.3.1 셀프 어텐션에 의한 순차적 추천 331 / 17.3.2 BERT4Rec 331
  17.3.3 최신성 샘플링 332 / 17.3.4 정적 및 순차적 병합 332
17.4 요약 — 334

CHAPTER 18 추천 시스템의 미래 335

18.1 멀티모달 추천 — 336
18.2 그래프 기반 추천기 — 338
  18.2.1 신경망 메시지 전달 339 / 18.2.2 애플리케이션 340 / 18.2.3 랜덤워크 342
  18.2.4 메타패스와 이질성 343
18.3 LLM 애플리케이션 — 344
  18.3.1 LLM 추천기 344 / 18.3.2 LLM 훈련 345
  18.3.3 추천을 위한 인스트럭트 튜닝 348 / 18.3.4 LLM 랭커 348
  18.3.5 AI를 위한 추천 349
18.4 요약 — 350

찾아보기 — 352

옮긴이 머리말

추천 시스템은 오늘날 우리가 소비하는 디지털 콘텐츠와 상품의 방향을 결정짓는 중요한 기술입니다. 《파이썬과 JAX로 추천 시스템 구축하기》를 번역하면서 이 기술이 어떻게 진화해왔는지, 그리고 앞으로 어떤 가능성을 열어줄 수 있는지를 깊이 이해하게 되었습니다.

브라이언과 헥터, 이 두 저자는 자신들의 풍부한 경험과 통찰을 바탕으로 추천 시스템 분야의 복잡한 이론과 실제 응용 사례를 쉽고도 명확하게 전달합니다. 단순히 코드와 알고리즘을 설명하는 것을 넘어, 독자들이 그 원리를 체계적으로 이해하고 실무에 적용할 수 있도록 이끌어줍니다. 특히, 이 책은 JAX라는 최신 라이브러리를 활용하여 추천 시스템을 더욱 효율적이고 강력하게 구축하는 방법을 제시합니다. 번역을 하면서 이 기술이 머신러닝의 최신 트렌드를 어떻게 반영하고 있는지 체감할 수 있었습니다.

이 책의 특징 중 하나는 초보자부터 전문가까지 모두를 아우르는 폭넓은 접근 방식입니다. 추천 시스템의 기초부터 고급 구현 방법까지 단계별로 설명하고 있어, 자신이 필요로 하는 부분에 맞춰 학습할 수 있습니다. 또한 실제 데이터를 활용한 예제와 명확한 코드 스니펫 덕분에 실무에서 바로 적용할 수 있는 지침을 제공합니다. 특히, 제목의 '파이썬과 JAX로'에 담긴 의미처럼, 파이썬이라는 친숙한 언어와 JAX의 혁신적인 기술을 결합하여 누구나 최신 기술을 실험하고 응용할 수 있도록 설계된 점이 매우 인상 깊습니다.

번역자로서 이 책에서 특히 흥미롭게 느낀 부분은 추천 시스템이 단순히 데이터를 처리하고 결과를 도출하는 도구를 넘어, 사용자와의 상호작용을 통해 시스템을 지속적으로 개선할 수 있는 플랫폼이라는 점입니다. 이러한 특성은 머신러닝이 단순한 모델 학습에서 벗어나, 실제 비즈니스 문제를 해결하는 실질적인 도구로 자리 잡는 과정을 잘 보여줍니다.

이 책이 국내 독자들에게 추천 시스템의 세계로 들어가는 문이 되기를 바랍니다. 초심자들에게는 이론과 실무를 연결하는 입문서로, 경험 많은 전문가들에게는 새로운 도전과 영감을 제공하는 자료가 되길 바랍니다. 독자 여러분이 이 책을 통해 추천 시스템의 기초를 넘어, 실무에 응용하고 나아가 창의적인 해법을 찾는 데 도움을 얻으시길 진심으로 바랍니다.

이 번역 작업이 가능하도록 도와준 출판사와 관계자분들에게 감사의 말씀을 전하며, 독자 여러분의 여정에 이 책이 좋은 길잡이가 되기를 바랍니다.

동동구

추천의 글

《파이썬과 JAX로 추천 시스템 구축하기》는 추천 시스템 설계의 깊이 있는 통찰력을 제공하는 탁월한 가이드입니다. 이 책은 추천 시스템의 기본 개념부터 실제 시스템 구축에 필요한 심층적인 설계 방식까지 폭넓게 다루고 있어, 독자들이 탄탄한 기반을 다질 수 있도록 돕습니다.

특히 이 책의 강점은 추천 시스템을 시스템 관점에서 접근한다는 점입니다. 풍부한 용어 설명은 물론, 모델 중심적인 기존 서적들과 달리 시스템 전체를 조망하며 추천 시스템 구축의 핵심을 보여줍니다. 이러한 서술 방식을 통해 독자는 추천 시스템을 단순한 알고리즘의 집합이 아닌, 유기적으로 작동하는 하나의 시스템으로 이해할 수 있습니다.

또한 이 책은 JAX를 전면에 내세우기보다, 실제 시스템 구축 과정에서 JAX의 장점을 효과적으로 활용하는 방법을 보여주는 방식으로 서술되어 있습니다. 샤딩, 난수 생성 등 JAX의 핵심 기능들을 추천 시스템 설계에 자연스럽게 녹여낸 점도 이 책의 핵심 포인트입니다. 이를 통해 독자는 JAX의 다양한 활용 가능성을 엿볼 수 있을 뿐만 아니라, 실제 시스템 구축에 필요한 실질적인 지식을 얻을 수 있을 것입니다.

이 책이 추천 시스템 구현을 고민하는 모든 개발자에게 필수적인 참고서가 될 것이라 확신합니다. 이론과 실무를 겸비한 이 책을 통해 독자 여러분이 추천 시스템 전문가로 발돋움하시기를 기대합니다.

— 이영빈, 모두의연구소, AI GDE, 《JAX/Flax로 딥러닝 레벨업》 저자

베타리더 후기

강경구(NHN PAYCO)

실제 추천 시스템을 만들기 위해서 필요한 구성부터 알아둬야 할 이론적인 내용을 충실하게 설명합니다. 다만 도서 제목의 'JAX' 때문에 이끌려 들어온 독자라면 다소 실망할 수도 있습니다. 각자 비지니스 환경에 맞는 추천 시스템 구축의 가이드라인을 제시하는 책으로서는 상당히 만족합니다.

강찬석(LG전자)

이 책을 깊이 이해하기 위해서는 추천 시스템에 대한 어느 정도의 지식이 필요합니다. 추천 시스템에 대한 전반적인 개론을 관련 최신 기술 및 참고 문헌과 함께 소개하여, 관련 분야를 연구하거나 공부하는 사람에게 JAX를 활용하여 추천 시스템을 구축해볼 수 있는 기회를 제공합니다.

김태근(연세대학교 대학원 물리학과)

추천 시스템을 수학적 이론에서부터 실용적 배포까지 전부 망라한 전문서입니다. 내용이 방대한 데다 난이도도 있는 편이라 가볍게 읽어보기는 힘든 책입니다만, 추천 시스템을 공부하고 직접 구축해보고 싶다면 꼭 소장해야 하는 책입니다. 추천 시스템 관련 논문부터 도움이 되는 라이브러리까지 본문에 포함되어 있어, 추천 시스템 공부를 위한 가이드북으로 손색이 없는 책입니다.

📖 송창안(한국오라클)

이 책은 추천 시스템의 기본 원리를 간결하게 설명하며, 머신러닝 수식을 직관적으로 이해하도록 돕습니다. 특히 JAX를 활용한 고성능 예제는 실전에서 빠르고 유연하게 적용할 수 있는 아이디어를 제공합니다. 추천 시스템 구축을 고민 중인 분에게 실질적이고 유익한 경험이 될 것으로 기대합니다. 주니어 입장에서 쉬운 책은 아니지만, 예제와 관련된 수식을 왜 사용해야 하는지 생각해보면서 읽는다면 책에서 더 많은 내용을 얻어갈 수 있을 것입니다.

📖 임승민(씨에스리)

이 책은 '추천 시스템이 무엇인지'를 코드의 기술 영역과 더불어 '비즈니스 로직'의 관점으로 설명합니다. 개념과 용어를 쉽게 설명하여 기존에 알고 있던 추천 시스템을 구성하는 키워드 외에도 많은 정보를 얻을 수 있었습니다. 추천 시스템을 구성하는 다양한 필수 개념과 더 나은 추천으로 개선할 수 있도록 점층적으로 이론을 쌓아가는 구성으로, 추천 시스템을 사용자에게 더욱 개인화되고 관련성 있게 만드는 방법을 안내합니다. 좋은 추천 시스템 구현을 위한 아이디어가 가득한 이 책을 통해 매출을 창출하는 추천을 만들어보세요.

📖 조현석(래블업)

추천 시스템은 주로 기업의 실무 현장에서 발전해왔기에, 각 회사의 노하우가 공개되지 않아 체계적으로 공부하기가 쉽지 않았습니다. 이 책은 실제 현업에서 활용되는 추천 시스템을 기초부터 설명하면서 어떻게 단계적으로 개선해나갈 수 있는지 보여줍니다. 추천 시스템을 처음 접하는 독자들이 기본 개념을 탄탄히 쌓고, 더 심화된 방법론과 모델 학습으로 나아가는 데 훌륭한 길잡이가 될 것입니다.

📖 채민석(integrate.io)

최신 추천 시스템을 상세하고 다양하게 풀어나가는, 상당히 재미있는 책입니다. 추천 시스템을 구성하기 위해 어떤 것을 생각해야 하고, 어떤 점을 주의해야 하는지 보여줍니다. 다만 책의 수준이 꽤 높아, 읽는 이가 수학 및 통계 모델에 대해서 구체적인 이해를 하고 있다는 전제로 내용을 진행합니다. 추천 시스템을 처음 접하는 독자에게는 이해가 어려울 수 있지만, 추천 시스템이나 머신러닝을 현업에서 활용하고 있는 독자들에게는 무척 사랑받을 필독서가 될 것 같습니다.

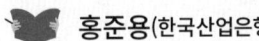 **홍준용(한국산업은행)**

추천 시스템을 자세히 배우고 싶은 사람을 위한 책입니다. 추천 시스템의 구성 요소와 사용자-아이템 행렬 등 추천 시스템을 구현하기 위해 필요한 기초적인 수학 지식을 상세히 설명합니다. 다른 추천 시스템 책과 달리 추천 시스템 설계 시 유의할 점과 배포, 더 나은 추천 순위를 위한 알고리즘도 제공합니다. 실제 추천 시스템을 구현하는 데 필요한 모든 정보가 들어 있어 큰 도움이 되었습니다.

제이펍은 책에 대한 애정과 기술에 대한 열정이 뜨거운 베타리더의 도움으로
출간되는 모든 IT 전문서에 사전 검증을 시행하고 있습니다.

추천사

저자들은 대부분의 사람이 오랜 시간에 걸쳐 익히는 RecSys 개념을 명확한 코드 예제와 함께 알기 쉽게 소개하여 특별한 가치를 만들어냈습니다. 내가 추천 시스템을 처음 시작할 때 이 책이 있었다면 좋았을 것입니다.

— 이븐 올드리지 Even Oldridge, 엔비디아 추천 시스템 엔지니어링 디렉터

이 책은 JAX로 추천 시스템을 이해하기 쉽게 설명하는, 제가 기다려온 책입니다. 여러분에게 필요한 것은 컴퓨터 한 대뿐입니다.

— 샤케드 자이클린스키 Shaked Zychlinski, 전 라이트릭스 추천 시스템 총괄

브라이언과 헥터는 수십 년에 걸친 추천 시스템의 발전을 간결하면서도 실용적인 가이드로 정리했습니다. 이 책은 이론과 실제 응용 사이의 간극을 메우며, 파이썬과 JAX를 활용한 이해하기 쉬운 예제들로 가득 차 있습니다. 초보자부터 전문가까지 모든 수준의 RecSys 실무자에게 꼭 필요한 가이드입니다.

— 유진 옌 Eugene Yan, 아마존 응용 과학자

이 책은 수학, 코드, 시스템 설계, 비즈니스 응용을 종합적으로 고려하여 추천 시스템 구축에 대한 포괄적인 접근 방식을 제공합니다. 실제 현장에 적용 가능한 솔루션을 구현하기 위해 실무자가 고려해야 할 모든 세부 사항을 다루며, 공개 데이터셋을 활용하는 직관적인 예제를 통해 추상적인 개념을 구체적인 학습으로 전환시킬 수 있도록 돕습니다.

— 에릭 콜슨 Eric Colson, AI 자문가, 전 스티치 픽스 최고 알고리즘 책임자,
전 넷플릭스 데이터 과학 및 엔지니어링 부사장

추천 시스템은 배포된 머신러닝 시스템 중 가장 영향력이 큰 시스템입니다. 이 책은 원칙에 기반한 모델링, 명확한 코드 예제, 아키텍처 모범 사례를 균형 있게 다루며, 단순히 모델을 학습하는 것을 넘어 실제 시스템을 구축하고자 하는 실무자들에게 꼭 필요한 필독서입니다.

— 야코포 탈리아부에 Jacopo Tagliabue, 바우플란 공동 창립자, NYU 머신러닝 시스템 겸임 교수,
RecList 및 evalRS 공동 제작자

수년 동안 이론적인 추천 시스템과 실제 현장에서 사용되는 추천 시스템 간에 큰 간극을 느껴왔습니다. 브라이언과 헥터의 이 뛰어난 저서는 이 간극을 없애며, 이 책의 독자는 데이터 과학 분야의 진정한 입문자가 되었음을 느낄 수 있을 것입니다.

— 윌 커트 Will Kurt, AI 엔지니어, 《흥미로운 베이지안 통계》 저자

이 책은 정보검색 information retrieval, IR 분야에 관심 있는 모든 사람에게 필수적인 자료입니다. 저자들은 독자가 이 분야의 문제를 해결할 수 있도록 세부적인 내용에 각별히 신경을 썼습니다. 이 책을 참고하여 IR 문제를 설정하는 방법과 실질적인 단계들을 계획하는 방법을 이해하고, 실제로 구축을 시작할 수 있습니다.

— 에릭 슐레스 Eric Schles, 존스 홉킨스 대학교 연구 과학자

시작하며

당신은 이 책을 어떻게 발견했나요? 웹사이트에서 홍보 광고를 클릭했나요? 친구나 멘토가 추천했거나 소셜 미디어에서 이 책을 언급한 게시물을 접했을 수도 있습니다. 혹은 자주 사용하는 지도 앱을 따라 들어선 서점의 책장에 꽂혀 있는 책을 발견했을 수도 있습니다. 어떤 경로로 책을 발견했든 추천 시스템recommendation system을 통해 이 책을 찾게 되었을 가능성이 높습니다.

사용자에게 추천을 제공하는 시스템을 구현하고 설계하는 업무는 모든 비즈니스에 머신러닝machine learning을 적용하는 분야 중 가장 인기 있고 필수적인 것입니다. 추천 시스템은 사용자가 자신의 취향에 가장 잘 맞는 옷을 찾거나 온라인 스토어에서 구매할 수 있는 가장 매력적인 상품, 풍성한 볼거리와 즐거움을 선사하는 동영상, 인터넷에서 가장 재미있는 콘텐츠, 오늘 알아야 할 뉴스 하이라이트 등을 찾도록 돕습니다.

최신 추천 시스템을 설계하는 방법은 추천 시스템을 활용할 수 있는 비즈니스 영역만큼이나 다양합니다. 추천 시스템들은 추천 순위를 매기는 알고리즘을 구현하는 요소 외에도 시스템의 목적인 추천 제공을 구현하고 실행하는 컴퓨터 소프트웨어 아키텍처로 구성됩니다. 추천 순위를 매기는 방법은 전통적인 통계 학습 알고리즘, 선형대수적 방법, 기하학 기반 방법, 경사도 기반 방법 등이 있습니다. 알고리즘이 다양한 만큼 구현하기 위한 모델링 및 평가 방법도 다양합니다. 개인화된 순위 결정, 검색 추천, 시퀀스 모델링 등과 이 모든 방법에 대한 순위 결정 방법은 추천 시스템을 다루는 머신러닝 엔지니어가 알아야 할 필수 사항이 되었습니다.

 RecSys라는 약어는 업계 종사자들이 추천 시스템 분야를 설명할 때 자주 사용하는 단어입니다. 그러므로 이 책에서는 추천 시스템 분야를 지칭할 때는 RecSys를, 우리가 구축하는 것을 지칭할 때는 추천 시스템을 사용하겠습니다.

머신러닝 실무자라면 추천 시스템에 대해 어느 정도 알고 있을 것이며, 가장 간단한 모델링 방법 중 한두 가지 정도는 알고 있으며, 관련 데이터 구조 및 모델 아키텍처에 대해서도 명확히 말할 수 있을 것입니다. 하지만 RecSys는 데이터 과학 및 머신러닝의 핵심 커리큘럼에 포함되지 않는 경우가 많습니다. 업계에서 수년간 경력을 쌓은 많은 시니어 데이터 과학자들도 실제로 추천 시스템을 구축하는 방법을 아는 경우는 많지 않고, 이 주제가 나오면 두려움을 느낄 수 있습니다. RecSys 분야는 다른 머신러닝 문제와 유사한 기반 지식과 기술을 활용하지만 이미 활발하게 운영되고 있는 관련 커뮤니티가 있으므로, 이미 시간을 투자했고 최신 정보를 파악하고 있는 다른 데이터 과학자들을 커뮤니티에서 찾아서 추천 시스템 구축을 맡길 수도 있습니다.

이 책이 존재하는 이유가 바로 이러한 인식의 벽을 허물기 위해서입니다. 추천 시스템을 실무적인 수준으로 이해한다면 사용자에게 콘텐츠를 제공할 때 유용할 뿐만 아니라, RecSys의 기반 원리를 통해 다양한 머신러닝 유형을 습득할 수 있습니다. 예를 들어 기사 추천 시스템에서 자연어 처리national language processing, NLP를 활용하여 기사 내 특정 표현을 찾을 수 있고, 순차적 모델링sequential model을 통해 사용자 참여를 더 길게 유도하며, 콘텍스트 기반 특징을 활용하여 사용자의 질의에 적절한 검색 결과를 도출할 수 있습니다. 또한 순수한 학문적 관심으로 이 분야를 탐구한다면, RecSys 분야 안에서 수학의 모든 분야에 관련된 연결점이나 활용 사례를 발견할 수 있을 것입니다.

마지막으로, 다른 분야와의 연관성이나 거의 모든 수학적 활용 사례, 비즈니스에 명확한 유용성만으로는 RecSys에 관심을 가질 이유로 충분치 않다면, 놀라운 최첨단 기술이라는 점에서 관심을 끌 수도 있습니다. RecSys는 언제나 머신러닝의 최선두였고, 그 이상으로 앞서 나가고 있습니다. 그 이유는 명확한 수익적 효과만 있다면 기업과 실무자는 언제나 무엇이 가능하고 어떻게 달성할 것인가를 한계점 이상으로 추구해야 하기 때문입니다. 그래서 가장 진보된 딥러닝 아키텍처와 최고의 코드 인프라를 이 분야에서 활용하고 있습니다. 메타Meta(페이스북Facebook), 애플Apple, 아마존Amazon, 넷플릭스Netflix, 구글Google의 약자인 FAANG의 다섯 글자 중 네 글자에 해당하는 기업의 심장부에서 하나 이상의 추천 시스템을 활용하고 있다는 점을 고려하면 전혀 놀라운 일이 아닙니다.[1]

---

1   일부 사람들은 애플이 회사의 중추에 핵심적인 추천 시스템들을 보유하고 있다고 주장합니다. 물론 앱 스토어가 애플에게 중요한 전략적 제품임은 분명하지만, 보수적인 관점에서 '다섯 글자 중 네 글자'라는 평가를 유지하겠습니다. 이는 추천 시스템이 애플의 주요 수익을 창출하는 역량은 아니기 때문입니다.

실무자로서, 다음과 같은 사항을 수행하는 방법을 알아야 합니다.

- 데이터 및 비즈니스 문제를 RecSys 문제로 전환하기
- RecSys 구축을 시작하기 위한 필수 데이터 파악하기
- 당신의 RecSys 문제에 적합한 모델을 정하고, 이를 어떻게 평가해야 하는지 결정하기
- 앞서 언급한 모델을 구현, 훈련, 테스트, 배포하기
- 지표를 추적하여 시스템이 계획대로 작동하는지 확인하기
- 사용자, 제품, 비즈니스 사례에 대해 파악해가면서 시스템을 점진적으로 개선하기

이 책은 업종이나 규모에 상관없이 이러한 단계들을 완료하는 데 필요한 핵심 개념과 예제를 설명합니다. 추천 시스템을 처음 구축하든 50번째 구축하든 상관없이 추천 시스템을 구축하기 위한 수학, 아이디어, 구현 세부 사항을 알려줄 것입니다. 파이썬과 JAX로 이러한 시스템을 구축하는 방법을 알려줄 것입니다.

아직 익숙하지 않을 수 있으나, JAX는 자동 미분auto differentiation 및 함수형 프로그래밍 패러다임들을 일급 객체first-class object로 만든 구글의 파이썬Python 프레임워크입니다. 또한 NumPy API 스타일을 사용하고 있어 다양한 배경을 가진 머신러닝 실무자에게 특히 편리합니다.

이 책에서는 알아두면 유용한 필수 개념을 설명하고, 시스템을 상용 애플리케이션으로 확장·적용하는 방법을 제시하는 코드 예제와 모델 아키텍처를 살펴보도록 하겠습니다.[2]

---

2 옮긴이 이 책에서 사용하는 파이썬 버전은 3.7, JAX 버전은 0.3.25입니다.

감사의 글

헥터 이Hector Yee는 이 책을 집필하는 동안 애정 어린 지원을 아끼지 않은 도널드에게 감사하고, 세레나가 항상 간식을 보내준 것에 대해서도 감사드립니다. 또한 세상을 떠난 친척들에게도 이 책을 헌정하고 싶습니다. 구글 리뷰어인 Ed Chi, Courtney Hohne, Sally Goldman, Richa Nigam, Mingliang Jiang, and Anselm Levskaya에게 큰 감사를 표합니다. 위키백과 코드를 검토해준 Bryan Hughes에게도 감사드립니다.

브라이언 비쇼프Bryan Bischof는 이 책의 핵심 아이디어 중 다수를 배웠던 스티치 픽스Stitch Fix에서 만난 동료들에게 감사를 표하며, 특히 전이학습에 대한 인내심 있게 지도해준 이안 혼Ian Horn, 실험과 효과 추정에 대해 멘토링해준 Molly Davies 박사, 가용성과 추천 간의 관계를 이해할 때 깊은 파트너십을 형성했던 Mark Weiss, 트랜스포머를 알려준 Reza Sohrabi 박사, 추천 시스템에서 GNN을 활용해보도록 격려해준 Xi Chen 박사, 차원 축소와 근사 최근접 이웃에 대해 세심하게 조언해준 Leland McInnes 박사에게 감사를 표합니다. 브라이언은 Dr. Natalia Gardiol, Dr. Daniel Fleischman, Dr. Andrew Ho, Jason Liu, Dr. Dan Marthaler, Dr. Chris Moody, Oz Raza, Dr. Anna Schneider, Ujjwal Sarin, Agnieszka Szefer, Dr. Daniel Tasse, Diyang Tang, Zach Winston과 그 밖에 잊을 수 없는 수많은 분들과의 대화에서 많은 도움을 받았습니다. 또한 브라이언은 스티치픽스의 놀라운 동료들 외에도 특히 수년 동안 협업해준 Dr. Eric Bunch, Dr. Lee Goerl, Dr. Will Chernoff, Leo Rosenberg, Janu Verma에게 감사의 말을 전하고 싶습니다. 훌륭한 동료이자 이 책의 집필을 처음 제안한 Brian Amadio 박사, 실제로 시도해보라고 격려해준 Even Oldridge 박사, 만난 적은 없지만 큰 영감을 받았던 Eugene Yan과 Karl Higley에게도 감사의 말을 전하고 싶습니다. 그의 커리어에 큰 영향을 준 Zhongzhu Lin 박사와 Alexander Rosenberg 박사에게도 감사의 말을 전하고 싶습니다. 초기 문헌 검토를 도와준 Cianna Salvatora

와 초고를 읽고 지침을 제공하여 큰 도움을 준 Valentina Besprozvannykh에게 감사드립니다.

두 저자는 책 원고에 대해 세심한 기술적 피드백을 준 Tobias Zwingmann, Ted Dunning, Vicki Boykis, Eric Schles, Shaked Zychlinski, Will Kurt에게 감사를 표하며, 이들이 없었다면 이 책은 완성될 수 없었을 것입니다. 이 프로젝트에 참여하도록 설득해준 Rebecca Novack, 그리고 원고에서 100개에 가깝게 단어를 잘못 활용한 사례를 삭제하고 책 본문을 인내심을 가지고 수차례 퇴고해준 Jill Leonard에게도 감사를 표합니다.

표지에 대하여

표지에 있는 동물은 오색방울새 European goldfinch, Carduelis carduelis로, 이 참새목 조류는 화려한 깃털로 유명하며, 유럽, 북아프리카, 서아시아, 중앙아시아의 개방된 숲 지대에서 발견됩니다. 이 새는 미국, 캐나다, 멕시코, 페루, 아르헨티나, 호주, 뉴질랜드 등 여러 국가에도 유입되었습니다. 미국에서는 서부의 그레이트 레이크 지역에 자리를 잡고 있습니다.

오색방울새의 평균 크기는 길이 약 12~13 cm, 날개 길이 21~25 cm이며, 무게는 약 14~19 g입니다. 수컷과 암컷은 외형이 비슷하나, 수컷은 얼굴에 더 크고 짙은 붉은 반점이 있으며, 어깨 깃털이 검은색인 반면, 암컷은 갈색 깃털을 가지고 있습니다. 번식기가 끝난 후 오색방울새는 깃털을 새로 갈며, 처음에는 깃털이 덜 화려하지만 다시 자라면서 본래의 색을 되찾습니다.

이 새의 주된 먹이는 엉겅퀴, 수레국화, 산토끼꽃목의 작은 씨앗이며, 어린 새들에게는 주로 곤충을 먹입니다. 이 새는 유럽과 북미의 정원을 정기적으로 방문하며, 씨앗이 든 새 모이통에 이끌립니다. 노랫소리가 아름다워 포획되어 사육되기도 하며, 오색방울새를 보호하기 위해 새 포획과 야외 서식지 파괴를 제한하기 위한 야생동물 보호 논의가 진행되고 있습니다.

오라일리 표지의 동물들은 대부분 멸종 위기종이며, 생태계에 소중한 존재입니다.

표지 그림은 《British Birds》에서 가져온 고풍스러운 라인 인그레이빙을 바탕으로 캐런 몽고메리 Karen Montgomery가 그렸습니다.

PART I

워밍업

> 추천 시스템을 훈련하고 실시간 추론을 위해 모든 데이터를 적재적소에 확보하려면 어떻게 해야 할까요?

추천 시스템의 세계로 뛰어들기로 결정했군요! 방대한 선택의 바다에서 사용자의 기상천외한 선호도에 맞춰 적절한 것을 제안하고 싶은가요? 그렇다면 당신은 스스로에게 꽤 큰 도전을 한 셈입니다! 겉으로 보기에 이러한 시스템은 사용자 A와 사용자 B의 취향이 비슷하다면 A가 좋아하는 것을 B도 좋아할 수 있다고 간주하는 간단한 시스템으로 보일 수 있습니다. 하지만 단순해보이는 모든 것들이 그렇듯이 이 분야는 깊은 탐구를 필요합니다.

사용자의 이력에서 핵심을 찾아 모델에 입력하려면 어떻게 해야 할까요? 이 모델을 어디에 저장하여 제안을 즉시 제공할 수 있도록 할 수 있을까요? 그리고 이 모델이 의도한 범위를 벗어나거나 비즈니스 규칙에 위배되는 제안을 하지 않도록 하려면 어떻게 해야 할까요? 협업 필터링은 우리의 출발점이자 길잡이입니다. 그 너머에는 이러한 시스템을 작동시키는 전체 우주가 있으며, 우리는 함께 그 우주를 탐험할 것입니다.

CHAPTER 1	소개
CHAPTER 2	사용자-아이템 평점 및 문제 정의하기
CHAPTER 3	수학적 고려 사항
CHAPTER 4	추천 시스템 설계
CHAPTER 5	모두 하나로 합치기: 콘텐츠 기반 추천 시스템

CHAPTER 1

소개

추천 시스템은 오늘날 우리가 알고 있는 인터넷의 발전에 필수적인 요소이며 신흥 기술 기업의 핵심 기능입니다. 모든 사람이 웹을 접할 수 있게 해준 검색 순위, 모든 친구들이 보고 있는 새롭고 흥미로운 영화들, 기업들이 거액을 지불하면서까지 보여주고 싶은 당신과 가장 관련성이 높은 광고들의 뒤에서 매년 더 많은 추천 시스템 애플리케이션이 등장하고 있습니다. 틱톡TikTok의 중독성 있는 For You 페이지, 스포티파이Spotify의 Discover Weekly 플레이리스트, 핀터레스트Pinterest의 보드 추천, 애플Apple의 앱스토어 등 모두가 추천 시스템을 통해 구현된 최신 기술입니다. 오늘날 머신러닝 분야에서 가장 주목받고 있는 연구 개발 분야인 순차적 트랜스포머sequential transformer 모델, 멀티모달 표현multimodal representation, 그래프 신경망graph neural network, GNN은 모두 추천 시스템에서 활용되고 있습니다.

어떤 기술이 보편화되면 그 기술이 어떻게 작동하는지, 왜 그렇게 보편화되었는지, 그 기술에 어떻게 참여할 수 있는지 궁금해지기 마련입니다. 추천 시스템의 경우, 작동 방법이 상당히 복잡합니다. 취향의 기하학적 구조를 이해해야 하고, 사용자의 약간의 상호작용만 가지고 추상적인 공간에서 도달해야 하는 지점을 찾아가는 방법을 이해해야 합니다. 추천하기에 아주 적절한 후보군을 빠르게 수집하는 방법과 이를 응집력 있게 추천 목록으로 구체화하는 방법을 살펴보겠습니다. 마지막에는 추천 시스템을 평가하고, 추론 서비스를 제공하는 엔드포인트endpoint를 구축하며, 그 동작을 로깅하는 방법을 배우게 됩니다.

추천 시스템으로 해결하는 핵심 문제의 여러 변형을 해결하는 방법을 확인해보겠지만, 궁극적으로 문제 해결에 대한 동기를 부여하는 프레임은 다음과 같습니다.

> 추천할 만한 것들의 모음이 있을 때, 특정 목적에 맞춰 현재의 맥락과 사용자에게 가장 적합한 몇 가지를 정렬하여 선정합니다.

1.1 추천 시스템의 주요 구성 요소

복잡성과 정교함이 증가함에 따라, 다음의 구성 요소를 염두에 두고 추천 시스템을 만들어보도록 합시다. 이 책에서는 구성 요소를 **문자열 도표**string diagram로 표현하지만, 다른 문헌에서는 여러 다른 방식으로 표현할 수 있습니다.

이 책에서는 추천 시스템을 세 가지 핵심 구성 요소인 수집기, 랭커, 서버로 구분하고, 이를 기반으로 구축해보겠습니다.

1.1.1 수집기

수집기collector의 역할은 추천할 수도 있는 컬렉션에 어떤 것들이 있는지와 컬렉션에 포함된 것들에 필요한 특징이나 속성은 무엇인지를 알고 있는 것입니다. 이 컬렉션은 맥락이나 상태에 따라 구성된 하위 집합인 경우가 많다는 점에 유의하기 바랍니다.

1.1.2 랭커

랭커ranker의 역할은 수집기가 제공한 컬렉션을 가져와서 맥락과 사용자에 적합한 모델에 따라 컬렉션의 아이템 중 일부 또는 전부를 정렬하는 것입니다.

1.1.3 서버

서버server의 역할은 랭커가 제공한 정렬된 하위 집합을 가져와서, 필수 비즈니스 로직 등의 필요한 데이터 스키마를 구성하여, 요청된 수만큼의 추천을 반환하는 것입니다.

예를 들어, 웨이터가 서빙하는 식당의 시나리오를 생각해보겠습니다.

> 고객이 테이블에 앉았을 때 무엇을 주문해야 할지 몰라 메뉴를 살펴봅니다. 웨이터에게 '디저트로 뭘 주문하면 좋을까요?'라고 물어봅니다.

웨이터가 메모를 확인하며 '키 라임 파이는 다 떨어졌지만 바나나 크림 파이는 손님들이 정말 좋아합니다. 석류를 좋아하신다면 석류 아이스크림을 메뉴에는 없지만 만들어드릴 수 있고, 도넛 아라모드는 가장 인기 있는 디저트입니다'라고 말합니다.

웨이터는 이 짧은 대화 중에 디저트 메뉴를 확인하고, 현재 재고 상황을 파악하며, 메모를 확인하여 디저트의 특징에 대해 이야기할 준비를 하는 등 수집기의 역할을 수행하고 있습니다.

다음으로 웨이터는 인기 많은 메뉴(바나나 크림 파이, 도넛 아라모드)와 고객의 특징(석류를 좋아할 경우)에 따라 맥락에 맞춰 어울리는 메뉴를 언급하여 랭커 역할을 합니다.

마지막으로 웨이터는 알고리즘에 대한 설명과 여러 선택지 등의 추천을 말로 제공합니다.

다소 뻔해보일 수 있지만, 추천 시스템에 대한 논의는 실제 사업에 바탕을 두어야 한다는 점을 잊어서는 안 됩니다. 그래서 RecSys 분야에서 일할 때 얻을 수 있는 장점 중 하나가 영감은 항상 가까운 곳에 있다는 것입니다.

1.2 가장 간단한 추천 시스템

추천 시스템의 구성 요소는 정의했으나 이를 직접 구현하려면 실제로 작동하는지 확인할 필요가 있습니다. 이 책의 대부분은 실제 추천 시스템을 다루지만, 우선 간단한 것부터 확인해보겠습니다.

1.2.1 간단한 추천 시스템

가장 단순한 추천 시스템은 그리 흥미롭지 않겠지만 프레임워크를 통해 데모로 구현할 수 있습니다. 로직이 거의 포함되어 있지 않기 때문에 **간단한 추천 시스템**trivial recommender, TR이라고 부르겠습니다.

```python
def get_trivial_recs() -> Optional[List[str]]:
    item_id = random.randint(0, MAX_ITEM_INDEX)

    if get_availability(item_id):
        return [item_id]
    return None
```

이 추천 시스템은 특정 `item_id` 또는 `None`을 반환할 것입니다. 또한 이 추천 시스템은 어떤 매개변수도 받지 않으며, `MAX_ITEM_INDEX`는 범위scope 밖의 변수를 참조할 수 있습니다. 일단 소프트웨어 원칙은 제쳐두고, 세 가지 구성 요소에 대해 생각해봅시다.

수집기

TR은 임의의 `item_id`를 생성하고 `item_id`의 가용성을 확인하여 수집합니다. `item_id`에 대한 접근 권한도 수집기의 책임입니다. 가용성에 따라 추천 가능한 컬렉션은 [`item_id`] 또는 `None`입니다(**집합 이론 관점에서 None도 컬렉션이라는 점을 기억하세요**).

랭커

TR은 아무 작업 없이 순위를 매깁니다. 1 또는 0 객체들의 순위는 컬렉션에 대한 항등 함수로 정하기 때문에, 아무 작업도 하지 않고 다음 단계로 넘어갑니다.

서버

TR은 반환문 return을 통해 추천을 제공합니다. 이 예제에서 지정된 유일한 스키마는 반환 타입인 `Optional[List[str]]`입니다.

이 추천 시스템은 흥미롭거나 유용하지는 않지만, 앞으로 기능을 추가할 수 있는 기본 구조를 제공합니다.

1.2.2 가장 인기 있는 아이템 추천 시스템

가장 인기 있는 아이템 추천 시스템most-popular-item recommender, MPIR은 모든 유틸리티를 포함하는 가장 간단한 추천 시스템입니다. 이를 활용하여 애플리케이션을 구축하고 싶지 않을 수 있지만, 더 심도 깊은 개발을 위한 기반을 제공할 뿐만 아니라, 다른 구성 요소와 함께 사용하기에 유용합니다.

MPIR은 말 그대로 가장 인기 있는 아이템을 반환합니다.

```
def get_item_popularities() -> Optional[Dict[str, int]]:
    ...
        # 쌍으로 된 딕셔너리(아이템 식별자, 아이템이 선택된 횟수)
        return item_choice_counts
    return None

def get_most_popular_recs(max_num_recs: int) -> Optional[List[str]]:
    items_popularity_dict = get_item_popularities()
    if items_popularity_dict:
```

```
        sorted_items = sorted(
            items_popularity_dict.items(),
            key=lambda item: item[1],
            reverse=True,
        )
        return [i[0] for i in sorted_items][:max_num_recs]
    return None
```

우리는 `get_item_popularities`가 사용 가능한 모든 아이템과 각 아이템이 선택된 횟수를 알고 있다고 가정해보겠습니다.

이 추천 시스템은 가능한 가장 인기 있는 아이템 k개를 반환하려고 시도합니다. 간단하지만 추천 시스템을 구축하기 시작할 때 유용한 추천 시스템입니다. 또한 다른 추천 시스템은 이 추천 시스템을 핵심으로 사용하여 내부 구성 요소를 반복적으로 개선해나갈 것이므로 이 예제로 계속해서 돌아올 것입니다.

시스템의 세 가지 구성 요소를 다시 살펴보겠습니다.

수집기

MPIR은 먼저 데이터베이스 또는 메모리 등을 통해 사용 가능한 아이템과 해당 아이템이 선택된 횟수를 파악하는 `get_item_popularities`를 호출합니다. 편의상 아이템들을 반환할 때 각 아이템을 식별하는 문자열로 지정된 키와 해당 아이템이 선택된 횟수 값으로 구성된 딕셔너리 dictionary를 반환한다고 가정하겠습니다. 이 목록에 없는 아이템은 암묵적으로 사용할 수 없는 것으로 가정하겠습니다.

랭커

이번 예시의 간단한 랭커를 살펴보겠습니다. 이 랭커는 값을 기준으로 정렬하여 순위를 매깁니다. 수집기가 딕셔너리의 값으로 지정한 선택된 횟수를 정렬하기 위해, 파이썬에 내장된 정렬 함수인 `sorted`를 사용합니다. `key` 매개변수에 튜플의 두 번째 요소를 사용한 점, 즉 값으로 정렬하도록 지정한 점과 `reverse` 매개변수를 `True`로 지정하여 내림차순 정렬하도록 했다는 점에 유의하세요.

서버

마지막으로, 반환 타입에 대한 힌트로 `Optional[List[str]]`로 지정된 API 스키마를 충족시켜야 합니다. 이는 반환 타입이 우리가 추천하는 아이템의 식별자 문자열의 nullable 리스트가 되도록 지정하므로, 튜플의 첫 번째 요소인 문자열을 가져와 목록을 구성합니다. 하지만 여기서 잠깐! 우리 함수는 `max_num_recs` 매개변수를 받는데, 어떤 역할을 하는 것일까요? 이 매개변수는 API 스키마가 응답으로 `max_num_recs`보다 적은 수를 반환한다는 것을 의미합니다. 슬라이스 연산자와 이 매개변수를 사용하므로, 0과 `max_num_recs` 범위 내의 목록을 반환한다는 점에 유의하세요.

MPIR을 활용할 곳을 고민해보세요. 최상위 카테고리별로 고객이 가장 좋아하는 상품을 추천하는 방법은 이커머스 영역 추천으로, 간단하지만 유용한 첫 걸음이 될 수 있습니다. 가장 인기 있는 오늘의 동영상으로 당신의 동영상 사이트에서 좋은 사용자 경험을 제공할 수 있습니다.

1.3 JAX에 대한 친절한 소개

이 책의 제목에 **JAX**가 포함되어 있으므로, JAX에 대해 간략하게 소개해보겠습니다. 공식 문서는 JAX 웹사이트(https://jax.readthedocs.io/en/latest/)에서 확인할 수 있습니다.

JAX는 수학 코드를 Python으로 작성하고 JIT$_{just-in-time}$ 컴파일을 지원하는 프레임워크입니다. JIT 컴파일을 사용하면 동일한 코드를 CPU, GPU, TPU 모두에서 실행할 수 있습니다. 따라서 벡터 프로세서의 병렬 처리 능력을 활용하는 고성능 코드를 쉽게 작성할 수 있습니다.

또한, JAX의 설계 철학 중 하나가 텐서$_{tensor}$와 미분(경사도)을 핵심 개념으로서 지원하는 것이기에, 텐서형 데이터에 대한 경사도$_{gradient}$ 기반 학습을 활용하는 머신러닝 시스템에 이상적입니다. JAX는 웹에서 호스팅되는 파이썬 노트북인 구글 코랩(https://colab.research.google.com/)을 이용하면 쉽게 접해볼 수 있습니다.

1.3.1 기본형, 초기화, 불변성

JAX의 기본형$_{basic\ type}$에 대해 알아보는 것부터 시작하겠습니다. JAX로 작은 3차원 벡터를 구성해보고, JAX와 NumPy의 몇 가지 차이점을 짚어보겠습니다.

```
import jax.numpy as jnp
import numpy as np

x = jnp.array([1.0, 2.0, 3.0], dtype=jnp.float32)

print(x)
```

```
[1. 2. 3.]

print(x.shape)
(3,)

print(x[0])
1.0

x[0] = 4.0
TypeError: '<class 'jaxlib.xla_extension.ArrayImpl'>'
object does not support item assignment. JAX arrays are immutable.
```

JAX의 인터페이스는 NumPy의 인터페이스와 상당히 유사합니다. 코딩 규칙coding convention으로 어떤 버전의 수학 함수를 사용하는지 구분할 수 있도록 JAX 버전의 NumPy는 `jnp`로서 `import`하고 NumPy는 `np`로서 `import`합니다. 때로는 JAX를 사용하여 GPU나 TPU와 같은 벡터 프로세서에서 코드를 실행하고, 때로는 NumPy를 사용하여 CPU에서 코드를 실행하는 편을 선호할 수 있기 때문입니다.

가장 먼저 알아두어야 할 점은 JAX 배열에는 형이 있다는 것입니다. 일반적인 실수형은 32비트 기반으로 부동소수점 숫자를 표현하는 `float32`입니다. 더 정밀도가 높은 `float64`나 보통 일부 GPU에서만 실행되는 정밀도가 절반인 `float16`과 같은 다른 형도 존재합니다.

또 한 가지 알아두어야 할 점은 JAX의 텐서가 형태를 가지고 있다는 것입니다. 보통은 튜플tuple로서, (3,)은 첫 번째 축에 대한 3차원 벡터를 의미합니다. 행렬은 두 개의 축이 있고, 텐서는 세 개 이상의 축이 있습니다.

이제 JAX가 NumPy와 다른 점에 대해 알아보겠습니다. 이 차이점을 이해하려면 'JAX-The Sharp Bits'(https://oreil.ly/qqcFM)를 자세히 읽어보기 바랍니다. JAX의 철학은 속도와 순수성에 있습니다. JAX는 함수들을 부작용 없이 순수 함수pure function로 만들고 데이터를 불변immutable으로 만들기 때문에, GPU를 활용하는 선형대수 가속 라이브러리인 XLAaccelerated linear algebra를 사용할 수 있습니다. 또한 JAX는 함수들이 데이터와 함께 병렬로 실행될 수 있고 부작용 없이 결정론적deterministic 결과를 얻을 수 있도록 보장하므로, XLA가 이러한 함수들을 컴파일할 수 있고 NumPy보다 훨씬 빠르게 실행할 수 있습니다.

배열 x에서 하나의 요소를 수정할 때 오류가 발생하고 있습니다. JAX에서는 배열 x를 수정하기보다 대체해야 합니다. 배열의 요소를 수정하는 한 가지 방법은 NumPy로 배열의 요소를 수정하는 것이고, 이후의 코드를 불변 데이터에 대해 빠르게 실행해야 한다면 그 NumPy 배열을 jnp.array(np_array)를 사용하여 JAX로 변환하면 됩니다.

1.3.2 인덱싱과 슬라이싱

배워야 할 또 다른 중요한 기술은 배열 인덱싱indexing과 슬라이싱slicing입니다.

```
x = jnp.array([[1, 2, 3], [4, 5, 6], [7, 8, 9]], dtype=jnp.int32)

# 행렬 전체 출력하기
print(x)
[[1 2 3]
 [4 5 6]
 [7 8 9]]

# 첫 번째 행 출력하기
print(x[0])
[1 2 3]

# 마지막 행 출력하기
print(x[-1])
[7 8 9]

# 두 번째 열 출력하기
print(x[:, 1])
[2 5 8]

# 모든 두 번째 요소 출력하기
print(x[::2, ::2])
[[1 3]
 [7 9]]
```

NumPy는 배열의 여러 부분에 접근할 수 있는 인덱싱과 슬라이싱 연산을 도입했습니다. 일반적인 경우에, 표기법은 시작:끝:간격 규칙을 따릅니다. 첫 번째 요소는 시작할 위치를 나타내고, 두 번째 요소는 끝날 위치를 나타내며(포함하지 않음), 간격은 건너뛸 요소의 개수를 나타냅니다. 구문은 파이썬 range 함수의 구문과 유사합니다.

슬라이싱을 사용하면 텐서의 여러 뷰를 효율적으로 확인할 수 있습니다. 슬라이싱과 인덱싱은 특히 가속 하드웨어를 최대한 활용하기 위해 배치batch 내의 텐서를 조작하기 시작할 때 익혀야 할 중요한 기술입니다.

1.3.3 브로드캐스팅

브로드캐스팅은 NumPy와 JAX에서 알아 두어야 할 또 다른 기능입니다. 크기가 다른 두 텐서에 덧셈이나 곱셈과 같은 이진 연산을 적용하면, 축이 하나인 텐서를 크기가 더 큰 텐서의 순서에 맞춰 올라가며 연산을 수행합니다. 예를 들어, (3,3)의 텐서에 (3,1)의 텐서를 곱할 때는 두 번째 텐서의 행을 연산 전에 복제하여 (3,3)의 텐서처럼 보이게 됩니다.

```
x = jnp.array([[1, 2, 3], [4, 5, 6], [7, 8, 9]], dtype=jnp.int32)

# 스칼라 브로드캐스팅하기
y = 2 * x
print(y)
[[ 2  4  6]
 [ 8 10 12]
 [14 16 18]]

# 벡터 브로드캐스팅하기. 형태가 1인 축 복제하기
vec = jnp.reshape(jnp.array([0.5, 1.0, 2.0]), [3, 1])
y = vec * x
print(y)
[[ 0.5  1.   1.5]
 [ 4.   5.   6. ]
 [14.  16.  18. ]]

vec = jnp.reshape(vec, [1, 3])
y = vec * x
print(y)
[[ 0.5  2.   6. ]
 [ 2.   5.  12. ]
 [ 3.5  8.  18. ]]
```

첫 번째 경우는 가장 간단한 스칼라 곱셈입니다. 행렬 전체에 스칼라가 곱해집니다. 두 번째 경우에는 (3,1) 형태의 벡터를 행렬에 곱합니다. 첫 번째 행에는 0.5를 곱하고, 두 번째 행에는 1.0을 곱하고, 세 번째 행에는 2.0을 곱합니다. 그러나 벡터가 (1,3) 형태인 경우 벡터의 각 항을 순서대로 각 열에 곱합니다.

1.3.4 난수

JAX의 순수 함수에 대한 철학 때문에 난수random number를 처리할 때도 특별한 방법을 사용합니다. 순수 함수는 부작용을 허용하지 않으므로 난수 생성기가 다른 난수 생성기와 달리 난수 시드

seed를 수정할 수 없습니다. 대신 JAX는 상태가 명시적으로 업데이트되는 난수 키로 처리합니다.

```
import jax.random as random

key = random.PRNGKey(0)
x = random.uniform(key, shape=[3, 3])
print(x)
[[0.35490513 0.60419905 0.4275843 ]
 [0.23061597 0.6735498  0.43953657]
 [0.25099766 0.27730572 0.7678207 ]]

key, subkey = random.split(key)
x = random.uniform(key, shape=[3, 3])
print(x)
[[0.0045197  0.5135027  0.8613342 ]
 [0.06939673 0.93825936 0.85599923]
 [0.706004   0.50679076 0.6072922 ]]

y = random.uniform(subkey, shape=[3, 3])
print(y)
[[0.34896135 0.48210478 0.02053976]
 [0.53161216 0.48158717 0.78698325]
 [0.07476437 0.04522789 0.3543167 ]]
```

JAX를 사용하려면 먼저 시드에서 난수 키를 생성해야 합니다. 그런 다음 이 키를 random.uniform 같은 난수 생성 함수에 전달하여 0에서 1 범위의 난수를 생성합니다.

JAX에서 더 많은 난수를 생성하려면, 키를 다른 키를 생성하기 위한 새로운 키와 새로운 난수를 생성하는 하위 키, 두 부분으로 분할해야 합니다. 이를 통하여 많은 병렬 연산에서 난수 생성기를 호출할 때도 JAX가 난수를 결정론적이고 안정적으로 재현할 수 있습니다. 키를 필요한 병렬 연산만큼 분할하기만 하면, 생성한 난수가 무작위로 분산되면서도 재현 가능합니다. 이는 실험을 안정적으로 재현하고 싶을 때 유용한 특징입니다.

1.3.5 JIT 컴파일

JAX는 JIT_{Just-in-Time} 컴파일을 사용하기 시작하면서 실행 속도 측면에서 NumPy와 차이를 벌리기 시작합니다. 코드를 JIT 컴파일하여 동일한 코드를 CPU, GPU, TPU에서 실행될 수 있습니다.

```
import jax
```

```
x = random.uniform(key, shape=[2048, 2048]) - 0.5

def my_function(x):
  x = x @ x
  return jnp.maximum(0.0, x)

%timeit my_function(x).block_until_ready()
302 ms ± 9 ms per loop (mean ± std. dev. of 7 runs, 1 loop each)

my_function_jitted = jax.jit(my_function)

%timeit my_function_jitted(x).block_until_ready()
294 ms ± 5.45 ms per loop (mean ± std. dev. of 7 runs, 1 loop each)
```

JIT 코드는 CPU에서는 그다지 빠르지 않지만 GPU 또는 TPU 백엔드에서는 훨씬 빨라집니다. 또한 함수가 처음 호출될 때는 컴파일에 약간의 오버헤드가 발생하여 첫 번째 호출 타이밍이 왜곡될 수 있습니다. JIT 컴파일 가능한 함수는 대부분 내부에서 JAX 연산을 호출하고 루프 연산에 제약이 있는 등의 제한이 있습니다. 예를 들어 가변 길이 루프는 빈번한 재컴파일을 유발합니다. 'JAX의 Just-in-Time 컴파일(Just-in-Time Compilation with JAX)' 문서(https://oreil.ly/c8ywT)에서 함수를 JIT 컴파일할 때 발생하는 여러 가지 미묘한 점에 대해 자세히 설명합니다.

1.4 요약

아직 많은 계산을 해보지는 않았지만, 추천을 제공하고 구성 요소에 더 심층적인 로직을 구현할 수 있는 단계에 도달했습니다. 조만간 더욱 머신러닝처럼 보이는 것들을 시작할 것입니다.

지금까지 추천 문제가 무엇인지 정의하고, 추천 시스템의 핵심 아키텍처인 수집기, 랭커, 서버를 구성했으며, 이 요소들이 어떻게 결합되는지 설명하기 위해 몇 가지 간단한 추천 시스템을 살펴봤습니다.

다음으로 추천 시스템에서 활용하려는 핵심적 연관 관계인 사용자-아이템 행렬$_{matrix}$에 대해 설명하겠습니다. 이 행렬을 통해 순위를 매기기 위한 개인화 모델을 구축할 수 있습니다.

CHAPTER 2

사용자-아이템 평점 및 문제 정의하기

운영하는 카페에서 판매할 치즈 메뉴에 넣을 치즈를 고를 때, 자신이 좋아하는 것을 넣을 수 있다고 가정해봅시다. 친구들에게 좋아하는 치즈를 물어볼 수도 있습니다. 카페에 판매할 치즈를 대량으로 주문하기 전에 맛 품평회를 열어 친구들에게 선택한 치즈를 맛보게 할 수도 있습니다.

친구들의 피드백을 받는 것 외에도 친구들과 치즈에 대해 새롭게 알게 될 수 있습니다. 친구들이 어떤 종류의 치즈를 좋아하는지, 어떤 친구들이 비슷한 취향을 가지고 있는지도 알 수 있습니다. 또한 어떤 치즈가 가장 인기 있는지 혹은 비슷한 부류의 사람들이 어떤 치즈들을 좋아하는지도 알 수 있습니다.

이 실험 데이터에서 첫 번째 치즈 추천 시스템에 대한 힌트를 얻을 수 있을 것입니다. 이번 장에서는 이 아이디어를 추천 시스템에 적합한 내용으로 전환하는 방법에 대해 설명합니다. 이 예시를 통해 추천 시스템의 기본 개념 중 하나인 사용자가 본 적 없는 것에 대한 그들의 선호도를 예측하는 방법에 대해 알아보겠습니다.

2.1 사용자-아이템 행렬

추천 시스템을 연구하는 사람들이 행렬, 특히 사용자-아이템 행렬user-item matrix에 대해 논의하는 일은 매우 흔합니다. 선형대수학은 수학적으로나 RecSys에 적용되는 측면에서나 모두 심오하지만, 여기서는 간단한 수식으로 시작하겠습니다.

관계를 행렬 형식으로 정의해보기 전에, 사용자들과 아이템들 사이의 이진 관계들을 몇 가지 적어보겠습니다. 이 예제에서는 다섯 명의 친구로 구성된 그룹(A, B, C, D, E라고 부르겠습니다)이 네 가지 치즈(고다Gouda, 셰브르Chèvre, 에멘탈Emmentaler, 브리Brie)를 블라인드 시식하는 경우를 생각해보겠습니다. 친구들은 치즈를 1~5점 내에서 평가해야 합니다.

- A는 "자, 저는 고다 치즈를 정말 좋아하니 5점이죠. 셰브르 치즈와 에멘탈 치즈도 맛있으니, 4점, 브리 치즈는 끔찍해요, 1점"이라고 답합니다.
- B는 "뭐라고요?! 브리가 제일 좋아요! 4.5점! 셰브르 치즈와 에멘탈 치즈도 괜찮아요, 3점. 고다 치즈는 그저 그래요, 2점."
- C는 각각에 3, 2, 3, 4점을 줍니다.
- D는 일단 4, 4, 5점을 주었지만, D가 먹어보기 전에 브리 치즈는 다 떨어졌습니다.
- E는 컨디션이 좋지 않아서 고다 치즈만 먹어보고 3점을 줍니다.

가장 먼저 눈에 띄는 점은 이러한 서술식 보고는 읽고 분석하기에 명확하지 않다는 것입니다. 결과를 알아보기 쉬운 표로 요약해보겠습니다(표 2-1).

표 2-1 **치즈에 대한 평점**

치즈 시식자	고다	셰브르	에멘탈	브리
A	5	4	4	1
B	2	3	3	4.5
C	3	2	3	4
D	4	4	5	-
E	3	-	-	-

당신에게 가장 먼저 떠오른 생각은 컴퓨터에 적합한 형식으로 변환하는 것일 것입니다. 목록의 모음으로 만들어볼 수 있습니다.

$A : [5, 4, 4, 1]$
$B : [2, 3, 3, 4.5]$
$C : [3, 2, 3, 4]$
$D : [4, 4, 5, -]$
$E : [3, -, -, -]$

일부 시나리오에서는 이 방법이 효과적일 수 있지만, 때에 따라 더 명확하게 표시하고 싶을 수도 있습니다. 이 데이터를 히트맵으로 간단히 시각화할 수 있습니다(그림 2-1).

```
import seaborn as sns

_ = np.nan
scores = np.array([[5,4,4,1],
                   [2,3,3,4.5],
                   [3,2,3,4],
                   [4,4,5,_],
                   [3,_,_,_]])
sns.heatmap(
    scores, annot=True, fmt=.1f,
    xticklabels=['Gouda', 'Chevre', 'Emmentaler', 'Brie',], yticklabels=['A','B','C','D','E',]
)
```

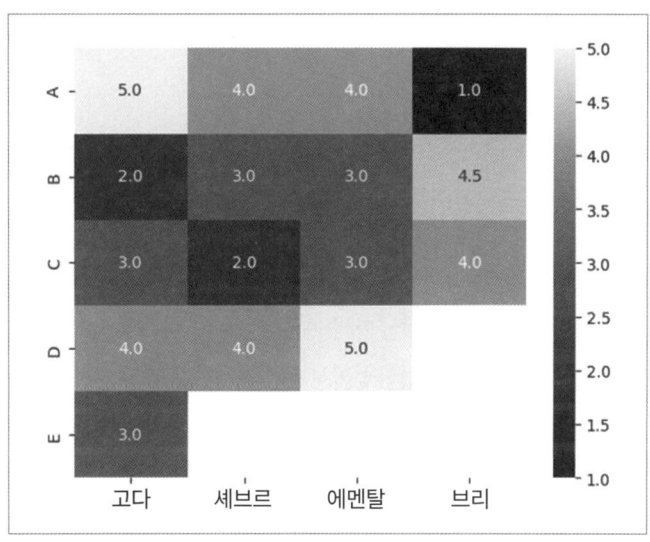

그림 2-1 **치즈 평점 행렬**

관측하는 데이터셋이 사용자 또는 아이템의 개수가 매우 많고 희소성이 점점 더 커질수록, 필요한 데이터만 표현하는 데 더 적합한 데이터 구조를 사용해야 합니다. 소위 **밀집 표현**dense representation 이라고 불리는 다양한 형태가 존재하지만, 여기서는 가장 간단한 형태인 `user_id`, `item_id`, `rating`으로 이루어진 튜플을 사용하겠습니다. 실제 적용 시에는 ID로 인덱스를 구성한 딕셔너리dictionary를 사용하는 경우가 많습니다.

밀집 표현과 희소 표현

이러한 종류의 데이터에 사용하기 위한 두 가지 유형의 구조가 밀집 표현과 희소 표현입니다. 대략적으로 말하면, **희소 표현**sparse representation은 중요한 관측을 한 지점들에 대해 데이터를 기록하는 표현입니다. **밀집 표현**dense representation은 중요하지 않은 관측(null 또는 0)에 대해서도 항상 가능성에 대한 데이터를 기록하는 표현입니다.

이 데이터가 딕셔너리로서는 어떤 모습인지 살펴보겠습니다.

```
'indices': [
    (0, 0), (0, 1), (0, 2), (0, 3),
    (1, 0), (1, 1), (1, 2), (1, 3),
    (2, 0), (2, 1), (2, 2), (2, 3),
    (3, 0), (3, 1), (3, 2),
    (4, 0)
]
'values': [
    5, 4, 4, 1,
    2, 3, 3, 4.5,
    3, 2, 3, 4,
    4, 4, 5,
    3
]
```

자연스럽게 몇 가지 질문이 떠오릅니다.

- 가장 인기 있는 치즈는 무엇인가요? 지금까지 관찰한 바에 따르면 에멘탈 치즈가 가장 인기 있는 것으로 보이지만, E가 에멘탈 치즈를 먹어보지 않았습니다.
- D는 브리 치즈를 좋아할까요? 논란의 여지가 있는 치즈인 것 같습니다.
- 두 가지 치즈만 구매하라는 요청을 받았다면, 모두를 가장 만족시킬 수 있는 치즈는 무엇일까요?

이 예시와 관련 질문은 의도적으로 단순화했지만, 이 행렬 표현이 적어도 이러한 평가를 파악하는 데는 편리하다는 점은 분명합니다.

이 데이터 시각화가 편리하다는 점 외에 이 표현이 수학적으로 유용한지 명확하지 않아 보일 수 있습니다. 두 번째 질문은 '사용자가 보지 않은 아이템을 얼마나 좋아할지 예측하기'라는 RecSys 고유의 문제를 제시하고 있습니다. 이 문제는 선형대수학 수업의 문제로도 인식할 수 있습니다. '행렬의 일부 요소는 채워졌고 일부 요소는 모르는 경우, 어떻게 하면 채워진 요소들로 모르는 요소들을 알 수 있을까?'라는 문제입니다. 이를 **행렬 완성**matrix completion이라고 부릅니다.

사용자의 니즈를 파악하는 사용자 경험을 설계하는 것과, 그를 통해 관측한 데이터와 니즈를 모델링하는 수학적 공식을 고안하는 것 사이의 끊임없는 상호작용이 추천 시스템의 핵심입니다.

2.2 사용자-사용자 대 아이템-아이템 협업 필터링

협업 필터링collaborative filtering, CF은 데이비드 골드버그David Goldberg 등이 1992년에 발표한 논문 〈협업 필터링을 사용하여 정보 태피스트리 짜기(Using Collaborative Filtering to Weave an Information Tapestry)〉(https://oreil.ly/Nd3oe)에서 처음 사용한 용어로, 이에 대해 선형대수적으로 자세히 알아보기 전에 순수한 데이터 과학적 관점에서 살펴보겠습니다.

CF의 기본 개념은 비슷한 취향을 가진 사람들은 직접 먹어보지 않더라도 서로가 무엇을 좋아하는지 알 수 있도록 도와준다는 것입니다. **협업**collaboration이라는 단어는 어원적으로 비슷한 취향을 가진 사용자들 사이를 의미하며, **필터링**filtering은 사람들이 좋아하지 않을 선택지를 걸러낸다는 의미로 사용되었습니다.

이 CF 전략은 두 가지 방식으로 생각할 수 있습니다.

- 비슷한 취향을 가진 두 사용자는 계속해서 비슷한 취향을 가질 것입니다.
- 비슷한 취향을 가진 팬들이 좋아하는 두 아이템은 그 팬들과 비슷한 다른 사용자들에게 계속 인기를 끌 것입니다.

이 두 방식은 같은 이야기로 들릴 수 있지만, 수학적 해석은 다릅니다. 추천 시스템이 사용자 유사도 또는 아이템 유사도 중 어떤 종류의 유사도를 우선시하는지에 따라 결과에 차이가 있습니다.

사용자 유사도user similarity를 우선시하는 경우, 사용자 A에게 추천을 제공하려면 비슷한 사용자 B를 찾은 다음, A가 아직 보지 않은 B의 '좋아요' 콘텐츠 목록에서 추천할 아이템을 선택합니다.

아이템 유사도item similarity를 우선시하는 경우, 사용자 A에게 추천을 제공하기 위해 A가 '좋아요'를 누른 아이템인 셰브르 치즈를 찾은 다음, 셰브르와 유사하지만 아직 A가 본 적 없는 아이템인 에멘탈 치즈를 찾아서 A에게 추천합니다.

유사도에 대해 이후에 더 자세히 살펴보겠지만, 이 아이디어들을 앞선 논의와 간단히 연결해보겠습니다. **유사한 사용자**similar user들은 벡터로서 사용자-아이템 행렬의 행이 될 수 있고, **유사한 아이템**similar item들은 벡터로서 유사한 사용자-아이템 행렬의 열이 될 수 있습니다.

> **벡터 유사도**
>
> **도트 곱 유사도**dot product similarity는 10장에서 더 상세히 정의하겠습니다. 지금은 벡터를 정규화한 뒤 코사인 유사도cosine similarity를 구하여 유사도를 산출하는 정도로 정의하겠습니다. **벡터 유사도**vector similarity는 벡터(숫자 목록)와 연관된 어떠한 종류의 엔티티entity들이 주어졌을 때 그중 어느 엔티티가 해당 벡터에서 포착한 특징(**잠재 공간**latent space이라고 함)과 가장 유사한지 비교합니다.

2.3 넷플릭스 챌린지

2006년, 넷플릭스는 '넷플릭스 프라이즈Netflix Prize'라는 온라인 대회를 개최했습니다. 이 대회는 넷플릭스가 오픈 소스로 공개한 데이터셋에 대한 넷플릭스 CF 알고리즘의 성능 개선을 목표로 했고, 여러 팀들이 도전했습니다. 오늘날 이러한 경연 대회는 캐글Kaggle과 같은 웹사이트나 콘퍼런스를 통해 흔히 볼 수 있지만, 당시에는 RecSys에 관심이 있는 사람들에게 매우 흥미롭고 새로웠습니다.

이 대회는 여러 중간 라운드를 거쳐 '프로그레스 프라이즈Progress Prize'가 수여되었으며, 최종적으로는 2009년에 '넷플릭스 프라이즈Netflix Prize'가 수여되었습니다. 제공된 데이터는 (사용자, 영화, 평가 날짜)로 구성된 2,817,131개 트리플의 모음이었습니다. 그리고 이 중 절반은 평점을 포함하고 있었습니다. 앞선 예시와 마찬가지로 사용자-아이템 정보만으로도 문제를 정의하기에 충분하다는 점을 알 수 있습니다. 이번 데이터셋에서는 날짜를 제공했습니다. 나중에 시간이 어떻게 요소 중 하나가 될 수 있는지, 특히 순차적 추천 시스템의 경우 어떤 의미가 있는지 살펴보겠습니다.

이 대회는 상당히 까다로웠습니다. 넷플릭스 내부에서 달성한 성능을 넘어서기 위한 요건은 평균제곱근오차root mean square error, RMSE 10% 상승이었는데(이 손실 함수에 대해서는 후술하겠습니다) 총 상금은 110만 달러가 넘었습니다. 최종 우승자는 0.8567의 테스트 RMSE를 기록한 BellKor's Pragmatic Chaos였는데, 공교롭게도 이미 두 번의 '프로그레스 프라이즈'를 수상한 바 있습니다. 마지막에 확인 결과, BellKor의 제출 시간은 경쟁자인 The Ensemble보다 20분 정도 앞섰을 뿐입니다.

수상작에 대한 자세한 내용은 안드레아스 퇴셔Andreas Töscher와 미하엘 야러Michael Jahrer가 작성한 〈넷플릭스 그랜드 프라이즈에 대한 빅카오스 솔루션(The BigChaos Solution to the Netflix Grand Prize)〉(https://oreil.ly/joaqu)과 같은 저자들이 작성한 〈2008년 넷플릭스 그랜드 프라이즈에 대한 빅카오스 솔루션(The BigChaos Solution to the Netflix Prize 2008)〉(https://oreil.ly/D51iM)에서 확인할 수 있습니다. 잠시, 이 대회를 통해 얻은 몇 가지 중요한 교훈을 살펴보겠습니다.

첫째, 앞서 설명한 사용자-아이템 행렬이 이러한 솔루션에서 핵심적인 수학적 데이터 구조로 보인다는 점입니다. 모델 선택과 훈련도 중요하긴 하지만, 매개변수 튜닝을 통해 여러 알고리즘이 크게 개선되었습니다. 이후 장에서 매개변수 튜닝에 대해 상세히 설명하겠습니다. 저자들은 비즈니스 활용 사례와 인간 행동을 반영하고 이러한 패턴을 모델 아키텍처에 적용하려 노력한 결과 여러 가지 모델 혁신이 이루어졌다고 말합니다. 다음으로, 초기 솔루션들은 선형대수적 접근 방식을 사용했었고, 이를 기반으로 발전시킨 입상 모델들이 등장했다는 점입니다. 마지막으로, 넷플릭스가 대회에서 원래 요구했던 입상하기 위한 성능에 도달하기에 시간이 너무 오래 걸려, 그 사이 비즈니스 환경이 변화했고 솔루션이 더 이상 유용하지 않게 되었다는 점입니다(https://oreil.ly/fz6rz).

마지막 교훈은 머신러닝 개발자가 추천 시스템에 대해 배워야 할 **가장** 중요한 사항일 수 있으므로, 다음 팁을 참조하세요.

단순함에서 시작하기

사용 가능한 모델을 신속하게 구축하고 모델이 비즈니스 요구 사항을 만족하는 한, 반복하여 개선합니다.

2.4 암묵적 평점

치즈 시식 예시에서 각 치즈는 수치로 표현된 평점을 받았거나 혹은 시식자가 먹어보지 않았습니다. 이는 **명시적 평점**으로, 치즈가 브리 치즈인지 셰브르 치즈인지에 관계없이 평점을 명시적으로 지정하고 있으며, 평점이 지정되지 않은 경우는 사용자와 아이템 간의 상호작용이 없는 경우입니다. 그런데 때에 따라서는 사용자가 아이템과 상호작용했으나 평점은 제공하지 않은 경우, 데이터를 수용해야 할 때도 있습니다.

일반적인 예로 영화 앱을 들 수 있는데, 사용자는 앱으로 영화를 시청했더라도 평점을 제공하지 않을 수 있습니다. 이는 아이템(이 경우, 영화)에 대한 상호작용이 관측되었지만, 알고리즘이 학습할 수 있는 평점은 없음을 나타냅니다. 하지만 암묵적 데이터를 사용하여 다음과 같은 작업을 수행할 수 있습니다.

- 향후 추천에서 이 아이템 제외
- 학습기$_{learner}$에서 이 데이터를 별도의 항$_{term}$으로 사용
- '시청할 만큼 흥미롭지만, 평가할 만큼 의미 있지는 않음'을 나타내는 기본 평점을 할당

사용자가 명시적 평점을 하지 않는 경우가 많을 뿐만 아니라 암묵적 평점은 다른 수준의 신호를 제공하기 때문에, 효과적인 추천 시스템을 훈련하는 데 있어 암묵적 평점이 매우 중요합니다. 이후에 클릭 가능도click likelihood와 구매 가능도buy likelihood를 모두 예측하기 위한 다단계 모델을 훈련할 때 이 두 가지 수준 모두 매우 중요합니다.

요약하면 다음과 같습니다.

- 명시적 평점hard rating은 사용자가 아이템에 대한 피드백을 요청하는 메시지에 직접 응답할 때 발생합니다.
- 암묵적 평점soft rating은 사용자가 직접적인 안내에 응답하지 않고 아이템에 대한 피드백을 암묵적으로 전달할 때 발생합니다.

2.5 데이터 수집 및 사용자 로깅

명시적 평점과 암묵적 평점 모두에서 학습할 수 있다는 사실을 확인했으며, 이러한 데이터는 어디서 어떻게 수집할 수 있을까요? 이에 대해 자세히 알아보려면 애플리케이션 코드에 대한 고민부터 시작해야 합니다. 많은 기업에서 데이터 과학자와 머신러닝 엔지니어는 소프트웨어 엔지니어와 분리되어 있지만, 추천 시스템을 만들려면 두 기능 혹은 역할 간의 조율이 필요합니다.

2.5.1 기록 대상

가장 간단하고 확실한 데이터 수집은 사용자 평가입니다. 사용자가 평점을 입력하거나 '좋아요' 또는 '싫어요'를 지정할 수 있도록 하기 위해, 선택지를 제공하는 구성 요소를 구축하고 해당 데이터를 저장해야 합니다. 이러한 평점은 추천을 구축하기 위한 목적으로 저장해야 할 뿐만 아니라, 평가한 지 얼마 지나지 않아 해당 페이지를 다시 방문했을 때 사용자의 평점이 표시되지 않는 나쁜 사용자 경험을 방지하기 위해서도 저장해야 합니다.

마찬가지로 추천 시스템을 개선하고 확장할 수 있는 몇 가지 다른 주요 상호작용, 즉 페이지 로드, 페이지 조회, 클릭 및 장바구니에 추가를 이해하는 것도 유용합니다.

이러한 유형의 데이터와 관련하여 조금 더 복잡한 예로 전자 상거래 웹사이트인 Bookshop.org를 들어보겠습니다. 이 사이트에는 추천 시스템들을 여러 가지 형태로 적용하고 있는데, 이 모든 사례는 뒤에서 다시 살펴보겠습니다. 지금은 몇 가지 상호작용에만 초점을 맞춰보겠습니다(그림 2-2).

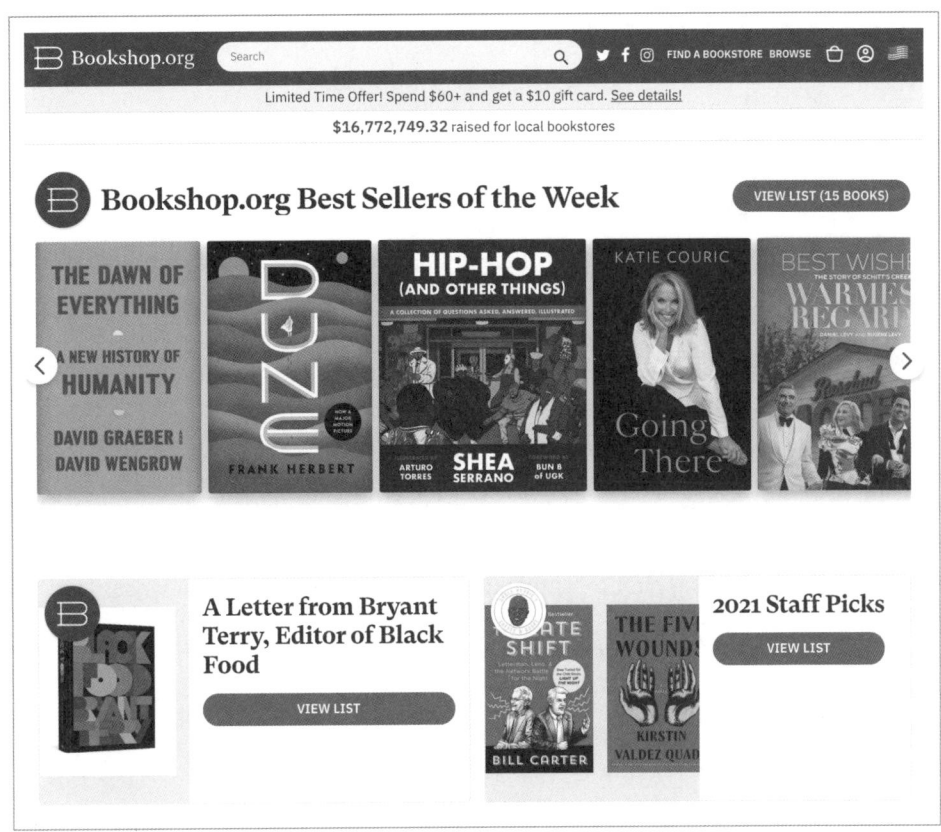

그림 2-2 **Bookshop.org 랜딩 페이지**

1 페이지 로드

Bookshop.org를 처음 로드하면, 첫 페이지에서 아이템을 확인할 수 있습니다. 금주의 베스트셀러는 모두 클릭 가능한 이미지로 해당 도서 목록으로 이동합니다. 사용자는 이 초기 페이지에 어떤 것을 로드할지 선택할 수는 없지만, 사실 초기 페이지의 콘텐츠를 기록하는 것은 매우 중요합니다.

이 콘텐츠들, 즉 선택지들은 사용자가 본 도서의 수를 나타내기 때문입니다. 사용자가 선택지를 본 후 클릭할 가능성이 있으며, 이는 결국 중요한 암묵적 신호입니다.

성향 점수
사용자가 본 모든 아이템의 모집단을 고려해보는 것은 **성향 점수 매칭**propensity score matching과 깊은 관련이 있습니다. 수학적으로 보자면, 성향 점수는 개별 관측 단위observational unit가 통제군control group에 비해 실험군treatment group에 할당될 확률을 나타냅니다.

이 성향 점수 매칭의 설정을 간단한 50 대 50 A/B 테스트와 비교해보면, 각각의 단위가 실험군에 노출될 확률을 50%라고 볼 수 있습니다. 특징에 의해 계층화된feature-stratified A/B 테스트의 경우 특정 특징 또는 특징 모음(이 맥락에서 **공변량**covariate이라고도 함)에 노출될 확률을 의도적으로 변경해볼 수도 있습니다. 이러한 노출 확률이 바로 성향 점수입니다.

여기서 A/B 테스트를 언급하는 이유는 무엇일까요? 향후 사용자 선호도에 대한 정보를 얻기 위해 암묵적 평점을 마이닝하게 될 것인데, 암묵적 평점이 없다는 점이 나쁘게 평가했다고 암시하는 것은 아닐 가능성도 고려해야 하기 때문입니다. 치즈의 예시로 돌아가서, 시식자 D는 브리 치즈를 평가할 기회가 없었으므로 D가 브리 치즈에 대해 혐오감을 갖고 있다고 판단할 이유가 없습니다. D는 브리 치즈에 아예 **노출된 적이 없기 때문**입니다.

이제 Bookshop.org로 돌아가서, 랜딩 페이지에 《은하수를 여행하는 히치하이커를 위한 안내서》가 표시되지 않고 있기 때문에 사용자가 이 책을 클릭하고 해당 책에 대한 관심을 암묵적으로 전달할 수 있는 방법이 없다고 하겠습니다. 그러면 사용자가 검색이라는 선택지를 사용할 수도 있는데, 이는 다른 종류의 신호로서 나중에 설명하겠지만 사실 훨씬 더 강력한 신호입니다.

'사용자가 어떤 것을 보았는가'와 같은 암묵적 평가를 분석할 때, 사용자가 노출된 선택지들의 모집단 전체를 적절히 산정하고, 그 모집단의 크기로 나누어 클릭수의 중요도를 평가해야 합니다. 이러한 이유로 **모든** 페이지 로드를 이해하는 것이 중요합니다.

2 페이지 조회수 및 호버

웹사이트는 훨씬 더 복잡해졌고, 이제 사용자들은 다양한 상호작용과 씨름해야 합니다. 그림 2-3은 사용자가 금주의 베스트셀러 캐러셀carousel에서 오른쪽 화살표를 클릭한 다음에 《Cooking at Home》 선택지 위로 마우스를 이동하면 어떤 일이 발생하는지 보여줍니다.

그림 2-3 Bookshop.org의 베스트셀러

사용자가 새로운 선택지를 보이게 만들고 그 위로 마우스를 이동하여 더 크게 만들어 시각적 효과를 주었습니다. 이는 사용자에게 더 많은 정보를 전달하고 이 선택지를 클릭할 수 있음을 인식시키기 위한 방법입니다. 추천 시스템에서 이러한 클릭은 더욱 암묵적인 의미가 큰 피드백으로서 사용될 수 있습니다.

첫째, 사용자가 캐러셀 스크롤을 클릭했으므로 캐러셀에 표시된 내용 중 일부가 더 자세히 살펴볼 만큼 흥미로웠을 것입니다. 둘째, 《Cooking at Home》에 마우스를 가져가서 클릭하거나 마우스를 가져가면 추가 정보가 표시되는지 확인하고 싶을 수 있습니다. 많은 웹사이트에서 마우스오버(hover) 상호작용을 사용하여 세부 정보 팝업을 노출합니다. 인터넷 사용자는 모든 웹사이트가 이러한 동작을 구현하고 있으리라 기대하도록 학습되었으므로, Bookshop.org는 이러한 기능을 구현하지 않았다 하더라도 이러한 상호작용을 시도한 신호는 의미 있습니다. 셋째, 사용자가 캐러셀을 스크롤한 뒤 새로운 잠재적 아이템을 발견했는데, 이를 발견하는 데 상호작용이 필요했으므로 페이지 로딩에 추가해야 하되 더 높은 평점을 부여해야 합니다.

이 모든 것을 웹사이트의 로깅에 기록할 수 있습니다. 풍부하고 상세한 로깅은 추천 시스템을 개선하기 위한 가장 중요한 방법입니다. 필요한 것보다 더 많은 로깅 데이터를 보유하는 것이 그 반대보다 거의 항상 더 낫습니다.

❸ 클릭 수

마우스를 가져가는 것만으로도 사용자의 관심을 의미한다고 생각했다면, 클릭은 어떨까?! 모든 경우에 해당하지 않을 수 있지만, 대부분의 경우 클릭은 제품에 대한 관심을 나디내는 강력한 지표입니다. 이커머스의 경우, 클릭은 추천 팀의 핵심 성과 지표(key performance indicator, KPI) 중 하나로 간주되는 경우가 많습니다.

이는 다음 두 가지 이유 때문입니다.

- 클릭은 거의 언제나 구매로 진행되기 위해 필수적이므로, 대부분의 비즈니스 거래에서 업스트림 필터로서 작동합니다.
- 클릭에는 명시적인 사용자 행동이 필요하므로 의도를 파악하는 좋은 척도입니다.

물론 노이즈(noise)는 항상 존재하지만, 클릭은 고객의 관심을 나타내는 가장 확실한 지표입니다. 많은 상용 추천 시스템이 평점 데이터가 아닌 클릭 데이터로 학습하는 이유는 데이터 양이 훨씬 많고 클릭 행동과 구매 행동 간에 강한 상관관계가 있기 때문입니다.

클릭-스트림 데이터

가끔 추천 시스템 분야에서 **클릭-스트림**click-stream 데이터를 언급하는 것을 듣게 될 수 있습니다. 클릭 데이터에 대한 중요한 관점으로, 단일 **세션**에서 이루어지는 사용자 클릭의 순서도 고려합니다. 현대적 추천 시스템은 사용자가 클릭한 아이템들의 순서를 활용하기 위해 많은 노력을 기울이고 있습니다. 이를 **순차적 추천**sequential recommendation이라고 부르며, 이 새로운 차원을 추가하여 극적인 개선을 이룰 수 있었습니다. 7장에서 순차적 추천에 대해 설명하겠습니다.

4 장바구니에 추가하기

드디어 사용자가 가방, 장바구니, 대기열 등에 아이템을 추가하는 단계에 도달했습니다. 이는 관심도를 나타내는 매우 강력한 지표이며 구매와 상당히 깊은 상관관계가 있을 수 있습니다. 심지어 장바구니에 추가가 구매/주문/보기보다 더 중요한 신호라는 주장도 있습니다. 장바구니에 추가하기는 보통 암묵적 평점의 마지막 단계이며, 일반적으로 이 단계 이후부터 평점과 리뷰를 수집하기 시작합니다.

5 노출 수

클릭되지 않은 아이템의 **노출 수**impression도 기록하고 싶을 수 있습니다. 이를 통해 사용자가 관심이 없는 아이템에 대한 부정적인 피드백도 추천 시스템에 제공할 수 있습니다. 예를 들어, 사용자에게 고다, 셰브르, 에멘탈 치즈를 추천했지만 사용자가 셰브르 치즈만 맛본다면 사용자는 고다 치즈를 좋아하지 않는 것일 수 있습니다. 그런데 또한 에멘탈 치즈는 단지 시식해보지 않은 것일 수도 있으므로 이런 노출 수는 노이즈 신호일 수도 있습니다.

2.5.2 수집 및 계측

웹 애플리케이션은 앞서 설명한 모든 상호작용을 이벤트를 통해 계측하는 경우가 많습니다. 이벤트가 무엇인지 아직 잘 모른다면 엔지니어링 조직에 있는 친구에게 물어봐도 좋겠지만, 간략하게 살펴보겠습니다. **이벤트**event는 로깅과 마찬가지로 특정 코드 블록이 실행될 때 애플리케이션이 보내는 특정 형식의 메시지입니다.

클릭의 예에서 확인한 바와 같이 애플리케이션은 사용자에게 표시할 다음 콘텐츠를 가져오기 위해 호출을 해야 하는데, 이때 사용자에 대한 정보, 클릭한 내용, 나중에 참조할 수 있는 session-ID, 시간, 기타 다양하고 유용한 세부 정보를 포함하는 '이벤트'도 실행하는 것이 일반적입니다. 이 이벤트는 여러 가지 방법으로 하류 단계downstream에서 처리할 수 있지만, 다음과 같은 경로의 패턴이 점점 더 보편화되고 있습니다.

- 서비스에 연결된 MySQL 애플리케이션 데이터베이스와 같은 로그 데이터베이스
- 실시간 처리를 위한 이벤트 스트림

후자는 특히 흥미로운 기술로, 이벤트 스트림을 아파치 카프카Apache Kafka 같은 기술을 통해 리스너에 연결하는 것입니다. 이러한 종류의 인프라는 금방 복잡도가 올라갈 수 있지만(현장의 데이터 엔지니어나 MLOps 담당자에게 문의하세요) 어떤 일이 발생하는지 확인할 수 있는 간단한 모델로, 특정 종류의 로그가 이러한 이벤트를 활용할 수 있는 여러 목적지destination로 전송되는 것입니다.

추천 시스템에서는 이벤트 스트림을 일련의 변환 작업에 연결하고 하류 단계의 학습 작업을 위한 데이터로 활용할 수 있습니다. 추천 시스템에서 이러한 로그를 사용하는 것은 매우 유용한 방식입니다. 다른 중요한 활용 사례로서는 웹사이트에서 특정 시간에 어떤 일이 일어나고 있는지를 확인할 수 있는 실시간 지표 로깅real-time metrics logging이 있습니다.

2.5.3 퍼널

훌륭한 데이터 과학자라면 누구나 생각해볼 수밖에 없는 퍼널funnel의 첫 번째 예시를 살펴보겠습니다. 좋든 싫든, 퍼널 분석은 웹사이트에 대한 비판적 평가, 더 나아가 추천 시스템을 평가하는 데 매우 중요합니다.

> **퍼널**
> **퍼널**funnel은 사용자가 하나의 상태에서 다른 상태로 이동하기 위해 거쳐야 하는 단계들의 집합으로, 각 개별 단계에서 사용자가 진행을 중단하거나 **이탈**하여 각 단계의 모집단 규모가 줄어들 수 있기 때문에 퍼널, 즉 깔때기라고 부릅니다.

이벤트와 사용자 로깅에 대한 논의에서 각 단계는 이전 단계의 하위 집합과 관련이 있습니다. 즉, 그림 2-4에 표시된 것처럼 프로세스는 퍼널입니다. 각 단계의 이탈률drop-off rate을 이해하면 웹사이트와 추천의 중요한 특성을 파악할 수 있습니다.

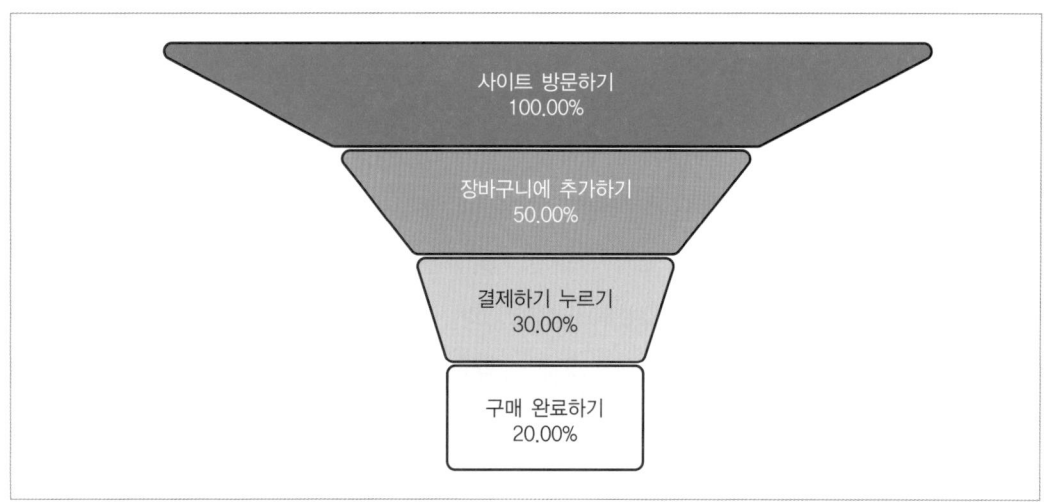

그림 2-4 **온보딩 퍼널**

그림 2-4에서 중요한 퍼널 분석, 세 가지를 고려해볼 수 있습니다.

1. 페이지 보기에서 장바구니에 추가하기까지의 사용자 흐름
2. 추천별 페이지 보기에서 장바구니에 추가하기까지의 흐름
3. 장바구니에 추가하기에서 구매 완료까지의 흐름

첫 번째 퍼널은 흐름의 각 단계를 수행하는 사용자의 비율을 대략적인 수준으로 파악하는 것입니다. 웹사이트 최적화, 제품 제안에 대한 전반적인 관심도, 사용자 유도의 효율성에 대해 높은 수준에서 측정합니다.

두 번째 퍼널은 좀 더 세분화된 퍼널로, 추천 자체를 퍼널 분석에 활용합니다. 앞서 성향 점수에 대해 설명할 때 언급했듯이, 사용자는 특정 아이템을 본 경우에만 해당 아이템에 대한 퍼널을 진행할 수 있습니다. 이 개념은 퍼널 사용 전반에 걸쳐 연관되어 있기 때문에, 특정 추천들과 퍼널 이탈률 간의 상관관계뿐만 아니라 추천 시스템을 사용할 때 추천에 대한 신뢰도confidence와 퍼널 지표 간의 상관관계도 높은 수준에서 이해해야 합니다. 이에 대해 3부에서 자세히 다루겠지만, 지금은 추천-사용자 쌍의 다양한 분류들과 각 분류의 퍼널을 평균과 비교해서 생각해야 합니다.

마지막으로, 장바구니에-추가하기부터 완료까지의 퍼널을 고려해볼 수 있습니다. 이는 사실 RecSys에 대한 문제는 아니지만, 제품을 개선하려는 데이터 과학자나 머신러닝 엔지니어라면 염두에 두어야 합니다. **추천이 아무리 훌륭해도 이 퍼널이 이전까지의 모든 노력을 수포로 돌아가게 할 수**

있습니다. 추천 문제를 다루기 전에, 사용자가 장바구니에 추가하고 결제를 완료하기까지 유도하는 퍼널의 성능을 먼저 확인해야 합니다. 이 흐름에서 번거롭거나 어려운 부분이 있다면, 추천을 개선하는 것보다 이 문제를 먼저 해결해야만 훨씬 더 큰 효과를 얻을 수 있을 것입니다. 이커머스용 추천 시스템을 구축하기 전에, 이탈률을 조사하고, 사용자 연구를 통해 무엇이 혼란스러운지 파악하고, 제품 및 엔지니어링 팀과 협력하여 모든 사람이 이 흐름을 이해하도록 해야 합니다.

2.6 비즈니스 인사이트와 사람들이 좋아하는 것

Bookshop.org의 이전 예제에서 금주의 베스트셀러가 페이지의 기본 캐러셀carousel이었습니다. 이전의 `get_most_popular_recs`에서 확인할 수 있었듯이, 이 캐러셀은 지난 주에 대해서만 데이터를 수집하는 수집기가 연동된 추천 시스템과 연동되어 있습니다.

이 캐러셀은 추천을 유도하는 것 외에도 비즈니스 인사이트를 제공하는 추천 시스템의 예시입니다. 성장 지원 팀growth team의 일반적인 임무는 주간 활성 사용자 수 및 신규 가입자 수와 같은 지표와 주간 추이 및 KPI를 확인하는 것입니다. 또한 많은 디지털 퍼스트 기업의 성장 지원 팀은 사용자 참여의 주요 동인을 파악하는 데에도 관심이 있습니다.

예를 들어, 이 글을 쓰는 시점에 넷플릭스에서 가장 인기 있는 시리즈가 된 〈오징어 게임〉은 수많은 기록을 경신했습니다. 〈오징어 게임〉은 첫 달에 1억 1,100만 명의 시청자에게 도달했습니다. 당연히 〈오징어 게임〉은 금주의 인기 프로그램이나 가장 인기 있는 타이틀 캐러셀에 소개되어야 하겠지만, 이와 같이 대박을 터뜨린 프로그램은 또 어디에 소개해야 할까요?

회사에서 가장 먼저 요청하는 중요한 인사이트는 **기여도**attribution입니다. 한 주 동안 수치가 상승했다면 그 원인은 무엇일까요? 추가 성장을 이끈 출시에 어떤 특별한 점이 있었을까요? 앞으로 더 나은 성과를 내기 위해 이러한 신호에서 무엇을 배울 수 있을까요? 영어권 시청자들에게도 큰 관심을 받은 외국어 프로그램인 〈오징어 게임〉의 사례로 인해, 경영진은 한국 콘텐츠나 높은 극적 요소를 지닌 콘텐츠에 더 투자해야겠다는 결론을 내릴 수 있습니다. 반대로 성장 지표가 뒤처지면 경영진은 거의 항상 그 이유를 묻습니다. 가장 인기 있었던 콘텐츠가 무엇인지, 그리고 그것이 예상과 어떻게 달랐는지를 파악할 수 있다면 많은 도움이 될 수 있습니다.

또 다른 중요한 인사이트는 추천에 피드백을 줄 수 있습니다. 〈오징어 게임〉과 같이 흥미진진한 데뷔작의 경우, 모든 지표가 상승하는 것을 보고 흥분에 휩쓸리기 쉽지만, 이로 인해 부정적인 영향을 받는 지표는 없을까요? 〈오징어 게임〉과 같은 주 또는 1~2주 내로 프로그램을 배포해야 한다면, 이 모든 성공에 대해 흥분을 할 수는 없을 것입니다. 전반적으로 이러한 성공은 **점진적인 성장**incremental growth으로 이어져 비즈니스 자체에 큰 도움이 되며, 지표가 전체적으로 상승할 것입니다. 그러나 다른 프로그램들은 핵심 사용자층에 대한 제로섬 게임으로 인해 출시 성공률이 떨어질 수 있습니다. 이는 장기적인 지표에 부정적인 영향을 미칠 수 있으며, 이후 추천의 효과도 떨어뜨릴 수 있습니다.

이후에 다양한 추천 방법들을 배우게 될 것입니다. 추천 방법을 다양화해야 하는 이유는 여러 가지가 있지만, 여기서는 다양화를 통해 사용자와 아이템을 매칭하는 성능을 전반적으로 향상시킬 수 있다는 점 한 가지만 살펴보겠습니다. 광범위한 사용자 기반의 참여도를 높게 유지하면 향후 성장할 수 있는 기회를 높일 수 있습니다.

증분 이득

증분 이득incremental gain은 현재 성장 마케팅growth marketing 및 성장 분석growth analytics에서 사용되는 경제학 용어입니다. 증분 이득은 지출된 노력으로 기대되는 이득에 추가하여 증가하는 마진margin을 의미합니다.

간단한 예로서, 일반적으로 마케팅 지출 100달러당 사용자 1명이 추가되고, 긍정적인 언론 보도가 나온 다음 주에는 마케팅 지출 80달러당 사용자 1명이 추가되는 사업을 들어보겠습니다. 한 주의 마케팅 예산을 1,600달러로 고정하면 16명이 아닌 20명의 신규 사용자를 확보하여 4명의 사용자가 증가하게 됩니다. 이 프레임워크는 새로운 치료법이나 프로그램을 테스트할 때 특히 유용합니다.

마지막으로, 플랫폼이나 서비스에서 무엇이 정말 인기 있는지를 파악하는 것 외에 또 다른 이점은 광고입니다. 어떤 현상이 시작될 때, 그 성공에 대한 홍보를 통해 화제를 불러일으키면 큰 이득을 얻을 수 있습니다. 이는 때때로 네트워크 효과로 이어지며, 요즘처럼 바이럴 콘텐츠가 쉽게 배포되는 시대에는 플랫폼의 성장에 여러 가지 영향을 미칠 수 있습니다.

2.7 요약

이번 장에서는 추천 문제를 정의하고 해결하는데 있어 가장 기본적인 측면들을 다루었습니다.

사용자-아이템 행렬은 사용자와 아이템 간의 관계를 가장 단순한 수치 평점의 형태로 요약할 수 있는 도구를 제공했으며, 나중에 더 복잡한 모델에 적합하게 확장할 수 있습니다. 벡터 유사도에 대해 처음으로 살펴봤는데, 이 개념은 향후 관련성에 대한 심층적이고 기하학적 개념으로 확장될 것입니다. 그리고 사용자가 명시적 및 암묵적 행동을 통해 제공할 수 있는 신호의 종류에 대해 배웠습니다. 마지막으로 모델 학습을 위해 이러한 행동을 포착하는 방법을 배웠습니다.

이제 문제 구성을 마쳤으니 약간의 수학적 복습이 남았습니다. 걱정하지 마세요. 자와 컴퍼스를 가지고 다니면서 어떤 것을 증명하거나 적분을 계산할 필요는 없습니다. 하지만 추천 시스템에 대해 기대하는 부분을 명확히 하고 올바른 질문을 하는 데 도움이 되는 몇 가지 중요한 수학적 개념을 확인해보겠습니다.

CHAPTER 3

수학적 고려 사항

이 책의 대부분은 추천 시스템을 작동시키는 데 필요한 구현 방향과 실질적인 고려 사항에 초점을 맞추고 있습니다. 이 장에서는 이 책에서 가장 추상적이고 이론적인 개념을 다룰 것입니다. 이 장의 목적은 이 분야의 근간이 되는 몇 가지 필수적인 개념을 다루는 것입니다. 이러한 개념들은 추천 시스템에서 비정상적인 행태를 유발하고 많은 구조적 결정에 동기를 부여하므로 이해해야 합니다.

먼저, 추천 시스템에서 흔히 볼 수 있는 데이터의 형태와 이러한 형태에 대해 신중히 고려해야 하는 이유에 대해 논의하겠습니다. 다음으로, 대부분의 최신 추천 시스템을 구동하는 기본 수학적 개념인 유사도에 대해 이야기하겠습니다. 통계에 익숙한 분들을 위해 추천 시스템이 하는 일에 대한 다소 다른 방식의 관점을 간략하게 다뤄볼 것입니다. 마지막으로, 자연어 처리national language processing, NLP에 비유하여 널리 사용되는 접근 방식을 설명하겠습니다.

3.1 RecSys에서 지프의 법칙과 마태 효과

머신러닝을 활용하는 많은 응용 분야에서 초기에 주의해야 할 사항은 대형 말뭉치corpus 중에서 고유한 아이템이 관측될 분포가 **지프의 법칙**Zipf's law[1]을 따른다는 점입니다. 이는 기하급수적으로 관측 빈도가 줄어든다는 의미입니다. 그런데 추천 시스템에서는 인기 아이템에 대한 클릭률이나

---

[1] 옮긴이 지프의 법칙은 주로 언어학에서 발견되는 통계적 분포 법칙으로, '단어의 빈도가 그 순위(rank)에 반비례한다'는 현상적 법칙입니다.

인기 사용자의 피드백 비율에서 **마태 효과**Matthew effect가 나타납니다. 구체적으로 예를 들면, 인기 있는 아이템은 평균보다 클릭 수가 훨씬 많고, 참여도가 높은 사용자는 평균보다 훨씬 더 많은 평가를 수행합니다.

마태 효과
마태 효과 또는 **인기 편향**popularity bias은 가장 인기 있는 아이템이 계속해서 가장 많은 관심을 끌며 다른 아이템과의 격차를 벌리는 현상을 말합니다.

예시로서 추천 시스템의 벤치마킹에 매우 인기 있는 MovieLens 데이터셋(https://oreil.ly/xiUaq)을 살펴보겠습니다. 제니 셩Jenny Sheng은 그림 3-1과 같은 추이를 여러 영화의 평점에서 확인했습니다.

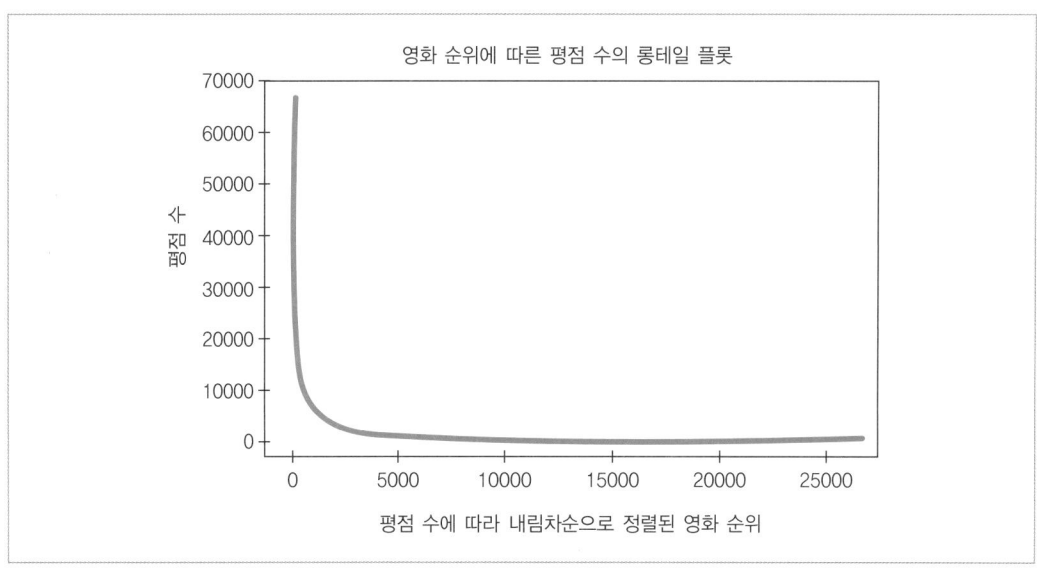

그림 3-1 영화 등급 평점의 지프의 법칙을 따르는 분포

언뜻 보기에도 평점의 급격한 하락이 분명하고 극명한데, 무엇이 문제일까요? 2장에서 언급했듯이, 추천 시스템을 사용자 기반 협업 필터링 모델로 구축한다고 가정해보겠습니다. 그렇다면 이러한 분포가 추천 시스템에 어떤 영향을 줄까요?

이 현상의 분포적 파급 효과를 살펴보겠습니다. 확률 질량 함수를 간단한 지프의 법칙으로 표현하면 다음과 같습니다.

$$f(k, M) = \frac{1/k}{\sum_{n=1}^{M}(1/n)}$$

M은 말뭉치에 있는 토큰들의 개수(이번 예시에서는 영화의 개수)이고, k는 발생 횟수를 기준으로 토큰들을 정렬했을 때 특정 토큰의 순위입니다.

사용자 A와 B가 수행한 평가를 각각 $N_A = |\mathcal{I}_A|, N_B = |\mathcal{I}_B|$라고 정의하겠습니다. i번째로 인기 있는 동영상인 V_i가 사용자 X의 평가 I_x에 포함될 확률은 다음과 같이 표현할 수 있습니다.

$$P(i) = \frac{f(i, M)}{\sum_{j=1}^{M} f(j, M)} = \frac{1/i}{\sum_{j=1}^{M} 1/j}$$

따라서 한 아이템이 두 사용자의 평가에 한꺼번에 나타날 확률은 다음과 같습니다.

$$P(i^2) = \left(\frac{1/i}{\sum_{j=1}^{M} 1/j} \right)^2$$

즉, 두 사용자가 각자의 평가에서 하나의 아이템을 함께 포함할 확률은 인기 순위의 제곱에 따라 감소합니다.

아직 상세히 다루지는 않았으나, 사용자 기반 CF 모델이 사용자 평점 집합 내 유사도를 기반으로 한다는 점을 고려할 때, 위 내용은 중요한 의미를 갖습니다. 사용자 평점 집합 내 유사도는 **두 사용자가 공동으로 평가한 아이템의 수를 두 사용자 중 한 명이라도 평가한 아이템의 총 개수로 나눈 값**으로 표현할 수 있습니다.

이 정의를 따르면, 예를 들어 A와 B가 공유한 하나의 아이템에 대한 유사도 점수는 다음과 같이 계산할 수 있습니다.

$$\sum_{i=1}^{M} \frac{P(i^2)}{\| \mathcal{I}_A \cup \mathcal{I}_B \|}$$

이제 앞의 공식을 다시 적용해보면 두 사용자의 평균 유사도 점수는 다음과 같이 일반화할 수 있습니다.

$$\sum_{t=1}^{\min(N_A, N_B)} \left(\prod_{i_k = i_{k-1}+1}^{t-1} \sum_{i=1}^{M} \left(\frac{\frac{P(i_k^2)}{\| \mathcal{I}_A \cup \mathcal{I}_B \|}}{t} \right) \right)$$

이렇게 조합한 공식은 알고리즘과 지프의 법칙과의 관련성을 나타낼 뿐만 아니라, 평점 산출에 거의 직접적인 영향을 미침을 알 수 있습니다. Last.fm 데이터셋(https://oreil.ly/NqJOw)에 대해 하오

왕Hao Wang 등이 저술한 〈추천 시스템의 마태 효과와 희소성 문제에 대한 정량적 분석(Quantitative Analysis of Matthew Effect and Sparsity Problem of Recommender Systems)〉(https://oreil.ly/m6iw7) 내의 실험을 살펴보겠습니다. Last.fm은 사용자가 듣는 모든 노래를 추적할 수 있는 음악 청취 트래커로서의 역할을 할 수 있어, 저자들은 Last.fm 사용자를 대상으로 사용자 쌍들 간의 평균 유사도 점수를 확인했는데, 마태 효과를 유사도 행렬 내에서 확인할 수 있었습니다(그림 3-2).

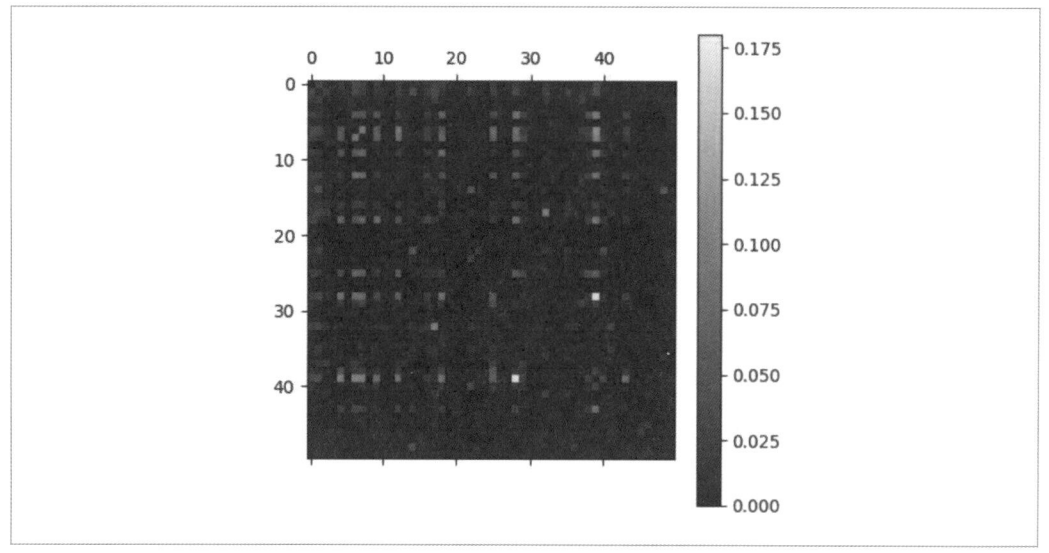

그림 3-2 Last.fm 데이터셋에서 확인한 마태 효과

'핫hot' 셀과 다른 셀 사이의 큰 차이를 확인해보겠습니다. 밝은 셀은 어두운 셀에 비해 훨씬 적은데, 이는 빈도가 0에 가까운 경우가 훨씬 더 많고 매우 인기 있는 아이템들은 흔치 않다는 점을 시사합니다. 이러한 결과는 다소 극단적으로 보일 수 있지만, 나중에 마태 효과를 완화할 수 있도록 다양성을 어느 정도 수용하는 손실 함수를 살펴보겠습니다. 다소 간단한 방법은 하류 단계 샘플링 방법downstream sampling method을 사용하는 것인데, 이는 탐색-활용explore-exploit 알고리즘의 일부로서 논의하겠습니다. 마지막으로, 마태 효과는 지프의 법칙에 따른 두 가지 주요 영향 중 첫 번째 영향일 뿐으로, 이제 두 번째 영향에 대해 알아보겠습니다.

3.2 희소성

이제 희소성에 대해 살펴보겠습니다. 가장 인기 있는 아이템에게 평가가 점점 더 치우칠수록 가장 인기가 없는 아이템에 대한 평가 데이터나 추천되는 횟수가 점점 더 부족해지는데, 이를 **데이터 희소성**data sparsity이라고 합니다. 선형대수적 정의로 보면, 요소가 대부분 0이거나 채워지지 않은 벡터에 해당합니다. 사용자-아이템 행렬user-item matrix에서 생각해보면, 인기가 별로 없는 아이템들이 바로 데이터가 적은 열들에 해당하는 것이고, 이것이 바로 희소 벡터sparse vector입니다. 결국, 규모가 커질수록 마태 효과로 인해 다수의 평가가 인기 많은 아이템에 집중되고 특정 열로 집중되어 행렬이 전통적인 수학적 의미에서 희소해지는 것을 확인할 수 있습니다. 이러한 이유로 희소성은 추천 시스템에서 매우 잘 알려진 문제입니다.

이전과 마찬가지로, 이러한 평가의 희소성이 CF 알고리즘에 미치는 영향을 고려해보겠습니다. 앞에서 설명했듯이 사용자 x의 평가 I_x에 i번째로 인기 있는 아이템인 V_i가 나타날 확률은 다음과 같습니다.

$$P(i) = \frac{f(i,M)}{\sum_{j=1}^{M} f(j,M)} = \frac{1/i}{\sum_{j=1}^{M} 1/j}$$

그러면

$$(M-1) \times P(i)$$

는 i번째로 인기 있는 아이템을 클릭하는 다른 사용자가 몇 명일지 예측한 수가 되고, 이를 i에 대해 합산하면 사용자 x와 각 아이템에 대해 평점을 공유한 다른 모든 사용자의 수를 도출할 수 있습니다.

$$\sum_{i=1}^{M} (M-1) \times P(i)$$

다시 전체적인 추세로 돌아가서, 이러한 희소성이 CF 알고리즘의 실제 계산에 영향을 주는 점을 관찰하고, 다양한 순위의 사용자들의 추세를 확인하며, 각 순위의 사용자들의 평가가 다른 사용자들의 평가에 **연관**되는지 살펴보겠습니다(그림 3-3).

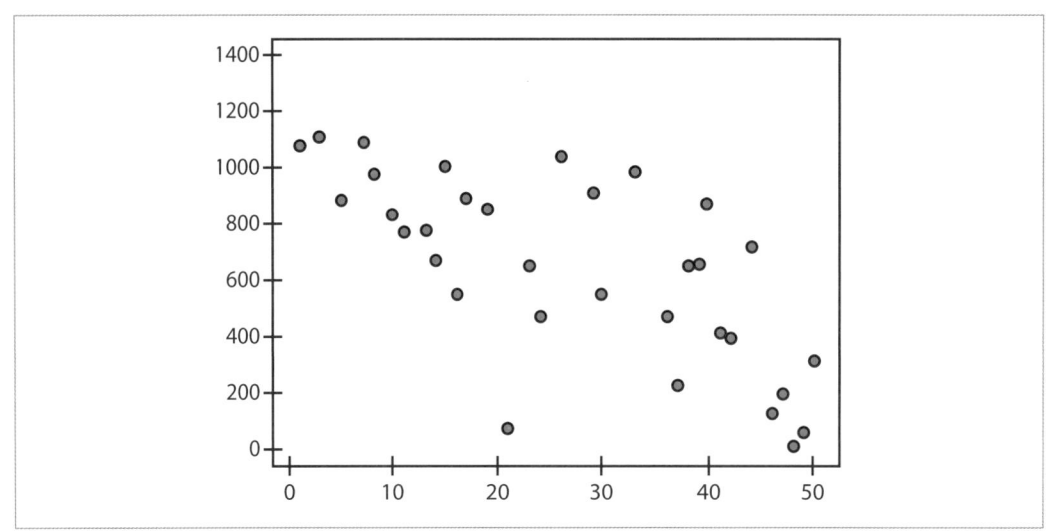

그림 3-3 **Last.fm 데이터셋에서 사용자의 순위에 따른 다른 사용자와의 유사한 횟수**

이 결과는 항상 유의해야 할 중요한 결과입니다. 희소성으로 인해 가장 인기 있는 사용자를 주로 참고하게 되어, 추천 시스템이 근시적이 될 위험이 있다는 점을 알 수 있습니다.

 **아이템 기반 협업 필터링**
수식이 다소 다르지만, 이번 장에서 논의한 내용 다수가 아이템 기반 CF에도 거의 동일하게 적용됩니다. 아이템 유사도에도 지프의 법칙이 동일하게 적용되므로, 아이템의 순위에 따라 CF 프로세스에서 참조될 확률이 급격히 떨어집니다.

3.3 협업 필터링을 위한 사용자 유사도

수학에서 **거리**distance는 흔한 논의 주제 중 하나입니다. 우리는 피타고라스의 정리에서 점들 사이의 관계를 거리 또는 비-유사도dissimilarity라고 정규 과정의 일부로 이미 배웠습니다. 실제로 이 기본 개념은 측정의 정의 중 일부로 수학적으로 정규화되어 있습니다.

$$d(a,c) \leq d(a,b) + d(b,c)$$

머신러닝에서는 대신에 유사도라는 개념에 관심을 갖는 편인데, 거리와 유사도는 매우 밀접한 관련이 있는 주제입니다. 많은 경우, 유사도similarity 또는 비-유사도는 서로 보완적이기 때문에 산출할 수 있습니다. $d : X \times X \to [0,1] \subset \mathbb{R}$ 가 **비-유사도 함수**인 경우, 우리는 다음과 같이 정의할 수 있습니다.

$$Sim(a,b) := 1 - d(a,b)$$

이 수식이 불필요하게 정확한 표현처럼 보일 수 있지만, 사실 유사도를 정의하는 데 있어 다양한 방식이 있습니다(https://oreil.ly/9xAT6). 또한 때로는 거리 측정 방법으로는 어떤 객체 집합에 대해 측정할 수 없어, 유사도 측정 방법을 공식화할 것입니다. 이러한 유사 공간pseudospace은 매우 중요하고, 10장에서 이러한 유사 공간에 대해 설명하겠습니다.

문헌에서 논문들이 유사도 측정에 대한 새로운 방법을 소개하는 것으로 시작한 뒤 그 새로운 방법을 이전에 보았던 모델에 적용하여 훈련하는 것을 볼 수 있습니다. 이는 객체들(사용자, 아이템, 특징 등) 간의 관계를 정의하는 방법이 알고리듬의 학습에 큰 영향을 미치기 때문입니다.

이제 몇 가지 유사도 측정 방법을 집중적으로 살펴보겠습니다. 전통적인 머신러닝 문제인 클러스터링clustering을 생각해보겠습니다. 데이터가 표현되는 공간(보통 $\mathbb{R}^n$)이 있고, 데이터를 모집단의 하위 집합으로 분할partition하고 이러한 집합들에 이름을 할당합니다. 많은 경우, 이러한 하위 집합들은 특정 의미를 포착하기 위한 목적으로 혹은 해당 집합의 구성요소들의 특징들을 요약하기에 유용하다는 이유로 구성합니다.

이러한 클러스터링을 수행할 때 해당 공간에서 서로 가까운 점들로 고려하는 경우가 많습니다. 또한 새로운 관측값이 주어지고 이를 어떤 집합에 포함하는 것을 추론 작업으로서 진행해야 할 때, 일반적으로 새로운 관측값의 **최근접 이웃**nearest neighbor을 계산합니다. 이는 k-**최근접 이웃**k-nearest neighbor일 수도 있고 단순히 클러스터 중심들 중 가장 가까운 것일 수도 있지만, 어느 쪽이든 유사성 개념을 사용해 연관시켜서 분류하는 것이 해야 하는 작업입니다. CF에서는 이와 동일한 개념을 사용하여 추천을 제공하려는 사용자와 이미 데이터가 있는 것들과 연관시킵니다.

최근접 이웃

최근접 이웃은 어떤 공간(특징 벡터로 정의된 점들)과 그 공간 내의 한 점이 주어지면 그 점에 가장 가까운 다른 점들을 찾을 수 있다는 간단한 기하학적 아이디어에서 비롯된 포괄적인 용어입니다. 이는 분류classification, 순위/추천ranking/recommendation, 클러스터링clustering 등 모든 머신러닝 분야에 적용됩니다. 자세한 내용은 6장의 '최근접 이웃 근사하기'를 참조하세요.

그렇다면 CF에서 사용자들의 유사도는 어떻게 정의할 수 있을까요? 이들은 명확히 같은 공간에 있는 것으로 정의할 수는 없을 것이므로 일반적인 방법으로는 부족해 보입니다.

3.3.1 피어슨 상관관계

원래의 CF 공식은 비슷한 취향을 가진 사용자들이 서로 협력하여 아이템을 추천하는 것을 의미합니다. 두 사용자 A와 B 모두가 평가한 아이템들의 집합, 즉 각자의 평점이 있는 아이템들의 집합을 $\mathscr{R}_{A,B}$로 표기하고, 사용자 A의 아이템 x에 대한 평점을 $r_{A,x}$로 표기하겠습니다. 그러면 다음은 A가 B와 공동 평가한 아이템들의 평점에서 A의 평균 평점을 뺀 편차를 합한 값입니다.

$$\sum_{x \in \mathscr{R}_{A,B}} (r_{A,x} - \bar{r}_A)$$

이러한 평점들이 무작위 변수라고 가정하고, B에 대해서도 유사하게 표현한 결합 분포된jointly distributed 변수들 간의 상관관계(모집단 공분산)가 **피어슨 상관관계**Pearson correlation입니다.

$$\text{USim}_{A,B} = \frac{\sum_{x \in \mathscr{R}_{A,B}} (r_{A,x} - \bar{r}_A)(r_{B,x} - \bar{r}_B)}{\sqrt{\sum_{x \in \mathscr{R}_{A,B}} (r_{A,x} - \bar{r}_A)^2} \sqrt{\sum_{x \in \mathscr{R}_{A,B}} (r_{B,x} - \bar{r}_B)^2}}$$

여기서 몇 가지 세부 사항을 염두에 두어야 합니다.

- 이 상관관계는 사용자의 평점을 의미하는 결합 분포된 변수들 간의 유사성을 나타냅니다.
- 상관관계를 공동 평가된 모든 아이템에서 도출되므로, 사용자 유사성을 아이템에 대한 평점으로 정의한 것입니다.
- 이 상관관계는 쌍별 유사도pairwise similarity 측정값으로, $[-1,1] \in \mathbb{R}$에 해당합니다.

> **상관관계와 유사도**
> 3부에서는 **상관관계**correlation와 **유사도**similarity에 대한 다른 정의 방법들에 대해 알아볼 것입니다. 이는 순위 데이터 처리에 더 적합하고 특히 암묵적인 순위 정보를 수용할 수 있습니다.

3.3.2 유사도를 통한 평가

지금까지 사용자 유사도를 알아보았으므로, 실제로 사용해보겠습니다! 사용자 A의 아이템 x에 대한 평점을 유사한 사용자들의 평점을 통해 추정해보겠습니다.

$$\text{Aff}_{A,i} = \bar{r}_A + \frac{\sum_{U \in \mathcal{N}(A)} \text{USim}_{A,U} \times (r_{U,i} - \bar{r}_A)}{\sum_{U \in \mathcal{N}(A)} \text{USim}_{A,U}}$$

이는 사용자 A의 아이템 x에 대한 평가를 예측한 값으로, 사용자 A의 모든 이웃 사용자들의 유사도, 즉 A와 얼마나 유사한가에 따라 가중치를 적용하여 산정한 평균 평점들에서 산출한 조정 평점의 평균입니다. 다시 말해, A의 평점은 A와 유사한 평가를 한 사람들의 평균이 될 것이며, A가 일반적으로 평점에 얼마나 관대한지에 따라 조정됩니다. 이 추정값을 **사용자-아이템 선호도 점수**user-item affinity score라고 합니다.

그런데 잠깐! $N(A)$는 무엇일까요? 이전 문단에서 설명한 USim의 정의에 따라 A의 이웃을 의미합니다. 이는 이전의 USim 지표에 의해 대상 사용자와 유사한 것으로 식별된 사용자들로 구성된 지역적 영역에 대한 평점을 집계한다는 개념입니다. 이웃은 얼마나 되나요? 이웃을 어떻게 선정하나요? 이는 다음 장에서 다룰 주제이지만, 우선은 k-최근접 이웃이라고 가정하고 약간의 하이퍼파라미터 튜닝을 통해 k의 적절한 값을 결정한다고 가정해보겠습니다.

> **상관관계 측정 공간**
>
> '이 피어슨 상관관계로 어떤 변환이 이루어진 상관관계 측정 공간correlation metric space을 도출할 수 있나요?'라고 질문할 수 있습니다. 대답은 '그렇다'이지만, 측정 공간의 명확한 정의는 앞서의 간단한 정의보다 더 복잡합니다. 앞의 수식으로 거리를 구할 수 있지만, 측정 공간을 도출하기에는 충분하지 않아 더 새로운 변환이 필요합니다.
>
> 특히, 앞서 정의한 상관관계 $P(A,B)$의 경우, $1-P(A,B)$ 삼각 부등식을 **제외**한 모든 측정과 관련된 속성들을 만족하는 거리를 산출할 수 있습니다. 이를 보정하는 몇 가지 알려진 방법이 있는데, $\sqrt{1-P(A,B)^2}$이 가장 일반적입니다. 자세한 내용은 스틴 반 동겐Stijn van Dongen과 앤턴 J. 엔라이트Anton J. Enright의 '코사인 유사도와 피어슨 및 스피어만 상관관계에서 도출된 측정 거리(Metric Distances Derived from Cosine Similarity and Pearson and Spearman Correlations)'(https://oreil.ly/6bmlp)를 참조하십시오.

3.4 추천 시스템으로서의 탐색-활용

지금까지 약간 상호 배타적인 두 가지 아이디어를 소개했습니다.

- 간단하고 이해하기 쉬운 추천 시스템, 가장 인기 있는 아이템 추천 시스템most-popular-item recommender, MPIR
- 추천 시스템에서의 마태 효과와 평점 분포에서의 폭주 현상runaway behavior

이제 MPIR이 마태 효과를 증폭시키고, 마태 효과로 인해 MPIR이 한계에 다다르면 간단한 추천 시스템trivial recommender, TR이 되어버린다는 사실을 깨달았을 것입니다. 이는 무작위 추출randomization 없이 손실 함수loss function를 최대화할 때 발생하는 전형적인 한계점으로, 빠르게 어떤 고유 상태modal state로 고착화되는 것입니다.

이 문제뿐만 아니라 이와 유사한 다른 많은 문제들 때문에, 알고리즘을 일부 수정하여 위와 같은 실패 상태에 도달하지 않도록 방지하고, 알고리즘에 여러 옵션을 설정할 뿐만 아니라 사용자들에게도 다른 여러 선택지들을 제공합니다. 즉, **탐색-활용**explore-exploit 방식 혹은 **멀티암드 밴딧**multi-armed bandit의 기본 전략은 결과를 극대화하는 추천과 여러 대체 추천들 중에서 무작위로 선택하여 응답으로 사용하는 것입니다.

다른 관점에서 보면, 여러 가지 추천 혹은 **암**arm의 집합 A가 주어지고 각 추천의 결과가 y_t일 때 사전 보상 함수 $R(y_t)$라고 하겠습니다. 슬롯머신(학문적으로는 **에이전트**agent라고 함)은 $R(y_t)$를 최대화하려 하지만 결과 $Y_{a \in A}$의 분포를 알지는 못합니다. 따라서 에이전트는 $Y_{a \in A}$에 대한 사전 분포prior distribution를 몇 가지 가정한 다음, 데이터를 수집하고 가정을 갱신합니다. 그런 뒤 충분히 관측하면, 각 분포의 기댓값 $\mu_{a \in A} = \mathbb{E}(\mathcal{R}(Y_a))$를 추정할 수 있습니다.

에이전트가 이러한 보상을 명확하게 추정할 수 있다면 추천 문제를 해결할 수 있을 것입니다. 추론 시 에이전트가 사용자에 대한 모든 선택지의 보상을 추정하여 가장 높은 보상을 줄 것으로 예상되는 암reward-optimizing arm을 선택할 수 있기 때문입니다. 물론 이는 전체적으로 보면 터무니없어 보일 수 있지만, 그럼에도 기본적인 방향은 적절합니다. 보상이 가장 클 것으로 기대되는 선택지가 무엇일지 미리 가정하고, 약간의 차이가 있는 몇 가지 대안들을 탐색하여 분포들을 계속 갱신하고 추정값을 개선하는 것입니다.

멀티암드 밴딧을 직접 사용하지 않더라도, 이러한 인사이트는 추천 시스템의 목표를 이해하는 데 강력하고 유용한 프레임워크가 될 수 있습니다. 좋은 추천을 위한 사전 추정치를 활용하고 다른 선택지를 탐색하여 신호를 얻는 아이디어는 핵심적이고 반복적으로 등장합니다. 이 접근 방식의 실용적인 부분 한 가지를 살펴보겠습니다.

3.4.1 ϵ-그리디 전략

보상-최적화 암을 사용할 때 얼마나 자주 탐색해야 할까요? 첫 번째 최적 알고리즘은 엡실론-그리디ϵ-greedy입니다. $\epsilon \in (0, 1)$에서 에이전트는 각 요청에 대해 무작위 암을 선택할 확률 ϵ과 현재 가장 높은 것으로 예상되는 보상을 주는 암을 선택할 확률 $1 - \epsilon$을 갖습니다.

MPIR을 가져와서 약간의 탐색을 포함하도록 약간 수정해보겠습니다.

```python
from jax import random
key = random.PRNGKey(0)

def get_item_popularities() -> Optional[Dict[str, int]]:
    ...
        # 쌍으로 구성된 딕셔너리: (아이템-구분자, 아이템이 선택된 횟수)
        return item_choice_counts
    return None

def get_most_popular_recs_ep_greedy(
    max_num_recs: int,
    epsilon: float
) -> Optional[List[str]]:
    assert epsilon<1.0
    assert epsilon>0

    items_popularity_dict = get_item_popularities()
    if items_popularity_dict:
        sorted_items = sorted(
            items_popularity_dict.items(),
            key=(lambda item: item[1]),
            reverse=True,
        )
        top_items = [i[0] for i in sorted_items]
        recommendations = []
        for i in range(max_num_recs): # max_num_recs만큼 반환한다.
            if random.uniform(key)>epsilon: # 엡실론보다 크면 활용한다.
                recommendations.append(top_items.pop(0))
            else: # 아니면, 탐색한다.
                explore_choice = random.randint(1,len(top_items))
                recommendations.append(top_items.pop(explore_choice))
        return recommendations

    return None
```

MPIR에서 유일하게 수정한 부분은 이제 max_num_recs만큼의 추천에 대해 두 가지 경우가 있다는 것입니다. 무작위 확률이 ϵ 보다 작으면 원래와 같이 진행하여 가장 인기 있는 것을 선택하고, 그렇지 않으면 무작위 추천을 선택합니다.

> **보상 극대화하기**
>
> 지금까지는 보상 극대화를 가장 인기 있는 아이템을 선택하는 것으로 해석하고 있습니다. 이는 중요한 가설인데, 더 복잡한 추천 시스템으로 넘어갔으므로 다양한 알고리즘과 체계를 얻기 위해서는 가설을 수정해야 할 것입니다.

이제 추천 시스템 구성 요소를 다시 한번 요약해보겠습니다.

수집기 collector

여기서 수집기는 변경할 필요가 없습니다. 여전히 아이템 인기도를 우선 가져올 것입니다.

랭커 ranker

랭커도 변하지 않습니다! 먼저 인기도에 따라 가능한 추천의 순위를 매깁니다.

서버 server

수집기와 랭커는 동일하게 유지되지만, 서버는 이 새로운 추천 시스템에 맞게 조정해야 합니다. 상위 아이템을 가져와 `max_num_rec`를 채우는 대신, ϵ을 사용하여 각 스텝마다 목록에 추가할 다음 추천이 랭커에서 다음 순서의 것인지 아니면 무작위로 선택한 것인지 결정합니다. 하지만 API 스키마는 동일하게 고수하고 동일한 형태의 데이터를 반환합니다.

3.4.2 ϵ은 무엇이어야 하나요?

앞의 논의에서 ϵ은 전체 호출에 대해 고정된 숫자인데, 그 값은 무엇이어야 할까요? 이 문제는 실제로 많은 연구가 이루어지고 있는 분야이며, 더 많은 탐색을 유도하기 위해 큰 ϵ으로 시작한 다음 시간이 지남에 따라 줄여 나가는 것이 일반적인 방식입니다. 감소 속도, 시작 값 등을 결정하려면 깊은 고민과 연구가 필요합니다. 또한 이 값은 예측 루프에 연결하여 학습 과정의 일부로 사용할 수 있습니다. 더 자세히 알아보려면 조셉 로카 Joseph Rocca의 '탐색-활용 트레이드 오프: 직관과 전략(The Exploration-Exploitation Trade-Off: Intuitions and Strategies)'[2]을 참조하세요.

최적화를 위한 다른 (그리고 더 나은) 샘플링 기법도 존재합니다. **중요도 샘플링** 기법에서 우리가 나중에 구현할 순위 함수를 활용하여, 탐색-활용 전략과 데이터를 통해 알아야 할 정보를 통합할 수 있습니다.

---

2 https://medium.com/towards-data-science/the-exploration-exploitation-dilemma-f5622fbe1e82

3.5 NLP와 RecSys의 관계

머신러닝의 다른 영역인 자연어 처리natural language processing, NLP에서 얻은 직관을 활용해봅시다. NLP의 기본 모델 중 하나는 언어 이해를 위한 시퀀스 기반 모델인 **word2vec**인데, 문장들에 함께 등장하는 단어들을 사용합니다.

skipgram-word2vec의 경우, 즉 word2vec 기법의 skipgram 모델은 문장을 입력받아 그 문장 내 단어들의 동시 출현 관계를 통해 단어들의 암묵적 의미를 학습하려고 시도합니다. 동시 출현하는 각 단어 쌍은 하나의 샘플을 구성하며, 이는 원-핫 인코딩one-hot encoding되어 어휘 크기의 뉴런 계층에 입력됩니다. 그 뉴런 계층은 병목bottleneck 계층과 단어 출현 확률을 위한 어휘 크기의 출력 계층으로 이루어져 있습니다.

이 신경망을 통해 표현의 크기를 병목 차원만큼 줄임으로써, 원래 말뭉치 크기와 같은 크기의 원-핫 임베딩보다 모든 단어들에 대한 더 작은 차원의 표현을 찾을 수 있습니다. 이제 단어 간의 유사도를 이 새로운 표현 공간에서 벡터 유사도로 계산할 수 있습니다.

이것이 추천 시스템과 어떤 관련이 있을까요? 사용자-아이템 상호작용의 순서화된 시퀀스(예: 사용자가 평가한 영화 순서)를 가져오면, 단어 유사도 대신 word2vec의 아이디어를 활용하여 아이템 유사도를 확인할 수 있습니다. 이 비유에서 사용자 기록은 **문장**sentence이라고 할 수 있습니다.

이전에는 한 사용자에게 적합한 추천을 하기 위해 CF 유사도를 사용하여 유사한 사용자들에 대해 확인하면 추천에 도움이 될 수 있다고 판단했습니다. 그런데 이번 모델에서는 아이템-아이템 유사도item-item similarity를 확인하고 있어, 사용자가 이전에 좋아했던 아이템과 유사한 아이템을 좋아할 것이라고 가정하겠습니다.

단어들로서의 아이템
자연어 모델은 단어를 시퀀스로 취급하는데, 사실 사용자 기록도 시퀀스라는 점을 눈치챘을 것입니다! 지금은 이 사실을 기억만 해두십시오. 뒤에서 RecSys를 위한 시퀀스 기반 방법론을 살펴보겠습니다.

3.5.1 벡터 검색

우리는 아이템들에 대한 벡터 표현 집합을 만들었고, 이 공간(**잠재 공간** 또는 **표현 공간**representation space 또는 **주변 공간**ambient space이라고도 함) 안에서의 유사도가 사용자들의 **취향** 유사도를 의미한다고 주장하겠습니다.

이 유사도를 추천으로 변환하기 위해, 사용자 A가 이전에 '좋아요'를 누른 아이템 $\mathscr{R}_A$의 집합과 이 잠재 공간 내의 각 아이템과 연관된 벡터 집합 $\mathscr{A} = \{v_x \mid x \in \mathscr{R}_A\}$이 있다고 하겠습니다. 우리는 A가 좋아할 것으로 추정되는 새로운 아이템 y를 찾고 있다고 하겠습니다.

 **오래된 저주**

이러한 잠재 공간은 보통 고차원인데, 잘 알려진 바와 같이 유클리드 거리 Euclidean distance는 이 공간에서 거리를 측정하기에 적합하지 않습니다. 영역 내 분포가 희박할수록 거리 함수의 성능은 감소합니다. 따라서 국소 거리 local distance는 의미가 있지만, 전역 거리 global distance는 신뢰할 수 없습니다. 대신 코사인 거리 cosine distance가 더 나은 성능을 보이는데, 이는 깊이 연구해야 할 주제입니다. 또한 실제로는 거리를 최소화하기 보다는 유사도를 최대화하는 것이 더 낫습니다.

유사도를 사용하여 추천을 생성하는 간단한 방법 중 하나는 A가 좋아하는 아이템들의 평균에 가장 가까운 아이템을 추천하는 것입니다.

$$\mathrm{argmax}_y \left\{ \mathrm{USim}(v_y, avg(\mathscr{A})) \mid y \in \mathrm{Items} \right\}$$

여기서 $d(-,-)$는 잠재 공간에서의 거리 함수(일반적으로 코사인 거리)를 의미합니다.

argmax는 기본적으로 A의 모든 평가를 동등하게 취급하고 이들에 가까운 아이템을 제안합니다. 하지만 실제로는 이 과정에 종종 문제가 있습니다. 우선, 평가에 따라 각 항에 가중치를 둘 수 있습니다.

$$\mathrm{argmax}_y \left\{ \mathrm{USim}\left(v_y, \frac{\sum_{v_x \in \mathscr{A}} r_x}{|\mathscr{R}_A|}\right) \mid y \in \mathrm{Items} \right\}$$

이렇게 하면 추천에서 사용자 피드백의 대표성이 향상될 수도 있습니다. 그런데 사용자가 다양한 장르와 주제에 걸친 영화들을 평가하는 경우가 있을 수도 있습니다. 이 경우 평균을 내면 결과가 더 나빠질 수 있으므로, 사용자가 좋아하는 영화 한 편과 유사한 영화를 추천하되 그 평가에 가중치를 두는 편이 나을 수 있습니다.

$$\mathrm{argmax}_y \left\{ \frac{\mathrm{USim}(v_y, v_x)}{r_x} \mid y \in \mathrm{Items}, v_x \in \mathscr{A} \right\}$$

마지막으로, 사용자가 좋아하는 여러 아이템에 대해 이 프로세스를 여러 번 수행하여 k개의 추천 아이템을 얻고자 할 수도 있습니다.

$$\text{min-}k\left\{\text{argmax}_y\left\{\frac{\text{USim}(v_y, v_x)}{r_x} \mid y \in \text{Items}\right\} \mid v_x \in \mathscr{A}\right\}$$

이제 우리는 k개의 추천 목록을 얻었습니다. 각 추천은 사용자가 '좋아요'를 누른 아이템과 유사하고, 사용자가 얼마나 좋아하는지에 따라 가중치를 부여했습니다. 이 접근 방식은 아이템들의 동시 출현co-occurrence에 의해 아이템들 사이에 형성된 암묵적인 기하학적 관계만을 활용했습니다.

잠재 공간들과 잠재 공간에서 추천을 도출하는 과정에서 비롯되는 기하학적 힘은 이 책의 나머지 부분을 관통하는 핵심이 될 것입니다. 우리는 종종 이러한 기하학을 통해 손실 함수를 공식으로 만들 것이며, 기하학적 직관을 활용하여 다음에 기술을 어디로 확장해 나갈지 고민할 것입니다.

3.5.2 최근접 이웃 검색

'이 거리를 최소화하는 벡터를 어떻게 구할 수 있을까?'라는 합리적인 의문을 가질 수 있습니다. 앞서 언급한 모든 방식에서 많은 거리를 계산한 다음 최솟값을 찾았습니다. 일반적으로 최근접 이웃 문제는 매우 중요하고 잘 연구된 주제입니다.

최근접 이웃을 정확히 찾는 것은 아직 경우에 따라 느린 반면에, 근사 최근접 이웃approximate nearest neighbor, ANN을 찾는 것에는 많은 진전이 있었습니다. 이러한 알고리즘은 실제 최근접 이웃에 매우 근접한 결과를 반환할 뿐만 아니라, 복잡도 차원에 대해서도 더 빠르게 수행됩니다. 일반적으로, 우리(또는 다른 출판물)가 어떤 거리에 대한 **argmin**(함수를 최소화하는 인자)을 계산하는 것을 확인해보면, 실제로는 ANN을 사용하고 있을 가능성이 높습니다.

3.6 요약

앞 장의 추천 시스템에서 지프의 법칙과 마태 효과 같은 데이터 분포 원리에 대해 설명했습니다. 이러한 원리는 편향된 사용자 유사도 점수 및 데이터 희소성과 같은 문제를 야기합니다. 전통적인 수학은 거리에 초점을 두는 반면, 머신러닝의 세계에서는 유사도 개념에 초점을 맞춥니다. 유사도 측정 방식에 따라 알고리즘 학습 결과가 크게 달라질 수 있는데, 클러스터링이 주요 응용 분야입니다.

추천 시스템 분야에서 아이템은 종종 고차원의 잠재 공간으로 표현됩니다. 이러한 공간에서의 유사도는 사용자의 선호도를 암시합니다. 여러 방법들 중 하나로 사용자의 평균 '좋아요' 수에 가까운 아이템을 추천하는 방법이 있으며, 사용자 평가에 따른 가중치를 추가하여 개선할 수 있습니다. 그러나 개인별 선호도에 따라 다양한 추천이 필요합니다. 잠재 공간은 계속해서 추천 분야에 영향을 끼치며 추천 기술을 발전시키고 있습니다.

이러한 벡터를 효과적으로 찾으려면 최근접 이웃 검색이 필요합니다. 정확한 최근접 이웃 검색은 자원 집약적이지만, 대략적인 최근접 이웃 검색은 빠르면서도 어느 정도 정확한 설루션을 제공하여 이 장에서 논의된 추천 시스템의 기반이 될 수 있습니다.

CHAPTER 4

추천 시스템 설계

이제 추천 시스템의 작동 방식에 대한 기본적인 이해를 갖추었으므로, 산업적 규모에서 추천을 제공할 수 있는 시스템을 설계하는 데 필요한 요소를 자세히 살펴보겠습니다. 여기서 말하는 **산업적 규모**industrial scale란 주로 **합리적인 규모**reasonable scale(치로 그레코Ciro Greco, 안드레아 폴로니올리Andrea Polonioli, 야코포 탈리아부에Jacopo Tagliabue가 '합리적인 규모의 머신러닝 및 MLOps(ML and MLOps at a Reasonable Scale)'(https://oreil.ly/jNIRY)에서 소개한 용어)를 의미하며, 수천 명까지는 아니지만 수십 명에서 수백 명의 엔지니어가 제품 개발에 참여하는 기업의 상용 애플리케이션을 뜻합니다.

이론적으로 추천 시스템은 사용자-아이템 상호작용에 대한 과거 데이터를 가져와 사용자-아이템 쌍의 선호도에 대한 확률 추정치를 반환할 수 있는 수학 공식의 모음이라 할 수 있습니다. 실제로 추천 시스템은 5개, 10개, 때로는 20개의 소프트웨어 시스템으로 구성되어 있고, 실시간으로 통신하면서 제한된 정보, 제한된 아이템 가용성, 표본에서 벗어난 행동 등의 사용자가 무엇something을 보고 있는지 확인하기 위한 모든 정보를 처리합니다.

이번 장은 유진 옌Eugene Yan의 '추천 및 검색을 위한 시스템 설계(System Design for Recommendations and Search)'(https://oreil.ly/UBMB2)와 이븐 올드리지Even Oldridge 등의 '단순한 추천 모델이 아닌 추천 시스템(Recommender Systems, Not Just Recommender Models)'(https://oreil.ly/G2aiH)의 영향을 많이 받았습니다.

4.1 온라인 대 오프라인

머신러닝 시스템은 사전에 수행하는 작업과 실시간으로 수행하는 작업으로 구성됩니다. 이렇게 온라인과 오프라인을 구분한 이유는 다양한 유형의 작업을 수행하는 데 필요한 정보를 실질적으로 고려했기 때문입니다. 대규모 패턴을 관찰하고 학습하려면 시스템이 대량의 데이터에 접근해야 하는데, 이것이 바로 오프라인 구성 요소입니다. 그러나 추론을 수행하려면 훈련된 모델과 관련 입력 데이터만 있으면 됩니다. 그런 이유로 많은 머신러닝 시스템의 아키텍처가 이러한 방식으로 구조화되어 있습니다. 온라인-오프라인 패러다임의 두 가지 측면을 설명할 때 **배치**batch와 **실시간**real-time 이라는 용어를 자주 접하게 될 것입니다(그림 4-1).

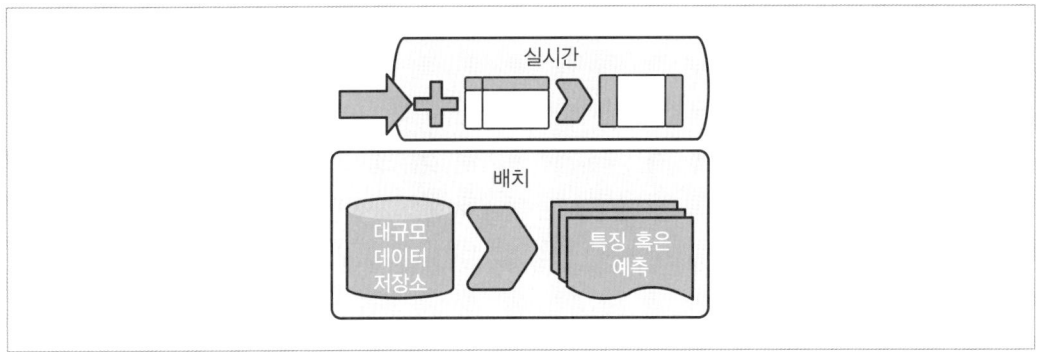

그림 4-1 배치와 실시간의 비교

배치 프로세스batch process는 사용자 입력이 필요하지 않고, 완료까지 예상되는 시간이 더 길며, 필요한 모든 데이터를 동시에 사용할 수 있습니다. 때로는 배치 프로세스에 과거 데이터를 사용하여 모델을 훈련하거나, 추가 특징feature 모음으로 하나의 데이터셋을 보강하거나, 계산 비용이 많이 드는 데이터를 변환하는 작업 등을 포함합니다. 배치 프로세스에서 더 자주 볼 수 있는 또 다른 특징은 데이터를 시간 등으로 분할하여 일부만 활용하는 것이 아니라 관련된 전체 데이터셋을 사용한다는 점입니다.

실시간 프로세스real-time process는 요청 시점에 수행되는데, 달리 표현하면 추론 과정 중에 평가됩니다. 예를 들어 페이지 로딩 시 추천을 제공하거나, 사용자가 직전의 에피소드를 완료한 후 바로 다음 에피소드를 갱신하거나, 추천 중 하나를 **관심 없음**not interesting으로 표시한 후 추천 순위를 다시 매기는 것 등이 그 예입니다. 실시간 프로세스는 신속성을 요구하기 때문에 자원이 제한되는 경우가 많습니다. 하지만 이 분야의 다른 많은 경우와 마찬가지로 전 세계의 컴퓨팅 자원이 확장됨에 따라 자원 제약의 정의가 바뀌고 있습니다.

1장에서 소개한 구성 요소인 수집기, 랭커, 서버로 돌아가, 오프라인 및 온라인 시스템에서 각 구성 요소의 역할을 살펴보겠습니다.

4.2 수집기

수집기collector의 역할은 추천할 수 있는 아이템 모음에 무엇이 있는지, 그리고 해당 아이템에 필요한 특징이나 속성이 무엇인지 파악하는 것입니다.

4.2.1 오프라인 수집기

오프라인 수집기offline collector는 가장 큰 데이터셋에 접근할 수 있고 이를 담당합니다. 모든 사용자-아이템 상호작용, 사용자 유사도, 아이템 유사도, 사용자 및 아이템에 대한 피처 스토어feature store, 최근접 이웃 조회를 위한 인덱스 등을 이해하는 것은 모두 오프라인 수집기의 역할입니다. 오프라인 수집기는 관련 데이터에 매우 빠르게, 때로는 대량으로 접근할 수 있어야 합니다. 이를 위해, 오프라인 수집기는 종종 준선형sublinear 검색 기능이나 특별히 튜닝된 인덱싱 구조를 구현합니다. 또한 이러한 변환을 위해 분산 컴퓨팅을 활용할 수도 있습니다.

오프라인 수집기는 이러한 데이터셋에 대한 접근 권한과 지식이 필요할 뿐만 아니라, 실시간으로 사용하기 위해 필요한 하류 단계의 데이터셋을 구성할 책임도 있다는 점을 기억해야 합니다.

4.2.2 온라인 수집기

온라인 수집기online collector는 오프라인 수집기가 인덱싱하고 준비한 정보를 사용하여 추론에 필요한 데이터의 일부에 실시간으로 접근할 수 있도록 합니다. 이 과정에는 최근접 이웃을 검색하거나, 피처 스토어 내의 특징들로 관측을 보강하고, 전체 인벤토리 카탈로그를 파악하는 등의 기법도 포함됩니다. 온라인 수집기는 또한 최근 사용자 행동을 처리해야 하는데, 이는 17장에서 살펴볼 순차적 추천기sequential recommender에서 특히 중요합니다.

온라인 수집기가 담당할 수 있는 추가적인 역할은 요청을 인코딩하는 것입니다. 검색 추천 시스템은 검색어를 가져다 임베딩 모델을 통해 **검색 공간**search space에 인코딩합니다. 콘텍스트 기반 추천 시스템에도 임베딩 모델을 사용해 콘텍스트를 **잠재 공간**에 인코딩해야 합니다.

임베딩 모델

수집기 작업에서 널리 사용되는 하위 구성 요소 중 하나는 임베딩 단계입니다(발리아파 락슈마난Valliappa Lakshmanan 등의 《머신러닝 디자인 패턴》(한빛미디어, 2021)을 참조하세요). 오프라인 쪽의 임베딩 단계에는 임베딩 모델을 훈련 작업과 나중에 사용할 잠재 공간을 구성하는 작업이 모두 포함됩니다. 온라인 쪽에는 임베딩 변환을 통해 검색어를 올바른 공간에 임베드해야 합니다. 이러한 방식으로 임베딩 모델은 모델 아키텍처의 일부로 포함되는데, 변환 역할을 합니다.

4.3 랭커

랭커ranker의 역할은 수집기가 제공하는 아이템 모음을 가져와서 맥락과 사용자에 적합한 모델에 맞춰 모음의 일부 또는 전부를 정렬하는 것입니다. 실제로 랭커는 필터링과 순위 결정이라는 두 가지 구성 요소로 이루어져 있습니다.

필터링filtering은 추천에 적합한 아이템을 대략적으로 포함하고 제외하는 것으로 생각할 수 있습니다. 이 절차는 일반적으로 표시하고 싶지 않은 많은 잠재적 추천 아이템을 빠르게 제거하는 것이 특징입니다. 사소한 예로는 사용자가 과거에 이미 선택했다는 것을 알고 있는 아이템은 추천하지 않는 것입니다.

순위 결정scoring은 다소 전통적인 접근법으로, 선택한 목적 함수에 맞춰 잠재적 추천의 순서를 만드는 것입니다.

4.3.1 오프라인 랭커

오프라인 랭커offline ranker의 목적은 필터링과 순위 결정을 용이하게 하는 것입니다. 온라인 랭커와의 차이점은 유효성 검사를 실행하는 방식과 온라인 랭커가 활용할 수 있는 빠른 데이터 구조를 구축하는 데 출력을 사용하는 방식입니다. 또한 오프라인 랭커는 인간 참여human-in-the loop 머신러닝을 위한 **인간 검수 절차**human review process와 통합할 수 있습니다.

나중에 설명할 중요한 기술은 **블룸 필터**Bloom filter입니다. 블룸 필터를 사용하면 오프라인 랭커가 배치로 작업을 수행할 수 있어 실시간 필터링이 훨씬 더 빨라질 수 있습니다. 이 절차를 지나치게 단순화할 경우, 요청의 몇 가지 특징만 사용하여 모든 후보 중에서 하위 집합을 빠르게 선택하는 것입니다. 이 단계를 빠르게 완료할 수 있다면, 즉 계산 복잡도가 후보 수의 이차 함수보다 낮도록 노력한다면, 하류 단계에서 복잡한 알고리즘의 성능을 훨씬 더 향상시킬 수 있습니다.

필터링 단계 다음으로 중요한 것은 순위 결정 단계입니다. 오프라인 구성 요소에서 순위 결정은 아이템의 순위를 지정하는 방법을 학습한 모델을 훈련하는 것입니다. 나중에 살펴보겠지만, 목적 함수에 대해 가장 우수한 성능을 낼 수 있는 아이템의 순위를 매기는 방법을 학습하는 것이 추천 모델에서 핵심입니다. 이러한 모델을 훈련하고 출력의 일부를 준비하는 것도 랭커의 배치 작업에서 책임져야 하는 작업 중 일부입니다.

4.3.2 온라인 랭커

온라인 랭커online ranker가 많은 찬사를 받지만, 실제로는 다른 구성 요소들의 노력이 필요합니다. 온라인 랭커는 먼저 오프라인으로 구축된 필터링 인프라(예: 인덱스 조회 또는 블룸 필터 적용)를 활용하여 필터링을 수행합니다. 필터링이 끝나면 추천 후보의 개수가 줄어들고, 가장 악명 높은 작업인 추천 아이템들 순위 결정을 할 수 있습니다.

온라인 순위 결정 단계에서는 일반적으로 피처 스토어에 접근하여 후보들을 가져와 필요한 세부 정보로 구성하고 평가 및 순위 모델을 적용합니다. 평가 또는 순위 결정을 여러 독립적인 차원에서 수행한 후 하나의 최종 순위로 집계할 수 있습니다. 다중 목적 패러다임 관점에서는 랭커가 반환한 후보 목록과 관련된 여러 개의 순위 목록이 있을 수도 있습니다.

4.4 서버

서버server의 역할은 랭커가 제공한 정렬된 하위 집합을 가져와서 필요한 데이터 스키마(필수 비즈니스 로직 포함)를 충족하는지 확인하고 요청된 개수만큼의 추천을 반환하는 것입니다.

4.4.1 오프라인 서버

오프라인 서버offline server는 시스템에서 반환된 추천들에 대해 엄격한 요구 사항을 상위 수준에서 조정하는 역할을 담당합니다. 요구 사항에는 스키마를 설정하고 적용하는 것 외에 '이 상의를 추천할 때 이 바지는 절대로 반환하지 말 것' 같은 미묘한 규칙도 포함할 수 있습니다. 종종 '비즈니스 로직'으로 간주되기도 하는 오프라인 서버는 반환된 추천에 최상위 우선순위를 부여하는 효율적인 방법을 만들어야 할 책임을 지기도 합니다.

오프라인 서버의 또 다른 책임은 실험과 같은 작업을 처리하는 것입니다. 언젠가는 이 책으로 구축한 모든 놀라운 추천 시스템을 테스트하기 위해 온라인 실험을 실행하려 할 것입니다. 오프라인 서버는 온라인 실험에 필요한 실험 결정을 내리고 온라인 서버가 실시간으로 사용할 수 있는 방식으로 결과를 제공하기 위해 필요한 로직을 구현할 수 있는 곳입니다.

4.4.2 온라인 서버

온라인 서버online server는 설정된 규칙, 요구 사항, 구성configuration을 가져와 순위가 지정된 추천 아이템에 최종적으로 적용합니다. 간단한 예로 다양화diversification 규칙을 들 수 있는데, 나중에 살펴보겠지만 추천 아이템의 다양화는 사용자 경험의 품질에 상당한 영향을 미칠 수 있습니다. 온라인 서버는 오프라인 서버에서 다양화 요구 사항을 확인하고, 이를 순위 목록에 적용하여 다양화된 추천 아이템을 요청된 개수만큼 반환할 수 있습니다.

4.5 요약

온라인 서버는 다른 시스템이 응답을 받는 엔드포인트라는 점을 기억해야 합니다. 시스템에서 가장 복잡한 구성 요소의 대부분이 업스트림에 있고, 일반적으로는 바로 메시지를 전송하는 곳입니다. 응답이 느려질 때 각 시스템을 충분히 관찰할 수 있어 시스템을 계측하고 성능 저하의 원인을 파악할 수 있도록 해야 합니다.

이제 프레임워크를 설정하고 핵심 구성 요소의 기능을 이해했으므로, 다음 장에서는 머신러닝 시스템으로서의 측면과 이와 관련된 기술 종류에 대해 알아보겠습니다.

다음 장에서는 앞서 언급한 구성 요소를 직접 사용해보고 주요 측면을 어떻게 구현할 수 있는지 살펴보겠습니다. 각 아이템의 콘텐츠만 사용하는 상용 추천 시스템을 구현하는 것으로 마무리하겠습니다. 시작해봅시다!

CHAPTER 5

모두 하나로 합치기: 콘텐츠 기반 추천 시스템

1부에서는 추천 시스템의 가장 기본적인 구성 요소 몇 가지를 살펴봤습니다. 이번 장에서는 이를 직접 실습해보겠습니다. 핀터레스트 이미지를 위한 추천 시스템을 설계하고 구현해보겠습니다. 이번 장을 비롯한 이 책의 다른 '모두 하나로 합치기' 장에서는 오픈 소스 도구를 사용하여 데이터셋으로 작업하는 방법을 소개합니다. 이번 장의 자료는 깃허브에 호스팅하고 있는 코드를 참조하고 있고, 콘텐츠를 제대로 경험하려면 다운로드하여 사용해야 합니다.

이번 장이 첫 번째 실습 장이므로, 개발 환경에 대한 몇 가지 추가 설정 지침이 있습니다. 이 코드는 윈도우의 리눅스용 윈도우 서브시스템Windows Subsystem for Linux, WSL에서 구동한 우분투 가상 머신에서 개발했습니다. 이 코드는 리눅스 가상 머신에서 정상적으로 실행되겠지만, macOS에서는 기술적인 조정이 필요하고, 윈도우에서는 더 많은 작업이 필요하므로 WSL2 우분투 가상 머신에서 실행하는 것이 좋습니다. 윈도우용 마이크로소프트 문서(https://oreil.ly/VWPhi)에서 WSL 설정 방법을 확인할 수 있습니다. 가상 머신용 이미지로는 우분투를 선택했습니다. NVIDIA GPU가 있어 이를 사용하려면, NVIDIA CUDA(https://oreil.ly/rnCw4) 및 cuDNN(https://oreil.ly/LHa-I)이 필요합니다.

우리는 왕청 캉Wang-Cheng Kang 등의 〈룩 완성하기: 장면 기반 보완 제품 추천(Complete the Look: Scene-Based Complementary Product Recommendation)〉(https://oreil.ly/2EDnZ)에서 얻을 수 있는 STLShop the Look 데이터셋(https://oreil.ly/PxfJn)을 사용할 것입니다.

이번 장에서는 콘텐츠 기반 추천 시스템을 구축하는 방법을 살펴보겠습니다. 콘텐츠 기반 추천 시스템은 추천하려는 아이템에 대한 간접적이고 일반화 가능한 표현을 사용한다는 점을 기억하세요. 예를 들어, 케이크를 추천하고 싶지만 케이크의 이름을 사용할 수 없다고 가정해보겠습니다. 대신 케이크나 그 재료에 대한 설명을 콘텐츠 특징으로 사용할 수 있습니다.

우리는 STL 데이터셋을 사용하여 특정한 설정으로 찍은 어떤 사람의 사진들 속의 장면들과 잘 어울릴 것으로 보이는 제품들을 매칭하려 합니다. 훈련 집합에는 단일 제품들과 장면들의 쌍이 포함되어 있는데, 우리는 콘텐츠 추천 시스템을 사용하여 전체 제품 카탈로그로 추천의 범위를 확장하고 일종의 순위로 정렬하려 합니다. 콘텐츠 추천 시스템은 콘텐츠의 간접적인 특징을 사용하여 추천할 수 있으므로, 콘텐츠 추천 시스템을 사용하여 추천 시스템이 모르는 새로운 제품을 추천하거나, 사용자가 추천 시스템을 사용하기 시작하고 피드백 루프가 구축되기 전에 수동으로 큐레이션된 데이터를 추천 시스템을 워밍업하는 데 사용할 수 있습니다. 우리는 STL 데이터셋 중에서 장면과 제품의 시각적 외관에 초점을 맞출 것입니다.

합성곱 신경망convolutional neural network, CNN 아키텍처를 통해 콘텐츠 임베딩을 생성하고, 삼중항 손실triplet loss을 통해 임베딩을 훈련시켜, 콘텐츠 추천 시스템을 만드는 방법을 살펴볼 것입니다.

이번 장에서는 다음과 같은 주제를 다룹니다.

- 버전 관리 소프트웨어revision control software
- 파이썬 빌드 시스템Python build system
- 무작위 아이템 추천 시스템
- STL 데이터셋에서 이미지 가져오기
- CNN의 정의
- JAX, Flax, Optax를 사용하여 모델 훈련하기
- 입력 파이프라인

5.1 버전 관리 소프트웨어

버전 관리 소프트웨어revision control software는 코드 변경 사항을 추적하는 소프트웨어 시스템입니다. 작성한 코드의 버전을 추적하는 데이터베이스라고 생각하면 되며, 각 코드 버전 간의 차이를 보여

주고 이전 버전으로 되돌리는 등의 기능을 추가로 제공합니다.

버전 관리 시스템에는 여러 종류가 있습니다. 예를 들어, 이 책의 코드는 깃허브(https://oreil.ly/DsolH)에서 호스팅합니다.

우리가 사용하는 버전 관리 소프트웨어는 깃Git(https://git-scm.com)입니다. 코드 변경 사항은 **패치**patch라고 하는 일괄 작업으로 수행되며, 각 패치는 깃허브 같은 소스 제어 저장소에 업로드되어 여러 사람들이 동시에 복제하고 작업할 수 있습니다.

다음 명령을 사용하여 책의 코드 샘플 저장소를 복제할 수 있습니다.

```
git clone https://github.com/BBischof/ESRecsys.git
```

이번 장의 경우, `ESRecsys/pinterest` 디렉터리에서 코드를 실행하는 방법에 대한 자세한 지침을 찾아볼 수 있습니다. 주로 저장소에 대한 설명과 특징에 중점을 두어 이러한 시스템에 대한 실질적인 감을 익힐 수 있을 것입니다.

5.2 파이썬 빌드 시스템

파이썬 **패키지**package는 표준 파이썬 라이브러리 이상의 기능을 제공하는 라이브러리입니다. 여기에는 텐서플로TensorFlow 및 JAX와 같은 머신러닝 패키지뿐만 아니라, absl flags 라이브러리 같은 유틸리티 성격의 패키지나 웨이트 앤 바이어스Weights & Biases(https://wandb.ai) 같은 MLOps 라이브러리도 포함됩니다.

이러한 패키지는 일반적으로 파이썬 패키지 인덱스Python Package Index(https://pypi.org)에서 호스팅됩니다.

`requirements.txt` 파일을 살펴보겠습니다.

```
absl-py==1.1.0
tensorflow==2.9.1
typed-ast==1.5.4
typing_extensions==4.2.0
jax==0.3.25
flax==0.5.2
```

```
optax==0.1.2
wandb==0.13.4
```

의존성으로 몇 가지 파이썬 패키지들을 설치하도록 설정했습니다. 양식은 패키지 이름, 등호 두 개, 그리고 패키지 버전입니다.

그 외에 파이썬과 함께 작동하는 빌드 시스템은 다음과 같습니다.

- pip(https://oreil.ly/QNevQ)
- Bazel(https://oreil.ly/3BdIC)
- Anaconda(https://oreil.ly/4z182)

이번 장에서는 pip를 사용하겠습니다.

패키지를 설치하기 전에 파이썬 가상 환경(https://oreil.ly/fnQKD)에 대해 읽어보기를 권장합니다. 파이썬 가상 환경은 프로젝트별로 파이썬 패키지 의존성을 추적하는 방법으로, 프로젝트마다 실행할 개별 파이썬 가상 환경을 설정해주기 때문에 서로 다른 프로젝트에서 동일한 패키지의 다른 버전을 사용하는 경우에도 서로 간섭하지 않습니다.

유닉스 셸에 다음을 입력하여 파이썬 가상 환경을 만들고 활성화할 수 있습니다.

```
python -m venv pinterest_venv
source pinterest_venv/bin/activate
```

첫 번째 명령은 파이썬 가상 환경을 생성하고, 두 번째 명령은 가상 환경을 활성화합니다. 파이썬이 어떤 환경에서 작업할지 알 수 있도록 새로운 셸을 열 때마다 가상 환경을 활성화해야 합니다.

가상 환경을 만든 후에는 pip를 사용하여 가상 환경에 패키지를 설치할 수 있으며, 새로 설치된 패키지는 시스템 수준system-level 패키지에 영향을 미치지 않습니다.

ESRecsys/pinterest 디렉터리에서 다음 명령을 실행하여 가상 환경에 패키지를 설치하는 작업을 수행할 수 있습니다.

```
pip install -r requirements.txt
```

이렇게 하면 지정된 패키지와 해당 패키지가 의존할 수 있는 모든 하위 패키지가 가상 환경에 설치됩니다.

5.3 무작위 아이템 추천 시스템

첫 번째로 살펴볼 프로그램은 무작위 아이템 추천 시스템입니다(예제 5-1).

예제 5-1 **플래그 설정하기**

```
FLAGS = flags.FLAGS
_INPUT_FILE = flags.DEFINE_string("input_file", None, "Input cat json file.")
_OUTPUT_HTML = flags.DEFINE_string("output_html", None, "The output html file.")
_NUM_ITEMS = flags.DEFINE_integer("num_items", 10, "Number of items to recommend.")

# 필수적인 플래그
flags.mark_flag_as_required("input_file")
flags.mark_flag_as_required("output_html")

def read_catalog(catalog: str) -> Dict[str, str]:
    """
    제품 카탈로그를 읽습니다.
    """
    with open(catalog, "r") as f:
        data = f.read()
    result = json.loads(data)
    return result

def dump_html(subset, output_html:str) -> None:
    """
    아이템들의 하위 집합을 덤프합니다.
    """
    with open(output_html, "w") as f:
        f.write("<HTML>\n")
        f.write("""
        <TABLE><tr>
        <th>Key</th>
        <th>Category</th>
        <th>Image</th>
        </tr>""")
        for item in subset:
            key, category = item
            url = pin_util.key_to_url(key)
            img_url = "<img src=\"%s\">" % url
            out = "<tr><td>%s</td><td>%s</td><td>%s</td></tr>\n" % (key, category, img_url)
            f.write(out)
```

```
            f.write("</TABLE></HTML>")

def main(argv):
    """메인 함수"""
    del argv # 미사용

    catalog = read_catalog(_INPUT_FILE.value)
    catalog = list(catalog.items())
    random.shuffle(catalog)
    dump_html(catalog[:_NUM_ITEMS.value], _OUTPUT_HTML.value)
```

여기서 absl flags 라이브러리를 사용하여 STL 장면과 제품 쌍을 포함하는 JSON 카탈로그 파일의 경로를 프로그램에 전달했습니다.

flags는 문자열 및 정수와 같은 다양한 유형을 저장할 수 있고 필수 여부를 표시할 수 있습니다. 필수적인 플래그가 프로그램에 전달되지 않으면, 오류를 표시하고 실행이 중지됩니다. flags에서는 값에 value 메서드를 통해 접근할 수 있습니다.

JSON 파이썬 라이브러리를 사용하여 STL 데이터셋을 읽어들이고 구문 분석한 다음, 카탈로그를 무작위로 섞어 상위 몇 개의 결과를 HTML로 덤프합니다.

다음 명령을 통해 무작위 아이템 추천 시스템을 실행할 수 있습니다.

```
python3 random_item_recommender.py
--input_file=STL-Dataset/fashion-cat.json --output_html=output.html
```

완료되면 웹 브라우저에서 output.html 파일을 열고 카탈로그에서 무작위로 선택된 일부 아이템을 볼 수 있습니다. 그림 5-1은 샘플을 보여줍니다.

그림 5-1 **무작위 아이템 추천 시스템**

`fashion-catalog.json` 파일에는 제품에 대한 설명과 해당 Pinterest ID가 포함되어 있으며, `fashion.json` 파일에는 장면과 추천 제품의 쌍이 포함되어 있습니다.

다음으로, 장면-제품 쌍에 대해 머신러닝 모델을 훈련하여 단일 장면에 대해 여러 개의 새로운 아이템을 추천하는 방법을 살펴보겠습니다.

일반적으로 말뭉치corpus를 접하면 우선 무작위 아이템 추천 시스템을 생성하므로, 말뭉치에 포함된 아이템의 종류를 파악하고 비교할 수 있는 기준선을 마련하겠습니다.

5.4 STL 데이터셋에서 이미지 가져오기

콘텐츠 기반 추천 시스템을 만드는 과정의 첫 번째 단계는 콘텐츠를 가져오는 것입니다. 이 경우 STL 데이터셋의 콘텐츠는 대부분 이미지이며, 이미지에 대한 메타데이터(예: 제품 유형)가 일부 포함되어 있습니다. 이번 장에서는 이미지 콘텐츠만 사용하겠습니다.

`fetch_images.py`의 코드를 보면 파이썬 표준 라이브러리 urllib을 사용하여 이미지를 가져오는 방법을 확인할 수 있습니다. 다른 웹사이트의 이미지를 너무 많이 가져오면 봇 방어 기능이 작동하여 IP 주소가 블랙리스트에 오를 수 있으므로 가져오기 속도를 제한하거나 데이터를 얻을 다른 방법을 찾는 편이 좋습니다.

우리는 수천 개의 이미지 파일을 다운로드하고, 다운로드 받은 모든 이미지 파일을 웨이트 앤 바이어스 아티팩트 형태로 아카이브했습니다. 이 아티팩트에 아카이빙되어 포함되어 있으므로, 이미지를 직접 스크랩할 필요는 없지만, 제공된 코드를 사용하면 스크랩해볼 수 있습니다.

아티팩트artifact에 대한 자세한 내용은 웨이트 앤 바이어스 문서(https://oreil.ly/NXTYP)에서 확인할 수 있습니다. 아티팩트는 데이터 아카이브를 버전 관리하 패키징하며 데이터 생산자와 소비자를 추적하는 MLOps 개념입니다.

다음을 실행하여 이미지 아티팩트를 다운로드할 수 있습니다.

```
wandb artifact get building-recsys/recsys-pinterest/shop_the_look:latest
```

그러면 이미지들이 로컬 디렉터리 `artifacts/shop_the_look:v1`에 저장됩니다.

5.5 합성곱 신경망의 정의

이제 이미지가 준비되었으므로 다음 단계는 데이터를 어떻게 표현할지 알아내는 것입니다. 이미지는 크기가 다양하고 분석하기에 복잡한 유형의 콘텐츠입니다. 가공하지 않은 픽셀을 콘텐츠의 데이터 표현으로 사용할 수 있지만, 픽셀값의 작은 변화로도 이미지 간의 거리에 큰 차이가 발생할 수 있다는 단점이 있습니다. 우리는 이를 원하지 않습니다. 그보다는 이미지에서 무엇이 중요한지 학습하고 배경색과 같이 중요하지 않은 부분은 무시하고 싶습니다.

이 작업을 위해 합성곱 신경망convolutional neural network, CNN(https://oreil.ly/r6KpS)을 사용하여 이미지의 임베딩 벡터를 계산할 것입니다. **임베딩 벡터**는 해당 이미지의 특징 벡터의 일종으로 데이터로부터 학습되고 크기가 고정되어 있습니다. 우리가 임베딩 벡터를 데이터 표현으로서 사용하는 이유는 데이터베이스가 작고 콤팩트하며, 말뭉치 내 많은 수의 이미지들에 대해 점수를 매기기 쉽고, 주어진 장면 이미지에 제품을 매칭시키는 작업에 적합하기 때문입니다.

우리가 사용하는 신경망 아키텍처는 잔차 네트워크residual network, 즉 ResNet의 변형 버전입니다. 이 아키텍처에 대한 자세한 내용과 CNN에 대한 참조 자료는 카이밍 허Kaiming He 등의 〈이미지 인식을 위한 심층 잔여 학습(Deep Residual Learning for Image Recognition)〉(https://oreil.ly/XQYUh)을 확인하세요. 간단히 말해서, 합성곱 계층convolution layer은 일반적으로 이미지 위에 3×3 크기의 작은 필터를 반복적으로 적용합니다. 보폭stride이 (1, 1)이면(x 방향으로 1픽셀 단위로, y 방향에서 1픽셀 단위로 필터를 적용한다는 의미) 입력과 동일한 해상도의 특징 맵이 생성되고, 보폭이 (2, 2)이면 1/4 크기가 됩니다. 잔차 스킵 커넥션residual skip connection은 이전 입력 레이어에서 다음 입력 레이어로 넘어가는 지름길에 불과하므로, 사실상 네트워크의 비선형 부분은 선형 스킵 부분에서 잔차를 학습하므로 잔차 네트워크residual network라는 이름이 붙습니다.

추가적으로 BatchNorm 레이어를 사용하는데, 자세한 내용은 세르게이 이오페Sergey Ioffe와 치리슈티언 세게지Christian Szegedy의 '일괄 정규화: 내부 공변량 변화를 줄여 심층 네트워크 훈련 가속화하기(Batch Normalization: Accelerating Deep Network Training by Reducing Internal Covariate Shift)'(https://oreil.ly/qM-yg)와 프라히트 라마찬드란Prajit Ramachandran, 배럿 조프Barret Zoph, 꾸옥 V. 래Quoc V. Le의 '활성화 함수 찾기(Searching for Activation Functions)'(https://oreil.ly/9Zlqb)에서 확인할 수 있습니다.

모델을 지정한 후에는 작업에 맞게 최적화해야 합니다.

5.6 JAX, Flax, Optax를 사용하여 모델 훈련하기

모델 최적화는 어떤 머신러닝 프레임워크라 해도 매우 간단해야 합니다. 여기서는 JAX(https://oreil.ly/pcmCU), Flax(https://oreil.ly/RtzDn), Optax(https://oreil.ly/vOCvF)를 사용하여 쉽게 수행하는 방법을 살펴보겠습니다. **JAX**는 NumPy와 유사한 하위 수준의 머신러닝 라이브러리이며, **Flax**는 신경망 모듈 및 임베딩 레이어와 같은 기능을 제공하는 상위 수준의 신경망 라이브러리입니다. **Optax**는 손실 함수를 최소화하는 데 사용하는 최적화 라이브러리입니다.

NumPy에 익숙하다면 JAX는 매우 쉽게 익힐 수 있습니다. JAX는 NumPy와 동일한 API를 제공하지만, JIT 컴파일을 통해 GPU 또는 TPU 같은 벡터 프로세서에서 결과 코드를 실행할 수 있는 기능이 있습니다. JAX 디바이스 배열과 NumPy 배열은 상호 변환할 수 있어 쉽게 GPU용으로 개발할 수 있으면서도 CPU에서도 디버깅할 수 있습니다.

이미지를 표현하는 방법을 배우는 것 외에도 이미지가 서로 어떻게 연관되어 있는지 지정해야 합니다.

임베딩 벡터는 차원이 고정되어 있기 때문에, 유사도 점수를 계산하는 가장 쉬운 방법은 두 벡터의 단순한 도트 곱dot product입니다. 다른 종류의 유사도 측정은 181페이지의 '동시 출현에서의 유사도'를 참조하세요. 따라서 장면에 대한 이미지가 주어지면 장면 임베딩을 구하고 제품에 대해서도 동일한 작업을 수행하여 제품 임베딩을 구한 뒤, 두 벡터를 도트 곱하여 장면 $\vec{s}$와 제품 $\vec{p}$의 근접도closeness 점수를 얻습니다.

$$score(\vec{s}, \vec{p}) = \vec{s} * \vec{p}$$

이미지의 임베딩을 얻기 위해 CNN을 사용합니다.

그런데 장면과 제품은 서로 다른 종류의 이미지들에서 가져오므로 별도의 CNN을 사용합니다. 장면은 우리가 제품을 매칭해보려는 상황과 함께 사람과 환경을 포함하는 반면, 제품은 배경이 없는 신발과 가방 등의 카탈로그 이미지이기 때문에, 이미지에서 중요한 부분을 판단하려면 서로 다른 신경망이 필요합니다.

유사도 점수 하나만으로는 충분하지 않습니다. 장면과 제품이 잘 일치하는 경우, 즉 **양성 제품**positive product이 음성 제품negative product보다 근접도 점수가 더 높은지 확인해야 합니다. 양성 제품은 장면과 잘 매칭되는 것이고, 음성 제품은 장면과 잘 매칭되지 않는 것입니다. 양성 제품은 훈련 데이터에서 나오고, 음성 제품은 카탈로그에서 무작위로 샘플링하여 얻습니다. 양성 장면-제품 쌍 (A, B)과 음성 장면-제품 쌍 (A, C) 사이의 관계를 포착할 수 있는 손실을 **삼중항 손실**triplet loss이라고 합니다. 삼중항 손실을 정의하는 방법에 대해 자세히 알아보겠습니다(https://oreil.ly/a1Bxu).

양성 장면-제품 쌍의 점수가 음성 장면-제품 쌍보다 더 높기를 원한다고 가정해보겠습니다. 그러면 다음과 같은 부등식을 얻을 수 있습니다.

$$score(scene, pos_{product}) > score(scene, neg_{product}) + 1$$

1은 양성 장면-제품 점수가 음성 장면-제품 점수보다 크다고 확정할 수 있는 임의의 상수로 **마진**margin이라 부릅니다.

경사 하강법gradient descent은 함수를 최소화하므로, 앞의 부등식에서 모든 항을 한쪽으로 이동시켜 손실 함수로 변환합니다.

$$0 > 1 + score(scene, neg_{product}) - score(scene, pos_{product})$$

오른쪽의 값이 0보다 크면 최소화하려고 하지만, 이미 0보다 작으면 최소화하지 않습니다. 따라서 **정류 선형 단위**rectified linear unit, ReLU로 인코딩하여, $\max(0, x)$ 함수로 표현합니다. 따라서 손실 함수는 다음과 같이 작성할 수 있습니다.

$$loss(scene, pos_{product}, neg_{product}) =$$
$$\max(0, 1 + score(scene, neg_{product}) - score(scene, pos_{product}))$$

우리는 일반적으로 손실 함수를 최소화하므로, 이로 인해 score(scene, neg_product)가 score(scene, pos_product)보다 1 더 크면, 최적화 과정에서 음성 쌍의 점수를 최소화하면서 양성 쌍의 점수를 증가시키게 됩니다.

다음 예제에서는 데이터 읽기에서 학습, 추천에 이르는 데이터의 흐름을 따라 다음과 같은 모듈들을 순서대로 설명합니다.

input_pipeline.py
   데이터를 읽는 방법

models.py
   신경망 지정 방법

train_shop_the_look.py

Optax를 사용하여 신경망을 피팅하는 방법

make_embeddings.py

장면과 제품에 대한 콤팩트한 데이터베이스를 만드는 방법

make_recommendations.py

임베딩에 대한 콤팩트한 데이터베이스를 사용하여 장면별 제품 추천 목록을 만드는 방법

5.7 입력 파이프라인

예제 5-2는 `input_pipeline.py`의 코드를 보여줍니다. 데이터 파이프라인으로는 머신러닝 라이브러리인 텐서플로(https://oreil.ly/hsqPr)를 사용합니다.

예제 5-2 텐서플로 데이터 파이프라인

```
import tensorflow as tf
def normalize_image(img):
    img = tf.cast(img, dtype=tf.float32)
    img = (img / 255.0) - 0.5
    return img

def process_image(x):
    x = tf.io.read_file(x)
    x = tf.io.decode_jpeg(x, channels=3)
    x = tf.image.resize_with_crop_or_pad(x, 512, 512)
    x = normalize_image(x)
    return x

def process_image_with_id(id):
    image = process_image(id)
    return id, image

def process_triplet(x):
    x = (process_image(x[0]), process_image(x[1]), process_image(x[2]))
    return x

def create_dataset(
        triplet: Sequence[Tuple[str, str, str]]):
    """삼중항 데이터베이스 만들기.
    Args:
      triplet: 장면 이미지, 양성 제품 이미지, 음성 제품 이미지의 파일 이름
```

```
    """
    ds = tf.data.Dataset.from_tensor_slices(triplet)
    ds = ds.map(process_triplet)
    return ds
```

create_dataset 함수가 장면 이미지, 양성 제품 이미지, 음성 제품 이미지의 세 가지 파일 이름을 입력으로 받는 것을 확인할 수 있습니다. 이 예제에서는 음성 매칭 아이템을 카탈로그에서 무작위로 선택합니다. 12장에서 음성 매칭을 선택하는 더 정교한 방법을 다루겠습니다. 이미지 파일의 이름으로 파일을 읽고, 이미지를 디코딩하고, 고정된 크기로 자른 다음, 데이터를 재조정하여 0을 중심으로 -1과 1 사이의 작은 값을 가진 부동소수점 이미지로 만듭니다. 이렇게 하는 이유는 대부분의 신경망이 입력되는 데이터가 대략 정규분포를 따른다는 가정하에 초기화되므로 너무 큰 값을 전달하면 예상 입력 범위의 기준에서 벗어날 수 있기 때문입니다.

예제 5-3에서 Flax를 사용하여 CNN 및 STL 모델을 구현하는 방법을 확인해보겠습니다.

예제 5-3 CNN 모델 정의하기

```
from flax import linen as nn
import jax.numpy as jnp

class CNN(nn.Module):
    """간단한 CNN"""
    filters : Sequence[int]
    output_size : int

    @nn.compact
    def call(self, x, train: bool = True):
        for filter in self.filters:
            # 보폭 2는 2배로 다운샘플링
            residual = nn.Conv(filter, (3, 3), (2, 2))(x)
            x = nn.Conv(filter, (3, 3), (2, 2))(x)
            x = nn.BatchNorm(use_running_average=not train, use_bias=False)(x)
            x = nn.swish(x)
            x = nn.Conv(filter, (1, 1), (1, 1))(x)
            x = nn.BatchNorm(use_running_average=not train, use_bias=False)(x)
            x = nn.swish(x)
            x = nn.Conv(filter, (1, 1), (1, 1))(x)
            x = nn.BatchNorm(use_running_average=not train, use_bias=False)(x)
            x = x + residual
            # 평균적 풀이 2배로 다운샘플링
            x = nn.avg_pool(x, (3, 3), strides=(2, 2), padding="SAME")
        x = jnp.mean(x, axis=(1, 2))
```

```
        x = nn.Dense(self.output_size, dtype=jnp.float32)(x)
        return x

class STLModel(nn.Module):
    """
    Shop the look 모델로,
    장면과 아이템을 입력받아 점수로 환산합니다.
    """
    output_size : int

    def setup(self):
        default_filter = [16, 32, 64, 128]
        self.scene_cnn = CNN(filters=default_filter, output_size=self.output_size)
        self.product_cnn = CNN(filters=default_filter, output_size=self.output_size)

    def get_scene_embed(self, scene):
        return self.scene_cnn(scene, False)

    def get_product_embed(self, product):
        return self.product_cnn(product, False)

    def __call__(self, scene, pos_product, neg_product, train: bool = True):
        scene_embed = self.scene_cnn(scene, train)

        pos_product_embed = self.product_cnn(pos_product, train)
        pos_score = scene_embed * pos_product_embed
        pos_score = jnp.sum(pos_score, axis=-1)

        neg_product_embed = self.product_cnn(neg_product, train)
        neg_score = scene_embed * neg_product_embed
        neg_score = jnp.sum(neg_score, axis=-1)

        return pos_score, neg_score, scene_embed, pos_product_embed, neg_product_embed
```

여기서는 Flax의 신경망 클래스 Module을 사용합니다. nn.compact 애너테이션은 이와 같은 간단한 신경망 아키텍처에 대해 별도의 설정 함수를 지정할 필요가 없이 호출 함수에서 레이어를 간단히 지정할 수 있도록 해줍니다. call 함수는 두 개의 매개변수인 image x와 Boolean train을 입력받는데, 이 중 train을 통해 훈련 모드에서 모듈을 호출하고 있는지 구분할 수 있습니다. 이렇게 train 변수를 통해 훈련 모드인지를 구분하여, BatchNorm 레이어가 훈련 중에만 갱신되도록 하고, 네트워크가 완전히 학습되고 나면 갱신되지 않도록 할 수 있습니다.

CNN 규격 코드를 보면 잔차 네트워크residual network를 어떻게 설정했는지 알 수 있습니다. swish와 같은 신경망 함수와 mean과 같은 JAX 함수를 자유롭게 혼합할 수 있습니다. swish 함수는 신경망에 대한 비선형 활성화 함수로, 일부 활성화 값에 다른 값보다 더 많은 가중치를 부여하는 방식으로 입력을 변환합니다.

반면에 STL 모델은 설정이 더 복잡하여 장면용과 제품용 두 개의 CNN 탑을 만드는 규격 코드를 설정합니다. CNN 탑들은 동일한 아키텍처의 복사본이지만, 이미지 유형에 따라 가중치가 다릅니다. 앞서 언급했듯이 이미지 유형별로 다른 탑을 사용하는 이유는 각각 다른 것을 나타내기 때문입니다. 하나의 탑은 장면(제품을 매칭하는 상황 제공)을 위한 것이고, 다른 탑은 제품을 위한 것입니다. 결과적으로 장면과 제품 이미지를 장면과 제품 임베딩으로 변환하는 두 가지 메서드를 추가했습니다.

`call` 함수도 다릅니다. 설정이 더 복잡해졌기 때문에 애너테이션이 콤팩트하지 않습니다. STL 모델의 `call` 함수에서는 먼저 장면 임베딩을 계산한 다음, 양성 제품 임베딩을 계산하고 양성 유사도 점수를 계산합니다. 그런 다음 음성 유사도 점수에 대해서도 동일한 작업을 수행합니다. 그런 다음 양성 점수, 음성 점수, 세 가지 임베딩 벡터 모두를 반환합니다. 점수와 함께 임베딩 벡터를 반환하는 이유는 모델이 보류 중인 검증 집합과 같이 새롭고 본 적 없는 데이터에 대해 일반화되길 원하기 때문에 임베딩 벡터를 너무 크지 않게 하기 위함입니다. 이렇게 크기를 제한하는 개념을 **정규화**regularization라고 합니다.

이제 `train_shop_the_look.py`(예제 5-4)를 살펴보겠습니다. 각각의 함수 호출로 나누어서 하나씩 살펴보겠습니다.

예제 5-4 훈련을 위한 삼중항 생성하기

```
def generate_triplets(
    scene_product: Sequence[Tuple[str, str]],
    num_neg: int) -> Sequence[Tuple[str, str, str]]:
    """양성 및 음성 삼중항 생성하기."""
    count = len(scene_product)
    train = []
    test = []
    key = jax.random.PRNGKey(0)
    for i in range(count):
        scene, pos = scene_product[i]
        is_test = i % 10 == 0
        key, subkey = jax.random.split(key)
        neg_indices = jax.random.randint(subkey, [num_neg], 0, count - 1)
        for neg_idx in neg_indices:
            _, neg = scene_product[neg_idx]
```

```
            if is_test:
                test.append((scene, pos, neg))
            else:
                train.append((scene, pos, neg))
    return train, test

def shuffle_array(key, x):
    """결정론적 문자열 셔플"""
    num = len(x)
    to_swap = jax.random.randint(key, [num], 0, num - 1)
    return [x[t] for t in to_swap]
```

이 코드 조각은 장면-제품 JSON 데이터베이스를 읽고 입력 파이프라인에 대한 삼중항(장면, 양성 제품, 음성 제품)을 생성합니다. 여기서 주목해야 할 부분은 JAX가 난수를 처리하는 방식입니다. JAX의 철학은 본질적으로 함수형이므로, JAX의 함수들은 순수하고 부작용이 없습니다. 난수 생성기는 상태를 유지하므로 JAX 난수 생성기가 작동하려면 난수 생성기에 상태를 전달해야 합니다. 이를 위한 메커니즘은 의사 난수 생성기pseudo random number generator의 키인 PRNGKey를 상태를 전달하는 객체로서 사용하는 것입니다. 숫자 0에서 무작위로 키 하나를 초기화합니다. 그런데 키를 사용하기 전에 `jax.random.split`을 사용하여 이 키를 두 개로 분할하고, 키 하나는 다음 난수를 생성하는 데 사용하고 다른 하위 키는 무작위 작업을 수행할 때 사용합니다. 이 경우 하위 키를 사용하여 전체 제품 말뭉치 중에서 음성을 선택합니다. 12장에서 네거티브를 샘플링하는 더 복잡한 방법을 다루겠지만, 무작위로 음성을 선택하는 방법은 삼중항 손실을 위한 삼중항을 구성하는 가장 간단한 방법입니다.

음성negative을 선택하는 방법과 유사하게, 훈련 단계에서 배열을 셔플shuffle하기 위해 다시 한번 JAX의 난수 기능을 사용하여 교환할 인덱스 목록을 생성합니다. 확률적 경사 하강법에서 경사가 확률적이 되도록 훈련 데이터에서 모든 종류의 구조를 분해하려면 무작위 셔플이 중요합니다. 실험에 동일한 초기 데이터와 설정이 주어지면 동일한 결과를 보일 가능성이 높이기 위해, 더 나은 재현성을 얻을 수 있는 JAX의 무작위 셔플링 메커니즘을 사용합니다.

다음에 살펴볼 함수들은 예제 5-5에 나열되어 있으며 훈련 및 평가 단계를 어떻게 작성하는지 확인할 수 있습니다. 훈련 단계에서는 모델의 상태를 매개변수로 받는데, 상태에는 모델 매개변수와 최적화 도구에 따라 다른 기울기 정보를 포함합니다. 또한 훈련 단계에서는 삼중항 손실을 구성하기 위해 장면, 양성 제품, 음성 제품을 한 번에 받습니다. 삼중항 손실을 최적화하는 것 외에도 단위 구체unit sphere를 벗어날 때마다 임베딩의 크기를 최소화합니다. 이러한 임베딩의 크기를 최소화하는 과정을 **정규화**라고 하며, 이를 삼중 손실에 더해 최종 손실을 얻습니다.

예제 5-5 훈련 및 평가 단계

```
def train_step(state, scene, pos_product,
               neg_product, regularization, batch_size):
    def loss_fn(params):
        result, new_model_state = state.apply_fn(
            params,
            scene, pos_product, neg_product, True,
            mutable=['batch_stats'])
        triplet_loss = jnp.sum(nn.relu(1.0 + result[1] - result[0]))
        def reg_fn(embed):
            return nn.relu(
                jnp.sqrt(jnp.sum(jnp.square(embed), axis=-1)) - 1.0)
        reg_loss = reg_fn(result[2]) + reg_fn(result[3]) + reg_fn(result[4])
        reg_loss = jnp.sum(reg_loss)
        return (triplet_loss + regularization * reg_loss) / batch_size

    grad_fn = jax.value_and_grad(loss_fn)
    loss, grads = grad_fn(state.params)
    new_state = state.apply_gradients(grads=grads)
    return new_state, loss

def eval_step(state, scene, pos_product, neg_product):
    def loss_fn(params):
        result, new_model_state = state.apply_fn(
            state.params,
            scene, pos_product, neg_product, True,
            mutable=['batch_stats'])
        # 평가에 고정 마진 사용하기
        triplet_loss = jnp.sum(nn.relu(1.0 + result[1] - result[0]))
        return triplet_loss
```

Flax는 JAX 기반으로 작성되어 철학적으로도 함수형이므로, 기존 상태를 사용하여 손실 함수의 기울기를 계산하고, 이를 적용하면 새로운 상태 변수를 반환합니다. 이렇게 하면 함수는 순수하게 유지되고 상태 변수는 변경 가능해집니다.

이러한 함수형 철학 덕분에 JAX는 JIT 컴파일하거나 JIT 함수를 사용할 수 있어, CPU, GPU, TPU에서 빠르게 실행됩니다.

이에 비해 평가 단계는 다소 간단합니다. 정규화 손실 없이 삼중항 손실을 계산하여 평가지표로 사용합니다. 11장에서 보다 정교한 평가지표를 다루겠습니다.

마지막으로 예제 5-6에 표시된 훈련 프로그램을 살펴보겠습니다. 학습률, 정규화, 출력 크기와 같은 하이퍼파라미터를 config 딕셔너리에 저장합니다. 이렇게 하면 config 딕셔너리를 웨이트 앤 바이어스 MLOps 서비스에 전달하여 안전하게 보관하고, 하이퍼파라미터 스윕sweep을 수행할 수도 있습니다.

예제 5-6 모델 훈련을 위한 main 코드

```python
def main(argv):
    """메인 함수"""
    del argv  # 미사용
    config = {
        "learning_rate": _LEARNING_RATE.value,
        "regularization": _REGULARIZATION.value,
        "output_size": _OUTPUT_SIZE.value
    }

    run = wandb.init(
        config=config,
        project="recsys-pinterest"
    )

    tf.config.set_visible_devices([], 'GPU')
    tf.compat.v1.enable_eager_execution()
    logging.info("Image dir %s, input file %s",
                 _IMAGE_DIRECTORY.value, _INPUT_FILE.value)
    scene_product = pin_util.get_valid_scene_product(
        _IMAGE_DIRECTORY.value, _INPUT_FILE.value)
    logging.info("Found %d valid scene product pairs." % len(scene_product))

    train, test = generate_triplets(scene_product, _NUM_NEG.value)
    num_train = len(train)
    num_test = len(test)
    logging.info("Train triplets %d", num_train)
    logging.info("Test triplets %d", num_test)

    # 훈련 배열을 무작위로 셔플하기
    key = jax.random.PRNGKey(0)
    train = shuffle_array(key, train)
    test = shuffle_array(key, test)
    train = np.array(train)
    test = np.array(test)

    train_ds = input_pipeline.create_dataset(train).repeat()
```

```python
train_ds = train_ds.batch(_BATCH_SIZE.value).prefetch(
  tf.data.AUTOTUNE)

test_ds = input_pipeline.create_dataset(test).repeat()
test_ds = test_ds.batch(_BATCH_SIZE.value)

stl = models.STLModel(output_size=wandb.config.output_size)
train_it = train_ds.as_numpy_iterator()
test_it = test_ds.as_numpy_iterator()
x = next(train_it)
key, subkey = jax.random.split(key)
params = stl.init(subkey, x[0], x[1], x[2])
tx = optax.adam(learning_rate=wandb.config.learning_rate)
state = train_state.TrainState.create(
    apply_fn=stl.apply, params=params, tx=tx)
if _RESTORE_CHECKPOINT.value:
    state = checkpoints.restore_checkpoint(_WORKDIR.value, state)

train_step_fn = jax.jit(train_step)
eval_step_fn = jax.jit(eval_step)

losses = []
init_step = state.step
logging.info("Starting at step %d", init_step)
regularization = wandb.config.regularization
batch_size = _BATCH_SIZE.value
eval_steps = int(num_test / batch_size)
for i in range(init_step, _MAX_STEPS.value + 1):
    batch = next(train_it)
    scene = batch[0]
    pos_product = batch[1]
    neg_product = batch[2]

    state, loss = train_step_fn(
    state, scene, pos_product, neg_product,
        regularization, batch_size)
    losses.append(loss)
    if i % _CHECKPOINT_EVERY_STEPS.value == 0 and i > 0:
        logging.info("Saving checkpoint")
        checkpoints.save_checkpoint(
           _WORKDIR.value, state, state.step, keep=3)
    metrics = {
        "step": state.step
    }
    if i % _EVAL_EVERY_STEPS.value == 0 and i > 0:
        eval_loss = []
        for j in range(eval_steps):
            ebatch = next(test_it)
```

```
                escene = ebatch[0]
                epos_product = ebatch[1]
                eneg_product = ebatch[2]
                loss = eval_step_fn(
                    state, escene, epos_product, eneg_product)
                eval_loss.append(loss)
            eval_loss = jnp.mean(jnp.array(eval_loss)) / batch_size
            metrics.update({"eval_loss": eval_loss})
        if i % _LOG_EVERY_STEPS.value == 0 and i > 0:
            mean_loss = jnp.mean(jnp.array(losses))
            losses = []
            metrics.update({"train_loss": mean_loss})
            wandb.log(metrics)
            logging.info(metrics)

    logging.info("Saving as %s", _MODEL_NAME.value)
    data = flax.serialization.to_bytes(state)
    metadata = {"output_size": wandb.config.output_size}
    artifact = wandb.Artifact(
        name=_MODEL_NAME.value,
        metadata=metadata,
        type="model")
    with artifact.new_file("pinterest_stl.model", "wb") as f:
        f.write(data)
    run.log_artifact(artifact)


if __name__ == "__main__":
    app.run(main)
```

하이퍼파라미터 스윕hyperparameter sweep은 학습률과 같은 하이퍼파라미터에 대한 최적값을 찾는 튜닝 서비스입니다. 하이퍼파라미터에 대해 다양한 값을 여러 번 실행하여 최상의 값을 찾습니다. 구성을 딕셔너리로 저장해두면, 하이퍼파라미터 스윕을 실행하여 최종 모델에 가장 적합한 파라미터를 저장해주므로 최적의 파라미터로 재현할 수 있습니다.

그림 5-2에서는 웨이트 앤 바이어스의 하이퍼파라미터 스윕 결과입니다. 왼쪽에는 스윕에서 수행한 모든 실행이 있으며, 각 실행은 `config` 딕셔너리에 지정한 서로 다른 값 집합을 시도합니다. 가운데에서는 스윕의 시도 횟수에 따라 최종 평가 손실이 시간에 따라 어떻게 변하는지를 볼 수 있습니다. 오른쪽에는 평가 손실에 영향을 미치는 하이퍼파라미터의 중요성을 나타내는 플롯이 있습니다. 학습률이 평가 손실에 가장 큰 영향을 미치고, 정규화 양이 그 뒤를 잇는 것을 볼 수 있습니다.

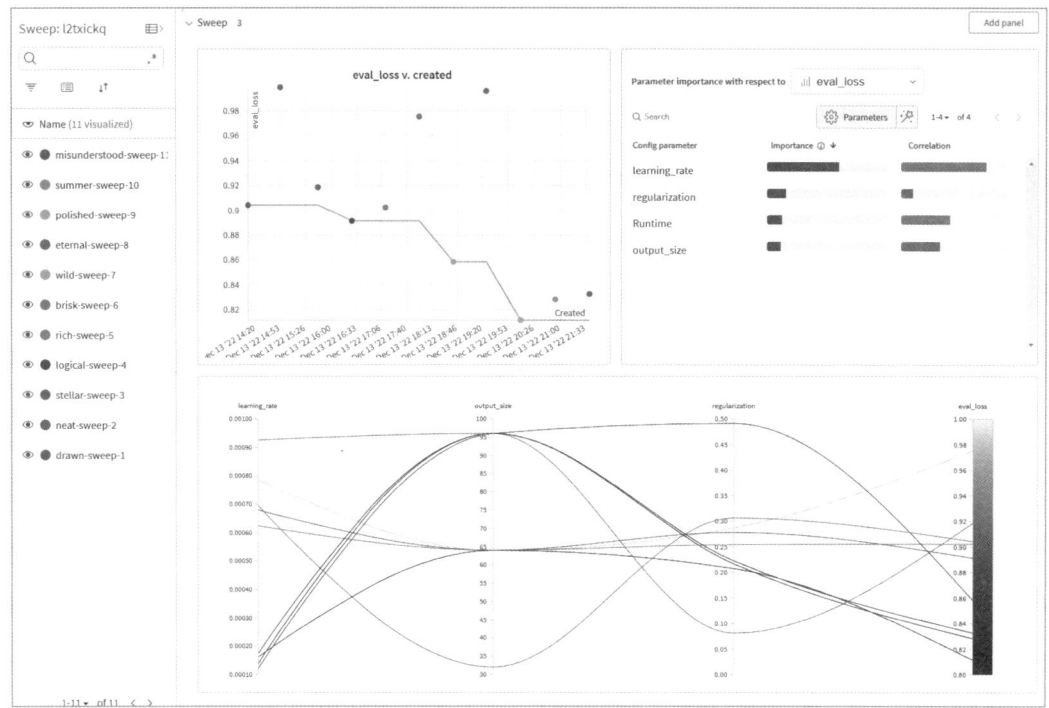

그림 5-2 웨이트 앤 바이어스 하이퍼파라미터 스윕

그림의 오른쪽 하단에 있는 평행 좌표 플롯은 각 파라미터가 평가 손실에 미치는 영향을 보여줍니다. 플롯에서 각 라인을 따라 최종 평가 손실이 어디에서 끝나는지 확인하면 됩니다. 최적의 하이퍼파라미터는 오른쪽 하단의 목표 평가 손실 값에서 왼쪽으로 선을 따라가서 하이퍼파라미터에 대해 선택된 값을 찾을 수 있습니다. 이 경우 선택된 최적의 값은 `learning_rate` 0.0001618, `regularization` 0.2076, `output_size` 64입니다.

나머지 코드는 대부분 모델을 설정하고 입력 파이프라인을 모델에 연결하는 작업입니다. 언제 지표를 기록하고 모델 직렬화를 수행할지 결정하는 것이 대부분입니다. 자세한 내용은 Flax 문서를 참고하세요.

모델 저장 시 두 가지 방법을 사용할 수 있는데, 체크포인트와 Flax 직렬화입니다. 체크포인트는 훈련 작업이 취소될 때 저장한 뒤 작업을 취소했던 단계부터 복구하여 훈련을 재개하는 데 사용됩니다. 최종 직렬화는 훈련이 완료될 때 사용됩니다.

또한 모델의 사본을 웨이트 앤 바이어스 아티팩트(https://oreil.ly/gmGGt)로 저장합니다. 이렇게 하면 웨이트 앤 바이어스 플랫폼에서 모델을 생성한 하이퍼파라미터, 모델을 생성한 정확한 코드, 정확한 Git 해시, 모델의 이력lineage을 추적할 수 있습니다. 이 이력은 모델을 생성하는 데 사용된 업스트림 아티팩트(예: 훈련 데이터), 모델을 생성하는 데 사용된 작업job의 상태, 아티팩트를 사용할 것으로 보이는 향후의 모든 작업에 대한 백 링크로 구성됩니다. 이를 통해 특정 시점의 모델을 재현하거나 상용 환경에서 어떤 모델이 어느 시점에 사용되었는지 추적하기 쉬워집니다. 이는 조직 규모가 크고 사람들이 모델이 어떻게 만들어졌는지에 대한 정보를 찾아야 할 때 매우 유용합니다. 아티팩트를 사용하면 코드와 학습 데이터 아티팩트를 한 곳에서 간단히 찾아 모델을 재현할 수 있습니다.

이제 모델을 훈련시켰으므로 장면과 제품 데이터베이스에 대한 임베딩을 생성하려 합니다. 모델을 사용하는 대신 평점 함수scoring function로서 도트 곱dot product을 사용할 때의 장점은 장면과 제품 임베딩들을 독립적으로 생성할 수 있고 추론 시점에 이러한 계산을 확장scale out할 수 있다는 점입니다. 8장에서 이러한 종류의 확장에 대해 소개할 예정이지만, 지금은 예제 5-7에서 `make_embeddings.py`의 관련 부분을 확인할 수 있습니다.

예제 5-7 상위 k개의 추천 아이템 찾기

```
model = models.STLModel(output_size=_OUTPUT_SIZE.value)
state = None
logging.info("Attempting to read model %s", _MODEL_NAME.value)
with open(_MODEL_NAME.value, "rb") as f:
    data = f.read()
    state = flax.serialization.from_bytes(model, data)
assert (state != None)

@jax.jit
def get_scene_embed(x):
    return model.apply(state["params"], x, method=models.STLModel.get_scene_embed)
@jax.jit
def get_product_embed(x):
    return model.apply(
    state["params"],
    x,
    method=models.STLModel.get_product_embed
    )

ds = tf.data.Dataset \
    .from_tensor_slices(unique_scenes) \
    .map(input_pipeline.process_image_with_id)
ds = ds.batch(_BATCH_SIZE.value, drop_remainder=True)
it = ds.as_numpy_iterator()
scene_dict = {}
```

```
count = 0
for id, image in it:
    count = count + 1
    if count % 100 == 0:
        logging.info("Created %d scene embeddings", count * _BATCH_SIZE.value)
    result = get_scene_embed(image)
    for i in range(_BATCH_SIZE.value):
        current_id = id[i].decode("utf-8")
        tmp = np.array(result[i])
        current_result = [float(tmp[j]) for j in range(tmp.shape[0])]
        scene_dict.update({current_id: current_result})
scene_filename = os.path.join(_OUTDIR.value, "scene_embed.json")
with open(scene_filename, "w") as scene_file:
    json.dump(scene_dict, scene_file)
```

예제 5-7과 같이, 이전에 사용했던 것과 동일한 Flax 직렬화 라이브러리를 사용하여 모델을 로드하고, apply 함수를 사용하여 모델의 적절한 메서드를 호출합니다. 그런 다음, 장면 및 제품 데이터베이스에서 이미 JSON을 사용하므로 벡터를 JSON 파일로 저장합니다.

마지막으로 make_recommendations.py의 평점 코드를 사용하여 샘플 장면에 대한 제품 추천을 생성합니다(예제 5-8).

예제 5-8 **추천 정의의 핵심적 부분**

```
def find_top_k(
    scene_embedding,
    product_embeddings,
    k):
    """
    장면 임베딩에 가장 근접한 상위 K개의 제품 임베딩 찾기.
    Args:
        scene_embedding: 장면에 대한 임베딩 벡터
        product_embedding: 제품에 대한 임베딩 벡터
        k: 반환할 상위 결과의 개수.
    """

    scores = scene_embedding * product_embeddings
    scores = jnp.sum(scores, axis=-1)
    scores_and_indices = jax.lax.top_k(scores, k)
    return scores_and_indices

top_k_finder = jax.jit(find_top_k, static_argnames=["k"])
```

이 코드에서 주목해야 할 코드 조각은 평점 코드로, 장면 임베딩 1개와 제품 임베딩들을 입력받고 장면 임베딩 하나만이 아닌 모든 제품 임베딩들에 대해 평점을 수행하기 위해 JAX를 사용합니다. 여기서 JAX의 하위 라이브러리인 Lax를 사용하는데, 이는 Lax가 JAX의 기반 머신러닝 컴파일러인 XLA에 대한 직접적 API 호출을 지원하여 `top_k` 같은 가속화된 함수에 접근할 수 있기 때문입니다. 또한 JAX의 JIT을 사용하여 `find_top_k` 함수를 컴파일합니다. 이는 JAX 명령어를 포함하는 순수 파이썬 함수를 `jax.jit`에 전달하면 XLA를 통해 GPU와 같은 특정 아키텍처를 대상으로 컴파일할 수 있기 때문입니다. `static_argnames`라는 특수한 인자를 통해 k가 고정되어 있고 크게 변경되지 않음을 JAX에 알려주어 JAX가 `top_k_finder`를 k가 고정된 값인 점에 맞춰 컴파일할 수 있도록 합니다.

그림 5-3은 여성이 빨간 셔츠를 입고 있는 장면에 대한 제품 추천 샘플을 보여줍니다. 추천 제품에는 빨간 벨벳과 짙은 색 바지가 포함되어 있습니다.

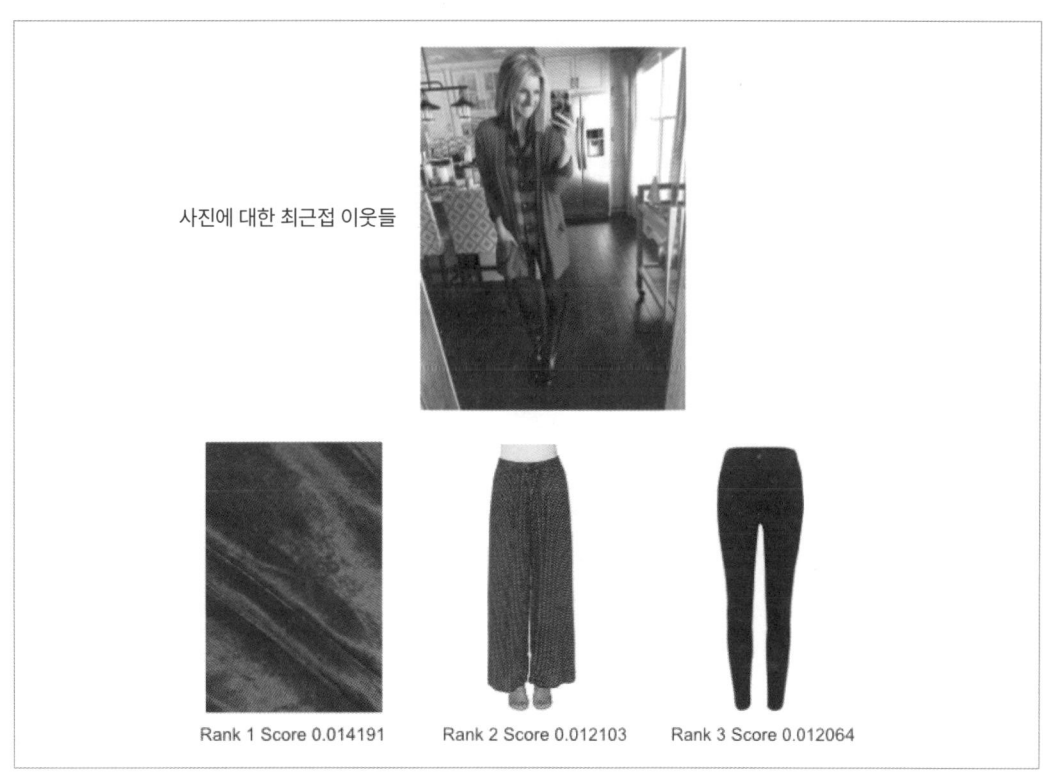

그림 5-3 실내 장면에 대해 추천한 아이템들

그림 5-4는 또 다른 장면으로, 여성이 야외에서 빨간색 코트를 입고 있는데, 매칭되는 액세서리는 노란색 핸드백과 노란색 바지입니다.

일부 결과들을 아티팩트로 저장하여 다음 명령어를 실행하여 확인할 수 있습니다.

```
wandb artifact get building-recsys/recsys-pinterest/scene_product_results:v0
```

주목할 만한 점은 노란색 가방과 바지가 많이 추천된다는 것입니다. 노란색 가방의 임베딩 벡터가 크기 때문에 많은 장면에 매칭되는 것일 수 있습니다. 이를 **인기 아이템 문제**popular item problem라고 하는데, 추천 시스템에서 흔히 발생하는 문제로 주의해야 합니다. 이후 장에서 다양성과 인기도를 처리하기 위한 몇 가지 비즈니스 로직을 다룰 예정입니다.

그림 5-4 야외 장면에 대해 추천한 아이템들

5.8 요약

이로써 첫 번째 '모두 하나로 합치기' 장을 마무리하겠습니다. JAX와 Flax를 사용하여 실제 데이터를 읽고, 모델을 훈련하고, 가장 추천할 만한 아이템을 찾는 방법을 살펴보았습니다. 아직 코드를 실행해보지 않았다면 깃허브 저장소를 방문하여 한 번 사용해보세요! 엔드투엔드 콘텐츠 기반 추천 시스템의 실제 작동 예제를 통해 이론이 실제로 어떻게 구현되는지 더 잘 이해할 수 있기를 바랍니다. 코드를 바탕으로 여러 가지 실험을 해보세요!

PART II
검색

> 추천 시스템을 훈련시키기 위해 모든 데이터를 적재적소에 확보하려면 어떻게 해야 할까요? 실시간 추론을 위한 시스템을 구축 및 배포하려면 어떻게 해야 할까요?

추천 시스템에 대한 연구 논문을 읽다 보면, 추천 시스템이 수많은 수학 방정식을 통해 구축되며 추천 시스템을 사용하는 데 있어 가장 어려운 작업은 이러한 방정식을 문제의 특징과 연결하는 것이라는 인상을 받을 것입니다. 하지만 실제로는 상용production 추천 시스템을 구축하는 초기 단계들은 시스템 엔지니어링에 해당합니다. 데이터가 시스템에 들어온 뒤 올바른 구조로 변경되고 훈련 흐름의 각 관련 단계에서 사용되도록 하는 작업이 추천 시스템의 초기 작업 중 대부분을 차지하는 경우가 많습니다. 그러나 이 초기 단계를 넘어서더라도 필요한 모든 구성 요소가 상용 환경에 충분히 빠르고 견고하게 작동하도록 보장하려면 플랫폼 인프라에 대한 상당한 투자가 추가로 필요합니다.

다양한 유형의 데이터를 처리하고 편리한 형식으로 저장하는 구성요소를 구축하는 경우가 많을 것입니다. 다음으로, 해당 데이터를 가져와 잠재 공간 또는 다른 표현 모델로 인코딩하는 모델을 구축합니다. 마지막으로, 입력 요청을 이 공간의 쿼리로 표현하기 위해 변환해야 합니다. 이러한 단계는 일반적으로 워크플로 관리 플랫폼의 작업이나 엔드포인트로 배포된 서비스의 형태로 이루어집니다. II부에서는 이러한 시스템을 구축하고 배포하는 데 필요한 관련 기술과 개념을 알아보고, 신뢰성, 확장성, 효율성의 중요한 측면에 대한 인식을 높이는 데 도움이 될 것입니다.

'나는 데이터 과학자인데, 이런 걸 꼭 알아야 하나?!'라고 생각할지도 모릅니다. 하지만 RecSys에는 불편한 이중성이 있다는 사실을 알아야 합니다. 즉, 모델 아키텍처의 변화는 종종 시스템 아키텍처에도 영향을 미칩니다. 최신 트랜스포머를 사용해보고 싶나요? 그렇다면 배포 전략에 새로운 설계가 필요할 것입니다. 영리한 피처 임베딩feature embedding으로 콜드 스타트 문제를 해결할 수 있을까요? 그러면 피처 임베딩은 인코딩 레이어를 지원하고 새로운 NoSQL 피처 스토어와 통합되어야 합니다. 걱정하지 마세요! 이 책에서 빅데이터 동물원을 거닐며 안내하겠습니다.

CHAPTER 6 데이터 처리
CHAPTER 7 모델 및 아키텍처 제공
CHAPTER 8 모두 하나로 합치기: 데이터 처리 및 집계 추천기

CHAPTER 6

데이터 처리

1장에서 정의한 간단한 추천 시스템에서는 `get_availability` 메서드를 사용했고, MPIR에서는 `get_item_popularities` 메서드를 사용했습니다. 메서드 이름만 지정하고, 기능에 맞게 충분히 맥락을 전달하거나 세부적으로 구현하지 않았습니다. 이제 이 중 일부를 세부적으로 설명하고 온라인 및 오프라인 수집기를 위한 도구 모음을 소개하겠습니다.

6.1 시스템에 수분 공급하기

파이프라인에 데이터를 공급하는 것을 재미있게도 **하이드레이션**(급수)hydration이라고 합니다. 머신러닝 및 데이터 분야에는 물과 관련된 많은 명명 규칙이 있습니다. 파르디스 누어자드Pardis Noorzad의 '(데이터 ∩ 물) 용어'(https://oreil.ly/XVlzd)에서 이 주제를 다룹니다.

6.1.1 파이스파크

스파크Spark는 매우 일반적인 컴퓨팅 라이브러리로 Java, Python, SQL, Scala용 API를 제공합니다. 파이스파크PySpark는 많은 머신러닝 파이프라인에서 대규모 데이터셋을 처리하고 변환하는 역할을 합니다.

추천 문제를 위해 도입한 데이터 구조로 돌아가서, 사용자-아이템 행렬은 사용자, 아이템, 아이템에 대한 사용자의 평점이라는 세 가지 요소의 선형대수적 표현입니다. 이러한 삼중항은 자연적으로 존재하지 않습니다. 일반적으로 삼중항을 얻기 위해 시스템의 로그 파일에서 시작합니다. 예를 들어, Bookshop.org에는 다음과 같은 로그 파일로 나타날 수 있습니다.

```
'page_view_id': 'd15220a8e9a8e488162af3120b4396a9ca1',
'anonymous_id': 'e455d516-3c08-4b6f-ab12-77f930e2661f',
'view_tstamp': 2020-10-29 17:44:41+00:00,
'page_url': 'https://bookshop.org/lists/best-sellers-of-the-week',
'page_url_host': 'bookshop.org',
'page_url_path': '/lists/bookshop-org-best-sellers-of-the-week',
'page_title': 'Best Sellers of the Week',
'page_url_query': None,
'authenticated_user_id': 15822493.0,
'url_report_id': 511629659.0,
'is_profile_page': False,
'product_viewed': 'list',
```

이렇게 만들어진 로그 파일은 Bookshop.org의 주간 베스트셀러에 대한 백엔드 데이터와 유사하게 보일 수 있습니다. 이러한 종류의 이벤트는 시스템 혹은 네트워크 엔지니어가 사용하며, 컬럼형 데이터베이스에 저장하는 경우가 많습니다. 이러한 데이터에 대해 SQL 구문을 활용해보는 것을 우리의 시작점으로 삼겠습니다.

파이스파크는 편리한 SQL API를 제공합니다. 인프라에 따라 이 API를 사용하여 잠재적으로 방대한 데이터셋에 대해 SQL 쿼리와 유사한 쿼리를 사용할 수 있습니다.

예시 스키마

이 예시 데이터베이스 스키마는 Bookshop.org에서 사용할 것으로 보이는 것에 대한 추측일 뿐이지만, 수년 동안 여러 회사에서 수백 개의 데이터베이스 스키마를 살펴본 저자의 경험을 바탕으로 모델링했습니다. 또한 이러한 스키마를 주제와 관련된 구성 요소로 정제하려고 시도하겠습니다. 실제 시스템에서는 훨씬 더 복잡하겠지만, 핵심적인 부분은 동일할 것으로 예상할 수 있습니다. 각 데이터 웨어하우스와 이벤트 스트림에는 고유한 특징이 있습니다. 가까운 데이터 엔지니어에게 상의해보세요.

스파크$_{Spark}$를 사용하여 앞의 로그를 쿼리해보겠습니다.

```
user_item_view_counts_qry ="""
SELECT
    page_views.authenticated_user_id
    , page_views.page_url_path
    , COUNT(DISTINCT page_views.page_view_id) AS count_views
```

```
FROM prod.page_views
JOIN prod.dim_users
    ON page_views.authenticated_user_id = dim_users.authenticated_user_id

WHERE DATE page_views.view_tstamp >= '2017-01-01'
    AND dim_users.country_code = 'US'

GROUP BY
    page_views.authenticated_user_id
    , page_views.page_url_path

ORDER BY 3, page_views.authenticated_user_id
"""

user_item_view_counts_sdf = spark.sql(user_item_view_counts_qry)
```

이는 간단한 SQL 쿼리로서, 앞서의 스키마로 로그를 저장한다고 가정할 때, 각 사용자-아이템 쌍에 대해 해당 사용자가 해당 쌍을 몇 번이나 조회했는지 확인할 수 있습니다. 여기서 순수 SQL을 사용할 수 있다는 편리함으로 인해 컬럼형 데이터베이스에 대한 경험을 활용하여 스파크로 빠르게 확장할 수 있습니다.

하지만 스파크의 가장 큰 장점은 아직 드러나지 않았습니다. 스파크 세션에서 앞의 코드를 실행하면 이 쿼리가 즉시 실행되지는 않습니다. 스파크는 실행할 수 있도록 준비는 하지만, 이 데이터를 **사용해야 할 때까지** 하류 단계에서 기다립니다. 이를 **지연 연산**lazy evaluation이라고 하며, 이를 통해 모든 변경 사항과 상호작용을 즉시 적용되지 않은 상태로 데이터 객체에 대해 작업할 수 있습니다. 더 자세한 내용은 줄스 담지 등의 《러닝 스파크》(제이펍, 2022)와 같은 전문 도서를 참조하는 편이 낫습니다. 그런데 스파크의 패러다임에서 한 가지 중요한 특징을 더 설명하겠습니다.

스파크는 기본적으로 분산 컴퓨팅 언어입니다. 좀 더 상세하게는 직전에 실행한 쿼리가(강제로 실행했더라도) 그 데이터를 여러 대의 컴퓨터에 저장합니다. 스파크는 프로그램이나 주피터 노트북 내에서 **드라이버 프로그램**을 통해 작동하며, 이 드라이버 프로그램은 **클러스터 관리자**를 구동하고, 클러스터 관리자는 다시 **작업 노드**의 **실행기**executor를 조율합니다. 스파크로 데이터를 쿼리할 때 모든 데이터가 사용 중인 컴퓨터의 메모리에 있는 `DataFrame`으로 반환되는 대신, 데이터의 일부는 실행기의 메모리로 전송됩니다. 그리고 `DataFrame`에서 변환을 수행하면 각 실행기에 저장된 `DataFrame`의 조각들에 적절하게 적용됩니다.

만약 이 설명이 마법처럼 들린다면, 이는 간편함을 위한 여러 계층 뒤에 많은 기술적 세부 사항이 숨겨져 있기 때문입니다. 스파크는 머신러닝 엔지니어가 마치 하나의 컴퓨터에서 작업하는 것처럼 프로그래밍하더라도, 이러한 변경 사항을 전체 클러스터의 컴퓨터에 적용되도록 해주는 기술 계층입니다. 쿼리할 때 네트워크 구조를 이해하는 것은 중요하지 않지만, 문제가 발생할 경우를 대비해 이러한 세부 사항을 어느 정도 알고 있어야 합니다. 오류 출력이 무엇을 의미하는지 이해할 수 있는 능력은 문제 해결에 필수적입니다. 이 모든 내용을 그림 6-1에 요약하고 있는데, 이는 스파크 문서(https://oreil.ly/89kAm)의 다이어그램입니다.

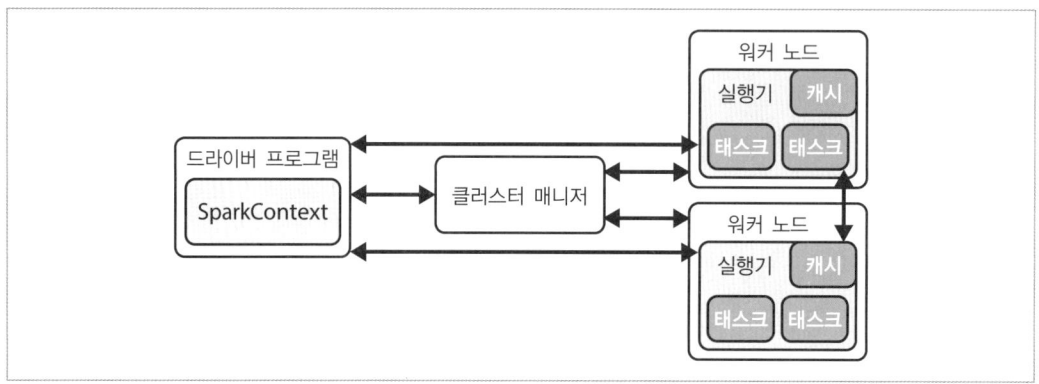

그림 6-1 스파크 3.0의 구성 요소 아키텍처

이 모든 것을 손쉽게 공짜로 얻을 수 있는 것은 아니며, 지연 연산과 분산 DataFrame은 모두 프로그램을 작성할 때 추가적인 고려가 필요하다는 대가가 따릅니다. 비록 스파크가 이러한 작업을 훨씬 쉽게 만들어주지만, 아키텍처와 함께 작동하는 효율적인 코드를 작성하면서도 복잡한 목표를 달성하는 방법을 이해하려면 1년 정도의 경험이 필요할 수 있습니다.

추천 시스템으로 돌아와서, 특히 오프라인 수집기의 경우 파이스파크를 사용하여 모델을 학습시키는 데 필요한 데이터셋을 구축하고자 합니다. 파이스파크로 할 수 있는 간단한 작업 중 하나는 로그 데이터를 모델 훈련에 적합한 형태로 변환하는 것입니다. 간단한 쿼리를 통해 우리는 데이터에 몇 가지 필터를 적용하고 사용자 및 아이템별로 그룹화하여 조회 수를 얻었습니다. 다른 다양한 작업도 이 패러다임에 자연스럽게 맞출 수 있습니다. 예를 들어, 다른 데이터베이스에 저장된 사용자 또는 아이템 특징을 추가하거나 고수준의 집계를 추가하는 등의 작업이 가능합니다.

MPIR에서 우리는 `get_item_popularities`를 요청했으며, 두 가지 가정을 세웠습니다.

- 이 메서드는 각 아이템이 선택된 횟수를 반환합니다.

- 이 메서드는 빠르게 실행될 것입니다.

두 번째 가정 사항은 엔드포인트가 실시간으로 호출되는 경우에 특히 중요합니다. 그렇다면 스파크는 어떻게 활용될 수 있을까요?

먼저, 작은 맥북 프로의 메모리에 모두 담을 수 없을 정도로 많은 데이터가 있다고 가정해봅시다. 그리고 앞서 언급한 스키마를 계속 사용하겠습니다. 좀 더 간단한 쿼리를 작성해보겠습니다.

```
item_popularity_qry ="""
SELECT
  page_views.page_url_path
  , COUNT(DISTINCT page_views.authenticated_user_id) AS count_viewers

FROM prod.page_views
JOIN prod.dim_users
        ON page_views.authenticated_user_id = dim_users.authenticated_user_id

WHERE DATE page_views.view_tstamp >= '2017-01-01'
        AND dim_users.country_code = 'US'

GROUP BY
  page_views.page_url_path

ORDER BY 2
"""

item_view_counts_sdf = spark.sql(item_popularity_qry)
```

이제 (아이템, 개수) 쌍으로 이루어진 이 집계된 목록을 앱 데이터베이스에 저장하고 `get_item_popularities`에서 활용하거나(이 함수가 호출될 때 구문 분석을 수행할 필요 없음), 이 목록에서 상위 N개의 하위 집합을 메모리에 저장하고 특정 순위에서 최상위 아이템을 얻을 수도 있습니다. 어느 쪽이든, 모든 로그 데이터를 구문 분석하고 집계하는 작업을 `get_item_popularities` 함수에 대한 실시간 호출에서 분리했습니다.

이 예제는 지나치게 간단한 데이터 집계를 사용했는데, 이는 PostgreSQL로도 쉽게 할 수 있는 작업인데 왜 굳이 스파크를 사용할까요? 첫 번째 이유는 확장성입니다. 스파크는 수평적 확장 horizontal scaling[1]을 염두에 두고 설계되었기 때문에 접근해야 하는 데이터가 증가하면 작업자 노드

---

1 옮긴이 스케일 아웃(scale out)이라고도 합니다.

를 추가하기만 하면 됩니다.

두 번째 이유는 파이스파크가 단순한 스파크 SQL~Spark SQL~ 이상의 기능을 제공한다는 점입니다. 복잡한 SQL 쿼리를 해본 사람이라면 누구나 SQL의 강력함과 유연성이 엄청나다는 데 동의할 것입니다. 그러나 SQL 환경에서 특정 작업을 수행하려면 많은 창의성이 필요합니다. 파이스파크는 파이썬 함수, 클래스, 판다스~pandas~의 DataFrame 등을 풍부하게 활용할 수 있게 해줍니다. 또한, 파이썬 코드에서 파이스파크의 데이터 구조에 대한 사용자 정의 함수~uesr-defined fintion, UDF~를 활용할 수 있는 간단한 인터페이스도 제공합니다. UDF는 판다스에서 사용하는 람다 함수와 유사하지만, 파이스파크의 DataFrame을 위해 구축되고 최적화되어 있습니다. 작은 데이터 환경에서 머신러닝 프로그램을 작성해본 경험이 있다면, 데이터 변환을 수행할 때 어느 순간부터 SQL만 사용하기 보다는 판다스 API 함수를 더 많이 사용하게 되었을 것입니다. 스파크 데이터 규모에서도 이 기능의 강점을 분명히 느낄 수 있습니다.

파이스파크를 사용하면 파이썬과 판다스 코드와 매우 유사한 코드를 작성하고 그 코드를 분산 환경에서 실행할 수 있습니다. 어떤 작업자 노드에서 작업을 수행해야 하는지 지정하는 코드를 작성할 필요가 없으며, 이는 파이스파크가 대신 처리해줍니다. 다만, 이 프레임워크가 완벽하지는 않습니다. 예상대로 작동할 것 같은 일부 기능은 주의가 필요할 수 있고, 코드 최적화에는 추가적인 추상화가 필요할 수 있지만, 일반적으로 파이스파크는 코드를 하나의 노드에서 클러스터로 빠르게 이동시키고 그 강력함을 활용할 수 있는 방법을 제공합니다.

파이스파크에서 좀 더 유용한 예를 들기 위해 협업 필터링으로 돌아가 순위를 매기는 데 더 적합한 몇 가지 특징을 계산해보겠습니다.

6.1.2 예시: 파이스파크에서의 사용자 유사도

사용자 유사도 테이블은 추천 시스템에서 한 사용자를 다른 관련 사용자들과 매핑할 수 있게 해줍니다. 이는 비슷한 두 사용자가 비슷한 것을 좋아한다는 가정을 떠올리게 합니다. 따라서 한 사용자가 보지 않은 아이템을 다른 사용자에게 모두 추천할 수 있습니다. 이 사용자 유사도 테이블을 구성하는 것은 파이스파크 작업의 예 중 하나로 오프라인 수집기의 책임이라고 할 수 있습니다. 대부분의 경우 평가가 항상 계속 스트리밍되지만, 대규모 오프라인 작업의 경우 모델의 필수 테이블을 업데이트하기 위한 일일 배치 작업을 실행하는 경우가 많습니다. 실제로는 많은 경우 이러한 일일 배치 작업만으로도 대부분의 머신러닝 작업의 하류 단계~downstream~에 필요한 기능을 제공하는 데 충분합니다. 다른 중요한 설계 패러다임도 존재하는데, 일일 배치 작업을 완전히 없애지는 않고 일 단위보다 더 빈번한 업데이트 작업을 일일 배치 작업과 조합하여 구성합니다.

이렇게 일일 배치 작업과 더 작고 빈번한 배치 작업을 조합한 아키텍처를 **람다 아키텍처**lambda architecture라고 하며, 그 설계 방법과 이유에 대해서는 나중에 자세히 살펴보겠습니다. 간단히 말해, 배치와 스피드의 두 계층은 데이터 처리 빈도와 데이터 처리 실행당 볼륨에 따라 구분됩니다. 속도 계층은 다양한 빈도의 작업으로 이루어질 수 있는데, 시간 단위로 수행하는 작업들과 분 단위로 수행하는 작업들로 구성하고 각각 다른 종류의 작업을 수행할 수 있습니다. 그림 6-2에서 아키텍처의 대략적인 구성을 확인할 수 있습니다.

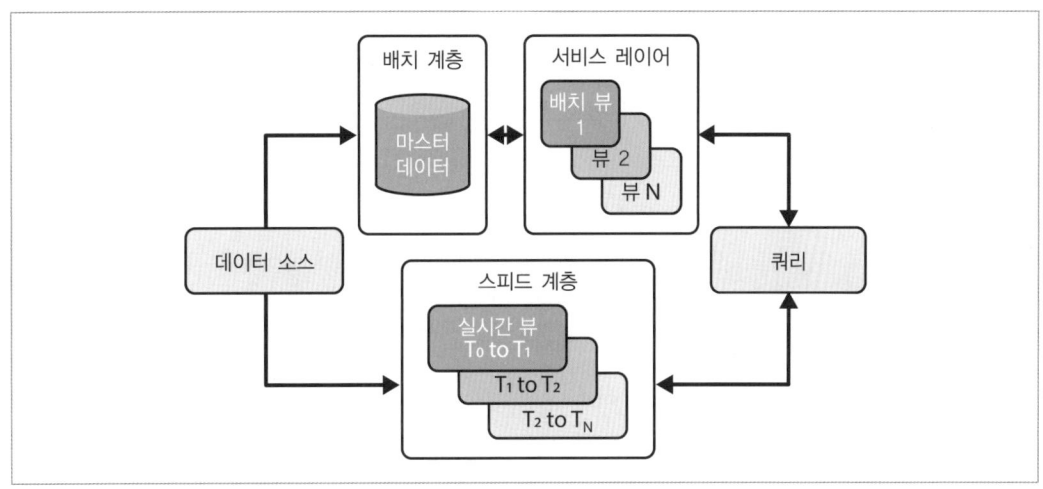

그림 6-2 람다 아키텍처 개요

사용자 유사도의 경우, 일별 테이블을 계산하는 배치 작업을 구현해보겠습니다. 먼저 오늘 이전의 스키마에서 평점 데이터를 가져와야 합니다. 또한 이 쿼리가 실제로 어떻게 보일지 시뮬레이션하는 몇 가지 다른 필터도 포함하겠습니다.

```
user_item_ratings_qry =""
SELECT
    book_ratings.book_id
    , book_ratings.user_id
    , book_ratings.rating_value
    , book_ratings.rating_tstamp

FROM prod.book_ratings
JOIN prod.dim_users
```

```
        ON book_ratings.user_id = dim_users.user_id
JOIN prod.dim_books
        ON book_ratings.book_id = dim_books.dim_books

WHERE
    DATE book_ratings.rating_tstamp
        BETWEEN (DATE '2017-01-01')
            AND (CAST(current_timestamp() as DATE))
    AND book_ratings.rating_value IS NOT NULL
        AND dim_users.country_code = 'US'
    AND dim_books.book_active
"""

user_item_ratings_sdf = spark.sql(user_item_ratings_qry)
```

이전과 같이, SQL 구문을 사용하여 데이터셋을 스파크 DataFrame으로 가져오는 것이 첫 번째 단계인데, 파이스파크 쪽에서 추가 작업이 필요합니다. 일반적인 패턴은 간단한 SQL 구문과 로직을 통해 작업하려는 데이터셋을 가져온 다음, 파이스파크 API를 사용하여 더 상세한 데이터 처리를 수행하는 것입니다.

먼저 사용자 아이템 평점의 고유성에 대한 가정이 없다는 점을 살펴봅시다. 이 테이블을 위해 사용자-아이템 쌍에 대해 가장 최근의 평점을 사용하기로 결정하겠습니다.

```
from pyspark.sql.window import Window
from pyspark.sql.functions import col, first

windows = Window.partitionBy("book_id", "user_id").orderBy(col("rating_tstamp").desc())

df_with_current = (
    user_item_ratings_sdf
    .withColumn(
        "current_rating",
        first(col("rating_tstamp")).over(windows)
    )
)

df_filtered = df_with_current.filter(col("rating_tstamp") == col("current_rating"))
```

이제 후속 계산을 위해 current_rating을 평점 열로 사용하겠습니다. 이전에 언급한 평점 기반 사용자 유사도 정의를 기억해보세요.

$$\text{USim}_{A,B} = \frac{\sum_{x \in \mathcal{R}_{A,B}} (r_{A,x} - \overline{r}_A)(r_{B,x} - \overline{r}_B)}{\sqrt{\sum_{x \in \mathcal{R}_{A,B}} (r_{A,x} - \overline{r}_A)^2} \sqrt{\sum_{x \in \mathcal{R}_{A,B}} (r_{B,x} - \overline{r}_B)^2}}$$

필요한 중요 값은 다음과 같습니다.

- $r_{(-,-)}$: 사용자-아이템 쌍 관련 평점
- $\overline{r}_{(-)}$: 사용자 관련 모든 아이템에 대한 평균 평점

행에 이미 $r_{(-,-)}$ 값은 있으므로 사용자 평균 평점, $\overline{r}_{(-)}$ 및 평점 편차를 계산해보겠습니다.

```
from pyspark.sql.window import Window
from pyspark.sql import functions as F

user_partition = Window.partitionBy('user_id')

user_item_ratings_sdf = user_item_ratings_sdf.withColumn(
        "user_average_rating",
        F.avg("current_rating").over(user_partition)
)

user_item_ratings_sdf = user_item_ratings_sdf.withColumn(
        "rating_deviation_from_user_mean",
        F.col("current_rating") - F.col("user_average_rating")
)
```

이제 스키마는 다음과 같이 보여야 합니다(스파크의 기본 출력 형태를 약간 더 깔끔하게 정리했습니다).

```
+-------+-------+------------+-------------+
|book_id|user_id|rating_value|rating_tstamp|
+-------+-------+------------+-------------+

+-------------+-------------------+-------------------------------+
current_rating|user_average_rating|rating_deviation_from_user_mean|
+-------------+-------------------+-------------------------------+
```

사용자 유사도 계산을 포함하여 데이터셋 생성을 마무리하겠습니다.

```
user_pair_item_rating_deviations = user_item_ratings_sdf.alias("left_ratings")
 .join(user_item_ratings_sdf.alias("right_ratings"),
  (
```

```
        F.col("left_ratings.book_id") == F.col("right_ratings.book_id") &\
F.col("left_ratings.user_id") != F.col("right_ratings.user_id")
        ),
        "inner"
).select(
        F.col("left_ratings.book_id"),
        F.col("left_ratings.user_id").alias("user_id_1"),
        F.col("right_ratings.user_id").alias("user_id_2"),
    F.col("left_ratings.rating_deviation_from_user_mean").alias("dev_1"),
    F.col("right_ratings.rating_deviation_from_user_mean").alias("dev_2")
).withColumn(
        'dev_product',
        F.col("dev_1")*F.col("dev_2")
)

user_similarities_sdf = user_pair_item_rating_deviations.groupBy(
        "user_id_1", "user_id_2"
).agg(
        sum('dev_product').alias("dev_product_sum"),
        sum(F.pow(F.col("dev_1"), 2)).alias("sum_of_sqrd_devs_1"),
        sum(F.pow(F.col("dev_2"), 2)).alias("sum_of_sqrd_devs_2")
).withColumn(
        "user_similarity",
        (
                F.col("dev_product_sum") / (
                        F.sqrt(F.col("sum_of_sqrd_devs_1")) *
                        F.sqrt(F.col("sum_of_sqrd_devs_2"))
                )
        )
)
```

이 데이터셋을 구성할 때, 먼저 셀프 조인self-join을 수행하여 동일한 사용자를 자신과 매칭시키지 않도록 하고, 대신 일치하는 도서에 매칭하도록 조인을 수행합니다. 이 과정에서 이전에 계산한 사용자의 평균 평점에서 평점 편차를 구합니다. 그리고 그다음으로 사용자 유사도를 구하는 수식의 분자에서 사용하기 위해 서로 곱합니다. 마지막으로 다시 groupBy를 사용하여 일치하는 모든 도서 ID에 대한 합계를 구합니다(user_id_1 및 user_id_2에 대해 groupBy를 수행). 각 편차의 곱의 합산과 편차의 거듭제곱의 합산을 구하고 최종적으로 나누어 사용자 유사도에 대한 새로운 열을 생성합니다.

이 계산은 특별히 복잡하지는 않지만, 몇 가지 알아두면 도움이 될 만한 사항을 살펴보겠습니다. 첫째, 기록에서 사용자 유사도 행렬을 완전히 구축했습니다. 이제 이 행렬은 더 빠르게 접근할 수 있는 형식으로 저장되어 실시간으로 작업을 수행하고자 할 경우 바로 사용할 수 있습니다. 둘째, 이 모든 데이터 변환을 스파크에서 수행하여, 작업을 대규모 데이터셋을 대상으로 클러스터 상에서 병렬 처리할 수 있습니다. 심지어 판다스 및 SQL과 매우 유사한 코드로 이 작업을 수행할 수 있었습니다. 마지막으로, 모든 연산은 컬럼 기반이며 반복된 계산이 필요하지 않습니다. 이는 이 코드가 다른 접근 방식보다 훨씬 더 확장 가능하다는 것을 의미합니다. 또한 스파크가 코드를 잘 병렬화할 수 있어 높은 성능을 기대할 수 있습니다.

파이스파크를 사용하여 사용자 유사도 행렬을 준비하는 방법을 살펴봤습니다. 사용자 관련 아이템의 적합성을 추정하는 선호도를 정의했으므로, 각 점수를 사용자 행과 아이템 열로 구성된 표 형식으로 수집하여 행렬을 생성할 수 있습니다. 그러면 연습 삼아, 이 사용자 유사도 행렬을 가지고 선호도 행렬을 생성할 수 있을까요?

$$\text{Aff}_{A,i} = \overline{r}_A + \frac{\sum_{U \in \mathcal{N}(A)} \text{USim}_{A,U} \times (r_{U,i} - \overline{r}_A)}{\sum_{U \in \mathcal{N}(A)} \text{USim}_{A,U}}$$

$\mathcal{N}(A)$는 사용자 유사도와 관련하여 A에서 다섯 개의 최근접 이웃이라고 가정할 수 있습니다.

6.1.3 DataLoader

DataLoader는 파이토치에서 시작된 프로그래밍 패러다임이지만, 다른 경사도 최적화 기반의 머신 러닝 워크플로에도 수용되고 있습니다. 경사도 기반 학습을 추천 시스템 아키텍처에 통합하기 시작하면서 MLOps 도구에서 몇 가지 도전에 직면하고 있습니다. 첫 번째는 훈련 데이터 크기 및 가용 메모리와 관련된 문제입니다. DataLoader는 데이터를 일괄 처리하여 학습 루프에 효율적으로 전송하는 방법을 규정하는 방법으로, 데이터셋이 커질수록 이러한 훈련 집합의 스케줄링이 학습에 큰 영향을 미칠 수 있어 신중하게 스케줄링해야 하기 때문입니다. 그런데 왜 데이터 **일괄 처리**를 고려해야 할까요? 그것은 바로 대량의 데이터에 적합한 경사 하강법의 변형을 사용하기 때문입니다.

먼저 **작은 배치 작업 기반 경사 하강법**의 기본 사항을 살펴보겠습니다. 경사 하강을 통해 훈련할 때 모델에 훈련 샘플을 정방향으로 통과시켜 예측을 생성하고, 오차를 계산하여 모델에 역방향으로 통과하여 적절한 경사도를 계산하고 매개변수를 업데이트합니다. 배치 처리 기반 경사 하강법은 모든 데이터를 한 번에 통과시켜 훈련 집합의 경사를 계산한 후 다시 역방향으로 통과시키므로 전체 훈련 데이터셋을 메모리에 저장합니다. 데이터셋이 커지면 이 방법은 비용이 많이 들거나 불가능해지므로, 이를 피하기 위해 한 번에 데이터셋의 일부 하위 집합에 대해서만 손실 함수의 기울기를 계산할 수 있습니다. 이를 위한 가장 간단한 패러다임인 **확률적 경사 하강법**stochastic gradient descent, SGD은 이러한 기울기를 계산하고 한 번에 한 샘플에 대해서 매개변수를 업데이트합니다. 미니 배치 버전은 배치 처리 기반 경사 하강이지만, 데이터셋을 파티션으로 구성하기 위해 일련의 하위 집합들로 나누어 수행합니다. 다음 수식은 작은 배치들에 대한 야코비안Jacobian 용법으로 업데이트 규칙을 표기한 것입니다.

$$\theta = \theta - \eta \times \nabla_\theta J\left(\theta; x^{(i:i+n)}; y^{(i:i+n)}\right)$$

이 최적화는 몇 가지 용도로 사용됩니다. 첫째, 각 반복 단계에서 데이터 중 작은 하위 집합만을 메모리에 저장하면 됩니다. 둘째, SGD의 순수 반복 버전보다 훨씬 적은 수의 반복 횟수가 필요합니다. 셋째, 이러한 미니 배치에 대한 경사도를 야코비안으로 구성할 수 있으므로 최적화 가능한 선형대수 연산을 수행할 수 있습니다.

야코비안

가장 간단한 의미에서 야코비안의 수학적 개념은 관련 인덱스를 가진 벡터 미분의 집합을 조직화하는 도구입니다. 여러 변수를 가진 함수의 경우, 각 변수에 대해 미분을 할 수 있다는 것을 기억할 것입니다. 단일 다변수 스칼라 함수의 경우, 야코비안은 단순히 함수의 1차 미분 행 벡터로, 이는 경사도의 전치 행렬입니다.

이는 가장 간단한 경우로, 다변수 스칼라 함수의 경사도는 야코비안으로 작성할 수 있습니다. 그러나 (벡터) 미분들로 이루어진 벡터를 얻으면 이를 행렬로 표현할 수 있지만, 유용한 점은 오직 표기법에 있습니다. 일련의 다변수 스칼라 함수를 함수 벡터로 모으면, 관련된 경사도 벡터는 미분 벡터들의 벡터가 됩니다. 이를 **야코비안 행렬**Jacobian matrix이라고 하며, 이 행렬은 경사도를 벡터 값 함수로 일반화합니다. 이미 알고 있겠지만, 신경망의 계층은 미분하려는 벡터 값 함수의 훌륭한 소스입니다.

미니 배치가 유용하다고 확신하신다면, 이제 DataLoader에 대해 논할 때입니다. DataLoader는 대규모 데이터셋에 대해 미니 배치 기반 접근을 용이하게 하는 간단한 파이토치PyTorch API입니다. DataLoader의 주요 매개변수는 batch_size, shuffle, num_workers입니다. 배치 크기는 이해하기 쉽습니다. 각 배치에 포함된 샘플의 수로, 대개 데이터셋의 총 크기의 정수 배수입니다. 일반적으로 각 에폭epoch의 배치를 네트워크에 무작위 순서로 보여주기 위해 셔플 연산을 적용하는데, 이는 견고성을 향상시킵니다. 마지막으로 num_workers는 CPU의 배치 생성에 대한 병렬화 매개변수입니다.

DataLoader의 유용성은 실제 예시를 통해 가장 잘 이해할 수 있습니다.

```
params = {
         'batch_size': _,
         'shuffle': _,
         'num_workers': _
}

training_generator = torch.utils.data.DataLoader(training_set, params)

validation_generator = torch.utils.data.DataLoader(validation_set, params)

// 에폭에 대한 반복
for epoch in range(max_epochs):
    // 훈련
    for local_batch, local_labels in training_generator:

        // 모델 연산
        [...]

    // 검증
    with torch.set_grad_enabled(False):
        for local_batch, local_labels in validation_generator:

            // 모델 연산
            [...]
```

이 코드에서 첫 번째 중요한 세부 사항은 어떤 생성기든 전체 데이터셋에서 미니 배치를 읽고 해당 배치를 병렬로 로드하도록 지시할 수 있다는 것입니다. 또한 모델 계산의 모든 미분 단계가 이제 이러한 미니 배치에서 작동한다는 점에 주목하십시오.

DataLoader를 단순히 코드를 깔끔하게 정리하기 위한 도구로 생각하기 쉽지만, 배치 순서, 병렬화, 형태를 제어하는 기능이 모델 훈련에 중요한 기능이라는 점을 과소평가하지 말아야 합니다. 마지막으로, 이제 코드의 구조가 배치 경사도 하강법처럼 보일 수 있지만, 미니 배치의 이점을 활용하여 코드가 실제로 수행하는 작업을 더 잘 보여줍니다.

6.1.4 데이터베이스 스냅숏

이번 절을 마무리하기 위해, 이러한 첨단 기술에서 한 발 물러나서 중요하고 고전적인 주제인 상용 데이터베이스의 스냅숏에 대해 논의해보겠습니다.

매우 가능성 높은 시나리오는 추천 서버를 구축한 엔지니어들(아마도 여러분도 해당될 수 있습니다)

이 로그 및 기타 애플리케이션 데이터를 SQL 데이터베이스에 기록하는 경우입니다. 이러한 데이터베이스의 아키텍처와 배포 방식은 애플리케이션에서 가장 자주 사용하는 방식에 대해 빠르게 쿼리하도록 최적화되어 있을 가능성이 큽니다. 앞서 설명했듯이, 이러한 로그는 이벤트 형식의 스키마로 저장될 수 있으며, 로그의 내용을 파악하기 위해 함께 집계 및 롤업해야 하는 다른 테이블도 있을 수 있습니다. 예를 들어, **현재 재고** 테이블을 활용하려면 하루 시작 시점의 재고를 알고 구매 이벤트 목록을 집계해야 할 수 있습니다.

결국, 상용 SQL 데이터베이스는 보통 애플리케이션이나 사업의 특정 용도에 맞춰진 스택의 중요한 구성 요소입니다. 그런데, 여러분은 하류 단계 downstream에서 이 데이터를 사용할 소비자로서 다른 형태의 스키마를 원하고, 이 데이터베이스에 대한 많은 접근 권한을 원하며, 이 데이터에 대해 심각한 작업을 수행하기를 원할 수 있습니다. 이럴 경우 가장 일반적인 방법은 **데이터베이스 스냅숏**입니다. 스냅숏은 데이터베이스의 복제본을 빠르게 만들어낼 수 있도록 다양한 SQL에서 제공하는 기능입니다. 이 스냅숏은 다양한 형태로 이루어질 수 있는데, 시스템을 단순화하고 필요한 데이터를 확보하기 위한 몇 가지 주요 방식을 살펴보겠습니다.

- 일일 테이블 스냅숏은 `as_of` 필드 또는 **해당 날짜의 테이블 상태**와 연계될 수 있습니다.
- 일일 테이블 스냅숏은 **오늘 추가된 레코드**를 확인하기 위해 시간 단위로만 생성하도록 제한될 수 있습니다.
- 이벤트 테이블 스냅숏은 Segment와 같은 이벤트 스트림 처리기에 이벤트 데이터셋을 공급하는 데 사용할 수 있습니다(카프카 Kafka와 같은 실시간 이벤트 스트림을 설정할 수도 있습니다).
- 시간별 집계 테이블은 상태 로깅이나 모니터링에 사용할 수 있습니다.

일반적으로 하류 단계의 데이터 처리를 위해 스냅숏에서 작업하는 것이 일반적인 패러다임입니다. 앞서 언급한 것과 같은 많은 종류의 데이터 처리들, 사용자 유사도 산출과 같은 데이터 처리에는 상당한 양의 데이터 읽기가 필요할 수 있습니다. **상용 데이터베이스에서 광범위한 쿼리가 필요한 머신러닝 애플리케이션을 구축하면, 전체 애플리케이션의 성능이 저하되고 사용자 경험이 떨어질 가능성이 높기 때문에 구축하지 말아야 합니다.** 이러한 성능 저하는 추천을 통한 개선 효과를 약화시킬 것입니다.

관심 있는 테이블의 스냅숏을 만든 후에는, 해당 데이터를 훨씬 더 구체적인 테이블로 변환하는 데 유용한 데이터 파이프라인 도구 모음을 **데이터 웨어하우스** data warehouse(대부분의 작업을 수행해야 하는 곳)에서 찾을 수 있는 경우가 많습니다. 댁스터 Dagster, dbt, 아파치 에어플로 Apache Airflow, 아르고 Argo, 루이지 Luigi와 같은 도구가 추출-변환-로드 extract-transform-load, ETL 작업을 위한 데이터 파이프라인 및 워크플로 오케스트레이션 도구로 널리 사용됩니다.

6.2 학습 및 추론을 위한 데이터 구조

이 절에서는 추천 시스템이 복잡한 작업을 빠르게 수행할 수 있도록 하기 위한 세 가지 중요한 데이터 구조를 소개하겠습니다. 각 구조의 목적은 데이터에 대한 실시간 접근 속도를 높이면서도 정확성을 최소한으로 희생하는 것입니다. 이러한 데이터 구조는 실시간 추론 파이프라인real-time inference pipeline의 핵심이며 배치 파이프라인에서 일어나는 일을 최대한 정확하게 모사합니다.

세 가지 데이터 구조는 다음과 같습니다.

- 벡터 검색/ANN 인덱스
- 추천 후보 필터링을 위한 블룸 필터
- 피처 스토어

지금까지 시스템에서 데이터 흐름에 필요한 구성 요소에 대해 알아보았습니다. 이러한 요소들은 학습 및 추론 과정에서 데이터에 더 쉽게 접근할 수 있도록 데이터를 구성하는 데 도움이 됩니다. 또한 검색 중에 추론 속도를 높일 수 있는 몇 가지 지름길도 알아보겠습니다. 벡터 검색을 사용하면 유사한 아이템을 대규모로 식별할 수 있습니다. 블룸 필터를 사용하면 결과를 제외하기 위한 여러 기준을 빠르게 평가할 수 있습니다. 피처 스토어는 추천 추론에 필요한 사용자 데이터를 제공합니다.

6.2.1 벡터 검색

사용자 유사도 및 아이템 유사도에 대해 그러한 개체 간의 관계를 이해하는 측면에서 논의했으나, 프로세스 **가속 구조**에 대해서는 논의하지 않았습니다.

먼저 일부 용어에 대해 설명하겠습니다. 거리 함수로서 제공되는 유사도 지표를 가진 개체들을 나타내는 벡터들의 집합을 **잠재 공간**이라고 합니다. 그 목적은 간단하게 설명하면, 잠재 공간과 그와 관련된 유사도 지표(또는 상호 보완적 거리 지표)를 활용하여 **유사한** 아이템을 빠르게 검색하는 것입니다. 이전 유사도 예제에서 사용자의 이웃들을 활용하여 사용자와 보이지 않는unseen 아이템 간의 선호도 점수를 구축하는 방법에 대해 설명했습니다. 그렇다면 이웃은 어떻게 찾을 수 있을까요?

이를 이해하기 위해 원소 x의 이웃, 즉 $\mathcal{N}(x)$를 잠재 공간에서 최대 유사도를 가진 k 원소의 집합, 또는 다르게 표현하면 x에 대한 아이템 유사도 샘플에서 $j \leq k$인 j차 통계량의 집합으로 정의했음을 기억해두세요. 이러한 **k-최근접 이웃**은 보통 x와 유사한 것으로 간주되는 원소 집합으로 사용됩니다.

CF에서 도출된 이러한 벡터는 다음과 같은 몇 가지 유용한 부가 효과를 보입니다.

- 사용자의 이웃이 '좋아요'를 누른 아이템 중 사용자가 본 적 없는 아이템을 무작위로 샘플링하는 간단한 추천 시스템
- 이웃인 사용자들의 알려진 특징에서 사용자의 특징에 대해 예측
- 취향 유사도를 통한 사용자 세분화_{segmentation}

그렇다면 이러한 프로세스를 어떻게 가속할 수 있을까요? 이 영역에서 가장 먼저 눈에 띄는 개선 사항 중 하나는 역-인덱스_{inverted index}에서 비롯되었습니다. 역-인덱스의 핵심은 쿼리의 토큰(텍스트 기반 검색의 경우)과 후보 사이에 큰 해시를 신중하게 구축하는 것입니다.

이러한 접근 방식은 문장이나 작은 어휘 집합과 같이 토큰화 가능한 개체에 적합합니다. 쿼리와 하나 이상의 토큰을 공유하는 아이템을 조회할 수 있다면 일반적인 잠재 임베딩을 사용하여 유사도를 기준으로 후보 응답의 순위를 매길 수도 있습니다. 이 접근 방식은 규모가 커짐에 따라 속도 비용이 증가하기 때문에 추가적으로 고려해봐야 합니다. 속도가 증가하는 이유는 쿼리 실행 시 하류 단계로 두 단계가 더 필요하고, 유사도 분포가 토큰 유사도와 상관관계가 높지 않을 수 있으므로 필요한 결과를 얻기 위해 상당히 많은 후보가 필요할 수 있기 때문입니다.

고전적인 검색 시스템 구축 방식은 대규모 조회 테이블을 기반으로 하여 결정론적 성향이 강합니다. ANN 기반 방식으로 전환하여, 이러한 강력한 결정론적 성향을 다소 완화하고 대규모 인덱스를 여러 가지로 **분리**하는 데이터 구조를 도입할 수 있습니다. 토큰화 가능한 요소에 대해서만 인덱스를 구축하는 대신, k-d 트리를 미리 계산하고 인덱스로 사용할 수 있습니다. k-d 트리는 최근접 이웃을 일괄 처리(처리에 오랜 시간이 필요할 수 있습니다)로 미리 계산하여 빠른 조회를 위한 상위 k 응답을 미리 구성합니다. 그런데 k-d 트리는 근접한 이웃을 인코딩하는 데는 효율적인 데이터 구조이지만, 고차원에서는 성능이 급격히 저하되는 것으로 악명이 높습니다. 따라서 그대로 사용하는 대신 역-인덱스를 구축하면 성능을 크게 개선할 수 있습니다.

최근에는 벡터 검색에 벡터 데이터베이스를 명시적으로 사용하기 훨씬 용이해졌습니다. 엘라스틱

서치Elasticsearch는 이 기능을 추가했으며, 파이스Faiss(https://oreil.ly/AZ-Ai)는 시스템 내에 이 기능을 구현하는 데 도움이 되는 파이썬 라이브러리이고, 파인콘Pinecone(https://oreil.ly/LSaos)은 명시적으로 이 목적을 겨냥한 벡터 데이터베이스 시스템이며, 위애비에이트Weaviate(https://oreil.ly/Z6la_)는 방금 논의한 토큰 기반 역-인덱스와 벡터 유사도 검색을 계층화하여 구성할 수 있도록 해주는 네이티브 벡터 데이터베이스 아키텍처입니다.

6.2.2 최근접 이웃 근사하기

이 요소의 k-최근접 이웃은 어떤 것일까요? 놀랍게도 근사 최근접 이웃approximate nearest neighbors, ANN을 구하는 방식은 실제 최근접 이웃에 비교해도 매우 높은 정확도를 보이며, 게다가 매우 빠른 속도로 결과를 얻을 수 있습니다. 즉, 이러한 문제들에 대해 근사형 해결책으로서 만족스러운 결과를 얻을 수 있는 경우가 많습니다.

이러한 근삿값을 구할 때 특화된 오픈 소스 라이브러리는 PyNNDescent(https://oreil.ly/i5LyM)로, 최적화된 구현과 신중한 수학적 기법을 통해 빠른 속도를 제공합니다. ANN을 사용하면 다음과 같은 두 가지 전략을 사용할 수 있습니다.

- 사전 인덱스pre-index를 획기적으로 개선할 수 있습니다.
- 사전 인덱스 옵션이 없는 쿼리에 대해서도 여전히 좋은 성능을 기대할 수 있습니다.

실제로 이러한 유사도 검색은 애플리케이션이 제대로 작동하도록 만드는 데 매우 중요합니다. 지금까지는 아이템 카탈로그를 안전히 알고 있는 경우에 대한 추천을 다루었으나, 추천이 필요한 모든 상황이 이러한 조건 아래 있다고 볼 수 없습니다. 그런 상황은 다음과 같습니다.

- 쿼리 기반 추천(검색과 같습니다)
- 콘텍스트 기반 추천
- 새 아이템들로 콜드 스타트하기

시간이 지날수록 공간과 최근접 이웃의 유사도를 참고할 경우가 점점 더 늘어날 것이며, 그럴 때마다 '난 이걸 빨리 구현할 방법을 알고 있어!'라고 생각하세요.

6.2.3 블룸 필터

블룸 필터 Bloom filter는 집합set 포함 여부를 매우 효율적으로 테스트할 수 있는 확률적 데이터 구조입니다. 집합 제외에 대해서는 결정론적이지만, 집합 포함에 대해서는 확률론적이라는 단점이 있습니다. 즉, 'x가 이 집합에 포함되나요?'라는 질문을 하면 **거짓 음성**false negative은 절대 발생하지 않지만 **거짓 양성**false positive은 발생할 수 있다는 뜻입니다! 이 제1종 오류type I error는 블룸의 크기가 커질수록 증가한다는 점에 유의하세요.

벡터 검색을 통해 사용자를 위한 대규모의 잠재적 추천 풀을 확인했습니다. 우선, 이 풀에서 즉각 일부 아이템을 제거해야 합니다. 가장 확실한 유형의 고급 필터링은 **사용자가 이전에 관심을 보이지 않았거나 이미 구매한** 아이템을 제거하는 것입니다. 같은 아이템을 계속 추천받게 되면, '이건 싫어요, 그만 보여줘요'라고 생각할 것입니다. 앞서 소개한 간단한 CF 모델에서 이런 일이 발생하는 이유를 이해할 수 있을 것입니다.

시스템은 CF를 통해 사용자가 선택할 가능성이 높은 아이템들을 식별했습니다. 외부의 영향이 없는 상태에서는 이러한 계산이 계속해서 동일한 결과를 반환할 것이며, 사용자에게 같은 추천만 반복해서 제안할 것입니다. 시스템 설계자는 이런 상황을 휴리스틱으로 개선해볼 수 있습니다.

> 사용자가 이 아이템을 세 번 추천받고도 클릭하지 않았다면, 더 이상 표시하지 않는 것이 좋습니다.

이는 추천 시스템에서 **신선도**freshness(사용자가 새로운 아이템 추천을 보도록 보장하는 개념)를 개선하기 위한 매우 합리적인 전략입니다. 이 전략은 추천을 개선하기 위한 간단한 방법이지만, 이를 대규모로 구현하려면 어떻게 해야 할까요?

블룸 필터는 다음과 같이 정의된 집합에서 사용할 수 있습니다. '이 사용자가 이 아이템을 세 번 추천받았고 클릭한 적이 없는가?' 블룸 필터는 추가만 가능하다는 한계가 있습니다. 즉, 한 번 블룸에 추가된 것은 제거할 수 없습니다. 이번 휴리스틱과 같은 이진 상태를 관찰할 때는 문제가 되지 않습니다.

사용자 아이템 ID를 블룸에서 해시로 사용할 수 있도록 구성해보겠습니다. 블룸 필터의 핵심 기능은 해시된 아이템이 블룸에 있는지 빠르게 판단하는 것입니다. 앞서 언급한 기준을 충족하는 사용자-아이템 쌍을 관찰할 때, 해당 쌍을 ID로 사용하여 해시합니다. 이제 해당 해시된 쌍은 사용자에 대한 아이템 목록에서 쉽게 재구성할 수 있으므로 매우 빠르게 필터링할 수 있습니다.

이 주제에 대해 몇 가지 기술적 세부 사항을 논의해보겠습니다. 첫째, 다양한 종류의 필터링을 적용하고자 할 수 있습니다. 예를 들어, 신선도 필터링 외에도 사용자가 이미 구매한 아이템 필터링, 매진된 아이템 제외 필터링이 있을 수 있습니다.

이런 경우 이러한 필터들을 각각 독립적으로 구현하는 것이 좋습니다. 처음 두 가지는 앞서 설명한 대로 사용자-아이템 ID 해싱을 활용하고, 세 번째는 아이템 ID만 해싱하여 구현할 수 있습니다.

또 다른 고려사항은 블룸 필터를 채우는 것입니다. 오프라인 배치 작업을 통해 데이터베이스에서 이러한 블룸 필터를 구축하는 것이 가장 좋습니다. 배치 기반 훈련이 실행되는 일정에 따라, 기록 저장소에서 블룸을 다시 구축하여 블룸의 정확도를 유지하세요. 블룸은 삭제를 허용하지 않으므로 앞의 예에서 매진된 아이템이 재입고될 경우 배치 기반 재훈련을 통해 블룸에 재고를 다시 확보될 수 있습니다. 재훈련 위한 배치 사이에 블룸에 추가하는 방법도 매우 효과적이므로 실시간 필터링에서 고려해야 하는 데이터를 확인할 때마다 블룸에 계속 추가할 수 있습니다. 하지만 이러한 트랜잭션은 테이블에 로그를 남겨야 합니다! 나중에 갱신할 때 이러한 로그가 중요합니다.

6.2.4 흥미로운 점: 추천 시스템으로서의 블룸 필터

블룸 필터는 포함 조건에 따라 일부 추천을 제외하는 효과적인 방법을 제공할 뿐만 아니라, 추천 그 자체에도 사용할 수 있습니다! 특히 마누엘 포조Manuel Pozo 등의 〈블룸 필터 기반의 추천 시스템을 위한 아이템/사용자 표현(An Item/User Representation for Recommender Systems Based on Bloom Filters)〉(https://oreil.ly/VsvN2)에 따르면, 3장에서 논했던 희소성 많은 고차원 특징 집합의 경우, 블룸 필터가 수행하는 해싱의 유형이 좋은 유사도 함수를 정의할 때 극복해야 할 몇 가지 주요 과제를 해결하는 데 도움이 될 수 있습니다.

블룸 필터 데이터 구조를 통해 집합에 대해 두 가지 연산을 자연스럽게 수행할 수 있다는 점을 확인해보겠습니다. 먼저, 두 집합 A와 B를 고려하고, 여기에 블룸 필터 $\mathcal{BF}_A$와 $\mathcal{BF}_B$를 연관시킵니다. 그러면 $A \cap B$의 정의는 무엇일까요? 이 교집합에 대한 블룸 필터를 만들 수 있을까요? 네! 블룸 필터는 요소가 집합에 포함되지 않은 경우 이를 확인해줄 수 있지만, 요소가 집합에 포함된 경우에는 일정 확률로만 확인할 수 있다는 점을 기억하세요. 이 경우, $\mathcal{BF}_A$에 해당하는 요소와 $\mathcal{BF}_B$에 해당하는 요소를 찾으면 됩니다. 물론 각 집합에서 반환된 아이템의 집합이 실제 집합보다 크므로(즉, $A \subset \mathcal{BF}_A$) 교집합도 더 커지게 됩니다.

$$A \cap B \subset \mathcal{BF}_A \cap \mathcal{BF}_B$$

선택한 해시 함수에 대한 정보를 통해 카디널리티cardinality(집합의 크기)의 정확한 차이를 계산할 수 있습니다. 또한 이 방정식은 A에 해당하는 블룸 필터가 반환하는 사물의 집합을 $\mathcal{BF}_A$라고 부르는 것은 표기법의 오용이라는 점도 유의하세요.

둘째, 합집합을 구성해야 합니다. 이 역시 마찬가지로 $\mathcal{BF}_A$에 해당하는 요소 또는 $\mathcal{BF}_B$에 해당하는 요소를 고려하여 쉽게 구성할 수 있습니다.

$$A \cup B \subset \mathcal{BF}_A \cup \mathcal{BF}_B$$

이제 아이템 x와 Y를 잠재적으로 많은 특징을 가진 연결된 벡터로 간주하고, 이렇게 연결된 특징을 해시하면 우리는 각각의 특징을 블룸 필터의 비트 단위 벡터로 표현하게 됩니다. 앞서, 두 블룸 필터의 교집합이 의미가 있으며, 실제로는 블룸 표현의 비트 단위 AND와 같다는 것을 보았습니다. 즉, 두 아이템의 특징 유사도를 블룸 해시의 비트 단위 AND 유사도로 표현할 수 있습니다.

$$\text{sim}(X,Y) = |\mathcal{BF}(X) \cap \mathcal{BF}(Y)| = \mathcal{BF}(X) \times_{\text{bitwise}} \mathcal{BF}(X)$$

정적 데이터셋의 경우, 이 방법은 속도, 확장성, 성능 등의 여러 가지 장점을 가지고 있습니다. 제한 사항은 다양한 특징들과 가능한 아이템 집합의 변경 가능성에 따라 달라집니다. 고차원 공간에서 충돌 위험을 줄이면서 조회 속도는 더욱 향상시키는 **지역 민감 해싱**locally sensitive hashing에 대해 나중에 논의할 것이며, 유사한 아이디어도 함께 논의할 것입니다.

6.2.5 피처 스토어

지금까지는 **순수 협업 필터링**pure collaborative filtering이라고 할 수 있는 추천 시스템에 초점을 두었습니다. 사용자 또는 아이템의 유사도 데이터만 사용하여 좋은 추천을 만들려 했습니다. '실제 사용자와 아이템에 대한 정보는 어떻게 되나요?'처럼 궁금했다면, 이제 그 호기심을 해소할 때입니다.

앞서 소개한 CF 방식 외에도 특징에 관심을 갖는 이유는 매우 다양합니다. 몇 가지 주요 관심사는 다음과 같습니다.

- 새로운 사용자에게 특정 아이템 세트를 먼저 보여주고 싶을 수 있습니다.
- 추천할 때 지리적 경계를 고려하고 싶을 수도 있습니다.
- 어린이와 성인을 구분하는 것이 추천 유형에 중요할 수 있습니다.

- 아이템의 특징을 사용하여 추천의 다양성을 높은 수준으로 보장할 수 있습니다(자세한 내용은 15장에서 설명하겠습니다).
- 사용자의 특징은 다양한 종류의 실험적 테스트를 가능하게 할 수 있습니다.
- 아이템의 특징은 맥락에 맞게 추천하기 위해 아이템을 세트로 그룹화하는 데 사용될 수 있습니다(15장에서 자세히 설명하겠습니다).

이러한 문제 외에도 또 다른 중요한 특징은 실시간 특징으로 필수적인 경우가 많습니다. 피처 스토어의 목적은 필요한 모든 특징에 대한 실시간 접근을 제공하는 것이지만, 자주 변경되지 않는 정적인 특징과 자주 변경될 것으로 예상되는 실시간 특징을 구분하는 것이 좋습니다.

실시간 피처 스토어의 몇 가지 중요한 예로는 동적 가격, 현재 아이템 가용성, **트렌드** 상태, 위시리스트 상태 등이 있습니다. 이러한 특징은 하루 종일 변할 수 있으므로, 다른 서비스 및 시스템을 통해 실시간으로 피처 스토어의 값을 변경할 수 있기를 원합니다. 따라서 실시간 피처 스토어는 특징 변경을 위한 API를 제공해야 합니다. 이는 **정적인** 특징을 위해 제공하지 않을 수 있습니다.

피처 스토어를 설계할 때 정적인 특징은 ETL과 변환을 통해 데이터 웨어하우스 테이블에서 구축하고, 실시간 특징도 이 방식으로 구축하되 더 자주 구축하거나 변경을 위한 API를 허용하고 싶을 것입니다. 어느 경우든 피처 스토어의 핵심은 **매우 빠른 읽기**입니다. 때로는 새로운 모델을 지원하기 위한 목적으로, 테스트에서 생성될 수 있는 모델들에 대한 오프라인 훈련에 사용한 피처 스토어를 별도로 구축하는 것이 좋습니다.

그렇다면 아키텍처와 구현은 어떤 모습일까요? 그림 6-3을 참조하세요.

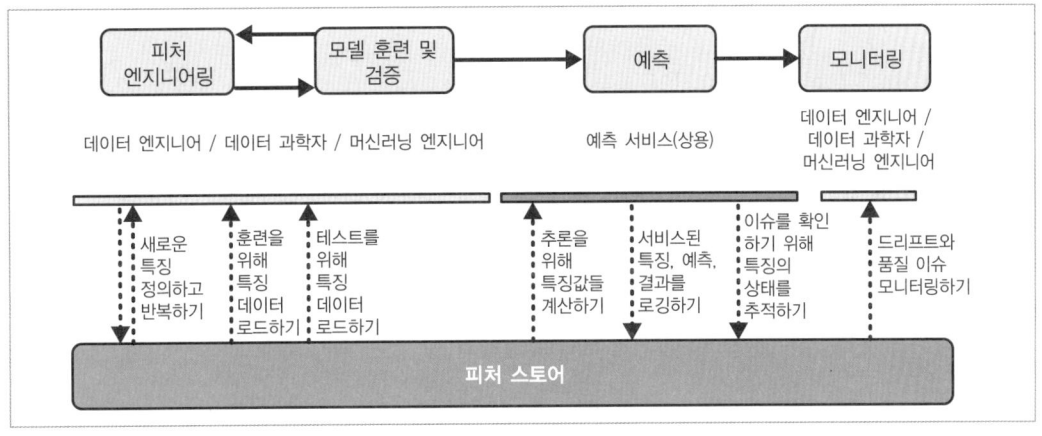

그림 6-3 **피처 스토어 데모**

피처 스토어를 설계하려면 특징을 정의하고 **특징을 변환하여 스토어에 저장**하는 파이프라인을 설계해야 합니다. 이는 수집기collector를 구축할 때 사용하는 데이터 파이프라인과 유사합니다. 피처 스토어가 신경 써야 할 다른 복잡한 부분은 속도 계층입니다. 이 장의 앞부분에서 람다 아키텍처에 대해 설명할 때 수집기를 위한 배치 데이터 처리와 중간 업데이트를 위한 더 빠른 속도 계층을 생각할 수 있다고 언급했습니다. 그런데 이는 피처 스토어에서 훨씬 더 중요합니다. 피처 스토어는 **스트리밍 계층**streaming layer도 필요할 수 있습니다. 이 계층은 연속적인 데이터 스트림에 대해 작동하며, 데이터 변환을 수행한 다음 적절한 출력을 온라인 피처 스토어에 실시간으로 기록할 수 있습니다. 데이터 스트림에 대한 데이터 변환은 매우 다양한 문제를 야기하고 종종 다른 알고리즘 전략이 필요하기 때문에 복잡도가 증가합니다. 이때 도움이 되는 몇 가지 기술로는 스파크 스트리밍Spart Streaming과 키네시스Kinesis가 있습니다. 또한 데이터 스트림을 적절히 처리할 수 있도록 시스템을 구성해야 하는데, 가장 일반적인 설루션은 카프카Kafka입니다. 데이터 스트리밍 계층에는 많은 구성 요소와 아키텍처 고려 사항을 포함하므로 이 책의 범위를 벗어납니다. 카프카 도입을 고려하고 있다면 그웬 샤피라 등의 《카프카 핵심 가이드》(제이펍, 2023)를 참조하세요.

피처 스토어에도 **스토리지 계층**이 필요하며, 다양한 접근 방식이 있지만 특히 온라인 피처 스토어에서는 NoSQL 데이터베이스를 사용하는 것이 일반적입니다. 그 이유는 빠른 검색과 데이터 스토리지의 특성 때문입니다. 추천 시스템을 위한 피처 스토어는 키 기반의 기능(즉, **이 사용자에 대한 특징 가져오기** 또는 **이 아이템에 대한 특징 가져오기**)이 필요한 경우가 많으므로 키-값 스토어가 적합합니다. 몇 가지 예시로서 다이나모DB DynamoDB, 레디스Redis, 카산드라Cassandra가 있습니다. 오프라인 피처 스토어의 스토리지 계층은 복잡성을 줄이기 위해 SQL 데이터베이스를 사용할 수 있지만, 대신 오프라인과 온라인 사이의 차이에 대한 대가를 지불해야 합니다. 이 차이를 **훈련-서빙 왜곡**training-serving skew(https://oreil.ly/lcE1R)이라고 합니다.

피처 스토어의 독특하지만 필수적인 부분은 **레지스트리**registry입니다. 레지스트리는 기존 특징과 그 특징을 정의한 방식에 대한 정보를 조정하므로, 피처 스토어에 매우 유용합니다. 더 정교한 레지스트리에는 입력 및 출력 스키마, 타입type, 분포 기대치도 저장합니다. 이는 피처 스토어가 쓰레기 데이터로 채워지지 않도록 하기 위해 데이터 파이프라인이 준수하고 충족해야 하는 계약 조건입니다. 또한, 레지스트리의 정의를 통해 병렬 데이터 과학자와 머신러닝 엔지니어는 새로운 특징을 개발하고, 서로의 특징을 사용하며, 모델이 활용할 수 있는 특징들의 조건을 이해할 수 있습니다.

이러한 레지스트리의 중요한 장점 중 하나는 팀과 개발자 간의 조율을 유도한다는 것입니다. 특히 사용자의 '국가'를 특징으로서 고려해야 하는 상황에서 레지스트리에 '국가'라는 특징이 있는 경우, 처음부터 새로 만드는 것보다 그 특징을 사용하거나 레지스트리에서 해당 특징을 담당하는 개발자에게 문의할 수 있습니다. 실제로 데이터 과학자는 모델을 정의할 때 수백 가지의 작은 결정과 가정을 하므로, 이렇게 기존 특징을 활용하면 부담을 덜 수 있습니다.

모델 레지스트리

피처 레지스트리와 밀접한 개념으로 모델 레지스트리가 있습니다. 두 개념은 많은 공통점이 있지만, 별개로 생각할 것을 권장합니다. 훌륭한 모델 레지스트리는 모델의 입력 및 출력에 대한 타입 계약을 저장하고, 일관성 및 명확성이라는 관점에서 피처 레지스트리와 동일한 수준으로 많은 이점을 제공합니다. 반면에 피처 레지스트리는 비즈니스 로직과 특징들의 정의에 초점을 맞추고 있어야 합니다. 피처 엔지니어링도 모델을 기반으로 한다고 볼 수 있으므로, 둘 사이의 차이점을 명확하게 설명하기 어려울 수 있습니다. 그럼에도 각각이 제공하는 것에 중점을 두고 요약하면, 모델 레지스트리는 머신러닝 모델 및 관련 메타데이터를 다루며, 피처 레지스트리는 모델이 사용할 특징을 다룹니다.

마지막으로, 이러한 특징들을 **제공**하는 방법에 대해 이야기해보겠습니다. 적절한 성능의 스토리지 계층을 기반으로 필요한 특징 벡터를 API 요청을 통해 제공해야 합니다. 이렇게 제공하는 특징 벡터는 모델이 추천을 제공하기 위해 필요한 사용자의 세부 정보(예: 사용자의 위치 또는 콘텐츠 연령 제한)를 포함합니다. API는 키에 맞춰 전체 특징 집합을 반환하거나 더 구체적으로 지정된 정보를 제공할 수도 있습니다. 빠른 데이터 전송을 위해 응답을 JSON으로 직렬화하는 경우가 많습니다. 제공되는 특징은 **가장 최신의 특징 집합**이어야 하며, 어떤 산업의 애플리케이션에서는 응답 지연 시간이 100ms 미만이길 요구합니다.

여기서 한 가지 주의할 점은 오프라인 훈련을 위해 이러한 피처 스토어가 **시간 이동**time travel을 수용해야 한다는 것입니다. 훈련 관련한 피처 스토어의 목표는 모델이 **가장 일반화할 수 있는 방식**으로 학습할 수 있도록 적절한 데이터를 제공하는 것입니다. 따라서 모델을 학습시킬 때 시간에 맞지 않는 특징에 접근하지 않도록 하는 것이 중요합니다. 이를 **데이터 누출**data leakage이라고 하며, 훈련용과 상용 간의 성능에 큰 차이를 초래할 수 있습니다. 따라서 오프라인 훈련을 위한 피처 스토어에는 특징들의 시간 관련 지식이 있어야 하며, 훈련 중에 특징들이 특정 시간에 어떤 상태인지 시간 인덱스를 통해 제공해야 할 수도 있습니다. 이러한 `as_of` 키는 과거 훈련 데이터에 연결하여, 사용자-아이템 상호작용의 이력을 **재현**할 수 있습니다.

이러한 요소들과 시스템에 필요한 중요한 모니터링 기능을 갖추면, 모델에 오프라인 및 온라인 특징을 제공할 수 있습니다. 3부에서는 이러한 요소를 활용하는 모델 아키텍처를 살펴보겠습니다.

> **데이터 누출**
>
> 머신러닝에 대해 알고 있다면 누출의 개념에 익숙할 것입니다. 모델 성능 평가용 데이터를 훈련 중에 사용하여 성능 지표가 왜곡되는 것입니다.
>
> 보통 머신러닝에서 데이터 누출은 **특징 누출**feature leakage과 **훈련 데이터 누출**training example leakage로 나뉩니다. 그런데 추천 시스템에는 시간적 유출temporal leakage 혹은 비정상성 누출non-stationarity leakage이라는 추가적인 과제도 있습니다. 이 실질적 위험은 추천 시스템에서는 한 명의 사용자를 관측 단위로 삼고 반복해서 동일한 관측 단위에 대해 확인하는데, 확인할 때마다 하나의 데이터를 관찰한다는 부분에 있습니다. 그런데 사용자에 대해 확인할 때면 시스템의 다른 부분에 변경이 있을 수 있습니다. 또한 확인하는 시점 기준으로 가장 최신인 특징 정보를 모델에 사용하기를 원합니다. 그래서 특징이나 훈련 데이터 모두에서 누출을 방지하려면, 언제나 시스템의 타임라인을 고려해야 합니다. 이러한 이유로 추천 시스템을 위한 데이터 준비는 본질적으로 시간에 의존적입니다(11장에서 정확도 지표가 이 시간 축에 대해 훈련-테스트 데이터 분할을 명시적으로 고려한 뒤 사용자를 기준으로 추가 그룹화해야 한다는 점을 살펴볼 것입니다). 또한 추천 시스템을 훈련하기 위해 다른 많은 작업 유형보다 더 많은 리소스가 필요한 경우가 많습니다.

6.3 요약

지금까지 시스템을 활성화hydrate하고 추천을 제공하는 데 필요한 중요한 구성 요소뿐만 아니라 이러한 구성 요소를 실현하는 데 필요한 몇 가지 엔지니어링 빌딩 블록에 대해서도 논의했습니다. 데이터로더, 임베딩, 피처 스토어, 검색 메커니즘을 확보했으므로, 이제 파이프라인과 시스템 토폴로지system topology를 구축할 준비가 되었습니다.

다음 장에서는 이러한 시스템을 구축하고 운영하는 데 필요한 MLOps 및 나머지 엔지니어링 작업을 살펴보겠습니다. 배포와 모니터링에 대해서도 주의 깊게 고려해야만 추천 시스템이 IPython 노트북에서 제대로 작동할 수 있기 때문입니다.

다음 장에서 상용으로 전환하기 위한 아키텍처 고려 사항을 확인해보세요.

CHAPTER 7

모델 및 아키텍처 제공

추천 시스템이 사용 가능한 데이터를 활용하여 학습하고 최종적으로 추천을 제공하는 방법을 고려할 때, 각 구성 요소가 어떻게 결합되는지 설계하는 것이 중요합니다. 데이터의 흐름과 공통적인 학습 데이터의 조합을 **아키텍처**architecture라고 합니다. 보다 공식적으로, 아키텍처는 시스템 또는 서비스 네트워크의 연결과 상호작용을 의미합니다. 데이터 애플리케이션의 경우, 아키텍처에는 각 하위 시스템에서 사용할 수 있는 특징과 목적 함수도 포함됩니다. 일반적으로 아키텍처를 정의할 때, 구성 요소 또는 개별 서비스를 식별하고, 각 구성 요소 간의 관계와 의존성을 정의하며, 각 구성 요소가 통신에 사용할 프로토콜 또는 인터페이스를 지정해야 합니다.

이 장에서는 추천 시스템에서 가장 인기 있고 중요한 몇 가지 아키텍처에 대해 설명하겠습니다.

7.1 추천 구조에 따른 아키텍처

지금까지 수집기, 랭커, 서버의 개념에 대해 여러 차례 살펴보았으며, 이를 온라인 모드와 오프라인 모드의 두 가지 패러다임으로 볼 수 있음을 살펴보았습니다. 또한 6장에서 이러한 기능들의 핵심 요구 사항을 충족하는 여러 구성 요소를 살펴봤습니다.

대규모 시스템을 설계하려면 몇 가지 아키텍처적 고려 사항이 필요합니다. 이번 절에서는 구축하려는 추천 시스템의 유형에 따라 이러한 개념을 어떻게 적용하는지 보겠습니다. 가장 일반적인 아이템별 사용자 추천, 쿼리 기반 추천, 콘텍스트 기반 추천, 시퀀스 기반 추천을 비교해보겠습니다.

7.1.1 아이템별 사용자 추천

먼저 지금까지 이 책에서 구축한 시스템의 아키텍처를 설명하는 것으로 시작하겠습니다. 4장에서 제안한 대로 추천을 수집하고 처리하기 위해 오프라인 수집기를 구축했습니다. 여러 표현을 활용하여 아이템, 사용자, 사용자-아이템 쌍 간의 관계를 인코딩했습니다.

온라인 수집기는 보통 사용자 ID 형태로 요청을 받고, 이 표현 공간에서 아이템의 이웃을 찾아 랭커에게 전달했습니다. 아이템들은 적절하게 필터링되고 평점을 위해 전송됩니다.

오프라인 랭커는 과거 데이터에 대해 학습하고 평점 및 순위 경정에 필요한 특징들을 학습합니다. 그런 다음 이 모델과 경우에 따라서는 아이템의 특징도 사용하여 추론을 수행합니다.

추천 시스템의 경우, 추론을 수행할 때 잠재적 추천 세트의 각 아이템과 관련된 점수를 계산합니다. 일반적으로 이 점수를 기준으로 정렬하는데, 이에 대해서는 3부에서 자세히 설명하겠습니다. 마지막으로, 몇 가지 비즈니스 로직(14장에서 설명하겠습니다)을 기반으로 최종적으로 정렬하는 단계를 통합합니다. 이 마지막 단계는 서비스 제공의 일부로, 테스트 기준이나 추천의 다양성에 대한 요건과 같은 요구 사항을 만족해야 합니다.

그림 7-1은 검색, 순위 결정, 서비스 제공 구조에 대한 훌륭한 개요를 제공하지만, 4단계로 표시되어 있고 약간 다른 용어를 사용하고 있습니다. 이 책에서는 여기에 표시된 필터링 단계를 검색에 통합하겠습니다.

7.1.2 쿼리 기반 추천

프로세스를 시작하려면 쿼리를 작성해야 합니다. 쿼리의 가장 분명한 예는 텍스트 기반 검색 엔진에서의 텍스트 쿼리입니다. 하지만, 쿼리는 너무 일반적인 것일 수도 있습니다! 예를 들어, 이미지 검색이나 태그 검색과 같은 추가적인 옵션을 허용할 수도 있습니다. 쿼리 기반 추천의 중요한 유형은 **암묵적 쿼리**implicit query를 사용하는 것입니다. 사용자는 UI 선택 사항이나 행동을 통해 검색 쿼리를 제공할 수도 있습니다. 이러한 시스템은 전반적인 구조가 아이템별 사용자 추천 시스템과 매우 유사하지만 사례에 맞게 수정해야 하여, 그 방법을 알아보겠습니다.

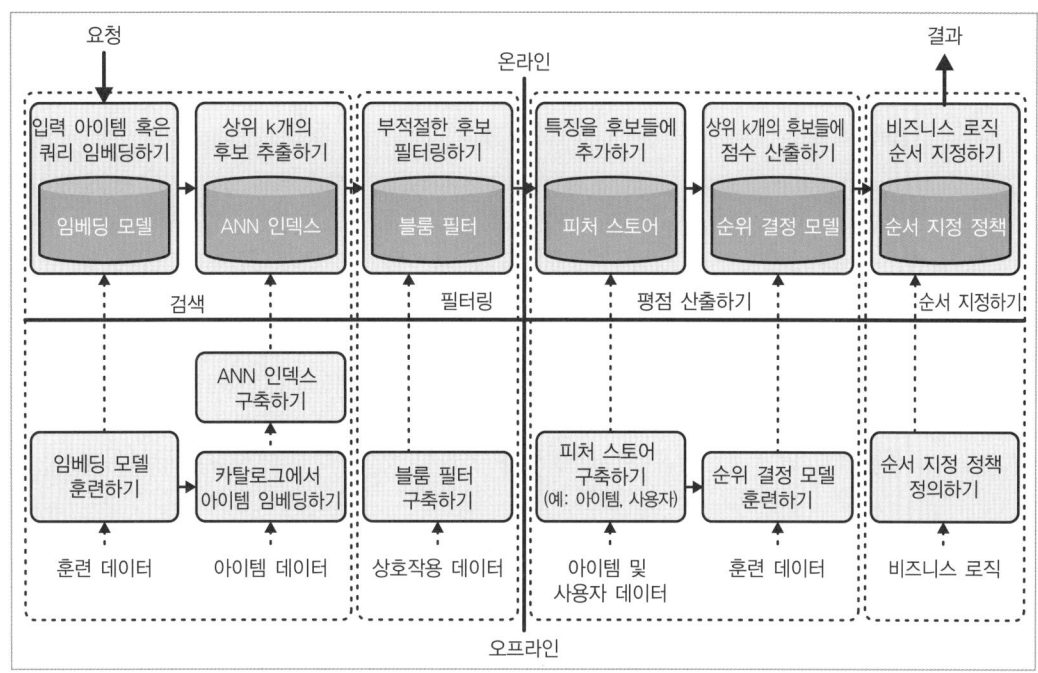

그림 7-1 4단계 추천 시스템(칼 히글리와 이븐 올드리지의 이미지 각색)

쿼리와 관련된 더 많은 콘텍스트를 요청의 첫 번째 단계에 통합하고자 합니다. 이 시스템의 사용자-아이템 매칭 구성 요소들은 유지해야 한다는 점에 유의하세요. 사용자가 단지 검색을 하고 있다 해도, 사용자의 취향에 맞춰 개인화된 추천을 하는 것은 유용하기 때문입니다. 그런데 아직은 개인화된 추천을 위해 쿼리를 활용해야 합니다. 나중에 다양한 기술 전략에 대해 논의하겠지만, 지금은 쿼리에 대한 임베딩을 생성하는 것이라고 간단하게 요약하겠습니다. 쿼리가 아이템이나 사용자와 비슷해 보일 수 있지만 충분히 다르다는 점에 유의하세요.

일부 전략은 쿼리와 아이템의 유사도 또는 쿼리와 항목의 동시 발생을 고려할 수도 있습니다. 우리는 이미 쿼리에 대한 표현query representation과 사용자에 대한 표현user representation을 가지고 있으므로, 이 두 가지를 모두 추천에 활용하겠습니다. 간단한 접근 방식 중 하나는 검색 단계에서 쿼리 표현을 사용하고 평점scoring 단계에는 쿼리-아이템과 사용자-아이템 간 점수를 모두 고려하되, 다목적 손실multiobjective loss을 통해 합산하는 것입니다. 또 다른 접근 방식으로는 검색 단계에서 사용자 표현을 사용한 뒤 필터링에는 쿼리 표현을 사용하는 것이 있습니다.

서로 다른 임베딩

쿼리와 문서(아이템 등)에 대해 동일한 임베딩 공간(최근접 이웃 조회 목적)이 잘 작동하면 좋겠지만, 유감스럽게도 그렇지 않은 경우가 많습니다. 가장 간단한 예는 질문을 하면 관련 위키백과 문서를 찾기를 바라는 것입니다. 이 문제는 종종 쿼리가 문서와 '분포가 다름out of distribution'이라고 언급됩니다.

위키피디아 문서는 선언적으로 정보를 제공하는 문서 스타일로 작성되는 반면, 질문은 짧고 캐주얼한 경우가 많습니다. 따라서 의미론적 의미를 포착하는 데 초점을 둔 임베딩 모델을 사용하면, 쿼리가 문서와 상당히 다른 하위 공간에 위치할 것으로 예상할 수 있습니다. 이는 거리 계산에 영향이 있다는 의미입니다. 상대적인 거리를 통해 검색하기 때문에 큰 문제가 되지 않는 경우가 많고, 공유된 하위 공간을 통해 적당한 검색 결과를 얻을 수도 있습니다. 하지만 언제 검색 성능이 저하될지 예측하기 어려울 수 있습니다.

가장 좋은 해결 방법은 일반 쿼리에 대한 임베딩과 결과에 대한 임베딩을 주의 깊게 검토하는 것입니다. 이 문제는 특히 암묵적 쿼리에서 심각한데, 특정 시간대에 수행한 일련의 행위들과 같은 암묵적 쿼리로 음식 추천을 하는 경우가 그 예입니다. 이러한 경우 쿼리와 문서가 크게 다를 것으로 예상되기 때문입니다.

7.1.3 콘텍스트 기반 추천

콘텍스트context는 쿼리와 매우 유사하지만, 더 명확하게 특징을 기반으로 하고, 아이템/사용자 분포와 차이가 있는 경우가 많습니다. 콘텍스트는 일반적으로 시스템에 영향을 미칠 수 있는 외생적 특징(예: 시간, 날씨, 위치와 같은 부가 정보)을 나타낼 때 사용하는 용어입니다. 콘텍스트 기반 추천은 콘텍스트가 시스템이 추천하기 위해 고려해야 하는 추가적인 신호라는 점에서 쿼리 기반과 유사하지만, 대부분의 경우 쿼리는 추천을 위해 전달되는 신호들 중 지배적 위치 혹은 분포를 차지해야 하는 반면 콘텍스트는 그렇지 않다는 점에서 차이가 있습니다.

간단한 예로 음식 주문을 들어 보겠습니다. 음식 배달 추천 시스템에 대한 쿼리는 멕시칸 음식 같은 검색어일 수 있습니다. 이는 사용자가 부리또나 퀘사디아와 같은 음식을 찾고 있다는 매우 중요한 신호입니다. 음식 배달 추천 시스템의 콘텍스트는 점심 시간대일 수 있습니다. 이 신호는 유용하지만, 사용자에 대한 개인화 정보보다 중요하지 않을 수 있습니다. 이 가중치에 딱딱 들어맞는 규칙을 적용하는 것은 어려울 수 있으므로, 보통은 그렇게 하지 않고 대신 실험을 통해 매개변수를 학습합니다.

콘텍스트 특징은 쿼리와 유사한 방식으로 아키텍처에 통합되는데, 목적 함수의 일부로 학습된 가중치를 통해 이루어집니다. 모델은 콘텍스트의 특징과 아이템 간의 표현을 학습한 다음, 그 친화도affinity를 파이프라인의 나머지 부분에 추가합니다. 즉, 이를 검색 초기 단계에 혹은 순위 결정의 후반에 혹은 서비스 제공 단계 중에 활용할 수 있습니다.

7.1.4 시퀀스 기반 추천

시퀀스 기반 추천sequence-based recommendation은 콘텍스트 기반 추천을 기반으로 구축되는데, 특정 유형의 콘텍스트를 기반으로 합니다. 순차적sequential 추천은 최근에 사용자에게 노출된 아이템이 추천에 상당한 영향을 미쳐야 한다는 아이디어에 기반합니다. 음악 스트리밍 서비스를 예로 들 수 있는데, 최근에 재생된 몇 곡이 사용자가 다음에 듣고 싶은 음악과 큰 연관이 있을 수 있기 때문입니다. 이러한 **자기회귀적**autoregressive 또는 순차적 예측 가능한sequentially predictive 특징 집합이 추천에 영향을 미치도록 하기 위해, 시퀀스의 각 아이템을 추천을 위한 가중 콘텍스트weighted context로 간주할 수 있습니다.

일반적으로 추천 컬렉션을 제공하기 위해 아이템 간 표현 유사성에 가중치를 부여하는데, 가중치를 조합하는 데 다양한 전략을 사용합니다. 이 경우 일반적으로 추천에서 사용자의 중요도가 높을 것으로 예상할 수 있지만, 시퀀스도 중요도가 높습니다. 간단한 모델 중 하나는 아이템의 시퀀스를 토큰의 시퀀스로 간주하고, NLP 애플리케이션에서와 같이 해당 시퀀스에 대한 단일 임베딩을 형성하는 것입니다. 이 임베딩은 콘텍스트 기반 추천 아키텍처에서 콘텍스트로 사용될 수 있습니다.

단순한 시퀀스 임베딩

시퀀스당 하나의 임베딩을 사용하는 조합론적 접근법은 카디널리티cardinality를 폭발적으로 증가시킵니다. 각 시퀀스 슬롯의 잠재적 아이템 수가 매우 많으며, 시퀀스의 각 아이템은 이러한 가능성을 배수로 증가시킵니다. 예를 들어, 다섯 단어로 된 시퀀스의 경우 각 아이템의 가능성 수가 영어 어휘의 크기와 비슷하기 때문에 그 크기가 5의 제곱에 해당할 수 있습니다. 17장에서 이 문제를 해결하기 위한 간단한 전략을 나눕니다.

7.1.5 왜 추가적인 특징이 필요할까요?

때로는 새로운 기술이 실제로 가치가 있는지 돌아보는 것이 유용할 수 있습니다. 이번 절에서는 지금까지 추천이라는 문제를 다루기 위해 네 가지 새로운 패러다임을 소개했습니다. 이 정도 수준의 상세한 내용은 대단해보일 수도 있고 혹은 불필요해보일 수도 있습니다.

콘텍스트 및 쿼리 기반 추천과 같은 것이 중요한 이유 중 하나는 앞서 언급한 희소성 및 콜드 스타트와 관련된 몇 가지 문제를 해결하기 위해서입니다. 희소성으로 인해 학습기가 데이터에 노출 부족이 되도록 하여 활성된 상태warm, 웜를 비활성 상태cold, 콜드로 보이게 만듭니다. 그런데, 많은 애플리케이션에서 새로운 아이템이 카탈로그에 매우 자주 추가되기 때문에, 진정한 콜드 스타트일 수도 있습니다. 콜드 스타트는 나중에 자세히 다루겠지만, 지금은 이러한 상황에서도 사용할 수 있는 다른 특징을 사용하여 웜 스타트를 위한 한 가지 전략에 대해 자세히 설명하겠습니다.

명시적으로 특징 기반인 머신러닝 애플리케이션에서는 추론 시점에서 예측에 유용한 모델 파라미터가 사용 가능한 특징과 잘 정렬되어 있다고 확신하기 때문에 콜드 스타트 문제를 그렇게까지 중요하게 다루지 않습니다. 이러한 이유로 특징 기반 추천 시스템은 항상 사용 가능한 특징을 통해 성능이 보장된 잠재적으로 약한 학습자로부터 부트스트랩boostrapping합니다.

아키텍처가 두 번째로 반영하고 있는 것은 부스팅boosting입니다. 부스트 모델boosted model은 약한 학습자들로 구성된 앙상블 모델이 더 나은 성능을 보일 수 있다는 관찰 결과에서 착안되었습니다. 여기서 우리는 네트워크가 약한 학습자들과 앙상블을 이루어 성능을 향상시키는 데 도움이 되는 몇 가지 추가적인 특징이 필요합니다.

7.2 인코더 아키텍처와 콜드 스타트 문제

지금까지 추천 시스템에서 발생하는 여러 유형의 문제를 정의하고, 네 가지 모델 아키텍처를 해결책으로 제안했으며, 이를 수집기, 랭커, 서버라는 일반화된 프레임워크로 대응했습니다. 이러한 이해를 바탕으로 모델 아키텍처가 어떻게 서비스 제공 아키텍처와 연계될 수 있는지 좀 더 자세히 논의해보겠습니다. 특히, 특징 인코더에 대해서도 논의할 필요가 있습니다.

인코더 증강 시스템의 주요 장점은 데이터가 부족한 상태에서도 사용자, 아이템, 콘텍스트에 대해 즉시 임베딩을 생성할 수 있다는 점입니다. 임베딩을 통해 시스템의 나머지 부분을 구현할 수 있기는 하지만, 콜드 스타트 문제는 여전히 큰 도전 과제입니다.

그림 7-2에서 소개하는 **두 개의 탑 아키텍처** 또는 이중 인코더 네트워크는 신양 이Xinyang Yi 등의 〈대규모 말뭉치 아이템 추천을 위한 샘플링 편향 보정 신경 모델링(Sampling-Bias-Corrected Neural Modeling for Large Corpus Item Recommendations)〉[1]에 소개된 것으로, 추천 시스템의 평점 모델을 구축할 때 사용자와 아이템의 특징에 우선순위를 부여하기 위한 명시적 모델 아키텍처입니다. 앞으로 사용자-아이템 행렬과 일부 선형대수 알고리즘에서 파생된 잠재적 협업 필터링collaborative filtering, CF의 일종인 행렬 분해matrix factorization, MF에 대해 더 많이 논의할 것입니다. 이전 절에서 추가 특징이 중요한 이유를 설명했습니다. 이러한 **추가 특징**을 MF 패러다임에 추가할 수 있고 그 결

---

[1] https://storage.googleapis.com/gweb-research2023-media/pubtools/pdf/6417b9a68bd77033d65e431bdba855563066dc8c.pdf

과는 성공적인 것으로 드러났습니다. 암묵적 피드백을 위한 CF~CF for implicit feedback~(https://oreil.ly/cbePb), 인수분해 머신~factorization machines~(http://libfm.org/), SVDFeature (https://oreil.ly/cN7fP) 등의 애플리케이션을 예로 들 수 있습니다. 하지만 이 모델에서는 보다 직접적인 접근 방식을 취하겠습니다.

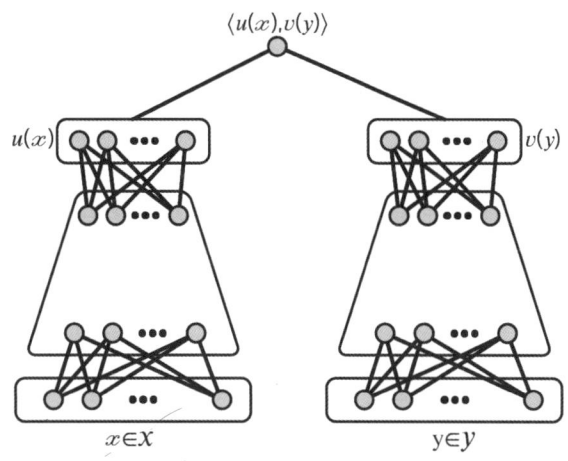

그림 7-2 두 개의 임베딩을 위한 두 개의 탑

이 아키텍처에서는 왼쪽 탑이 아이템을 담당하고, 오른쪽 탑은 사용자를 담당합니다. 필요에 따라 오른쪽 탑은 콘텍스트도 담당합니다. 이 두 개의 탑 아키텍처는 NLP 문헌, 특히 파울 네쿨로이우~Paul Neculoiu~ 등의 〈학습 텍스트 유사성 샴 반복 네트워크(Learning Text Similarity with Siamese Recurrent Networks)〉(https://oreil.ly/m7lrK)에서 영감을 얻었습니다.

이 모델 아키텍처가 유튜브에서 동영상을 추천하는 데 어떻게 적용되는지 자세히 살펴보겠습니다. 이 아키텍처가 처음 도입된 배경에 대한 전체 개요는 폴 커빙턴~Paul Covington~ 등의 〈유튜브 추천을 위한 심층 신경망(Deep Neural Networks for YouTube Recommendations)〉(https://oreil.ly/aXekc)을 참조하세요. 훈련 레이블은 클릭 수로 주어지는데, 범위의 최솟값은 클릭했지만 시청 시간이 짧을 때이고 최댓값은 전체를 시청했을 때인 범위에 해당하는 회귀 특징 $r_i \in \{0, 1\}$이 부가됩니다.

앞서 언급했듯이, 이 모델 아키텍처는 사용자와 아이템 모두의 특징을 명시적으로 포함하게 됩니다. 동영상 특징은 `VideoId`, `ChannelId`, `VideoTopic` 등과 같은 범주형 및 연속형 특징으로 구성됩니다. 임베딩 레이어는 많은 범주형 특징을 밀도 있는 표현으로 전환할 때 사용됩니다. 사용자 특징에는 시청 기록을 담은 단어 가방~bag of words~과 표준 사용자 특징이 포함됩니다.

이 모델 구조는 이전에 봤던 많은 아이디어를 결합한 것으로, 시스템 아키텍처와 관련된 시사점을 담고 있습니다. 첫 번째는 순차적 훈련sequential training에 대한 아이디어입니다. 모델 드리프트를 인식하려면 각 시간 단위의 샘플 배치를 순서대로 훈련해야 합니다. 순차적 데이터셋에 대해서는 217페이지의 '프리퀀셜 검증'에서 설명하겠습니다. 다음으로, 이러한 종류의 모델을 제작하는 데 중요한 아이디어인 인코더를 소개하겠습니다.

이 모델에서는 두 개의 탑의 초기 레이어로서 특징 인코더를 사용하며, 추론으로 넘어갈 때도 여전히 이러한 인코더가 필요합니다. 온라인 추천을 수행할 때 UserId와 VideoId가 주어지며, 먼저 해당 특징을 수집해야 합니다. 102페이지의 '피처 스토어'에서 설명한 대로, 피처 스토어는 이러한 원시적 특징을 가져오는 데 유용하지만, 추론에서 사용하려면 밀집 표현으로 특징을 인코딩해야 합니다. 따라서 알려진 엔티티의 경우 피처 스토어에 저장할 수 있지만, 알려지지 않은 엔티티의 경우 추론 시점에 피처 임베딩을 수행해야 합니다.

인코딩 레이어는 특징 모음을 밀집 표현에 매핑하기 위한 간단한 모델 역할을 합니다. 신경망의 첫 번째 단계로 인코딩 레이어를 피팅할 때의 일반적인 전략은 첫 번째 k개의 레이어를 가져와 인코더 모델로 재사용하는 것입니다. 좀 더 구체적으로 보면, $\mathscr{L}^i, 0 \leq i \leq k$가 특징 인코딩을 담당하는 레이어인 경우, $Emb(\hat{V}) = \mathscr{L}^k(\mathscr{L}^{k-1}(...\mathscr{L}^0(\hat{V})))$는 특징 벡터 $\hat{V}$를 밀도 표현으로 매핑하는 함수입니다.

이전 시스템 아키텍처에서, 피처 스토어에서 특징을 받은 후 이 인코더를 빠른 레이어의 일부로 포함시켰습니다. 이러한 특징 임베딩 레이어는 벡터 검색과 최근접 이웃 검색의 상류 단계upstream에서 사용되므로 여전히 벡터 검색을 활용할 수 있다는 점도 중요합니다.

서비스로서의 인코더

인코더와 검색 기능은 다단계 추천 파이프라인의 핵심 요소입니다. 문제가 되는 잠재 공간에 대해 간략히 언급했으며(자세한 내용은 185페이지의 '잠재 공간' 참조), 인코더도 간략히 언급했습니다. 간단히 말해, **인코더**는 사용자, 아이템, 쿼리 등을 잠재 공간으로 변환하여 최근접 이웃 검색을 수행할 수 있도록 합니다. 이러한 모델은 다양한 프로세스를 통해 훈련할 수 있으며 그중 많은 부분을 이후에 설명하겠지만, 훈련이 완료되고 나서 어디에 위치하는지가 중요합니다.

인코더는 임베딩할 콘텐츠를 입력받아 벡터(실수들의 목록)를 반환하는 간단한 API 엔드포인트인 경우가 많습니다. 인코더는 배치 계층에서 작동하여 검색될 모든 문서/아이템을 인코딩하지만, 쿼리가 들어오면 이를 인코딩하기 위해 실시간 계층과도 연계되어야 합니다. 일반적인 패턴은 배치 엔드포인트와 단일 쿼리 엔드포인트를 설정하여 두 가지 방식 모두 최적화할 수 있도록 하는 것입니다. 이러한 엔드포인트는 빠르고 가용성이 높아야 합니다.

텍스트 데이터를 다룰 때는 BERT 또는 GPT 기반 임베딩을 사용하는 것이 좋은 시작점이 될 수 있습니다. 현재 가장 쉬운 방법은 OpenAI에서 제공하는 호스팅 서비스를 이용하는 것입니다.

7.3 배포

많은 머신러닝 애플리케이션과 마찬가지로, 추천 시스템의 최종 결과물은 독립적이고 지속적으로 실행되며 상호작용할 수 있는 API를 노출하는 작은 프로그램입니다. 배치batch 추천은 필요한 모든 추천을 미리 수행하므로 좋은 시작점이 될 수 있습니다. 이번 장에서 백엔드 시스템에 포함된 구성 요소들을 살펴보았으니 이제 사용자와 더 가까운 구성 요소에 대해 논의하겠습니다.

비교적 일반적인 아키텍처에서 서버는 이전에 수행한 모든 작업을 마친 후 추천을 전달할 책임이 있으며, 미리 설정된 스키마를 준수해야 합니다. 그렇다면 이러한 경우 배포는 어떻게 이루어질까요?

7.3.1 API로서의 모델

상용 환경에서 모델을 제공하기에 적합한 두 가지 시스템 아키텍처인 마이크로서비스microservice와 모놀리식monolithic에 대해 논의해보겠습니다.

웹 애플리케이션에서 이 이분법은 여러 관점과 특수한 사용 사례에서 잘 다루어져 있습니다. 머신러닝 엔지니어, 데이터 과학자, 잠재적인 데이터 플랫폼 엔지니어라면 이 영역을 깊이 파고들 필요는 없지만, 기본 사항은 알아야 합니다.

마이크로서비스 아키텍처microservice architecture
파이프라인의 각 구성 요소는 명확한 API와 출력 스키마를 갖춘 독립적이고 작은 프로그램이어야 합니다. 이렇게 API 호출을 구성하면 유연하고 예측 가능한 파이프라인을 구축할 수 있습니다.

모놀리식 아키텍처monolithic architecture
하나의 애플리케이션에는 모델 예측에 필요한 모든 로직과 구성 요소를 포함해야 합니다. 애플리케이션을 독립적으로 유지하면 맞춰야 할 인터페이스가 줄어들고, 파이프라인의 특정 위치에서 문제가 발생했을 때 이를 해결하기 위해 헤맬 일이 줄어듭니다.

어떤 전략을 선택하든 몇 가지 결정을 내려야 합니다.

필수적인 애플리케이션이 얼마나 큰가요?
애플리케이션이 추론 시점에 대규모 데이터셋에 빠르게 접근해야 하는 경우, 메모리 요구 사항을 신중하게 고려해야 합니다.

애플리케이션에 어떤 접근 권한이 필요한가요?

앞서 블룸 필터와 피처 스토어와 같은 기술을 사용하는 방법에 대해 설명했습니다. 이러한 리소스는 애플리케이션의 메모리에 빌드하여 애플리케이션에 긴밀하게 연결되어 있을 수도 있고, API 호출을 통해 사용할 수도 있습니다. 배포 시 이러한 연동 관계를 고려해야 합니다.

모델을 단일 노드에 배포해야 하나요, 아니면 클러스터에 배포해야 하나요?

일부 모델 유형의 경우, 추론 단계에서도 분산 컴퓨팅을 활용할 수 있습니다. 이를 위해 빠른 병렬화를 위한 추가 구성이 필요합니다.

얼마나 많은 복제replication가 필요한가요?

수평적 확장을 사용하면 동일한 서비스의 여러 복사본을 동시에 실행하여 특정 인스턴스에 요청이 몰리지 않도록 할 수 있습니다. 이는 가용성과 성능을 보장하는 데 매우 중요합니다. 수평적 확장을 통해 각 서비스를 독립적으로 운영할 수 있으며, 이러한 서비스와 API 요청을 조정하기 위한 다양한 전략이 존재합니다. 각 복제본은 일반적으로 자체 컨테이너화된 애플리케이션이며, 이를 관리하기 위해 CoreOS 및 쿠버네티스Kubernetes와 같은 API가 사용됩니다. 요청 자체도 nginx 등을 통해 복제본 간에 균형을 맞춰 전달해야 합니다.

노출되는 관련 API는 무엇인가요?

스택의 각 애플리케이션은 API를 호출할 수 있는 다른 애플리케이션들의 유형에 대해 노출된 스키마 세트와 통신 방식을 제공해야 합니다.

7.3.2 모델 서비스 시작하기

어떻게 하면 모델을 애플리케이션에 통합할 수 있을까요? 애플리케이션 개발을 위한 다양한 프레임워크가 유용하며, 그중에서 가장 많이 사용되는 프레임워크는 플라스크Flask, FastAPI, 장고Django입니다. 각기 다른 장점이 있지만, 여기서는 FastAPI에 대해 설명하겠습니다.

FastAPI는 API 애플리케이션을 대상으로 한 프레임워크로, 특히 머신러닝 모델을 제공하는 데 적합합니다. FastAPI는 비동기 서버 게이트웨이 인터페이스asynchronous server gateway interface, ASGI 프레임워크로, 매우 단순합니다.

간단한 예로, FastAPI 프레임워크를 사용하여 토치torch 모델을 서비스로 전환하는 방법을 살펴보겠습니다. 먼저, 아티팩트 스토어를 활용하여 모델을 가져와 보겠습니다. 여기서는 웨이트 앤 바이어스 아티팩트 스토어를 사용합니다.

```
import wandb, torch
run = wandb.init(project=Prod_model, job_type="inference")

model_dir = run.use_artifact(
            'bryan-wandb/recsys-torch/model:latest',
            type='model'
).download()

model = torch.load(model_dir)
model.eval(user_id)
```

이것은 노트북 워크플로와 비슷해보이므로, 이를 FastAPI와 통합하는 것이 얼마나 쉬운지 살펴보겠습니다.

```
from fastapi import FastAPI  # FastAPI 코드
import wandb
import torch

app = FastAPI()  # FastAPI 코드

run = wandb.init(project="Prod_model", job_type="inference")

model_dir = run.use_artifact(
    'bryan-wandb/recsys-torch/model:latest',
    type='model'
).download()

model = torch.load(model_dir)

@app.get("/recommendations/{user_id}")  # FastAPI 코드
def make_recs_for_user(user_id: int):   # FastAPI 코드
    endpoint_name = 'make_recs_for_user_v0'

    logger.info(
        "{'type': 'recommendation_request',"
        f"'arguments': {{'user_id': {user_id}}},"
        f"'response': {None}},",
        f"'endpoint_name': {endpoint_name}"
    )

    recommendation = model.eval(user_id)

    logger.log(
        "{'type': 'model_inference',"
        f"'arguments': {{'user_id': {user_id}}},"
```

```
        f"'response': {recommendation}},"
        f"'endpoint_name': {endpoint_name}"
    )

    return {  # FastAPI 코드
        "user_id": user_id,
        "endpoint_name": endpoint_name,
        "recommendation": recommendation
    }
```

추가된 다섯 줄의 코드로 모델을 서비스로 제공할 수 있게 되었습니다. 이 시나리오에는 간단한 로깅 예제가 포함되어 있으며, 이번 장의 뒷부분에서 애플리케이션의 관측 가능성을 개선하기 위해 로깅에 대해 더 자세히 설명하겠습니다.

7.3.3 워크플로 오케스트레이션

배포된 시스템에 필요한 또 다른 구성 요소는 워크플로 오케스트레이션입니다. 모델 서비스는 요청을 수신하고 결과를 제공하는 역할을 하지만, 이 서비스가 제대로 작동하려면 여러 시스템 구성 요소가 필요합니다. 이러한 워크플로에는 여러 구성 요소가 있으므로, 컨테이너화, 스케줄링, CI/CD 순서로 살펴보겠습니다.

1 컨테이너화

결과를 반환할 수 있는 간단한 서비스를 구성하는 방법에 대해 논의했고 FastAPI를 사용하는 것을 제안했습니다. 그러면 이제 환경과 관련된 문제를 확인해야 합니다. 파이썬 코드를 실행할 때는 환경을 동일하지 않더라도 일관되게 유지하는 것이 중요합니다. FastAPI는 인터페이스를 설계하기 위한 라이브러리이고, 도커Docker는 코드가 실행되는 환경을 관리하는 소프트웨어입니다. 도커를 컨테이너 또는 컨테이너화 도구로 설명하는 경우가 많은데, 이는 여러 애플리케이션 또는 코드의 실행 가능한 구성 요소를 하나의 공유된 환경에 로드하기 때문입니다.

이 시점에서 몇 가지 주의할 점이 있습니다. **환경**의 범위에는 패키지 의존성과 관련된 파이썬 환경뿐만 아니라 운영체제 또는 GPU 드라이버를 포함하는 더 큰 범위의 환경이 모두 포함됩니다. 환경은 일반적으로 접근하기 위한 가장 기본적인 부분만 설치한 사전 정의된 **이미지**에서 초기화되며, 일관성과 표준화를 촉진하기 위해 서비스 간에 변동성이 적습니다. 마지막으로 컨테이너는 배포할 위치에서 작동하기 위해 필요한 인프라 코드를 포함하고 있습니다.

실제로는 파이썬 패키지 목록으로 구성된 `requirements` 파일을 통해 파이썬 환경에 대한 세부 사항을 지정합니다. 일부 라이브러리는 파이썬 외부에 의존하며 추가적인 구성 메커니즘이 필요할 수 있습니다. 운영체제와 드라이버는 일반적으로 기본 이미지의 일부로 구축되며, 도커허브DockerHub 등에서 찾을 수 있습니다. 마지막으로, **코드로서의 인프라**infrastructure as code는 인프라에 배포될 컨테이너를 실행하는 데 필요한 단계를 코드로 조정ochestration하는 패러다임입니다. 도커파일과 도커 컴포즈Docker Compose는 도커 컨테이너와 인프라 간의 인터페이스에 특화되어 있지만, 이러한 개념을 일반화하여 인프라의 다른 세부 사항을 포함할 수 있습니다. 코드로서의 인프라는 클라우드에서 리소스 프로비저닝, 네트워크 통신을 위한 포트 개방 설정, 보안 역할을 통한 접근 제어 등을 포함할 수 있습니다. 이를 작성하는 일반적인 방법은 테라폼Terraform을 사용하는 것입니다. 이 책에서는 인프라 사양을 다루지는 않지만, 코드로서의 인프라는 머신러닝 실무자에게 중요한 도구가 되고 있습니다. 많은 회사에서 이런 방식으로 웨이트 앤 바이어스 또는 모달Modal 등의 훈련 및 배포 시스템을 단순화하기 시작했습니다.

2 스케줄링

머신러닝 워크플로는 나중에 자세히 설명할 지속적인 훈련 루프와 능동 학습 프로세스의 전 단계로서, 추론을 위해 모델을 준비시키는 데 필요한 일련의 순서화된 단계입니다. 앞서 수집기, 랭커, 서버라는 개념을 소개했는데, 이들을 추천 시스템의 일련의 단계로서 구성할 수 있습니다. 이들은 시스템 토폴로지를 대략 세 가지로 구분한 것으로, 더 세부적이거나 다른 방식으로도 구분할 수 있습니다.

머신러닝 시스템에서는 6장에서 설명한 바와 같이 워크플로의 상류 단계upstream에 데이터 변환 단계가 있는 경우가 많습니다. 이 단계가 어디에 있든, 이러한 변환의 결과를 벡터 스토어 및 추가적인 피처 스토어에 전달합니다. 이 단계와 워크플로상의 다음 단계 사이의 인계hand-off를 작업 스케줄러가 처리합니다. 앞서 언급했듯이, 댁스터Dagster나 에어플로Airflow 같은 도구는 의존적인 에셋이 있는 작업 시퀀스를 실행할 수 있습니다. 이러한 도구는 전환 과정을 조율하고 적시에 전환이 이루어지도록 하는 데 필요합니다.

작업을 스케줄링 하는 방식에는 크론cron과 트리거trigger라는 두 가지 패러다임이 있습니다. **크론**은 워크플로가 시작되어야 하는 시간표를 설정합니다(예: 매시간 정각 또는 하루에 네 번). **트리거**는 특정 이벤트가 발생했을 때 작업이 실행되도록 하는 것입니다. 이벤트로는 엔드포인트가 요청을 받거나 데이터셋이 갱신되거나 응답 한도를 초과하는 등이 있습니다. 이러한 예시를 통해 다음 작업 단계와 트리거 사이의 다소 임시적인 연관성을 이해할 수 있습니다. 두 패러다임 모두 매우 중요합니다.

3 CI/CD

워크플로 실행 시스템은 머신러닝 시스템의 중추이며, 데이터 수집 프로세스, 학습 프로세스, 배포 프로세스 사이의 가교 역할을 합니다. 최신 워크플로 실행 시스템에는 자동 유효성 검사 및 추적 기능도 포함되어 있어 상용 배포 단계를 감사audit할 수 있습니다.

지속적 통합continuous integration, CI은 새 코드에 대한 일련의 검사를 강제하여 개발 프로세스를 가속화하기 위해 소프트웨어 공학에서 가져온 용어입니다. 전통적인 소프트웨어 공학에서는 보통 코드를 버전 관리 시스템에서 커밋한 후 실행하는 단위 테스트 및 통합 테스트를 자동화합니다. 머신러닝 시스템의 경우, CI는 모델에 대한 테스트 스크립트를 실행하거나, 데이터 변환에 의한 데이터 타입이 명시된 출력을 확인하거나, 모델에 대해 유효성 검사를 실행하고 이전 모델 대비 성능을 벤치마킹하는 것을 의미할 수 있습니다.

지속적 배포continuous deployment, CD는 소프트웨어 공학에서 널리 사용되는 용어로, 새로운 패키지 코드를 기존 시스템에 배포하는 프로세스를 자동화하는 것을 의미합니다. 소프트웨어 공학에서 코드가 관련 검사를 통과했을 때에만 배포하면 개발 속도는 빨라지고 오래된 시스템의 위험이 줄어듭니다. 머신러닝에서 CD는 새로운 모델을 서비스 엔드포인트 뒤에 자동으로 배포하고 라이브 트래픽에서 예상대로 작동하는지 테스트하는 것과 같은 전략을 포함할 수 있습니다(128페이지의 '섀도잉shadowing'에서 설명하겠습니다). 또한 목표 결과에 대한 달성률을 측정하기 위해, A/B 테스트 또는 멀티암드 밴딧 테스트의 일환으로 모델을 배포할 수도 있습니다. CD는 일반적으로 푸시되기 전에 충족해야 하는 요구 사항을 만족되었을 때 트리거해야 합니다. 모델 레지스트리를 활용하여 모델의 버전을 저장하고 인덱싱하는 것이 일반적입니다.

7.4 알림 및 모니터링

알림 및 모니터링은 소프트웨어 공학을 위한 데브옵스DevOps 세계에서 많은 영감을 얻었습니다. 다음은 우리의 생각을 이끌어줄 몇 가지 높은 수준의 원칙입니다.

- 명확하게 정의된 스키마 및 선행 조건priors
- 관측 가능성

7.4.1 스키마 및 선행 조건

소프트웨어 시스템을 설계할 때는 거의 언제나 구성 요소가 서로 어떻게 결합될지에 대해 기대하는 바가 있습니다. 코드를 작성할 때 함수의 입력과 출력을 예상하는 것처럼, 소프트웨어 시스템에서도 각 인터페이스에 대해 이를 예상합니다. 마이크로서비스 아키텍처뿐만 아니라 모놀리식 아키텍처에서도 시스템의 구성 요소가 함께 작동해야 하고, 대부분의 경우 각 구성 요소는 각각 정의된 책임 간에 경계가 있습니다.

예시를 통해 좀 더 구체적으로 살펴보겠습니다. 사용자 아이템 잠재 공간, 사용자 특징에 대한 피처 스토어, 클라이언트 회피client avoid(클라이언트가 원하지 않는다고 명시) 아이템을 위한 블룸 필터, 두 모델 중 어떤 모델을 평점에 사용할지 정의하는 실험 인덱스를 구축했습니다. 먼저 잠재 공간을 살펴봅시다. `user_id`가 제공되면 그 표현representation을 조회해야 하는데, 우리는 몇 가지 가정을 하고 있습니다.

- 제공된 `user_id`는 올바른 유형일 것입니다.
- `user_id`는 우리 공간 내 표현으로 존재할 수 있을 것입니다.
- 반환되는 표현은 올바른 형식과 모양일 것입니다.
- 표현 벡터의 구성 요소 값이 적절한 도메인에 속할 것입니다(**잠재 공간에서 지원되는 표현은 매일 달라질 수 있습니다**).

여기서부터는 더 많은 가정을 수반하는 k ANN을 조회해야 합니다.

- 잠재 공간에는 ≥ k개의 벡터가 있습니다.
- 이러한 벡터는 잠재 공간의 예상 분포 행태expected distributional behavior를 준수합니다.

이것들은 단위 테스트의 비교적 간단한 응용처럼 보일 수 있지만, 이러한 가정을 정형화하는 것이 중요합니다. 우선, 두 서비스 모두에 대해 마지막 가정을 고려해본다면, 표현 벡터에 적합한 도메인을 어떻게 알 수 있을까요? 훈련 절차의 일부로서, 이를 계산하고 추론 파이프라인 중에 접근할 수 있도록 스토어에 저장해야 합니다.

두 번째 경우, 고차원 공간에서 최근접 이웃을 찾을 때는 분포 균일성distributional uniformity에서 발생하는 잘 알려진 어려움이 있을 수 있는데, 이는 특히 추천의 성능 저하로 이어질 수 있습니다. 실제로 우리는 잠재 공간에서 k-최근접 이웃의 행동에 스파이크 특성이 있음을 관찰했고, 이는 추천의 다양성을 보장하는 데 있어 하류 단계에서 어려움을 초래했습니다. 이러한 분포 상태는 선결 조건으로 볼 수 있으며, KL 발산divergence과 같은 간단한 확인을 온라인 상태로 수행하여, 임베딩의 평균 동작과 로컬 지오메트리 간의 차이를 추정할 수 있습니다.

두 경우 모두 이 정보의 출력값을 수집하고 기록하면 시스템에서 일어나는 일에 대한 풍부한 기록을 얻을 수 있습니다. 이를 통해 나중에 상용 환경에서 모델 성능이 낮은 경우 디버깅 반복 과정을 단축할 수 있습니다.

`user_id`가 공간에서 표현으로 존재하지 않는 경우가 바로 콜드 스타트 문제입니다! 이 경우, 사용자 특징 기반이거나, 탐색-활용explore-exploit 기반, 혹은 하드코딩된 추천과 같은 다른 유형의 예측 파이프라인으로 전환해야 합니다. 즉, 스키마 조건이 충족되지 않은 상황에서 다음 단계가 어떤 것들인지 알아야 하고, 또한 자연스럽게 다음 단계로 넘어갈 수 있어야 합니다.

7.4.2 통합 테스트

이와 같은 시스템에서 통합 수준에서 발생할 수 있는 한 가지 고차원적 문제를 고려해봅시다. 이러한 문제를 **얽힘**entanglement이라고 부르기도 합니다.

지금까지 실험을 통해 배운 점은 사용자에게 좋은 추천을 제공하려면 아이템 공간에서 $k=20$개의 ANN을 찾아야 한다는 것이었습니다. 표현 공간에 접근하여 20개의 아이템을 가져와서, 필터링 단계로 전달합니다. 그런데 이 사용자는 상당히 까다로운 사용자로, 이전에 자신의 계정에 허용하는 추천에 대한 여러 제한을 설정하여, 신발, 드레스, 청바지, 모자, 핸드백 등을 금지해두었습니다. 이렇게 까다로운 추천 시스템의 경우에는 어떻게 해야 할까요?

단순히 20개의 이웃을 블룸 필터로 전달하고 나면 아무것도 남지 않을 수 있습니다! 이 문제를 해결하려면 두 가지 접근 방법이 있습니다.

- 필터 단계에서 검색 단계로 콜백을 허용합니다(304페이지의 '프레디케이트 푸시다운' 참조).
- 사용자 분포를 구축하고 검색 중에 접근할 수 있도록 저장합니다.

첫 번째 접근 방식에서는 블룸 이후 요구사항이 만족될 때까지 필터링 단계에서 검색retrieval 단계를 충분히 큰 k 값만큼 반복하도록 합니다. 물론, 이 방식은 여러 번의 반복pass을 필요로 하고, 쿼리도 더 커져야 하므로 성능 저하를 유발합니다. 이 접근 방식은 단순하다는 장점이 있지만, 사전에 잠재적인 오류에 대해 방어적으로 설계하고 무엇이 잘못될지 사전 인지해야 하는 부담이 있습니다.

두 번째 접근 방식으로는, 훈련 중에 사용자 공간에서 샘플링하여 사용자별 회피 아이템의 다양한 개수 k를 추정한 값 목록을 구축할 수 있습니다. 그런 다음 수집기에 사용자별 총 회피 횟수 조회에 대한 접근 권한을 부여하면 이러한 동작을 방지하는 데 도움이 될 수 있습니다.

과도한 검색

사용자가 정보를 검색을 하면서 동시에 많은 필터를 적용하는 경우, 검색 요청의 요구 사항 간에 상충이 발생할 수 있으며, 이를 해결하기 위해 사용자가 **과도한 검색**over-retrieval을 수행하는 경우가 있습니다. 이는 추천 시스템에도 적용됩니다.

사용자에게 제공해야 하는 잠재적 추천의 개수에 정확히 맞춰 검색하는 경우, 하류 단계의 규칙이나 부정확한 개인화로 인해 추천을 제공하는 데 심각한 문제가 발생할 수 있습니다. 그래서 사용자에게 보여줄 것으로 예상되는 것보다 더 많은 아이템을 검색하는 것이 일반적입니다.

7.4.3 관측 가능성

소프트웨어 공학의 많은 도구는 소프트웨어 스택에서 어떤 일이 일어나고 있는지 이해하기 위한 관측 가능성observability을 지원하고 있습니다. 우리가 구축하는 시스템은 점점 분산화되어, 인터페이스는 중요한 모니터링 포인트이고 상호 연동 경로는 복잡해지고 있기 때문입니다.

1 스팬 및 트레이스

이 분야에서 흔히 사용되는 용어는 **스팬**span과 **트레이스**trace로, 그림 7-3에 표시된 바와 같이 호출 스택의 두 가지 차원을 나타냅니다. 앞의 예시처럼 서비스들을 연결하여 모음으로 만들어두면 각각의 추론 요청은 해당 서비스 모음 중 일부 또는 전부를 순서대로 통과합니다. 서비스 요청의 순서를 **트레이스**trace라고 합니다. 이러한 각 서비스의 잠재적이고 병렬적인 시간 지연을 **스팬**span이라고 합니다.

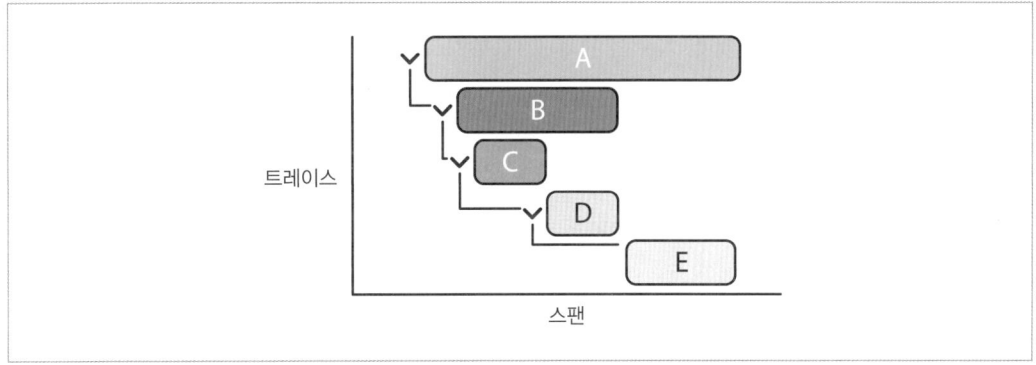

그림 7-3 하나의 트레이스에 대한 여러 개의 스팬

스팬의 그래픽 표현을 통해 하나의 서비스 응답 시간이 연계된 다른 서비스들에 대한 호출에서 발생한 응답 시간 또는 지연들로 구성됨을 보여줍니다.

관측 가능성observability이 있어 트레이스, 스팬, 로그를 함께 확인하여 시스템의 동작을 적절하게 진단할 수 있습니다. 필터 단계의 콜백을 활용하여 수집기에서 더 많은 이웃을 얻는 예제의 느린 응답을 보고 '무슨 일이 일어났을까?'라고 궁금해할 수 있습니다. 스팬과 트레이스를 보면 수집기에 대한 첫 번째 호출이 예상대로 이루어진 후, 그다음의 필터 단계에서 수집기를 호출한 뒤 한 번 더 수집기를 호출하는 등 필터 단계에 대한 거대한 스팬이 구축되었음을 알 수 있습니다. 이를 로그와 결합하면 어떤 일이 일어나고 있는지 신속하게 진단할 수 있습니다.

2 타임아웃

앞의 예에서 우리는 매우 나쁜 사용자 경험으로 이어질 수 있는 긴 프로세스를 가지고 있었습니다. 대부분의 경우 사용자 경험을 악화시키는 지연 시간에 엄격히 제한을 두는데, 이를 **타임아웃**timeout이라고 합니다.

보통 추론 응답을 기다릴 수 있는 시간에 상한선이 있기 때문에, 타임아웃을 구현하여 시스템이 그러한 제한에 맞추도록 합니다. 이러한 경우, **폴백**fallback을 구현해야 합니다. 추천 시스템 설정에서 폴백을 준비된 MPIRmost popular item recommender 같은 것으로 설정하므로, 일반적으로 적다 하더라도 추가 지연을 발생시킬 수 있습니다.

7.5 상용 환경에서의 평가

이전 절이 상용 환경에서 모델에 무엇이 들어오는지 이해하는 것이었다면, 이번 절은 상용 환경에서 모델에서 무엇이 나오는지 이해하는 것으로 요약할 수 있습니다. 높은 수준에서 보면, 상용 환경에서의 평가는 모든 모델 검증 기술을 추론 시점까지 확대 적용하는 것으로 생각할 수 있습니다. 특히, **모델이 실제로 무엇을 하고 있는지** 살펴보는 것입니다!

한편, 이미 이러한 평가를 수행할 수 있는 도구가 있습니다. 훈련할 때와 동일한 방법으로 성능을 평가할 수 있는데, 이제는 실시간으로 들어오는 실제 관측 데이터를 평가하는 것입니다. 하지만 이 과정은 생각만큼 명확하지 않습니다. 몇 가지 도전 과제에 대해 논의해보겠습니다.

7.5.1 느린 피드백

추천 시스템은 기본적으로 아이템 선택으로 이어지고, 많은 경우 구매까지 이어지도록 유도합니다. 하지만 한 걸음 물러서서 추천 시스템을 비즈니스에 통합하는 목적을 더 본질적으로 고려해보면, 그것은 바로 매출을 창출하는 것입니다. 이커머스 상점의 경우, 아이템 선택과 매출이 쉽게 연관될 수 있습니다. 즉, 구매가 매출로 이어지므로, 좋은 아이템 추천은 매출로 이어집니다. 하지만 반품은 어떨까요? 또는 더 어려운 질문으로, 이러한 수익이 점진적으로 증가할까요? 추천 시스템의 문제점 중 하나는 모델의 성과를 측정하는 지표와 비즈니스 지향적인 KPI 간의 인과 관계를 도출하기 어려울 수 있다는 것입니다.

이를 **느린 피드백**slow feedback이라고 부르는 이유는 추천이 의미 있는 지표를 보이고 그 지표가 추천 시스템으로 돌아오기까지의 루프가 몇 주 또는 그 이상 걸릴 수 있기 때문입니다. 이는 새로운 모델의 출시를 검토하기 위한 실험을 실행하려는 경우 큰 문제가 될 수 있습니다. 실험을 통해 의미 있는 결과를 얻으려면 테스트 기간이 상당히 길어질 수 있기 때문입니다.

보통 팀은 데이터 과학자가 KPI에 대한 적절한 추정치라고 생각하는 프록시 지표를 기준으로 삼고, 이 프록시 지표를 실시간으로 측정합니다. 이 접근 방식에는 여러 가지 문제가 있지만, 많은 경우 적절한 방법이고 더 다양한 테스트를 통해 보완할 수 있습니다. 잘 연관된 프록시 지표는 추가 반복을 수행할 방향에 대한 정보를 얻기 위한 좋은 출발점이 될 수 있습니다.

7.5.2 모델 지표

그렇다면 상용 환경에서 모델에 대해 추적해야 할 주요 지표는 무엇일까요? 추론 시점에서 추천 시스템을 살펴본다면, 다음과 같은 사항을 이해해야 합니다.

- 카테고리별 특징에 따른 추천의 분포
- 선호도 점수의 분포
- 추천 후보의 수
- 기타 순위 점수의 분포

앞서 설명했듯이, 훈련 과정에서 잠재 공간의 유사도 점수를 광범위하게 계산해야 합니다. 높은 수준의 추정치를 보든, 더 상세한 추정치를 보든, 이러한 분포를 사용하여 이상 신호를 감지할 수 있습니다. 추론 중 또는 일련의 추론 요청에 대한 모델의 출력을 이러한 사전 계산된 분포와 비교하는 것은 매우 유용할 수 있습니다.

분포를 비교하는 것은 긴 주제일 수 있어 간단히 설명하면, 표준적인 접근 방식 중 하나는 관측된 분포와 훈련에서 예상한 분포 간의 **KL 발산**Kullback–Leibler divergence, KLD을 계산하는 것입니다. 이 둘 사이의 KL 발산을 계산하면, 특정 날짜에 대한 모델의 예측이 얼마나 놀랍도록 정확한지 확인할 수 있습니다.

우리가 정말로 원하는 것은 전환 유형conversion type 중 하나와 관련된 모델 예측의 수신기 작동 특성receiver operating characteristic, ROC 곡선을 이해하는 것입니다. 하지만 이를 위해서는 로깅과 한 번 더 통합해야 합니다. 모델 API는 추천만 생성하기 때문에, 결과를 이해하려면 웹 애플리케이션의 로깅에 연결해야 합니다! 결과와 연동하기 위해, 모델 예측을 로그 출력과 결합하여 평가 레이블을 얻어야 하는데, 이 작업은 로그 파싱 기술(예: 그라파나Grafana, ELK, 프로메테우스Prometheus)을 통해 수행할 수 있습니다. 이에 대한 자세한 내용은 8장에서 살펴보겠습니다.

> **수신기 작동 특성 곡선**receiver operating characteristic curve
> 관련성 점수가 아이템이 사용자와 관련이 있는지를 추정한다고 가정하면, 이는 이진 분류 문제가 됩니다. 이러한 (정규화된) 점수를 활용하여 ROC를 구축하고, 관련성 점수를 통해 검색 기록에서 관련성 있는 아이템을 정확하게 예측할 수 있는 쿼리 분포를 추정할 수 있습니다. 이 곡선을 통해 필요한 검색 깊이 같은 매개변수나 문제가 있는 쿼리를 추정하는 데 사용할 수 있습니다.

7.6 지속적인 훈련 및 배포

모델 추적과 생산 모니터링을 시작하고 나면 준비가 끝났다고 생각할 수 있지만, 모델 개발은 한 번 설정하고 끝나는 경우가 거의 없습니다. 머신러닝 제품의 중요한 특징은 모델을 유용하게 사용하기 위해 자주 업데이트해야 한다는 점입니다. 앞서 모델 지표에 대해 설명하면서 훈련된 모델의 성능과 상용 환경에서의 성능이 예상과 다르게 나타날 수 있다고 했습니다. 이는 모델 드리프트model drift에 의해 더욱 악화될 수 있습니다.

7.6.1 모델 드리프트

모델 드리프트(모델 표류)는 동일한 모델이 시간이 지남에 따라 다른 예측 동작을 보일 수 있다는 개념으로, 이는 단순히 데이터 생성 과정의 변화에서 기인합니다. 간단한 예로 시계열 예측 모델을 들 수 있습니다. 시계열 예측 모델을 구축할 때, 특히 고유한 속성은 **자기회귀**autoregression, 즉 함수의 값이 함수의 이전 값에 따라 달라지는 것인데, 좋은 성능에 필수적입니다. 시계열 예측에 대해 자세히 설명하지는 않겠지만, 좋은 예측을 위한 최선의 방법은 최신 데이터를 사용하는 것입니다! 주가를 예측하려면 항상 예측의 일부로 가장 최근의 가격을 사용해야 합니다.

이 간단한 예는 모델이 어떻게 표류drift할 수 있는지를 보여주는데, 추천 모델도 예측 모델과 크게 다르지 않습니다. 특히 많은 추천 문제의 계절성을 고려하면 더욱 비슷합니다. 2주 전에 잘 작동했던 모델이 계속 잘 작동하려면 최근 데이터로 다시 훈련해야 합니다.

표류drift하는 모델에 대한 한 가지 비판적 견해는 '이것이 바로 과적합 모델의 스모킹 건smoking gun, 즉 명확한 증거'라는 것이지만, 사실 이러한 모델이 유용하려면 어느 정도는 과도한 매개변수화over-parameterization가 필요합니다. 추천 시스템의 관점에서 우리는 이미 마태 효과와 같은 특성이 추천 모델의 예상되는 성능에 치명적인 영향을 미친다는 것을 보았습니다. 추천 시스템에서 새로운 아이템 같은 것들을 고려하지 않으면, 실패할 수밖에 없습니다. 모델은 다양한 이유로 표류할 수 있으며, 종종 모델에서 포착하지 못한 데이터 생성 과정 중의 외생적 요인으로 인해 표류할 수 있습니다.

구형 모델을 처리하고 예측하기 위한 한 가지 접근 방식은 훈련 중에 이러한 시나리오를 시뮬레이션하는 것입니다. 시간이 지남에 따라 분포가 변경되어 모델이 구형이 되고 부실해지는 것으로 의심되는 경우, 지정된 시간 지연 블록에 대해 순차적 교차 검증을 사용할 수 있습니다. 즉, 연속된 기간에 대해 훈련하고, 그다음 기간을 테스트하는 것입니다. 예를 들어, 모델이 오래된 데이터로 훈련되어 2주 후에 성능이 저하될 것으로 예상되는 경우, 훈련 중에 의도적으로 2주간의 지연을 포함하여 성능을 측정하도록 평가를 설계할 수 있습니다. 이를 **2단계 예측 비교**two-phase prediction comparison라고 하며, 성능을 비교하여 상용에서 주의해야 할 드리프트 크기를 추정할 수 있습니다.

이러한 차이를 줄이기 위해 다양한 통계적 접근 방식을 사용할 수 있습니다. 예측의 변동성과 신뢰성을 위한 변동 모델링에 대해 자세히 알아보는 대신, 지속적인 훈련과 배포에 대해 논의하고 문제 해결 방법을 알아보겠습니다.

7.6.2 배포 토폴로지

모델을 잘 조정할 뿐만 아니라 반복, 실험, 최적화를 수용할 수 있는 모델 배포의 몇 가지 구조를 살펴보겠습니다.

1 앙상블

앙상블ensemble은 여러 개의 모델을 구축한 다음 이러한 모델들의 예측을 다양한 방식으로 통합하는 모델 구조의 한 유형입니다. 이러한 앙상블 개념은 일반적으로 추론을 위한 모델에 패키지화되어 있지만, 배포 토폴로지로 일반화할 수도 있습니다.

예측 선행 조건에 대한 이전의 논의를 기반으로 한 가지 예시를 들어보겠습니다. 특정 작업에서 비슷한 성능을 보이는 모델 모음이 있는 경우, 사전에 설정한 예측 분포와의 편차에 따라 가중치를 설정하여 앙상블로 구축하고 배포할 수 있습니다. 이렇게 하면 모델 범위 내의 출력인지에 대해 단순한 예/아니요 필터를 적용하는 대신, 잠재적으로 문제가 될 수 있는 예측을 더 있을 법한 예측으로 부드럽게 전환할 수 있습니다.

앙상블을 모델 아키텍처뿐만 아니라 배포 토폴로지로서 취급할 때의 또 다른 이점은 앙상블의 구성 요소를 **핫스왑**hot-swap하여 관측 특징 공간observation feature space의 특정 하위 도메인을 개선할 수 있다는 점입니다. 예를 들어 세 가지 구성 요소로 구성된 수명 가치life-time-value, LTV 모델을 들어보겠습니다. 세 가지 구성요소는 신규 고객을 잘 예측하는 모델, 활성화된 고객을 예측하는 모델, 슈퍼 유저를 예측하는 모델입니다. 투표 메커니즘을 통한 뽑기가 평균적으로 가장 좋은 성과를 보인다는 것을 알게 되어, 배깅bagging 방식을 구현하기로 결정합니다. 이 방식은 지금은 잘 작동하지만, 나중에 신규 고객에 대한 더 나은 모델을 찾을 수도 있습니다. 앙상블에 배포 토폴로지를 사용하여, 신규 고객에 대해 새로운 모델로 교체하고 상용 환경에서 앙상블의 성능을 비교해볼 수 있습니다. 여기서 다음 전략인 모델 비교로 넘어가겠습니다.

> **앙상블 모델링**
>
> **앙상블 모델링**ensemble modeling은 모든 종류의 머신러닝에서 널리 사용되는데, 이는 여러 전문가의 의견을 종합하는 것이 하나의 추정보다 훨씬 더 효과적이라는 간단한 개념에 기반합니다. 실제로 오류율이 ϵ인 분류기가 M개 있다고 가정해보겠습니다. 그러면 N 클래스 분류 문제에 대해 오류율은 $P(y \geq k) = \sum_{k}^{n} \times \binom{n}{k} \epsilon^k \times (1-\epsilon)^{n-k}$ 이므로, 0.5 미만의 모든 값에 대해 ϵ보다 작다는 흥미로운 결과를 얻을 수 있습니다!

2 섀도잉

같은 작업이라도 두 가지 모델을 배포하면 엄청난 정보를 얻을 수 있습니다. 한 모델은 '라이브'이고 다른 모델이 비밀리에 모든 요청을 수신하고 추론을 수행하며 결과를 로그에 남기는 방법은 **섀도잉**shadowing이라고 합니다. 다른 모델에 트래픽을 섀도잉하면, 그 모델을 라이브 상태로 만들기 전에 어떻게 작동하는지를 가능한 한 최선으로 예상해볼 수 있습니다. 이는 예측 범위가 예상과 일치하는지 확인하려는 경우에 특히 유용합니다.

소프트웨어 공학과 데브옵스에는 소프트웨어 **스테이징**staging이라는 개념이 있습니다. '스테이징에서 얼마나 많은 실제 인프라를 확인해볼 것인가'라는 논쟁의 여지가 있지만, 섀도잉은 머신러닝 모델에서 스테이징이라 할 수 있습니다. 기본적으로 전체 인프라가 섀도 모델에 연결될 수 있도록 병렬 파이프라인을 구축할 수도 있고, 두 인프라를 병렬로 배치하여 요청을 둘 다에 보내되 하나의 응답만 사용하도록 할 수도 있습니다. 섀도잉은 실험을 구현하는 데에도 중요합니다.

3 실험

훌륭한 데이터 과학자라면 적절한 실험 프레임워크 없이는 어떤 특징이나 모델의 성능에 대해 많이 떠벌리는 것이 위험하다는 것을 알 것입니다. 실험은 섀도잉을 통해 처리 가능한데, 들어오는 요청을 받아서 배포된 모델 중 어느 모델이 응답을 전달하게 할지 컨트롤러 계층을 통해 조율할 수 있습니다. 간단한 A/B 실험 프레임워크는 모든 요청에 대해 무작위randomization로 모델을 선정할 수도 있지만, 멀티암드 밴딧은 컨트롤러 계층에 보상 함수의 개념을 포함해야 합니다.

실험은 심도 깊은 주제로 이 책에서 충분히 다루기에는 저자의 지식이나 공간이 부족하지만, 실험이 더 큰 배포 파이프라인에 어떻게 적절히 포함될 수 있는지를 알아두면 유용합니다.

> **모델 캐스케이드**
>
> 앙상블과 섀도잉 개념의 징밀 밋진 확징으로 모델 캐스케이드(https://oreil.ly/Ao4t_)가 있는데, 이는 그림 7-4에 설명되어 있습니다. 모델 캐스케이드의 개념을 단순화하면, 모델 신뢰도를 활용하여 조건부 앙상블을 만드는 것입니다.
>
> 상세하게는, 추론 요청을 받으면 모델은 신뢰도를 추정하면서 예측을 제공합니다. 예측에 대한 신뢰도가 높으면 해당 예측을 반환하고, 신뢰도가 특정 임곗값 미만이면 하류 단계downstream의 모델을 호출하여 앙상블을 시작합니다. 이 방법은 단지 모델 두 개에만 국한될 이유가 없습니다. 여러 모델을 포함하는 앙상블 계층의 수를 훈련 중에 성능이 향상되는 만큼 반복적으로 확장할 수 있습니다.

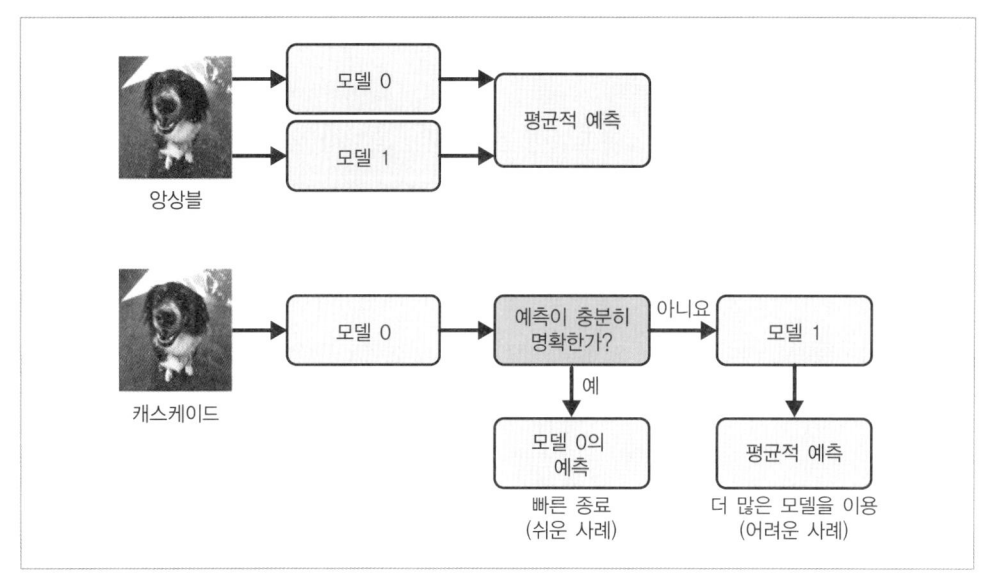

그림 7-4 앙상블과 캐스케이드 비교

이 접근 방식의 장점은 다음과 같습니다.

- 일반적으로 앙상블은 성능을 향상시키므로 전반적으로 기대 성능이 더 좋음
- 평균 계산 시간이 더 짧음
- 표본sample 외 시나리오에서 특히 더 나은 성능 제공

이 방법은 대규모 모델 풀로 확장할 수 있습니다. 또한, 훈련에 상당한 노력이 필요할 수 있지만, 모델의 올바른 순서를 찾는 것은 모델 정확도와 지연 시간에 큰 영향을 미칠 수 있습니다.

7.7 평가 플라이휠

이제 상용 머신러닝 모델은 정적이지 않다는 것을 알 수 있을 것입니다. 모든 종류의 상용 머신러닝 시스템은 기존 소프트웨어 스택만큼이나 많은 배포 관련 문제가 있고, 데이터셋 이동shift과 새로운 사용자/아이템 관련 추가적인 과제도 있습니다. 이번 절에서는 앞서 소개한 피드백 루프를 자세히 살펴보고, 데이터 과학자나 머신러닝 엔지니어의 입력이 거의 없이도 시스템을 지속적으로 개선하기 위해 구성 요소들이 어떻게 조화를 이루는지 이해해보겠습니다.

7.7.1 일일 웜 스타트

지금까지 여러 차례 논의했듯이, 모델의 지속적인 출력과 재훈련 간에 연결할 필요가 있습니다. 이에 대한 가장 간단한 첫 번째 예는 일일 웜 스타트입니다. 이는 기본적으로 시스템에서 매일 볼 수 있는 새로운 데이터를 활용하도록 요구합니다.

이미 잘 알고 있겠지만, 큰 성공을 거둔 추천 모델 중 일부는 상당히 큰 규모를 자랑합니다. 이러한 모델 중 일부를 재훈련하는 것은 엄청난 작업이 될 수 있으며, **매일 모든 것을 다시 수행하는 것**은 경우에 따라 실현 불가능할 수 있습니다. 그렇다면 무엇을 할 수 있을까요?

앞서 구상한 사용자-사용자 CF 예시로 이 논의를 구체화해보겠습니다. 첫 번째 단계는 유사도를 정의하여 임베딩을 구축하는 것이었습니다. 기억해봅시다.

$$\text{USim}_{A,B} = \frac{\sum_{x \in \mathcal{R}_{A,B}} (r_{A,x} - \overline{r}_A)(r_{B,x} - \overline{r}_B)}{\sqrt{\sum_{x \in \mathcal{R}_{A,B}} (r_{A,x} - \overline{r}_A)^2} \sqrt{\sum_{x \in \mathcal{R}_{A,B}} (r_{B,x} - \overline{r}_B)^2}}$$

여기서 두 사용자 간의 유사도는 공유된 평점과 각 사용자의 평균 평점에 따라 달라진다는 점을 기억하세요.

어떤 날에 대해 $\tilde{X} = \{\tilde{x} \mid x$가 어떤 사용자에 의해 어제 이후로 평가되었다$\}$고 가정해보겠습니다. 그렇다면 사용자 유사도는 업데이트해야 할 수도 있으나, 다른 모든 아이템은 그대로 두는 것이 이상적입니다. 사용자 데이터를 업데이트하려고 살펴보니 두 사용자, A와 B가 모든 $\tilde{x}$를 $\overline{r}_A$와 $\overline{r}_B$로 평가하여 변경해야 하지만, 해당 사용자들이 평가를 더 많이 할 때까지 업데이트를 미뤄둘 수 있습니다. 하지만 결국 각각의 $\tilde{x}$에 대해 이전에 x를 평가한 사용자들을 찾아서 해당 사용자들과 새로운 평가자 간의 사용자 유사도를 업데이트해야 합니다.

이는 다소 임시방편적이지만, 여러 메서드에 적용하여 전체 재훈련 빈도를 줄일 수 있습니다. 또한 이를 활용하는 빠른 계층을 통해 전체 일괄 재훈련도 피할 수 있습니다. 신호가 적은 아이템에 대해 대략적인 추천을 제공하는 별도의 모델을 구축하는 것과 같은 다른 접근 방식도 존재합니다. 이는 특징 모델을 통해 구축할 수 있고, 빠른 재훈련의 복잡성도 크게 줄일 수 있습니다.

7.7.2 람다 아키텍처 및 오케스트레이션

이러한 종류의 전략 중 더 극단에 있는 것이 람다 아키텍처입니다. 6장에서 설명한 바와 같이, 람다 아키텍처는 시스템에 새로운 데이터를 추가하기 위한 훨씬 더 빈번한 파이프라인을 운영합니다. 속도 계층은 데이터 변환을 수행하기 위한 소규모 배치 작업과 핵심 모델과의 결합을 위한 모델 피팅 작업을 담당합니다. 또한, 이 **속도** 계층을 통해 최근접 이웃 그래프, 피처 스토어, 필터와 같은 파이프라인의 다른 부분도 업데이트되어야 합니다.

파이프라인의 다른 구성 요소들이 업데이트를 유지하려면 다양한 자원이 필요하므로, 이들에 대한 스케줄링을 고려해야 합니다. 이러한 모든 요소와 측면의 스케줄링을 맞추고 동기화하는 것은 다소 어려울 수 있습니다. 모델 훈련, 모델 업데이트, 피처 스토어 업데이트, 재배포, 각각의 스케줄에 따라 입력되는 새로운 아이템/사용자 등의 스케줄링을 맞추기 위해서는 많은 조율이 필요할 수 있습니다. 이때 **오케스트레이션 도구**orchestration tool가 유용할 수 있습니다. 여러 접근 방식이 존재하는데, 그중 유용한 도구로는 GoCD, 메타플로MetaFlow, 쿠버플로KubeFlow가 있습니다. 이 중 쿠버플로는 쿠버네티스Kubernetes 인프라에 더 중점을 두고 있습니다. 배치 및 스트리밍 파이프라인을 모두 처리할 수 있는 또 다른 파이프라인 오케스트레이션 도구로는 아파치 빔Apache Beam이 있습니다.

일반적으로 머신러닝 배포 파이프라인의 경우, 안정적인 코어 파이프라인과 함께 많은 데이터가 쏟아져 들어오는 상황에서 시스템을 최신 상태로 유지할 수 있는 기능이 필요합니다. 오케스트레이션 시스템은 일반적으로 시스템의 토폴로지, 관련 인프라 구성, 실행해야 하는 코드 아티팩트code artifact의 매핑을 정의하며, 이러한 모든 작업이 언제 실행되어야 하는지에 대한 크론CRON 스케줄도 정의합니다. 코드로서의 인프라스트럭처infrastructure as code는 이러한 목표를 달성하기 위한 인기 있는 패러다임으로, 이 모든 구성을 코드로 구현하여 재현 가능하고 자동화할 수 있도록 해줍니다.

이러한 모든 오케스트레이션 고려 사항에 이러한 단계를 배포하는 방법은 컨테이너화와 상당 부분 겹칩니다. 아쉽게도 이러한 논의의 대부분은 이 책의 범위를 벗어나지만, 간단히 요약하면 도커Docker와 같은 도구를 활용하는 컨테이너화된 배포는 머신러닝 서비스에 매우 유용하며, 쿠버네티스Kubernetes와 같은 컨테이너 관리 시스템이 이러한 배포를 관리할 때 널리 사용되고 있습니다.

7.7.3 로깅

로깅은 이미 여러 번 언급했습니다. 이 장의 앞부분에서 확인한 바와 같이, 로깅은 시스템이 예상대로 작동하는지 확인하는 데 중요합니다. 이제 로깅에 대한 몇 가지 모범 사례best practice와 이를 우리의 계획에 적용하는 방법에 대해 논의해보겠습니다.

앞서 트레이스와 스팬에 대해 논의할 때, 요청에 응답하는 서비스의 전체 콜 스택에 대한 스냅숏을 얻을 수 있었습니다. 서비스를 서로 연결하여 큰 그림을 보는 것은 매우 유용하며, 로깅과 관련하여 생각의 방향을 잡는 데 도움이 됩니다. 우리가 가장 좋아하는 RecSys 아키텍처를 통해 다시 살펴보겠습니다.

- 사용자와 관련된 임베딩을 조회하는 요청을 받는 수집기
- 해당 벡터의 아이템에 대한 ANN 계산
- 블룸 필터를 통한 잠재적인 잘못된 추천의 제거
- 피처 스토어를 통해 후보 아이템과 사용자의 특징 증강augmenting
- 순위ranking 모델을 통한 후보 아이템의 평점 및 잠재적 신뢰도 추정
- 비즈니스 로직 또는 실험의 순서 지정 및 적용

이러한 각 요소에는 로깅을 적용할 가능성이 있습니다. 이제 이 요소들을 서로 연결하는 방법에 대해 생각해보겠습니다. 마이크로서비스에서 관련 개념이 **상관관계 ID**correlation ID입니다. 상관관계 ID는 콜 스택을 따라 전달되는 식별자로, 나중에 이를 통해 모든 스택을 관통하여 연결할 수 있습니다. 당연한 이야기지만, 각 서비스는 자체적으로 로깅을 수행하지만, 거의 언제나 서비스들을 통합하여 사용하는 것이 더 유용합니다.

요즘에는 파이프라인의 모든 서비스에서 로그를 수신하고 처리 및 저장을 관리하기 위해 로그 스트림 처리기로 카프카Kafka를 사용하는 경우가 많습니다. 카프카는 메시지 기반 아키텍처로서, 각 서비스는 생산자producer 역할을 하여 메시지를 생성하고, 카프카는 메시지를 관리하는 역할을 하며 소비자consumer 채널로 메시지를 전달합니다. 로그 관리 측면에서 보면, 카프카 클러스터는 연관된 형식의 모든 로그를 수신하고, 상관관계 ID로 증강하여 ELK 스택으로 보냅니다. **ELK**Elasticsearch, Logstash, Kibana 스택은 들어오는 로그 스트림을 처리하고 구조화하는 로그스태시Logstash, 로그 저장소에 검색 인덱스를 구축하는 엘라스틱서치Elasticsearch, 로그에 대해 UI와 높은 수준의 대시보드를 추가하는 키바나Kibana로 구성됩니다.

이러한 기술 스택은 로그에 대한 접근 권한access과 관측 가능성observability을 보장하는 데 중점을 두고 있습니다. 다른 기술들은 다른 측면에 초점을 맞추고 있습니다. 그런데 무엇을 로깅해야 할까요?

1 수집기 로그

다음과 같은 상황에서 로그를 기록해야 합니다.

- 수집기가 요청을 수신하고 사용자와 관련된 임베딩을 조회할 때
- 해당 벡터 관련 아이템들에 대한 ANN을 계산할 때

수집기는 요청을 수신하는데, 우리의 가장 간단한 예시에서는 `user_id`, `requesting_timestamp`, 필요할 수 있는 모든 증강 키워드 요소(`kwarg`)로 구성됩니다. `correlation_id`를 요청자에게 전달받거나 이 단계에서 생성해야 합니다. 이러한 기본 키들을 포함하여 로그를 기록해야 하고(로그 1), 요청 수신 시점의 타임스탬프도 포함해야 합니다. 이제 수집기는 임베딩 스토어를 호출하고, 이 요청에 대한 로그를 기록해야 합니다(로그 2). 그런 다음, 임베딩 스토어는 요청을 수신하게 되고, 반환할 응답과 함께 로그를 기록해야 합니다(로그 3). 마지막으로 수집기는 응답을 반환하면서 이에 대한 로그를 기록해야 합니다(로그 4). 이 과정에 많은 중복 정보가 있는 것처럼 느껴질 수 있지만, API 호출에 포함된 명시적 매개변수들은 문제를 해결할 때 큰 도움이 됩니다.

이제 수집기는 벡터 검색을 수행하는 데 필요한 벡터를 확보했으므로, ANN 서비스를 호출합니다. 호출에 대한 로그를 기록해야 하는데(로그 5), 이웃의 개수를 정하는 k를 결정하는 관련 로직과 ANN이 수신한 API 요청, ANN 계산을 위한 관련 상태, ANN의 응답이 중요하므로 포함해야 합니다. 수집기로 돌아와서, 반환받은 응답과 하류 단계downstream 서비스의 요구 사항에 대응하기 위한 잠재적인 데이터 증강 작업을 로그로 기록해야 합니다(로그 6).

이 시점에서 최소 6개의 로그가 생성되었으므로, 이 모든 로그를 서로 연결할 방법이 필요합니다. 실제로는 서비스에서 로그로 기록해야 할 관련된 다른 단계가 더 있는 경우가 많습니다(예: 반환된 이웃의 거리 분포가 다음 단계인 순위 결정 작업에 적합한지 확인).

임베딩 조회가 실패한 경우, 실패를 로그로 기록해야 하며, 콜드 스타트 추천 파이프라인에 대한 하류 단계의 요청도 로그로 기록해야 합니다.

2 필터링 및 평점

이제 다음 단계를 모니터링하겠습니다.

1. 블룸 필터를 적용하여 잠재적인 잘못된 추천 제거하기
2. 피처 스토어를 통해 후보 아이템과 후보 사용자에 대한 특징 증강하기
3. 순위 결정 모델을 통한 후보 점수 매기기 및 잠재적 신뢰도 추정하기

필터링 서비스에 들어오는 요청과 적용하려는 필터 모음에 대한 로그를 기록해야 합니다. 또한 각 아이템에 대해 블룸 필터로 블룸에 포함되었는지 확인하면서, 어떤 아이템이 어떤 필터에 걸렸는지에 대한 구조화된 기록을 블롭blob으로서 로깅하여 나중에 검사할 수 있도록 합니다. 응답과 요청은 특징에 대한 증강으로서 포함하여 피처 스토어에 기록해야 합니다.

또한 아이템 엔티티에 첨부되는 증강된 특징에 대해서도 로그를 기록하세요. 이것은 피처 스토어 자체와 중복되는 것처럼 보일 수 있지만, 추천 파이프라인을 진행하는 과정에서 어떤 특징이 추가되었는지 이해하면, 나중에 파이프라인이 예상과 다르게 작동할 때 이유를 파악하는 데 큰 도움이 될 수 있습니다.

평점 시에는 전체 후보 집합과 함께 평점에 필요한 특징과 산출된 점수에 대한 로그를 기록해야 합니다. 이 전체 데이터셋을 기록해두면, 나중에 훈련할 때 실제 순위 집합을 더 잘 파악하는 데 매우 유용합니다. 마지막으로, 응답은 순위가 매겨진 후보들 및 각 후보의 모든 특징과 함께 다음 단계로 전달됩니다.

3 순서 지정

아직 한 단계가 더 남았지만, 이번 단계는 필수적인 단계로, **비즈니스 로직이나 실험의 순서를 지정하고 적용**합니다. 이 단계의 로직은 매우 복잡하고 임시방편적일 수 있기 때문에, 아마도 로깅이 가장 필요한 단계일 것입니다.

이 단계에서 여러 가지 교차하는 비즈니스 요구 사항을 필터를 통해 구현하고 실험과 통합한 경우, 랭커에서 합리적인 결과를 기대했으나 응답 시간에 엉망이 되어버린 이유를 파악하는 데 심각한 어려움이 있을 수 있습니다. 입력된 후보들, 제거된 원인과 원인에 대한 키, 적용된 비즈니스 규칙의 순서에 대한 로그를 기록하는 등의 기술을 사용하면 상황을 훨씬 더 쉽게 재구성할 수 있습니다.

또한 실험 라우팅은 다른 서비스에서 처리할 가능성이 높지만, 이 단계에서 보이는 실험 ID와 실험 할당이 활용된 방식은 서버의 책임입니다. 최종적인 추천을 전달하거나 다른 라운드를 진행하기로 결정할 때, 추천 상태에 대한 마지막 로그를 통해 애플리케이션의 로그와 응답이 일치하는지 검증할 수 있습니다.

> **로그 포맷 지정 시 참고 사항**
>
> 구조화된 로그는 큰 도움이 됩니다. 로그 관련 데이터를 저장할 데이터 구조를 구현한 다음 로그 포매터 개체 log-formatter object(https://oreil.ly/5Nu5N)를 활용하면, 이러한 로그를 구문 분석하고 작성하는 데 큰 도움이 될 수 있습니다. 코드에서 메시지 객체를 구축하고, 이를 호출 스택 전체에 걸쳐 실행 데이터 구조로 활용하여 로그와 애플리케이션 로직을 긴밀히 결합시킬 수 있습니다. 그런데 이에 대해 종종 과소평가하는 경우가 있습니다.
>
> 긴밀한 결합은 서비스 아키텍처에 대한 논의에서 종종 불만의 대상이 되곤 하지만, 로그와 실제 실행 객체를 결합하면 많은 골칫거리를 줄일 수 있습니다. 서비스에 사용되는 객체를 변경할 때 로그에 이를 반영하기 위한 수정을 하지 않고, 해당 실행 객체를 로그 포매터와 함께 사용하여 변경 사항을 자동으로 전파할 수 있습니다.
>
> 또한 이러한 프로세스에서 테스트를 잘 활용하면, 코드에서 다루는 객체가 로그에 표시되고 이러한 로그 포매터 개체가 단위 테스트와 강제 매칭되는지 확인할 수 있습니다. 마지막으로, 하류 단계의 로그 구문 분석 및 로그 검색에도 연계할 수 있도록, 로그 데이터 구조 내의 객체 매개변수 및 키를 통해 로그 스택과 애플리케이션 스택 간의 관계를 명확히 지정해야 합니다.

7.7.4 능동 학습

지금까지 데이터를 업데이트하여 훨씬 잦은 스케줄로 훈련하고, 모델이 해당 엔티티에 대해 충분한 데이터를 얻지 못한 경우에도 좋은 추천을 제공하는 방법에 대해 논의했습니다. 추천과 평가의 피드백 루프를 위한 또 다른 방법은 **능동 학습**active learning 입니다.

방대하고 활발한 연구 분야인 이 주제에 대해 깊이 있게 다룰 수는 없지만, 추천 시스템과 관련된 핵심 아이디어에 대해 논의하겠습니다. 능동 학습은 학습자가 수동적으로 레이블이 지정된(어쩌면 암묵적인) 관측 데이터를 수집하는 데 그치지 않고, 관계와 선호도를 추출하려고 시도하는 방식으로 학습 패러다임을 약간 변화시킵니다. 능동 학습은 어떤 데이터와 관측이 모델 성능을 개선하는 데 가장 유용할지 결정한 다음 해당 레이블을 찾습니다. RecSys의 경우, 마태 효과가 가장 큰 도전 과제 중 하나임을 알고 있습니다. 마태 효과에 의한 도전 과제는 잠재적으로 사용자에게 적합할 만한 많은 매칭들이 추천 과정에서 충분한 혹은 적절한 평점을 얻지 못하여 상위에 오르지 못하는 것입니다.

만약 스토어에 새로 추가되는 모든 아이템이 처음 100명의 고객에게 두 번째 옵션으로 추천되는 간단한 정책을 적용한다면 어떨까요? 두 가지 결과가 나타날 수 있습니다.

- 새 아이템에 대한 데이터를 신속하게 수집하여 콜드 스타트에 도움이 될 것입니다.
- 추천 시스템의 성능이 저하될 가능성이 있습니다.

많은 경우 첫 번째 결과를 달성하기 위해 두 번째 결과를 감내할 가치가 있지만, 언제 그럴까요? 그리고 이것이 이 문제에 접근하는 올바른 방법일까요? 능동 학습은 이러한 문제에 대한 체계적인 접근 방식을 제공합니다.

능동 학습 방식의 또 다른 구체적인 장점은 관측 데이터의 분포를 넓힐 수 있다는 것입니다. 또한, 단순히 콜드 스타트 아이템에 그치지 않고, 능동 학습을 통해 사용자의 관심사를 광범위하게 타겟팅할 수 있습니다. 이는 일반적으로 불확실성 감소 uncertainty-reduction 기법으로 분류되는데, 이는 더 넓은 범위의 아이템 카테고리에서 추천의 신뢰도를 높이는 데 사용될 수 있기 때문입니다. 예를 들어, 어떤 사용자가 공상 과학 서적만 쇼핑하는데, 어느 날 인기가 매우 많은 서부극을 몇 개 보여주면서 해당 사용자가 가끔 서부극을 추천받을 의향이 있을지 확인하는 것입니다. 자세한 내용은 228페이지의 '추천 시스템 평가를 위한 성향 가중치 적용'을 참조하십시오.

능동 학습 시스템 active learning system 은 개선하려는 모델에서 상속받은 손실 함수로 구축됩니다. 이 손실 함수는 주로 불확실성과 연관되어 있으며, 시스템의 목표는 이 손실을 최소화하는 것입니다. 일련의 관측값과 레이블 $\{x_i, y_i\}$에 대해 학습되고 손실이 $\mathscr{L}$인 모델 $\mathscr{M}$에 대해, 능동 학습기 active learner 는 새로운 관측값 $\bar{x}$를 찾고자 합니다. 이 새로운 관측값에 대한 레이블 y를 얻으면, 이 새로운 쌍을 포함하여 모델 훈련을 하여 손실을 감소시킬 수 있습니다. 특히, 가능한 각 새로운 관측값으로 인한 손실의 한계 감소를 근사하고 approximate, 손실 함수의 감소를 최대화하는 관측값을 찾는 것이 목표입니다.

$$\text{Argmax}_{\bar{x}} \left(\mathscr{L}\left(\mathscr{M}_{\{x_i, y_i\}}\right) - \mathscr{L}\left(\mathscr{M}_{\{x_i, y_i\} \cup \{\bar{x}\}}\right) \right)$$

능동 학습 시스템의 구조는 대략 다음과 같은 단계를 따릅니다.

1. 일련의 관측값 중 하나를 획득함으로써 발생하는 손실의 한계 감소를 추정합니다.
2. 가장 큰 효과를 가진 관측값을 선택합니다.
3. 사용자를 **쿼리**합니다. 즉, 사용자에게 추천을 제공하여 이후 행동에 따라 레이블을 얻습니다.

4. 모델을 업데이트합니다.

이 패러다임은 이전의 빠른 재훈련 방식보다 훨씬 신속한 훈련 루프가 필요합니다. 능동 학습은 두 가지 방식으로 구축될 수 있는데, 다른 설정들과 동일한 인프라에 구축될 수도 있고, 파이프라인에 통합될 수 있는 독립적인 메커니즘으로 구축될 수도 있습니다.

1 최적화의 유형

추천 시스템에서 능동 학습기가 수행하는 최적화 절차에는 개인화와 비개인화, 두 가지 접근 방식이 있습니다. RecSys는 결국 개인화에 대한 것이므로, 시간이 지남에 따라 사용자에 대해 이미 알고 있는 정보와 통합하여 능동 학습의 유용성을 더욱 높이려 할 것입니다.

이 두 가지 접근 방식은 전역global 손실 최소화와 국소local 손실 최소화로 생각할 수 있습니다. 개인화되지 않은 능동 학습은 한 명의 사용자가 아닌 전체 시스템에 대한 손실을 최소화하는 경향이 있습니다(이 구분이 온톨로지ontology를 완벽하게 포착하지는 못하지만 유용한 기억 방법mnemonic입니다). 실제로 최적화 방법은 미묘한 차이가 있으며, 때로는 복잡한 알고리즘과 훈련 절차를 활용하기도 합니다.

개인화되지 않은 능동 학습을 최적화하기 위한 몇 가지 요소를 살펴보겠습니다.

사용자 평점 분산 user rating variance
관측값 중 가장 복잡한 아이템에 대해 더 많은 데이터를 얻기 위해, 사용자 평점의 분산이 가장 큰 아이템을 고려합니다.

엔트로피 entropy
특정 아이템의 평점이 순서형 특징에 걸쳐 어떻게 분산되어 있는지 고려합니다. 이는 아이템에 대한 평점 집합이 무작위로 균일하게 분포되어 있는지 이해하는 데 유용합니다.

탐욕적 확장 greedy extend
현재 모델에서 어떤 아이템이 가장 낮은 성능을 보이는지 측정합니다. 이는 가장 추천하기 어려운 아이템에 대한 데이터를 더 많이 수집함으로써 전반적인 성능을 개선하기 위한 방법입니다.

대표 아이템 또는 예시 representative or exemplar

대규모 아이템 그룹을 완전히 대표하는 아이템들을 선별합니다. 이는 '이 아이템에 적합한 레이블이 있으면 이와 유사한 모든 아이템에 대해서도 적합한 레이블이라 할 수 있다'는 의도입니다.

인기도 popularity

사용자가 경험할 가능성이 가장 높은 아이템을 선택하여 의견이나 평가를 남길 가능성을 극대화하세요.

공동 커버리지 co-coverage

데이터셋에서 자주 발생하는 쌍에 대한 평점을 증폭시켜, 관측의 유용성을 극대화할 수 있도록 CF 구조에 직접적으로 영향을 줍니다.

개인화된 측면에서는 아래와 같습니다.

이진 예측 binary prediction

사용자가 요청된 평점을 제공할 가능성을 높이려면, 사용자가 경험했을 가능성이 높은 아이템을 선택하세요. 이는 이진 평점 행렬의 행렬 분해 matrix factorization, MF를 통해 수행할 수 있습니다.

영향력 기반 influence based

아이템 평점이 다른 아이템의 평점 예측에 미치는 영향을 추정하고, 영향력이 가장 큰 아이템을 선택합니다. 이는 새로운 아이템의 평점이 시스템에 미치는 영향을 직접 측정해보기 위한 방법입니다.

평점 최적화 rating optimized

당연히 어떤 클래스 내에서 최고 평점이나 최고 등급을 사용하여 능동 학습 쿼리를 수행할 수도 있지만, 이는 좋은 추천을 제공하기 위한 추천 시스템의 표준적 전략입니다.

사용자 세분화 user segmented

가능한 경우, 사용자 세분화 및 사용자 내 특징 클러스터를 사용하여, 사용자가 아이템에 대해 어떤 의견과 선호도를 갖는지를 사용자 유사성 구조 기반으로 예측할 수 있습니다.

일반적으로 모델을 전반적으로 개선하는 데 유용한 능동 학습과 사용자가 특정 아이템을 평가할 가능성을 극대화하는 데 유용한 능동 학습 사이에는 미묘한 균형이 존재합니다. 이 두 가지를 모두 사용하는 한 가지 구체적인 예를 살펴보겠습니다.

2 애플리케이션: 사용자 가입

추천 시스템을 구축할 때 극복해야 할 일반적인 장애물 중 하나는 새로운 사용자를 온보딩하는 것입니다. 정의에 따르면, 새로운 사용자는 어떤 종류의 평점도 하지 않은 상태에서 콜드 스타트를 하게 되므로, 처음부터 훌륭한 추천을 기대하지 않을 수 있습니다.

모든 신규 사용자에게 MPIR로 시작하여, 간단히 시작할 수 있는 무언가를 보여주다가 점진적으로 학습해 나갈 수도 있습니다. 하지만 더 좋은 방법이 있을까요?

아마도 이미 경험해봤을 한 가지 접근법은 사용자 온보딩 플로입니다. 많은 웹사이트에서 사용자에 대한 기본 정보를 빠르게 파악하고 초기 추천을 진행하기 위한 간단한 질문 세트가 예시가 될 수 있습니다. 예를 들어 책 추천의 경우 사용자가 어떤 장르를 좋아하는지 묻고, 커피 추천의 경우 사용자가 아침에 커피를 어떻게 내리는지 물어볼 수 있습니다. 이러한 질문은 지식 기반 추천 시스템을 구축하기 위한 것으로, 이전까지 살펴본 파이프라인들에 직접 반영되지는 않지만 초기 추천에 어느 정도 도움이 될 수 있습니다.

이와 달리 이전의 모든 데이터를 살펴보고 '사용자의 취향을 파악하는 데 특히 어떤 책이 가장 유용할까요?'라고 묻는다면, 이는 능동 학습 접근 방식이 될 것입니다. 사용자가 각 질문에 답변함에 따라 다음에 물어볼 가장 유용한 질문을 결정하는 의사 결정 트리를 만들 수도 있습니다.

7.8 요약

이제 우리는 추천을 제공할 수 있다는 자신감을 갖게 되었으며, 더 나아가 피드백을 수집할 수 있는 시스템을 갖추게 되었습니다. 배포 전에 자신감을 얻는 방법을 살펴보았고, 새로운 모델이나 설루션을 실험하는 방법도 살펴보았습니다. 앙상블과 캐스케이드를 사용하면 테스트와 반복을 결합할 수 있으며, 데이터 플라이휠은 제품을 개선하는 강력한 메커니즘을 제공합니다.

이 모든 새로운 지식을 어떻게 실천에 옮길지 궁금할 것입니다. 데이터 처리와 간단한 집계를 통해 어떻게 효과적이고 유용한 추천 시스템을 구축할 수 있는지 다음 장에서 살펴보겠습니다.

CHAPTER 8

모두 하나로 합치기: 데이터 처리 및 집계 추천기

이제 추천 시스템에 대한 전반적인 개요를 살펴봤으므로, 이 장에서는 이를 구체적으로 구현하는 과정에서 어떤 기술을 선택하고 실제 구현이 어떻게 작동하는지에 대해 이야기하겠습니다.

이 장에서는 다음과 같은 주제를 다룹니다.

- 프로토콜 버퍼를 사용한 데이터 표현
- 데이터 처리 프레임워크
- 파이스파크 샘플 프로그램
- 글러브GloVe 임베딩 모델
- JAX, Flax, Optax의 추가적인 기반 기술

다운로드한 위키피디아 데이터셋을 활용하여, 위키피디아 문서 내 단어들의 동시 출현을 기반으로 단어를 추천할 수 있는 추천 시스템을 만드는 과정을 단계별로 보겠습니다. 자연어 예제를 사용하는 이유는 단어가 쉽게 이해되고, 한 문장 내에서 연관된 단어가 서로 가까이 나타나는 것을 볼 수 있어 그 관계를 쉽게 파악할 수 있기 때문입니다. 게다가 위키피디아 말뭉치는 인터넷에 연결된 사람이라면 누구나 쉽게 다운로드하고 탐색할 수 있습니다. 이러한 동시 출현의 개념은 같은 세션에서 비디오를 보거나 같은 장바구니에서 치즈를 구입하는 등 동시 출현하는 모든 아이템 모음으로 일반화할 수 있습니다.

이 장에서는 아이템-아이템item-item 및 특징-아이템feature-item 추천 시스템의 구현을 구체적으로 살펴보겠습니다. 여기서 아이템은 기사의 단어이고, 특징은 단어 개수 유사도, 즉 MinHash 또는 단어에 대한 일종의 지역 민감 해시locality sensitive hash입니다. 16장에서 지역 민감 해시에 대해 더 자세히 다루겠지만, 지금은 이 간단한 해시 함수를 콘텐츠에 대한 인코딩 함수로 간주하겠습니다. 이 함수는 유사한 속성을 가진 콘텐츠를 유사한 코도메인co-domain에 매핑합니다. 이 일반적인 아이디어는 로깅 데이터가 없는 새로운 말뭉치에 대한 웜 스타트 메커니즘으로 사용할 수 있습니다. '좋아요'와 같은 사용자-아이템user-item 특징이 있다면, 이를 특징-아이템 추천 시스템의 특징으로 사용할 수 있습니다. 동시 출현의 원칙은 동일하지만, 위키피디아를 예로 들어 데이터를 다운로드하고 제공된 도구를 사용하여 직접 실행해볼 수 있습니다.

> **웜 스타트와 콜드 스타트**
>
> **콜드 스타트**란 말뭉치나 사람들의 선호도에 대한 정보가 전혀 없는 상태에서 인기 있는 아이템을 추천하는 것과 같은 추측에만 의존할 때 발생합니다. 반면, 식료품점의 치즈 진열대에서 치즈들끼리 선택되고 배열되는 것과 같이 아이템이 자연스럽게 전형적인 그룹을 형성하는 경우, 이를 웜 스타트warm start라고 합니다. 치즈들 간의 동시 출현 또는 살라미와 같은 다른 아이템과의 동시 출현 같은 정보를 사용하여 추천 엔진을 보다 지능적으로 시작할 수 있습니다.
>
> 위키피디아의 예에서는 사용자가 기사를 클릭하기 전에도 문장 내에서 단어가 얼마나 서로 가까이 있는지에 따라 단어-대-단어word-to-word 추천기를 웜 스타트할 수 있습니다. 마찬가지로, 일종의 계층적 분류 체계hierarchical taxonomy에 자연스럽게 속하는 여러 아이템이 있는 경우, 분류 체계의 같은 분기branch에 있는 아이템은 서로 함께 발생하는 것으로 간주하여 추천기를 웜 스타트할 수 있습니다.

8.1 기술 스택

함께 사용되는 일련의 기술을 일반적으로 **기술 스택**technology stack, tech stack이라고 합니다. 기술 스택의 각 구성 요소는 일반적으로 다른 유사한 기술로 대체할 수 있습니다. 각 구성 요소에 대한 몇 가지 대안을 나열할 것이지만, 각각의 장단점이 많을 수 있고 배포 상황에 따라 구성 요소를 달리 선택해야 하므로 자세히 설명하지는 않겠습니다. 예를 들어, 회사에서 이미 특정 구성 요소를 사용하고 있다면 친숙함과 기술 지원 때문에 해당 구성 요소를 선택할 수 있습니다.

이 장에서는 수집기collector를 구체적으로 구현하기 위한 데이터 처리에 필요한 몇 가지 기술 선택 사항을 다룹니다.

샘플 코드는 깃허브(https://github.com/BBischof/ESRecsys)에서 사용할 수 있습니다. 로컬 디렉터리에 코드를 복제할 수 있습니다.

8.2 데이터 표현

가장 먼저 선택해야 하는 기술은 데이터를 표현하는 방법입니다. 몇 가지 선택지는 다음과 같습니다.

- 프로토콜 버퍼Protocol buffers(https://oreil.ly/Oc0cE)
- 아파치 스리프트Apache Thrift(https://oreil.ly/BUHkW)
- JSON(https://oreil.ly/_QwWR)
- XML(https://oreil.ly/JigfM)
- CSV(https://oreil.ly/it5TA)

이번 구현에서는 대부분 프로토콜 버퍼를 사용했는데, 스키마를 지정하고 직렬화 및 역직렬화하기 쉽기 때문입니다.

> **프로토콜 버퍼**
>
> 프로토콜 버퍼가 만들어지기 전에는 사람들이 다양한 구문과 명세를 포함하는 여러 가지 사용자 정의 형식으로 바이너리 데이터를 저장했습니다. 여기에서 명세specification란 파일을 매직넘버로 시작한 다음 정수, 문자열, 바이트, **부동 소수점 숫자** 등 다양한 데이터 유형을 파싱하고 저장하는 방식 같은 것을 의미합니다. 프로토콜 버퍼는 사용자가 **스키마**schema를 지정할 수 있도록 하여 사용자 지정 바이너리 데이터의 저장 방식을 통합했는데, 각 필드의 이름을 지정하고 값의 형을 지정할 수 있습니다(예: `first_name`은 문자열, `age`는 정수). 이를 통해 바이너리 형식의 구조화된 데이터를 쉽게 읽고 쓸 수 있으며, 데이터 구문 분석은 프로토콜 버퍼 라이브러리에서 자동으로 처리됩니다.

파일 형식의 경우, 직렬화된 프로토콜 버퍼를 사용하는데, 레코드당 한 줄씩 2진 파일을 ASCII 데이터로 변환하여 기록한 후 bzip2로 압축합니다. 이는 너무 많은 라이브러리에 의존하지 않고 간단하게 파싱하여 사용하기 위한 것입니다. 대신에 회사에서는 SQL을 사용하는 데이터 웨어하우스에 데이터를 저장할 수도 있습니다.

프로토콜 버퍼는 일반적으로 원시 데이터보다 구문 분석parsing 및 처리하기가 더 쉽습니다. 우리의 구현에서는 더 쉽게 처리할 수 있도록 xml2proto.py를 사용하여 위키피디아 XML을 프로토콜 버퍼에 저장하겠습니다. 코드를 보면 XML 구문 분석은 복잡한 작업인 반면, 프로토콜 버퍼 구문 분석은 `ParseFromString` 메서드를 호출하는 것만큼 간단하며, 이후 모든 데이터를 편리한 파이썬 객체로 사용할 수 있다는 것을 알 수 있습니다.

2022년 6월 현재, 위키피디아 덤프의 크기는 약 20GB이며, 이를 프로토콜 버퍼 형식으로 변환하는 데 약 10분이 걸립니다. 프로그램을 실행하는 최신 버전은 깃허브 저장소의 README에 설명된 내용을 따르세요.

proto 디렉터리에서 정의된 프로토콜 메시지 중 일부를 살펴보세요. 예를 들어, 다음은 위키피디아 페이지의 텍스트를 저장하는 방법입니다.

```
// 일반 텍스트 문서.
message TextDocument {
  // 기본 엔티티, 위키백과에서는 제목입니다.
  string primary = 1;
  // 보조 엔티티, 위키백과에서는 다른 제목입니다.
  repeated string secondary = 2;
  // 원시 본문 토큰.
  repeated string tokens = 3;
  // URL. 볼 수 있는 문서에만 URL이 있으며, 리디렉션과 같은 문서에는 URL이 없어야 합니다.
  string url = 4;
}
```

지원되는 데이터 형과 스키마 정의는 프로토콜 버퍼 문서 페이지에서 확인할 수 있습니다. 이 스키마는 프로토콜 버퍼 컴파일러를 사용하여 코드로 변환됩니다. 이 컴파일러가 하는 일은 스키마를 다양한 언어(이 책의 경우 파이썬)에서 호출할 수 있는 코드로 변환하는 것입니다. 프로토콜 버퍼 컴파일러 설치 방법은 플랫폼에 따라 다르며, 설치 지침은 프로토콜 버퍼 문서(https://oreil.ly/k2QEv)에서 확인할 수 있습니다.

스키마를 변경할 때마다 프로토콜 버퍼 컴파일러를 사용하여 프로토콜 버퍼 코드의 새 버전을 만들어야 합니다. 이 단계는 바젤Bazel과 같은 빌드 시스템을 사용하여 쉽게 자동화할 수 있지만, 이 책에서는 다루지 않습니다. 이 책에서는 간단하게 프로토콜 버퍼 코드를 한 번만 생성하고 저장소에 체크인하겠습니다.

깃허브 README의 지침에 따라 위키피디아 데이터셋의 사본을 다운로드한 다음 xml2proto.py

를 실행하여 프로토콜 버퍼 형식으로 변환합니다. 선택적으로 `codex.py`를 사용하여 프로토콜 버퍼 형식이 어떻게 보이는지 확인할 수 있습니다. 이 단계는 Windows Subsystem for Linux를 사용하는 윈도우 워크스테이션에서 10분 정도 걸렸습니다. 사용된 XML 파서는 병렬 처리가 잘 되지 않아, 이 단계는 기본적으로 직렬 처리됩니다. 다음에는 로컬 또는 클러스터에서 작업을 여러 코어에서 병렬로 분산 처리하는 방법에 대해 논의하겠습니다.

8.3 빅 데이터 프레임워크

다음으로 선택할 기술은 여러 대의 컴퓨터에서 대규모로 데이터를 처리하는 것입니다. 몇 가지 선택지는 다음과 같습니다.

- 아파치 스파크(https://spark.apache.org)
- 아파치 빔(https://beam.apache.org)
- 아파치 플링크 Apache Flink(https://flink.apache.org)

이 구현에서는 파이썬의 아파치 스파크 Apache Spark, 즉 파이스파크 PySpark를 사용합니다. 저장소에 있는 README는 `pip install`을 사용하여 로컬에 파이스파크 사본을 설치하는 방법을 보여줍니다.

파이스파크에서 구현된 첫 번째 단계는 토큰화 및 URL 정규화입니다. 코드는 `tokenize_wiki_pyspark.py`(https://oreil.ly/TF_vU)에 있지만, 대부분의 처리가 단순히 분산 처리된 자연어 구문 분석하고 그 데이터를 프로토콜 버퍼 형식으로 쓰는 것이므로 여기서는 다루지 않겠습니다. 대신 두 번째 단계인 토큰 사전(글의 **단어**)과 단어 수에 대한 몇 가지 통계를 만드는 방법에 대해 자세히 설명하겠습니다. 하지만 스파크 사용 환경이 어떤지 확인하기 위해 코드를 실행해보겠습니다. 스파크 프로그램은 다음과 같이 `spark-submit` 프로그램을 사용하여 실행합니다.

```
bin/spark-submit
--master=local[4]
--conf="spark.files.ignoreCorruptFiles=true"
tokenize_wiki_pyspark.py
--input_file=data/enwiki-latest-parsed --output_file=data/enwiki-latest-tokenized
```

스파크 submit 스크립트를 실행하면 명령줄에서와 같이 로컬 컴퓨터에서 컨트롤러 프로그램을 실행할 수 있는데, 우리의 경우에는 `tokenize_wiki_pyspark.py`(https://oreil.ly/pQp7r)입니다.

`local[4]`는 최대 4개의 코어를 사용한다는 의미하며, 동일한 명령을 사용하여 작업을 수백 대의 컴퓨터에서 실행하도록 YARN 클러스터에 제출할 수도 있지만, 단지 파이스파크를 시험해보기 위한 목적이라면 충분히 괜찮은 워크스테이션에서 몇 분 안에 모든 데이터를 처리할 수 있어야 합니다.

이 토큰화 프로그램은 소스별 형식(이 경우, 위키피디아 프로토콜 버퍼)을 NLP에 사용되는 보다 일반적인 텍스트 문서로 변환합니다. 보통, 일반적인 형식을 사용하여 모든 데이터 소스를 변환할 수 있도록 하면 하류 단계의 데이터 처리가 간소화할 수 있어 더 좋습니다. 각 말뭉치에서 표준 형식으로 데이터 변환을 수행하여, 파이프라인의 모든 후속 프로그램에서 균일하게 처리될 수 있도록 합니다.

작업을 제출한 후, 로컬 컴퓨터의 `localhost:4040/stages/`에서 스파크 UI(그림 8-1에 표시됨)를 탐색할 수 있습니다. 컴퓨터의 모든 코어를 사용하면서 작업이 병렬로 실행되는 것을 볼 수 있을 것입니다. `local[4]` 매개변수를 조정하고 싶을 수 있는데, `local[*]`를 사용하면 로컬 머신의 사용 가능한 코어를 모두 사용할 수 있습니다. 클러스터에 대한 접근 권한이 있는 경우 적절한 클러스터 URL을 가리킬 수도 있습니다.

그림 8-1 **스파크 UI**

8.3.1 클러스터 프레임워크

스파크 프로그램 작성의 장점은 여러 코어를 가진 단일 머신부터 수천 개의 코어를 가진 여러 머신으로 구성된 클러스터까지 확장할 수 있다는 것입니다. 전체 클러스터 유형 목록은 스파크 '애플리케이션 제출하기(Submitting Applications)'(https://oreil.ly/0apFm)에서 확인할 수 있습니다.

스파크는 다음 클러스터 유형에서 실행할 수 있습니다.

- 스파크 스탠드얼론 클러스터 Spark Standalone cluster (https://oreil.ly/NIiwB)
- 메소스 클러스터 Mesos cluster (https://oreil.ly/IHzRG)

- YARN 클러스터YARN cluster(https://oreil.ly/nuEQh)
- 쿠버네티스 클러스터Kubernetes cluster(https://oreil.ly/sXlfK)

회사나 기관에서 설정한 클러스터의 종류에 따라 다르지만, 대부분의 경우 작업을 제출하는 것은 올바른 URL을 가리키기만 하면 됩니다. 데이터브릭스Databricks나 구글 같은 여러 회사에서도 약간의 노력만으로도 스파크 클러스터를 설정할 수 있는 완전 관리형 스파크 솔루션을 제공하고 있습니다.

8.3.2 파이스파크 예제

단어 수 집계는 정보 검색에서 강력한 도구가 될 수 있고, 용어 빈도-역문서 빈도term frequency, inverse document frequency, TF-IDF 같은 편리한 수법을 사용하여 얻을 수 있습니다. TF-IDF는 문서 내 단어 수를 해당 단어가 발생한 문서 수로 나눈 값을 의미하며, 다음과 같이 표현할 수 있습니다.

$$tfidf_{단어}(i) = \frac{\log_{10}(말뭉치에서\ 단어_i가\ 발생한\ 횟수)}{(단어_i를\ 포함하는\ 말뭉치\ 내\ 문서의\ 수)}$$

예를 들어, 'the'라는 단어가 자주 등장하기 때문에 우리는 이 단어가 중요한 단어라고 생각할 수 있습니다. 하지만 문서 빈도로 나누면 'the'는 덜 특별해지고 중요도가 떨어집니다. 이 기법은 단어 중요도에 무작위 가중치를 부여하는 것보다 더 나은 결과를 얻을 수 있어 간단한 NLP에서 매우 유용합니다.

따라서 다음 단계는 `make_dictionary.py`(https://oreil.ly/lESlx)를 실행하는 것입니다. 이름에서 알 수 있듯이 이 프로그램은 단순히 단어와 문서를 세고 단어가 발생한 횟수로 사전을 만듭니다.

스파크가 분산된 방식으로 데이터를 처리하는 데 어떻게 도움이 되는지 제대로 이해하기 위해 몇 가지 개념을 다루겠습니다. 대부분의 스파크 프로그램의 진입점은 `SparkContext`입니다. 이 파이썬 객체는 컨트롤러에서 생성됩니다. **컨트롤러**는 실제로 데이터를 처리하는 작업자worker를 실행하는 중앙 프로그램입니다. 작업자는 단일 시스템에서 하나의 프로세스로서 로컬로 실행하거나 클라우드의 여러 시스템에서 별도의 작업자로서 실행할 수 있습니다.

`SparkContext`는 탄력적인 분산 데이터셋resilient distributed dataset, RDD을 생성하는 데 사용할 수 있습니다. 이는 컨트롤러에서 조작할 수 있는 데이터 스트림에 대한 참조이며, RDD에 대한 처리는 모든 작업자에게 분배될 수 있습니다. `SparkContext`를 사용하여 하둡 분산 파일 시스템Hadoop

Distributed File System, HDFS 또는 클라우드 버킷과 같은 분산 파일 시스템에 저장된 데이터 파일을 로드할 수 있습니다. SparkContext의 textFile 메서드를 호출하면 RDD에 대한 핸들을 반환받습니다. 그런 다음 무상태stateless 함수를 RDD에 적용하거나 매핑하고, RDD의 내용에 함수를 반복적으로 적용하여 하나의 RDD에서 다른 RDD로 변환할 수 있습니다.

예를 들어 이 프로그램 조각은 텍스트 파일을 로드하고 한 줄을 소문자로 변환하는 익명 람다 함수anonymous lambda function를 실행하여 모든 줄을 소문자로 변환합니다.

```
def lower_rdd(input_file: str,
              output_file: str):
    """ 텍스트 파일을 가져와 소문자로 변환합니다. """
    sc = SparkContext()
    input_rdd = sc.textFile(input_file)
    input_rdd.map(lambda line: line.lower()).saveAsTextFile(output_file)
```

단일 머신 구현에서는 각 위키피디아 기사를 로드하고, 실행 중인 사전을 RAM에 보관하며, 각 토큰을 세고, 사전의 토큰 수에 1을 더하면 됩니다. **토큰**은 여러 조각으로 나뉘어 있는 문서의 원자적 요소입니다. 일반 영어에서는 단어가 되지만, 위키피디아 문서에는 문서 참조 자체와 같이 별도로 추적해야 하는 다른 엔티티가 있으므로 조각으로 나누는 것을 **토큰화**, 원자적 요소를 **토큰**이라고 부릅니다. 단일 머신으로 구현하면 위키피디아에 있는 수천 개의 문서를 처리하는 데 시간이 오래 걸리기 때문에 스파크와 같은 분산 처리 프레임워크를 사용합니다. 스파크의 패러다임에서는 계산이 맵map으로 나뉘며, 각 문서에 무상태 함수를 적용하고 병렬로 처리합니다. 스파크에는 개별 맵의 출력을 하나로 합치는 리듀스reduce 함수도 있습니다.

예를 들어 단어 수 목록이 있고 여러 문서에 나타나는 단어의 값을 합산하고 싶다고 가정해보겠습니다. 리듀서reducer에 대한 입력은 다음과 같습니다.

- (apple, 10)
- (orange, 20)
- (applc, 7)

그런 다음 같은 키를 가진 모든 값을 더하여 반환하는 스파크 함수 reduceByKey(lambda a, b: a+b)를 호출하면 다음과 같이 반환합니다.

- (orange, 20)
- (apple, 17)

`make_dictionary.py`(https://oreil.ly/IESlx)의 코드를 보면, **맵 단계**에서 문서를 입력으로 받은 다음 이를 (토큰, 1)인 튜플들로 분할합니다. **리듀스 단계**에서 맵 출력을 키(우리의 경우, 토큰 자체)를 기준으로 조인되도록 하여 reduce 함수를 사용해 간단히 토큰의 개수를 집계합니다.

`reduce` 함수는 리듀스 연산이 결합법칙을 따른다고 가정합니다. 즉, $(a+b+c)=(a+b)+c=a+(b+c)$ 입니다. 이를 통해 스파크 프레임워크는 맵 단계에서 메모리에 있는 토큰 사전의 일부를 합산한 다음(일부 프레임워크에서는 이를 **결합 단계**라고 하며, 매퍼mapper 머신에서 맵 단계의 출력에 대한 리듀스를 일부 실행합니다), 리듀스 단계에서 여러 번에 걸쳐 합산합니다.

최적화를 위해, 스파크 함수 `mapPartitions`를 사용합니다. map은 제공된 함수를 한 줄당 한 번씩 실행하는 반면(위키피디아 문서 전체를 프로토콜 버퍼로 인코딩하고, 하나의 텍스트 줄로 uuencoded 했습니다), `mapPartitions`는 전체 파티션(보통 64MB의 많은 문서)에 대해 이 함수를 실행합니다. 이 최적화를 통해 전체 파티션에 대한 작은 파이썬 사전을 구성할 수 있으므로, 리듀스해야 하는 토큰-개수 쌍이 훨씬 더 적습니다. 이렇게 하면 네트워크 대역폭이 절약되어 매퍼가 리듀서로 보낼 데이터가 줄어들며, 일반적으로 이러한 데이터 처리 파이프라인에서 네트워크 대역폭을 줄이는 데 유용한 팁입니다. 네트워크 대역폭이 일반적으로 데이터 처리에서 계산에 비해 가장 시간이 많이 걸리는 부분입니다.

군론

우리는 수학 괴짜이고, 리듀스 연산에서 군론group theory이 많이 등장하기 때문에, 리듀스 단계에서 사용되는 모든 용어를 명확하게 이해할 수 있도록 **군**group이라는 대수 구조를 간략하게 소개하겠습니다.

집합set의 개념은 소개 장에서 언급했는데, **집합**은 아이템들의 모음입니다. 알아야 할 또 다른 개념은 연산자operator입니다. **이항 연산자**binary operator는 두 개의 아이템을 받아 집합에 속하는 다른 아이템을 반환합니다.

일반적으로 사용되는 집합의 예로는 정수integer, 실수real number, 행렬matrix이 있습니다. 이항 연산자의 예로는 덧셈addition, 곱셈multiplication, 합성composition이 있습니다.

군은 다음과 같은 군 공리를 만족하는 집합과 이항연산자의 튜플인 (집합, 이항연산자)로 정의됩니다.

- **항등원**identity element**이 존재합니다.**
  군의 모든 원소 x에 대해 $x + e = e + x = e$가 되는 원소 e가 존재합니다. 덧셈 연산의 경우 항등원은 0이고 곱셈의 경우 항등원은 1입니다. 이 개념은 리듀스 단계에서 중요한데, 일부 프레임워크에서는 리듀스 단계가 항등원으로 초기화되기 때문입니다. 예를 들어, 합계는 일반적으로 0으로 초기화되고 곱은 일반적으로 1로 초기화됩니다.

- **연산자는 결합법칙**associative**을 만족합니다.**[1]
  집합의 원소 x, y, z의 경우, $(x + y) + z = x + (y + z)$입니다.

- **역원이 존재합니다.**
  군의 모든 원소 x에 대해 $x + y = e$를 만족하는 y가 군에 존재합니다.

연산자는 교환법칙commutative도 만족할 수 있습니다. 이는 군이 되기 위한 필수 조건은 아니지만, 이 속성을 가진 군을 **가환군**commutative group이라고 합니다. 교환법칙에서는 군의 원소 x, y에 대해 $x + y = y + x$가 됩니다. 이 속성은 리듀스 단계에서 유용한데, 어떤 연산을 어떤 순서로 수행할지 고민하지 않고 리듀서가 연산을 병렬로 수행하고 한꺼번에 리듀스할 수 있기 때문입니다.

실수에 대한 덧셈은 결합법칙과 교환법칙을 만족하지만, 부동소수점 수의 덧셈은 그렇지 않다는 점에 유의해야 합니다. 그 이유는 부동소수점이 실수를 근사적으로 표현하기 때문입니다. 그로 인해 부동소수점에서 큰 숫자와 작은 숫자를 더할 때 작은 숫자가 정확하게 표현되지 않고 그냥 버려질 수 있습니다. 부동소수점 수를 더하는 더 정확하고 일관된 방법은 더할 숫자 목록을 먼저 정렬하고 작은 숫자를 모두 더한 다음 큰 숫자에 더하는 것입니다. 두 개의 작은 숫자를 먼저 더하여 큰 숫자를 만들면 누산기accumulator(합계)에 흡수될 때 손실되지 않습니다. 따라서 이론적으로는 실수의 덧셈이 결합법칙과 교환법칙을 만족하지만, 실제로는 부동소수점 수를 사용하여 연산 순서에 따라 다른 결과를 얻을 수 있습니다.

다음으로, 앞의 코드 블록에 표시된 TextDocument의 프로토콜 버퍼 형식의 문서를 읽은 다음 전체 말뭉치에서 단어 또는 토큰이 얼마나 자주 나타나는지 계산하는 완전한 스파크 프로그램을 보겠습니다. 깃허브 저장소에 있는 파일은 make_dictionary.py(https://oreil.ly/IESlx)입니다. 다음 코드는 가독성을 위해 세 개의 부분으로 나누고 명확성을 위해 메인 루틴과 서브 루틴의 순서를 바꿔, 저장소 파일과 약간 다릅니다. 여기서는 먼저 의존성과 플래그, 메인 본문, 본문이 호출하는 함수들을 차례로 제시하여 함수의 목적을 보다 명확하게 파악할 수 있도록 했습니다.

먼저 의존성을 살펴보겠습니다. 주요 의존성은 프로토콜 버퍼로, 앞서 설명한 위키피디아 문서의 텍스트 문서를 표현할 때 사용합니다. 이는 예상한 바와 같이 입력과 관련된 것입니다. 출력으로서는 TokenDictionary 프로토콜 버퍼가 있는데, 주로 문서에서 단어의 발생 횟수를 계산합니다. 여

---

1 [옮긴이] 여기에서 사용한 이항 연산자 +는 예시적인 연산자입니다.

기사 단어의 동시 출현을 사용하여 기사의 유사도 그래프를 형성하고, 이를 웜 스타트 추천 시스템의 기반으로 사용할 수 있습니다. 다음으로, 데이터를 처리하는 데 사용하는 데이터 처리 프레임워크인 파이스파크와 프로그램의 옵션을 처리하는 플래그 라이브러리에 대한 의존성이 있습니다. `absl flags` 라이브러리는 명령줄 플래그의 용도를 구문 분석하고 설명하는 데 매우 유용하며 플래그의 설정 값을 쉽게 검색할 수도 있습니다. 다음은 의존성과 플래그입니다.

```python
#!/usr/bin/env python
# -*- coding: utf-8 -*- #
#
"""
이렇게 하면 doc.pb.b64.bz2 파일을 읽고 사전을 생성합니다.
"""
import base64
import bz2
import nlp_pb2 as nlp_pb
import re
from absl import app
from absl import flags
from pyspark import SparkContext
from token_dictionary import TokenDictionary

FLAGS = flags.FLAGS
flags.DEFINE_string("input_file", None, "Input doc.pb.b64.bz2 file.")
flags.DEFINE_string("title_output", None,
                    "The title dictionary output file.")
flags.DEFINE_string("token_output", None,
                    "The token dictionary output file.")
flags.DEFINE_integer("min_token_frequency", 20,
                     "Minimum token frequency")
flags.DEFINE_integer("max_token_dictionary_size", 500000,
                     "Maximum size of the token dictionary.")
flags.DEFINE_integer("max_title_dictionary_size", 500000,
                     "Maximum size of the title dictionary.")
flags.DEFINE_integer("min_title_frequency", 5,
                     "Titles must occur this often.")

# 필수적인 플래그.
flags.mark_flag_as_required("input_file")
flags.mark_flag_as_required("token_output")
flags.mark_flag_as_required("title_output")
```

다음으로, 모든 서브루틴이 호출되는 프로그램의 본체가 있습니다. 먼저 스파크 데이터 처리 시스템의 진입점인 SparkContext를 생성한 다음, 그 `textFile` 메서드를 호출하여 압축된 위키백과 문서를 읽습니다. 어떻게 생성되었는지 알아보려면 저장소의 README를 읽어보세요. 다음으로, 텍스트 문서를 구문 분석하고 RDD를 두 개의 처리 파이프라인으로 전송하여 하나는 문서 본문에 대한 사전을 만들고 다른 하나는 제목에 대한 사전을 만듭니다. 두 가지 모두를 위해 하나의 통합된 사전을 만들 수도 있지만, 제목은 위키피디아 문서의 식별자이므로 제목 사전을 사용하여 기사 간 추천을 만들고, 토큰 사전을 사용하여 콘텐츠 기반 추천을 만들 수 있습니다. 다음은 본문입니다.

```python
def main(argv):
    """메인 함수"""
    del argv  # 미사용
    sc = SparkContext()
    input_rdd = sc.textFile(FLAGS.input_file)
    text_doc = parse_document(input_rdd)
    make_token_dictionary(
      text_doc,
      FLAGS.token_output,
      FLAGS.min_token_frequency,
      FLAGS.max_token_dictionary_size
    )
    make_title_dictionary(
      text_doc
      FLAGS.title_output,
      FLAGS.min_title_frequency,
      FLAGS.max_title_dictionary_size
    )


if __name__ == " main ":
    app.run(main)
```

마지막으로, 메인 함수가 호출하는 서브루틴은 기사 본문과 제목의 토큰을 계산하기 위한 작은 서브루틴들로 구성되어 있습니다.

```python
def update_dict_term(term, dictionary):
    """ 용어로 사전을 업데이트합니다."""
    if term in dictionary:
        x = dictionary[term]
    else:
        x = nlp_pb.TokenStat()
        x.token = term
        dictionary[term] = x
```

```python
        x.frequency += 1


def update_dict_doc(term, dictionary):
    """ 문서 빈도로 사전을 업데이트합니다."""
    dictionary[term].doc_frequency += 1

def count_titles(doc, title_dict):
    """제목의 개수를 셉니다."""
    # 제목들 처리하기
    all_titles = [doc.primary]
    all_titles.extend(doc.secondary)
    for title in all_titles:
        update_dict_term(title, title_dict)
    title_set = set(all_titles)
    for title in title_set:
        update_dict_doc(title, title_dict)

def count_tokens(doc, token_dict):
    """토큰의 개수를 셉니다."""
    # 토큰들 처리하기
    for term in doc.tokens:
        update_dict_term(term, token_dict)
    term_set = set(doc.tokens)
    for term in term_set:
        update_dict_doc(term, token_dict)

def parse_document(rdd):
    """문서를 파싱합니다."""
    def parser(x):
        result = nlp_pb.TextDocument()
        try:
            result.ParseFromString(x)
        except google.protobuf.message.DecodeError:
            result = None
        return result
    output = rdd.map(base64.b64decode)\
        .map(parser)\
        .filter(lambda x: x is not None)
    return output

def process_partition_for_tokens(doc_iterator):
    """토큰에 대한 문서 파티션을 처리합니다."""
    token_dict = {}
    for doc in doc_iterator:
        count_tokens(doc, token_dict)
    for token_stat in token_dict.values():
        yield (token_stat.token, token_stat)
```

```python
def tokenstat_reducer(x, y):
    """ 두 개의 토큰 통계를 결합합니다."""
    x.frequency += y.frequency
    x.doc_frequency += y.doc_frequency
    return x

def make_token_dictionary(
    text_doc
    token_output,
    min_term_frequency,
    max_token_dictionary_size
    ):
    """토큰 사전을 만듭니다."""
    tokens = text_doc.mapPartitions(process_partition_for_tokens)
        .reduceByKey(tokenstat_reducer).values()
    filtered_tokens = tokens.filter(
        lambda x: x.frequency >= min_term_frequency)
    all_tokens = filtered_tokens.collect()
    sorted_token_dict = sorted(
        all_tokens, key=lambda x: x.frequency, reverse=True)
    count = min(max_token_dictionary_size, len(sorted_token_dict))
    for i in range(count):
        sorted_token_dict[i].index = i
    TokenDictionary.save(sorted_token_dict[:count], token_output)

def process_partition_for_titles(doc_iterator):
    """제목에 대한 문서 파티션을 처리합니다."""
    title_dict = {}
    for doc in doc_iterator:
        count_titles(doc, title_dict)
    for token_stat in title_dict.values():
        yield (token_stat.token, token_stat)

def make_title_dictionary(
    text_doc,
    title_output
    min_title_frequency,
    max_title_dictionary_size
    ):
    """제목 사전을 만듭니다."""
    titles = text_doc
        .mapPartitions(process_partition_for_titles)
        .reduceByKey(tokenstat_reducer).values()
    filtered_titles = titles.filter(
        lambda x: x.frequency >= min_title_frequency)
    all_titles = filtered_titles.collect()
    sorted_title_dict=sorted(
```

```
        all_titles, key=lambda x: x.frequency, reverse=True)
count=min(max_title_dictionary_size, len(sorted_title_dict))
for i in range(count):
    sorted_title_dict[i].index=i
TokenDictionary.save(sorted_title_dict[:count], title_output)
```

이와 같이 스파크를 사용하면 단일 머신에서 실행하던 프로그램을 여러 머신의 클러스터에서 실행할 수 있도록 쉽게 확장할 수 있습니다! 메인 함수에서 시작하여 SparkContext를 생성하고, 입력 파일을 텍스트 파일로 읽고 파싱한 다음, 토큰과 제목 사전을 만듭니다. RDD는 처리 함수의 인자로 전달되며 여러 번 사용할 수 있고 다양한 맵 함수(토큰 및 제목 사전 메서드 등)에 입력될 수 있습니다.

make-dictionary 메서드의 주요 작업은 전체 파티션에 한 번에 적용되는 맵 함수인 process-partitions 함수가 수행합니다. 파티션은 일반적으로 약 64MB 크기의 큰 입력 덩어리로, 하나의 청크로 처리되므로, 맵 측 결합map-side combine을 수행하여 네트워크 대역폭을 절약할 수 있습니다. 이는 키(이 경우, 토큰)로 조인한 후 집계를 합산하는 것뿐만 아니라 매핑된 파티션에 반복적으로 리듀서를 적용하는 기법입니다. 이렇게 하는 이유는 일반적으로 데이터 처리 파이프라인에서 디스크 접근 다음으로 가장 느린 부분인 네트워크 대역폭을 절약하기 위해서입니다.

프로그램에 등록된 다양한 종류의 프로토콜 버퍼를 덤프하는 유틸리티 codex.py를 사용하면 make_dictionary 단계의 출력을 확인할 수 있습니다. 모든 데이터는 bzip 및 uuencoded 텍스트 파일로 직렬화되어 있고, 유일한 차이점은 직렬화된 데이터를 디코딩하는 데 사용되는 프로토콜 버퍼 스키마뿐입니다. 따라서 디버깅을 위해 데이터의 처음 몇 개 요소를 인쇄하는 데 하나의 프로그램만 사용할 수 있습니다. 데이터를 JSON, XML, CSV 파일로 저장하는 것이 훨씬 간단할 수도 있지만, 프로토콜 버퍼는 확장 가능하고 선택적 필드를 지원하므로 스키마를 지정하면 나중에 어려움을 겪지 않을 수 있습니다. 또한 형이 지정되어 있어 값이 문자열string인지, 실수float인지, 정수integer인지 알 수 없거나 어떤 파일에는 문자열인 필드가 다른 파일에는 정수인 필드인 경우와 같이 JSON에서 발생할 수 있는 실수를 방지할 수 있습니다. 명시적 데이터 형type 지정 스키마를 사용하면 이러한 실수를 많이 줄일 수 있습니다.

파이프라인의 다음 단계는 make_cooccurrence.py입니다. 이름에서 알 수 있듯이 이 프로그램은 각 토큰이 다른 토큰과 함께 발생하는 횟수를 단순히 계산합니다. 이것은 본질적으로 그래프를 희소하게sparse 표현하는 방법입니다. nlp.proto에서 희소 동시 출현 행렬의 각 행은 다음과 같습니다.

```
// 동시 출현 행렬의 행
message CooccurrenceRow {
    uint64 index = 1;
    repeated uint64 other_index = 2;
    repeated float count = 3;
}
```

동시 출현 행렬에서 각 i행에는 j열에서 토큰 j가 토큰 i와 동시 출현한 횟수를 나타내는 항목이 있습니다. 이는 토큰 i와 j의 유사성을 연관시키는 편리한 방법인데, 토큰이 많이 동시 출현하면 동시 출현하지 않은 토큰보다 서로 더 관련이 있을 것이기 때문입니다. 프로토콜 버퍼 형식에서는 other_index와 count 두 개의 병렬 배열로 저장됩니다. 인덱스를 사용하는 이유는 원시 단어를 저장하는 것보다 크기가 작기 때문이며, 특히 프로토콜 버퍼가 사용하는 다양한 인코딩을 고려할 때 더 그렇습니다(즉, 토큰으로 인덱싱된 행과 열로 구성한 행렬, 그리고 인덱스들의 동시 출현 회수인 아이템들). 이 인코딩에서 작은 정수는 큰 정수보다 표현하는 데 더 적은 비트가 필요하며, 빈도를 기준으로 사전을 역순으로 정렬했기 때문에 가장 자주 발생하는 토큰이 가장 작은 인덱스를 갖습니다.

이 단계에서 아이템 유사도의 빈번한 동시 출현을 기반으로 매우 간단한 추천을 만들고 싶다면, 토큰 i에 대한 행을 찾고 개수 순서대로 토큰 j를 반환하면 됩니다. 이 간단한 추천은 앞 장에서 설명한 인기 아이템 추천의 좋은 변형이 될 것입니다.

고객이 함께 구매한 상품(Customers Also Bought)

이 동시 출현의 개념은 9장에서 더 자세히 설명할 예정이지만, 여기서는 잠시 MPIR과 동시 출현 개념에 대해 생각해보겠습니다. 아이템의 동시 출현 행렬을 보면, 행 합계 또는 열 합계를 사용하여 각 아이템이 조회(또는 구매)된 횟수를 파악할 수 있습니다. 이것이 2장에서 MPIR을 구축한 방법입니다. 대신 사용자가 본 특정 아이템에 해당하는 행의 MPIR을 살펴보면, 이는 단순히 **조건부 MPIR**입니다. 즉 사용자가 아이템 i를 본 적이 있다는 조건하에 가장 인기 있는 아이템입니다.

하지만 여기서는 동시 출현 행렬의 임베딩 또는 저차원 표현을 선택할 수 있습니다. 행렬의 임베딩 표현은 각 아이템을 벡터로 표현할 수 있기 때문에 편리합니다. 행렬을 인수 분해하는 한 가지 방법은 특잇값 분해 singular value decomposition, SVD (185페이지의 '잠재 공간' 참조)를 사용하는 것이지만, 여기서는 이 방법을 사용하지 않겠습니다. 대신 자연어 처리용으로 개발된 GloVe 임베딩을 배워보겠습니다.

GloVe 임베딩의 목적 함수는 두 벡터의 도트 곱dot product이 두 벡터 간의 동시 출현 횟수의 로그에 비례하도록 두 벡터를 학습하는 것입니다. 이 손실 함수가 작동하는 이유는 도트 곱이 동시 출현 회수의 로그에 비례하기 때문에 자주 함께 나타나는 단어는 그렇지 않은 단어보다 더 큰 도트 곱을 갖기 때문입니다. 임베딩을 계산하려면 동시 출현 행렬이 있어야 하는데, 다행히도 파이프라인의 이전 단계에서 이러한 행렬을 생성했습니다.

> **특징-아이템 vs. 아이템-아이템**
>
> 이번 절에서는 단어를 토큰 ID로 변환하는 단계를 통해 특징-아이템 추천기를 소개합니다. 모델의 임베딩 ID를 조회하는 방법은 인덱스(특징 또는 아이템)를 기반으로 합니다. 상위 N개의 인기 단어의 경우, 사전 인덱스에서 임베딩 ID로 일대일 매핑이 이루어집니다. 하지만 롱테일long-tailed 단어의 경우, 가능하다면 동일한 값의 `embedding_id`에 매핑되기를 원합니다.
>
> 단어에서 특징을 계산하는 저렴한 방법 중 하나는 **min-hashing**이라고 합니다. 이는 단어의 연속된 4바이트를 찾아서 이 바이트들의 해시를 계산한 다음, 겹치는 4바이트의 최소 해시를 찾는 것입니다. 이 과정을 통해 *z*e*b*r*a* h*a*s*h*e*s*를 zebra와 연관시킬 가능성을 높입니다. 이 특징은 이러한 단어 집합을 동치류equivalence class로 표현하는 데 사용됩니다. 동일한 MinHash 값으로 해시되는 모든 단어는 같은 동치류에 속합니다. 이를 통해 새 사전이 구축될 때까지 당분간은 새로운 롱테일 단어를 자연스럽게 처리할 수 있습니다. 특정 애플리케이션에서는 바람직하지 않은 실수가 초래될 수 있지만, 안전하게 사용할 수 있는 다른 애플리케이션의 경우 아이템의 특징 기반 표현을 우리가 한 것처럼 임베딩 시스템에 혼합할 수 있습니다.
>
> 특징 임베딩을 얻는 다른 방법으로 오토인코더autoencoder나 일종의 임베딩 표현을 훈련하는 것이 있는데, 아이템의 특징을 학습하여 추천 시스템이 새롭고 본적 없는 아이템으로 일반화하도록 함입니다. 그런데 이해를 돕기 위해, 이 단어 임베딩에 대해 간단히 MinHash를 사용했습니다. MinHash 구현은 `wikipedia/token_dictionary.py`(https://oreil.ly/CSaOY)에서 확인할 수 있습니다.

8.4 GloVe 모델 정의

이번 절에서는 `train_coccurence.py`의 코드를 참조하세요(https://oreil.ly/exOH2).

토큰 사전에서 토큰 i와 j가 있다고 가정해보겠습니다. 우리는 이 토큰들이 서로 N번 동시 출현했다는 것을 알고 있습니다. 어떻게든 벡터 $x(i) * x(j)$가 $\log(N)$에 비례하도록 임베딩 공간을 생성하고 싶습니다. 횟수에 대한 로그의 인자와 정확한 방정식은 제프리 페닝턴Jeffrey Pennington 등의 'GloVe: 단어 표현을 위한 글로벌 벡터(GloVe: Global Vectors for Word Representation)'(https://oreil.ly/cMHB3)에서 도출되었습니다. 이 책에서는 도출된 결과만 보겠습니다.

$$y_{예측} = x(i)\dot{x}(j) + 편향(i) + 편향(j)$$

여기서 x는 임베딩 조회embedding lookup입니다. 코드에서는 임베딩 공간을 표현하기에 용량이 부족할 정도로 너무 작지도 않고, 전체 사전을 임베딩할 때 너무 많은 메모리를 차지할 정도로 크지도 않은 64차원 벡터를 사용합니다. $bias$ 항은 다른 많은 용어와 함께 나타나는 **the**, **a**, **and**와 같은 매우 인기 있는 아이템의 많은 개수를 흡수하기 위한 것입니다.

최소화하려는 손실은 예측값과 실젯값의 차이의 제곱입니다.

$$y_{목표} = 1 + \log_{10}(N)$$
$$가중치 = \min\left(1, N/100\right)^{0.75}$$
$$손실 = \text{weight} \times (y_{예측} - y_{목표})^2$$

손실 함수의 가중치 항은 매우 인기 있는 동시 출현에 의해 지배되지 않도록 방지하고 더 희귀한 동시 출현의 가중치는 낮추기 위한 것입니다.

8.4.1 JAX와 Flax 내의 GloVe 모델의 사양

JAX와 Flax를 기반으로 한 GloVe 모델의 구현을 살펴봅시다. 이는 깃허브 저장소의 wikipedia/models.py 파일에 있습니다.

```python
import flax
from flax import linen as nn
from flax.training import train_state import jax
import jax.numpy as jnp

class Glove(nn.Module):
    """ gloVe 기반 간단한 임베딩 모델입니다.
        https://nlp.stanford.edu/projects/glove/
    """
    num_embeddings: int = 1024
    features: int = 64

    def setup(self):
        self._token_embedding = nn.Embed(self.num_embeddings,
                                         self.features)
        self._bias = nn.Embed(
            self.num_embeddings, 1, embedding_init=flax.linen.initializers.zeros)

    def call(self, inputs):
```

```
        """ 토큰 1과 2 사이의 대략적인 로그 수를 계산합니다.
        Args:
            동시 출현을 나타내는 (token1, token2) 정수들의 일괄 처리용 목록
        Returns:
            x와 y 사이의 대략적인 로그 수.
        """
        token1, token2 = inputs
        embed1 = self._token_embedding(token1)
        bias1 = self._bias(token1)
        embed2 = self._token_embedding(token2)
        bias2 = self._bias(token2)
        dot_vmap = jax.vmap(jnp.dot, in_axes=[0, 0], out_axes=0)
        dot = dot_vmap(embed1, embed2)
        output = dot + bias1 + bias2
        return output

    def score_all(self, token):
        """ 토큰과 모든 토큰의 점수를 구합니다.
        Args:
            max_count: 반환할 토큰의 최대 개수.
            token: 이웃을 찾을 토큰의 정수 인덱스.
        Returns:
            가장 가까운 토큰의 점수들.
        """
        embed1 = self._token_embedding(token)
        all_tokens = jnp.arange(0, self.num_embeddings, 1, dtype=jnp.int32)
        all_embeds = self._token_embedding(all_tokens)
        dot_vmap = jax.vmap(jnp.dot, in_axes=[None, 0], out_axes=0)
        scores = dot_vmap(embed1, all_embeds)
        return scores
```

Flax는 사용하기 매우 간단합니다. 모든 네트워크는 Flax의 linen 신경망 라이브러리에서 상속되며 모듈입니다. Flax 모듈은 파이썬 데이터 클래스이기도 하므로, 모듈의 모든 하이퍼파라미터hyperparameter는 모듈의 시작 부분에 변수로 정의됩니다. 이 간단한 모델에는 원하는 임베딩 수(사전의 토큰 수에 해당)와 임베딩 벡터의 차원이라는 두 가지 변수만 있습니다. 다음으로, 모듈 설정에서 실제로 원하는 계층layer을 생성하는데, 이는 각 토큰에 대한 바이어스 항과 임베딩입니다.

정의의 다음 부분은 이 모듈을 사용할 때 호출되는 기본 메서드입니다. 이 예제에서는 한 쌍의 토큰 i, j를 전달하고, 이를 임베딩 $x(i)$, $x(j)$로 변환한 다음, 예측된 $log(count(y_{예측}))$를 계산할 것입니다.

이 코드에서는 JAX와 NumPy의 첫 번째 차이점, 즉 벡터화된 맵vmap을 만나게 됩니다. vmap은 함

수를 받아 텐서 축에 동일한 방식으로 적용하므로 원래 함수가 벡터와 같은 하위 텐서에서 어떻게 작동하는지만 생각하면 되므로 코딩이 더 쉬워집니다. 이 예제에서는 토큰 쌍의 배치를 전달한 다음 임베딩하므로 실제로는 벡터의 배치가 있으며, 따라서 배치 차원에 걸쳐 도트 곱dot product을 실행하고자 합니다. 벡터를 취하는 JAX의 `dot` 함수를 전달하고, 배치 차원(축 0)에 대해 실행한 다음, 출력을 축 0의 다른 배치 차원으로 반환하도록 `vmap`에 지시합니다. 이렇게 하면 저차원 텐서용 코드를 효율적이고 간단하게 작성하고, 추가 축에 대한 `vmap`을 통해 고차원 텐서에서 작동할 수 있는 함수를 얻을 수 있습니다. 개념적으로는 첫 번째 차원에 대해 루프를 돌리고 도트 곱의 배열을 반환하는 것과 같습니다. 하지만 이 과정을 함수로 변환함으로써 JAX가 이 루프를 GPU에서 빠르게 실행되도록 컴파일할 수 있는 JITable(JIT 가능함) 코드로 푸시할 수 있게 합니다.

마지막으로, 하나의 토큰을 가져와 다른 모든 토큰과 비교하여 점수를 매기는 도우미 함수 `score_all`(https://oreil.ly/-zYon)도 선언합니다. 다시 한번 `vmap`을 사용하여 특정 토큰 $x(i)$와 도트 곱을 취하지만 다른 모든 토큰 임베딩에 대해 실행합니다. 여기서 차이점은 $x(i)$가 이미 벡터이기 때문에 벡터를 `vmap`할 필요가 없다는 것입니다. 따라서 `in_axes`에 `[None, 0]`을 입력하면 첫 번째 인자의 축에 대해 `vmap`하지 않고 두 번째 인자의 축 0에 대해 `vmap`을 수행합니다. 여기서 두 번째 인자는 모든 토큰의 모든 임베딩의 배치입니다. 그런 다음 바이어스 항을 제외한 $x(i)$와 다른 모든 임베딩 간의 도트 곱인 배열을 결과로 반환합니다. 바이어스 항을 평점에 사용하지 않는 이유는 매우 흔한 토큰의 인기도를 흡수하기 위해 부분적으로 사용되었으며, 도트 곱 부분만 평점에 사용하면 평점 함수가 더 흥미로워질 수 있기 때문입니다.

8.4.2 Optax로 GloVe 모델 훈련하기

다음으로 wikipedia/train_coocurrence.py(https://oreil.ly/A1o24)를 살펴봅시다. 모델을 호출하는 부분을 구체적으로 살펴보고 JAX에 대해 자세히 알아보겠습니다.

```
@jax.jit
def apply_model(state, inputs, target):
    """단일 배치에 대한 기울기 및 손실 계산합니다."""

    # GloVe 손실 정의하기
    def glove_loss(params):
        """GloVe 가중치 손실"""
        predicted = state.apply_fn({'params': params}, inputs)
        ones = jnp.ones_like(target)
        weight = jnp.minimum(ones, target / 100.0)
```

```
            weight = jnp.power(weight, 0.75)
            log_target = jnp.log10(1.0 + target)
            loss = jnp.mean(jnp.square(log_target - predicted) * weight)
            return loss

        grad_fn = jax.value_and_grad(glove_loss)
        loss, grads = grad_fn(state.params)

        return grads, loss
```

가장 먼저 눈에 띄는 것은 함수 데코레이터인 `@jax.jit`입니다. 이것은 함수의 모든 것이 JITable임을 JAX에 알려줍니다. 함수가 JITable이 되기 위해서는 몇 가지 요구 사항이 있는데, 대부분 동일한 인자를 가진 함수를 호출하면 동일한 결과를 기대할 수 있다는 것을 나타내는 컴퓨터 과학 용어인 순수 함수pure function여야 합니다. 해당 함수는 부작용이 없어야 하며, 암묵적 상태를 가진 개인 카운터나 난수 생성기와 같은 캐시된 상태에 의존해서는 안 됩니다. 인자로 전달되는 텐서 역시 고정된 모양을 가져야 하는데, 새로운 형태로 바뀔 때마다 새로운 JIT 컴파일을 유발하기 때문입니다. 컴파일러에 `static_argnums`를 사용하여 특정 매개변수가 상수라는 힌트를 줄 수는 있지만, 이러한 인자가 너무 자주 변경되어서는 안 되며, 그렇지 않으면 각 상수에 대해 프로그램을 컴파일하는 데 많은 시간이 소요됩니다.

이러한 순수 함수 철학의 한 가지 결과는 모델 구조와 모델 매개변수가 분리되어 있다는 것입니다. 이렇게 하면 모델 함수가 순수 함수가 되고 매개변수가 모델 함수에 전달되어, 모델 함수를 JIT 컴파일할 수 있습니다. 이것이 바로 매개변수를 단순히 모델의 일부로 두지 않고 모델의 `apply_fn`을 매개변수에 적용하는 이유입니다.

그런 다음 이 `apply_model` 함수를 컴파일하여 앞서 설명한 GloVe 손실을 구현할 수 있습니다. JAX가 NumPy 이상으로 제공하는 또 다른 새로운 기능은 함수의 경사도를 자동으로 계산하는 것입니다. JAX의 `value_and_grad` 함수는 매개변수에 대한 손실의 기울기를 계산합니다. 기울기는 항상 손실이 증가하는 방향을 가리키므로, 경사 하강법을 사용하여 반대 방향으로 이동하여 손실을 최소화할 수 있습니다. Optax 라이브러리에는 SGDstochastic gradient descent with momentum(운동량을 이용한 확률적 경사 하강) 및 ADAM을 포함한 몇 가지 옵티마이저가 있습니다.

훈련 프로그램을 실행하면, 동시 출현 행렬에 대해 루프를 반복하고 GloVe 손실 함수를 사용하여 간결한 형태를 생성하려고 시도합니다. 약 한 시간이 지나면 가장 높은 점수를 받은 항을 볼 수 있을 것입니다.

예를 들어 'democracy'에 대한 최근접 이웃은 다음과 같습니다.

```
democracy:1.064498, liberal:1.024733, reform:1.000746, affairs:0.961664,
socialist:0.952792, organizations:0.935910, political:0.919937, policy:0.917884,
policies:0.907138, and --date:0.889342.
```

이와 같이 쿼리 토큰 자체가 보통 가장 높은 점수를 받는 이웃이지만, 반드시 그렇지는 않습니다. 매우 인기 있는 토큰이 실제로 쿼리 토큰 자체보다 더 높은 점수를 받을 수도 있기 때문입니다.

8.5 요약

이 장을 읽고 나면, 추천 시스템을 구성하기 위한 기본 요소에 대한 개요를 잘 이해했을 것입니다. 기본적인 파이썬 개발 환경을 설정하고, 패키지를 관리하고, 플래그를 사용해 입력과 출력을 지정하고, 프로토콜 버퍼 등 다양한 방법으로 데이터를 인코딩하고, 파이스파크의 분산 프레임워크로 데이터를 처리하는 방법을 살펴봤습니다. 또한 쿼리할 아이템이 주어지면, 모델의 데이터를 기가바이트에서 몇 메가바이트로 압축하여 아이템을 일반화하고 빠르게 점수를 매길 수 있는 방법도 배웠습니다.

시간을 내어 코드를 가지고 실험해보고 참조된 다양한 패키지의 설명서를 읽어보면서 기본 사항을 잘 이해하시기 바랍니다. 이러한 기초적인 예제는 광범위하게 응용되고 있으며, 이를 잘 이해하면 상용 환경을 더욱 정확하게 만들 수 있습니다.

PART III

순위

> 특정 추천에 적합한 후보들은 무엇인가요? 이 후보들 중 어떤 것이 가장 좋은가요? 베스트 10은 어떻게 되나요?

최고의 추천 시스템은 단순히 아이템의 가용성으로 결정되는 경우도 있지만, 대부분의 경우 사용자 선호도에 대한 미묘한 신호를 포착하여 수백만 개의 잠재적 후보 중에서 우수한 추천을 제공하는 것에 달려 있습니다. 개인화가 바로 이 게임의 핵심입니다. 지금까지는 외형적인 의미에 관점을 두고 아이템-아이템 유사도에 초점을 맞추었다면, 이제는 사용자의 취향과 욕구를 유추하기 위한 시도를 시작하겠습니다.

또한 이를 머신러닝 작업으로 전환해야 합니다. 특징과 아키텍처에 대한 논의를 넘어 목적 함수를 정의해야 합니다. 언뜻 보기에 추천의 목적은 '고객이 그것을 좋아했는가?'라는 단순한 이진법적 질문에 답하는 것으로 보일 수 있으며, 이는 단순히 베르누이 시행Bernoulli trial의 결과를 예측하는 것일 수도 있습니다. 하지만 서론에서 설명했듯이, 고객이 얼마나 좋아했는지에 대한 신호를 얻는 방법에는 여러 가지가 있습니다. 게다가 대부분의 경우 추천 시스템은 여러 번의 시도를 통해 좋은 추천을 제공하려 합니다. 보통 고객에게 몇 가지 후보를 추천하고 어떤 것을 가장 좋아할지 예측하는 데 관심을 갖습니다. III부에서는 지금까지 배운 내용을 활용하여 숫자를 도출해보겠습니다. 또한 모델을 훈련하고 평가하는 데 사용되는 명시적 손실 함수에 대해서도 설명합니다.

CHAPTER 9 특징 기반 및 카운팅 기반 추천
CHAPTER 10 낮은 계수 방법
CHAPTER 11 개인화된 추천 지표
CHAPTER 12 순위를 매기기 위한 훈련
CHAPTER 13 모두 하나로 합치기: 실험과 순위 결정

CHAPTER 9

특징 기반 및 카운팅 기반 추천

문제를 다소 과도해보일 정도로 단순화하여 살펴보겠습니다. 여러 신규 사용자가 있다고 가정할 때, 어떤 사용자가 우리의 새로운 메가-울트라-팬시-펀-아이템-오브-노벨티(mega-ultra-fancy-fun-item-of-novelty, 줄여서 MUFFIN)을 좋아할지 예측하는 것입니다. 먼저 어떤 기존 사용자들이 MUFFIN을 좋아하는지, 그 사용자들에게 어떤 공통점이 있는지 알아보는 것부터 시작해볼 수 있습니다. 만약 그렇다면 이러한 상관관계가 있는 사용자들의 특징을 바탕으로 MUFFIN 선호도를 예측하는 모델을 구축할 수 있습니다.

또는 '사람들이 MUFFIN과 함께 구매하는 다른 아이템은 무엇인가요?'라고 질문할 수도 있습니다. 만약 다른 사람들이 (MUFFIN 외에도) JAM$_{just\text{-}awesome\text{-}merch}$(그냥-멋있는-상품)을 자주 요청한다는 점을 발견한다면, 이미 JAM을 가지고 있는 사람들에게 MUFFIN은 좋은 제안이 될 수 있습니다. 이는 MUFFIN과 JAM의 동시 출현을 예측 변수로 사용하는 것입니다. 또는 당신과 취향이 비슷한 친구들이 있는 경우, 즉 SCONE, JAM, BISCUIT, TEA 같은 것들을 당신과 당신의 친구들 모두 좋아한다면, 당신은 MUFFIN을 좋아하지만 그 친구들은 아직 MUFFIN을 경험해보지 못한 경우 MUFFIN은 친구들에게 좋은 제안이 될 수 있습니다. 이는 나와 친구들 사이에 나타난 아이템에 대한 동시 출현을 이용한 접근입니다.

이번 장에서는 이러한 아이템 관계 특징을 활용하여 우리의 첫 번째 추천 순위 결정 방법을 구축해보겠습니다. 맛있는 간식을 준비하고 시작해봅시다.

9.1 이중선형 요인 모델(지표 학습)

말 앞에서 달리고 수레 뒤에서 걷는다는 전통적인 격언[1]만큼이나 순진한 머신러닝 접근법으로 순위 결정ranking 시스템에 대한 여정을 시작해보겠습니다. 이러한 접근 방식을 통해 추천 시스템을 구축할 때 어떤 어려움이 무엇인지, 그리고 앞으로의 노력들이 왜 필요한지 이해할 수 있을 것입니다.

추천 문제의 기본 전제부터 시작해보겠습니다. 사용자 i에 의한 아이템 x에 대한 평점 $r_{i,x}$를 추정하는 것부터 시작해보겠습니다. 앞서의 표기법이 약간 변경되었는데, 조만간 그 이유를 밝히겠습니다. 일반적인 머신러닝 패러다임에서는 아이템과 사용자의 속성을 통해 이 점수를 추정하고, 이러한 속성을 특징으로서 설명하는 경우가 많으며, 따라서 i와 x는 각각 이러한 특징으로 구성된 사용자 벡터 및 아이템 벡터라고 할 수 있습니다.

이제 사용자 i와 그가 이전에 상호작용한 아이템들의 모음 $\mathcal{R}_i$라고 하고, $\mathcal{I} = \{\mathbf{x} \mid x \in \mathcal{R}_i\}$를 특징 공간 내에서 각 아이템들과 연관된 벡터의 집합으로 간주합니다. 그런 다음 이 벡터 집합을 하나의 표현으로 매핑하여 i**에 대한 콘텐츠 기반 특징 벡터**를 도출할 수 있습니다. 그림 9-1은 매핑의 예시를 보여줍니다.

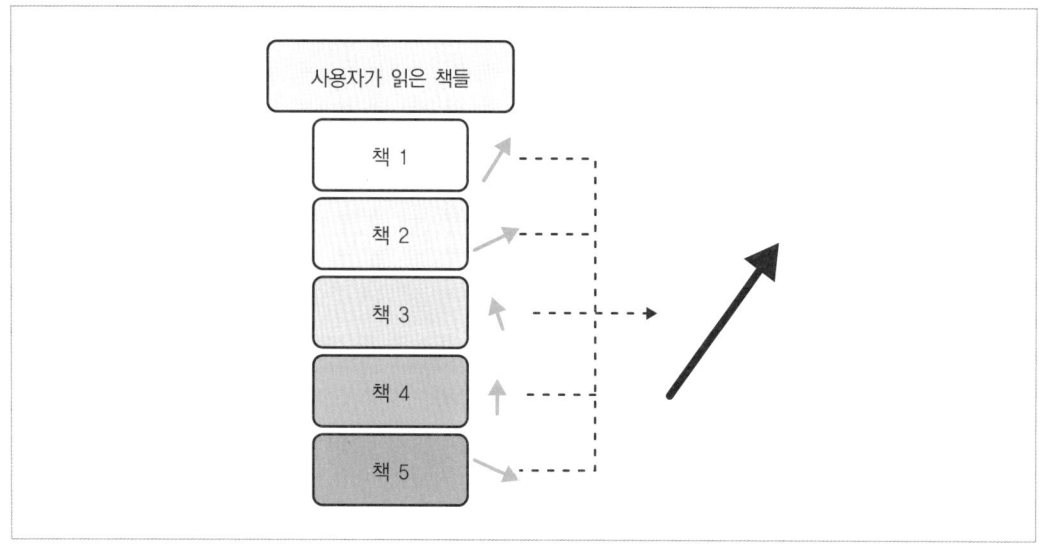

그림 9-1 **콘텐츠-대-특징 벡터**

---

1 옮긴이 말이나 수레를 타지 않고 가는 어리석음을 의미

이렇게 간단한 접근 방식을 통해 아이템의 특징과 사용자-아이템 상호작용의 모음을 사용자의 특징으로 바꿀 수 있습니다. 이후에는 점점 더 다양한 방법으로 이 작업을 수행할 것입니다. 맵, 특징, **상호작용**에 대한 요구 사항에 대해 많은 고민에 얻은 많은 핵심적 인사이트를 이 책의 나머지 부분에 담았습니다.

앞서 언급한 매핑인 $\mathbf{i} := F(\mathscr{I})$를 차원별 평균과 같은 단순한 집계로 가정해보겠습니다. 그러면 매핑이 아이템과 동일한 차원의 벡터를 제공한다는 점을 알 수 있을 것입니다. 이제 아이템과 동일한 '공간'에 있는 사용자 벡터가 생겼으므로, 3장에서 잠재 공간에 대해 논의할 때와 마찬가지로 유사성에 대한 질문을 할 수 있습니다.

이 벡터를 사용하는 방법을 설정하기 위해 다시 수학으로 돌아가 보겠습니다. 결국 우리는 이제 사용자와 아이템이 있는 잠재 공간에 있지만, 이 공간으로 어떤 작업을 할 수 있을까요? 벡터 유사도를 비교하는 방법을 이미 기억하고 있을 것입니다. 유사도를 **코사인 유사도**cosine-similarity로 정의해보겠습니다.

$$sim(\mathbf{i}, \mathbf{x}) = \frac{\mathbf{i} \cdot \mathbf{x}}{|\mathbf{i}| \times |\mathbf{x}|}$$

벡터 정규화를 통해 유사도를 미리 구성하면 이는 단순히 도트 곱inner product, dot product에 해당하며, 이는 **추천 시스템을 위한 필수적인 첫 단계**입니다. 이해를 돕기 위해 이 공간은 항상 정규화 후의 공간이라고 가정하고, 그러면 모든 유사도 측정은 단위 구unit sphere에서 수행하는 것입니다.

$$r_{i,x} \sim sim(\mathbf{i}, \mathbf{x}) = \sum_k \mathbf{i}_k \times \mathbf{x}_k$$

이제 우리의 평점이 근사화되었습니다. 하지만 잠깐만요, 독자 여러분, 학습 가능한 매개변수는 어디에 있을까요? 대각 행렬diagonal matrix A를 통해 이를 가중 합weighted summation로 만들어보겠습니다.

$$r_{i,x} \sim sim^A(\mathbf{i}, \mathbf{x}) = \sum_k a_k \times \mathbf{i}_k \times \mathbf{x}_k$$

이 약간의 일반화를 통해 우리는 이미 통계적 학습의 세계에 들어와 있습니다. 이 공간에서 어떤 차원이 평점을 근사화하는 데 가장 중요한지를 배우기 위해 A를 어떻게 사용할 수 있는지 이미 알 수 있겠지만, 이를 정확하게 파악하기 전에 다시 한번 일반화해보겠습니다.

$$r_{i,x} \sim sim^A(\mathbf{i}, \mathbf{x}) = \sum_{k,l} a_{kl} \times \mathbf{i}_k \times \mathbf{x}_l$$

이로써 더 많은 매개변수를 얻게 됩니다! 이제 $sim^A(\mathbf{i}, \mathbf{x}) = \mathbf{i}A\mathbf{x}$ 임을 알 수 있고, 선형 회귀linear regression의 친숙한 영역에서 한 걸음 떨어져 있습니다. 현재 우리 모델은 **이중선형 회귀**bilinear regression 의 형태이므로 약간의 선형대수를 활용해보겠습니다. 설명을 위해 $\mathbf{i} \in \mathbb{R}^n$, $\mathbf{x} \in \mathbb{R}^m$, $A \in \mathbb{R}^{n \times m}$ 이라고 가정하면 다음과 같이 됩니다.

$$\mathbf{vect}(\mathbf{i} \times \mathbf{x}^T) \in \mathbb{R}^{n \times m}$$

다음과 같이 단순화할 수 있습니다.

$$sim^A(\mathbf{i}, \mathbf{x}) = \mathbf{i}A\mathbf{x} = \mathbf{vect}(\mathbf{i} \times \mathbf{x}^T) \times \mathbf{vect}(A)$$

오른쪽의 표기법을 보완하면 친숙한 선형 회귀가 기다리고 있습니다.

$$\mathbf{v}_{ix} := \mathbf{vect}(\mathbf{i} \times \mathbf{x}^T), \beta := \mathbf{vect}(A)$$

따라서,

$$r_{i,x} \sim sim^A(\mathbf{i}, \mathbf{x}) = \mathbf{v}_{ix}\beta$$

이 계산을 마친 후, 이진 평점binary rating 또는 서수 평점ordinal rating 또는 가능도 추정likelihood estimation을 계산하고자 할 때, 선형 모델 도구 상자에 있는 도구들을 사용할 수 있음을 알 수 있습니다. 정규화 및 옵티마이저optimizer를 비롯하여 선형 모델의 세계에서 관심을 갖고 있는 다른 재미있는 도구도 사용할 수 있습니다.

이러한 방정식이 답답하거나 고통스럽게 느껴진다면, 기하학적 멘탈 모델을 제안합니다. 각 아이템과 사용자는 고차원 공간에 존재하며, 궁극적으로 우리는 어떤 아이템이 서로 가장 가까운지 파악하는 것이 목적입니다. 사람들은 종종 벡터의 끝이 서로 가깝다고 상상해서 이러한 기하학적 구조를 오해하지만, 이는 사실이 아닙니다. 이러한 공간은 매우 고차원적이기 때문에 이러한 유추는 사실과 거리가 멉니다. 대신 **일부 벡터 인덱스에서 값들이 비슷하게 큰지** 확인해보세요. 이것이 훨씬 더 간단하면서도 더 정확한 기하학적 관점입니다. 초고차원 공간에서는 벡터들이 모두 같은 방향을 가리키는 몇몇 하위 공간도 있습니다.

이는 우리가 앞으로 나아갈 방향의 토대를 형성하지만, 대규모 추천 시스템의 문제에서는 심각한 한계가 있습니다. 그럼에도 특징 기반 학습은 콜드 스타트 체제에서도 여전히 그 자리를 지키고 있음을 알 수 있습니다.

사용자에 대해 콘텐츠 기반으로 특징을 구축했던 앞서의 접근 방식 외에도, 사용자에 대한 쿼리를 통해 또는 다른 데이터 수집을 통해 암묵적으로 얻은 명백한 사용자 특징이 있을 수 있으며, 이러한 특징의 예로는 위치, 연령대, 키 등이 있습니다.

> **사용자 공간과 아이템 공간은 같은 공간인가요?**
>
> 이번 절에서는 사용자와 아이템을 동일한 잠재 공간에 배치하는 방법에 대해 설명했습니다. 벡터 연산을 통해 사용자와 아이템을 비교할 수 있다고 주장했습니다. 수학적으로 벡터는 벡터 공간의 요소이며, (유한 차원) 벡터 공간은 차원 수와 벡터가 요소로 가지는 값들로 정의됩니다. 예를 들어, 8비트 정수가 있는 3차원 벡터 공간이라는 정도면 벡터 공간을 정의하는 데 충분합니다.
>
> 하지만 여기에는 까다로운 세부 사항이 숨어 있습니다. 첫 번째로, 지정된 벡터 공간에서 **거리**는 무엇을 의미할까요? 기존의 많은 측정법이 있지만, 두 공간 간의 비교가 거리에 대해 동일한 정의를 활용하고 있는지 확인해야 합니다. 두 번째 고려 사항은 공간의 벡터를 정의하는 과정입니다. 더 큰 공간에서 차원 축소를 통해 벡터에 도달하는 경우, 순진하게 예상하지 못할 수 있는 밀도 속성이 존재할 수 있습니다. 이는 순위 결정 모델 및 추천 시스템과 가장 관련이 있는데, 사용자 공간과 아이템 공간을 별도로 얻고 사용자 벡터와 아이템 벡터 사이의 거리를 계산하는 경우가 많기 때문입니다.
>
> 이런 방법은 괜찮은 것일까요? 많은 경우 이 방법은 이론적 기반이 부족하지만 잘 작동합니다. 이론적 기반이 확고한 특별한 사례 중 하나는 행렬 분해matrix factorization, MF입니다. 기하 대수에 대한 긴 설명 대신, 다음과 같은 지침을 알아두세요. 같은 공간에 있지 않은 두 벡터를 비교하고 싶을 때, 두 벡터가 같은 차원인지, 두 공간에서 거리가 동일하게 정의되어 있는지, 밀도 조건이 비슷한지 스스로 확인해보기 바랍니다. 사실, 이 중 어느 하나도 맞지 않더라도 비교할 수 있습니다. 하지만 이러한 각각의 잠재적 위험에 대해 잠시 멈추고 생각해볼 필요가 있습니다.
>
> 두 잠재 공간 간의 문제가 될만한 차이에 대한 한 가지 명시적인 예는 막시밀리안 니켈Maximilian Nickel과 다우어 킬라Douwe Kiela의 〈계층적 표현 학습을 위한 푸앵카레 임베딩(Poincaré Embeddings for Learning Hierarchical Representations)〉(https://oreil.ly/ReDF6)에서 찾을 수 있습니다. 이 논문은 암시적 기하학을 통해 잠재 공간에서 아이템 간의 관계를 인코딩하는 흥미로운 방법을 제시합니다. 그러나 사용자가 쌍곡 공간hyperbolic space에서 인코딩되지 않을 수도 있습니다. 이러한 벡터와 유클리드 임베디드 벡터Euclidean embedded vector 사이의 도트 곱을 계산할 때는 신중하게 접근하세요!

9.2 특징 기반 웜 스타트

7장에서 살펴본 것처럼, 지금까지 소개한 CFcollaborative filtering(협업 필터링) 및 MFmatrix factorization, (행렬 분해) 접근 방식과 함께 특징을 사용하는 다양한 방법이 있습니다. 특히 두 개의 탑 아키텍처를 통해 구축된 인코더가 콜드 스타트 시나리오에서의 빠른 특징 기반 추천에 어떻게 사용될 수 있는지 살펴보았습니다. 이제 이를 좀 더 자세히 살펴보고 새로운 사용자나 아이템을 위한 특징에 대해 신중하게 생각해봅시다.

9장에서는 이중선형 요인 모델을 단순 회귀로 구축했으며, 실제로 모든 표준 머신러닝 모델링 접근 방식이 적용될 수 있음을 확인했습니다. 하지만 사용자 임베딩을 아이템 상호작용을 통해 학습된 특징, 즉 콘텐츠 기반 특징 벡터로 간주했습니다. 사용자 평점 기록이 필요 없는 추천 알고리즘을 구축하는 것이 목표라면 당연히 이러한 구성으로는 충분하지 않을 것입니다.

상호 임베딩에 의존하는 내부 제품에 대한 걱정을 뒤로하고 모든 것을 순수한 행렬로 간주한 상태로, 앞서의 요인 회귀factor regression 접근 방식을 순수한 사용자-특징 설정에서 작동할 수 있는지 묻는 것부터 시작할 수 있습니다. 이 방법은 어느 정도 결과를 얻을 수 있는 합리적인 아이디어이기는 하지만, 이 모델의 조잡함을 쉽게 알 수 있습니다. 각 사용자는 쿼리 q_k에 대해 $\mathbf{i} \in \mathbb{R}^k$가 되도록 답변을 제공해야 합니다. 이러한 사용자 벡터의 차원은 사용자에게 물어볼 수 있는 질문의 수에 따라 선형적으로 증가하기 때문에, 문제의 어려움이 사용자 경험에 영향을 미칩니다.

MF를 통한 CF를 핵심 모델로 사용할 계획이므로, 특징 기반 모델에서 이 MF로 원활하게 전환하면서도 사용자/아이템 평점이 나타나면 이를 활용할 수 있는 방법을 찾고자 합니다. 130페이지의 '평가 플라이휠'에서 추론 결과와 그에 따른 후속 결과를 실시간으로 사용하여 모델을 업데이트하는 방법에 대해 설명했는데, 모델링 패러다임에서 이를 어떻게 설명할 수 있을까요?

MF를 통해 얻은 잠재 요인 모델latent-factor model에서는 다음과 같습니다.

$$\mathbf{u}_i \mathbf{v}_x$$

여기서 $\mathbf{u}_i$는 평균이 0인 가우스 사전 확률Gaussian prior을 가지므로, 신규 사용자가 상호작용 데이터를 얻기 전에는 유용한 평점을 도출할 수 없습니다. 따라서 **사용자 행렬은 0에 집중된 사전 확률을 가지고 있다**고 말할 수 있습니다. MF에 특징을 포함하기 위한 첫 번째 전략은 단순히 더 나은 사전 확률 분포prior distribution를 구축하는 것입니다.

좀 더 수학적으로 설명하면, 학습된 요인 행렬의 초기화를 위해 회귀 모델 $G(\mathbf{i}) \sim \mathbf{u}_i$를 학습하며, 이는 다음을 학습한다는 것을 의미합니다.

$$s(i, x) \sim \mathbf{w}_{ix} \gamma + \alpha_i + \beta_x + \mathbf{u}_i \mathbf{v}_x$$

여기서 $\mathbf{w}_{ix}\gamma$는 이제 사용자 및 아이템의 표준 이중선형 특징 회귀이고, 바이어스 항bias term은 인기도 또는 **순위 인플레이션**을 추정하기 위해 학습되며, 우리에게 익숙한 MF 조건은 $\mathbf{u}_i \mathbf{v}_x$입니다.

이 접근 방식은 MF 모델에 특징을 포함하기 위한 일반적인 전략을 제공합니다. 요인-특징 모델을 어떻게 피팅할 것인지는 전적으로 사용자에게 달려 있으며, 사용하려는 최적화 방법도 마찬가지로 사용자에게 달려 있습니다.

또한 회귀 기반 접근 방식 대신 순수하게 특징 기반 임베딩 공간에서 k-최근접 이웃을 통해 사전 확률prior을 설정할 수 있다는 점에 유의하세요. 이 모델링 전략은 노르 아니자 압둘라Nor Aniza Abdullah 등의 '사용자 추천을 콜드 스타트하기 위한 보조 정보 도출: 조사(Eliciting Auxiliary Information for Cold Start User Recommendation: A Survey)'(https://oreil.ly/N4Ast)에서 자세히 설명합니다. 이를 5장의 아이템-아이템 콘텐츠 기반 추천 시스템과 비교해보세요. 쿼리는 아이템이고, 아이템 공간에서의 유사성은 마지막 아이템과 다음 아이템 사이의 링크로 보면 됩니다.

우리는 특징을 통해 모델을 구축하기 위한 전략과 접근 방식을 수립했습니다. 심지어 신규 사용자에 대한 MF가 어떻게 실패하고, 특징 기반 모델에 의해 개선될 수 있는 것도 보았습니다. 그렇다면 왜 특징을 고수하지 않을까요? 요인을 도입하는 이유는 무엇일까요?

9.3 세분화 모델과 하이브리드

인구통계 기반 시스템demographic-based system은 앞서 논의했던 특징을 통한 웜 스타트와 유사한 개념입니다. 여기서의 **인구통계**demographic는 개인 식별 정보를 명시적으로 지칭하는 것이 아니라 가입 과정에서 수집된 사용자 데이터를 의미합니다. 도서 추천에서 간단한 예시를 들면, 사용자가 선호하는 장르, 스스로 설정한 가격 선호도, 책 길이 선호도, 좋아하는 작가 등이 있습니다. 클러스터링 기반 회귀의 표준 방법들이 소규모의 사용자 특징 집합을 신규 사용자를 위한 추천으로 변환하는 데 유용할 수 있습니다. 이러한 대략적인 사용자 특징에 대해 나이브 베이즈naive Bayes와 같은 간단한 특징 기반 모델을 구축하는 것이 특히 효과적일 수 있습니다.

더 일반적으로, 사용자 특징 벡터가 주어지면 유사도 측정값을 공식화한 뒤, 사용자 세그먼트를 만들어 신규 사용자 추천을 만들 수 있습니다. 이는 특징 기반 추천과 비슷하게 느껴질 수 있지만, 사용자 특징의 사용을 요구하는 대신, 어떤 세그먼트에 포함된 사용자의 범위를 모델링한 다음 세그먼트에서 다른 아이템으로 연결하는 요인 모델factor model을 구축합니다.

이 접근 방식을 상상해볼 수 있는 한 가지 방법은 모델링 문제를 사용자 클러스터인 C에 대해 다음을 추정하는 것으로 간주하는 것입니다.

$$r_{C,x} := \mathrm{Avg}(r_{i,x} \mid i \in C)$$

그런 다음 사용자 j가 C의 구성원일 확률인 $P(j \in C)$를 추정합니다. 우리는 각 클러스터와 관련된 확률을 사용하여 배깅 모델bagging model을 구축하고, 각 클러스터가 가중 평균 평점weighted average rating에 기여하도록 할 수 있습니다.

이러한 아이디어는 이전에 구축한 것을 확장한 흥미로운 방법으로 보이지 않을 수도 있지만, 실제로는 신규 사용자를 위한 빠르고 설명 가능한 추천을 제공하는 데 매우 유용할 수 있습니다.

또한, 이 구성의 어떤 것도 사용자에게 특정된 것이 아니라는 점과 아이템에 대해서도 클러스터링을 수행하고 유사한 과정을 거치도록 하여 **이중 모델**을 구축하는 방향도 고려할 수 있다는 점에 유의하세요. 이 모델들을 결합하면 간단히 사용자 세그먼트에서 아이템 그룹으로 매핑하는 가장 간략한 모델을 제공할 수 있습니다. 이렇게 여러 모델링 접근 방식을 동시에 활용하면 강력하면서도 유연한 모델을 제공할 수 있습니다.

9.3.1 태그 기반 추천기

아이템 기반 추천기를 위한 세분화 모델의 특별한 경우 중 하나는 **태그 기반 추천기**tag-based recommender입니다. 태그 기반 추천은 사람이 작성한 레이블을 바르게 적용한 추천기를 만들 때 가장 먼저 시도하는 매우 일반적인 방법입니다.

예를 들어, 개인용 디지털 옷장이 있는데 각 옷에 대한 많은 특징을 기록했다고 가정해보겠습니다. 오늘 입을 옷 한 가지를 선택하면 패션 추천기가 나머지 옷을 추천해주길 원합니다. 아침에 일어나 보니 밖에 비가 오는 것을 보고 포근한 카디건을 선택하는 것부터 시작합니다. 훈련된 모델은 카디건에 '아우터outerwear', '아늑함cosy' 이라는 태그가 지정되어 있음을 알고 있어, '하의bottom', '따뜻함warm'과 잘 연관된다는 것을 확인하고 오늘은 두꺼운 청바지를 추천할 가능성이 높습니다.

태그 추천기의 장점은 추천 내용을 설명 가능하고explainable 이해하기 쉽다understandable는 점입니다. 단점은 성능이 아이템에 태그를 지정하는 데 투입되는 노력의 양과 직결된다는 것입니다.

저자 중 한 명이 아슈라프 샤이크Ashraf Shaik 및 에릭 번치Eric Bunch와 공동으로 블로그 게시물 추천을 위해 구축한 태그 기반 추천기의 조금 더 복잡한 예시를 살펴보겠습니다.

목표는 블로그를 테마별로 분류하는 고품질 태그를 활용하여 블로그 게시물 추천 시스템을 웜 스타트하는 것이었습니다. 이 시스템의 특별한 점 중 하나는 마케팅 팀에서 관리하는 풍부한 계층적 태그였습니다. 상세하게는 각 **태그 유형**tag type에 여러 값이 있었는데, 11개의 태그 유형이 각각 최대 10개의 값을 가지고 있었습니다. 블로그에는 각 태그 유형에 대한 값이 있었고, 때로는 하나의 블로그가 하나의 태그 유형이지만 여러 개의 태그를 가지고 있는 경우도 있었습니다. 다소 복잡하게 들릴 수 있지만, 각 블로그 게시물에는 47개의 태그 중 일부가 지정되어 있고 태그는 다시 유형별로 그룹화되어 있다고 생각하면 됩니다.

첫 번째 잠재적 작업 중 하나는 이러한 태그를 사용하여 간단한 추천 시스템을 구축하는 것으로, 우리는 이미 구축해보았습니다. 그러나 그렇게만 하면 고품질 태그 데이터로 얻을 수 있는 임베딩 평가 기회를 놓칠 수 있습니다.

먼저, 사용자 임베딩을 구축하는 방법을 이해해야 했습니다. 우리의 계획은 사용자가 본 블로그 임베딩의 평균을 구하는 것이었는데, 이는 명확한 아이템 임베딩이 있을 때 사용하는 간단한 CF 접근법입니다. 따라서 우리는 이러한 블로그에 가장 적합한 임베딩 모델을 훈련시키고자 했습니다. 처음에는 BERT와 같은 모델을 고려했지만, 고도로 기술적인 콘텐츠가 임베딩 모델에 의미 있게 포착될 수 있을지 확신할 수 없었습니다. 그러던 중 태그를 임베딩 분류기의 데이터셋으로 사용할 수 있다는 점을 깨달았습니다. 입력 특징이 임베딩 차원인 각 태그 유형에 대해 다중 레이블 다중 분류multilabel multiclassification를 수행하도록 간단한 다층 퍼셉트론multilayer perceptron, MLP을 훈련하여 여러 임베딩 모델을 테스트할 수 있다면, 임베딩 공간이 콘텐츠를 잘 포착할 수 있을 것입니다.

임베딩 모델 중 일부는 차원이 다양하고 일부 모델은 상당히 크기 때문에, 먼저 표준 크기로 차원 축소uniform manifold approximation and projection, UMAP를 수행한 후 MLP를 훈련했습니다. F1 점수(https://oreil.ly/rYGsU)를 사용하여 임베딩 모델 중 어떤 것이 태그에 가장 적합한 분류 모델로 이어지는지 결정하고, 시각적 검사를 통해 그룹이 우리가 기대했던 대로 분류되었는지 확인했습니다. 이 방법은 매우 잘 작동했으며, 일부 임베딩이 다른 임베딩보다 훨씬 더 나은 결과를 보여주었습니다.

9.3.2 하이브리드화

이전 절에서 더 단순한 모델에서 선행 모델을 가져와 전환하는 방법을 배움으로써 MF(행렬 분해)를 더 단순한 모델과 혼합하는 방법을 살펴보았습니다. 이 **하이브리드화** 프로세스에 대한 더 거친 접근 방식이 존재합니다.

모델의 가중 조합

이 접근법은 매우 강력하며, 표준 베이지안 프레임워크에서 가중치를 학습할 수 있습니다.

다단계 모델링

이 접근법은 어떤 추천 모델을 사용할지 선택하는 모델을 학습한 다음 각 영역에서 모델을 학습하는 것으로 구성되어 있습니다. 예를 들어, 사용자의 과거 평점이 10개 미만일 때는 사용자 특징에 대한 트리 기반 모델을 사용하고, 그 이후에는 MF를 사용할 수 있습니다. **스위칭** switching과 **캐스케이딩** cascading 을 포함하는 다양한 다단계 접근법이 존재하는데, 각각은 대략적으로 투표와 부스팅에 해당합니다.

특징 증강

이를 통해 여러 개의 특징 벡터를 연결하여 더 큰 모델을 학습할 수 있습니다. 정의에 따라 CF에서 나오는 것과 같이 특징 벡터 feature vector를 요인 벡터 factor model와 결합하려는 경우 상당한 널 null 값이 있을 것으로 예상됩니다. 이러한 널 값이 있음에도 학습시키면 다양한 종류의 특징을 다소 순진한 조합으로 모델에 입력하지만 모든 사용자 활동 영역에서 작동할 수 있습니다.

우리는 이러한 모델들을 다양하고 유용한 방식으로 결합할 수 있습니다. 하지만 서로 다른 패러다임에서 잘 작동하는 여러 모델을 복잡하게 조합하는 대신, 다음과 같이 비교적 간단한 모델 서비스 아키텍처를 고수하겠습니다.

- MF 기반 CF를 사용하여 가능한 최상의 모델 훈련하기
- 콜드 스타트를 위한 사용자 및 아이템 특징 기반 모델 사용하기

신경망과 잠재 요인 모델을 통해 모델링을 수행하더라도 특징 기반 모델링이 최선의 전략이 아닐 수 있는 이유를 살펴보겠습니다.

9.4 이중선형 모델의 한계

이 장은 **이중선형 모델링** 접근법에 대해 설명하면서 시작했는데, 여기서 선형 관계라는 점에 주의해야 합니다. '사용자 및 아이템의 특징과 쌍별 친화도 사이에 정말 선형 관계가 있을까?'라는 의문이 들 수 있습니다.

이 질문에 대한 답은 특징의 수에 따라 달라질 수도 있고 그렇지 않을 수도 있습니다. 어느 쪽이든 회의적인 시각이 적절하며, 실제로 답은 압도적으로 **'아니요'**입니다. '그렇다면 선형 근사이기 때문에 MF도 성공할 수 없다'라고 생각할 수 있지만, 그렇게 명확하지는 않습니다. 사실 MF는 선형 관계가 실제 특징이 아닌 **잠재 요인 사이에 있음**을 시사합니다. 이 미묘한 차이가 엄청난 차이를 만들어냅니다.

더 간단한 아이디어로 넘어가기 전에 언급해야 하는 중요한 점은 비선형 활성화 함수를 가진 신경망을 사용하여 특징 기반 방법을 구축할 수 있다는 것입니다. 이 영역에서 몇 가지 성공을 거두었지만, 궁극적으로 놀랍고 중요한 결과는 신경망 CF가 행렬 분해를 능가하지 못한다는 것입니다 (https://oreil.ly/rFWaS). 이는 MLP를 활용하는 특징 기반 모델에 유용한 접근법이 없다는 것을 의미하지는 않지만, MF가 **너무 선형적**too linear이라는 우리의 우려를 일부 해소해줍니다. 그렇다면 왜 더 많은 특징 기반 접근 방식을 사용하지 않을까요?

콘텐츠 기반 방법, 인구통계 기반 방법, 기타 모든 특징 기반 방법의 가장 분명한 첫 번째 과제는 **특징을 확보하는 것**입니다. 두 가지 문제를 고려해봅시다.

사용자에 대한 특징

사용자의 특징을 수집하려면 명시적으로 사용자에게 일련의 질문을 하거나 암묵적으로 특징을 추정해야 합니다. 외생적 신호exogenous signal를 통해 사용자에 대한 특징를 추정하는 것은 노이즈가 많고 제한적일 뿐만 아니라, 사용자에게 질문을 할 때마다 온보딩이 중단될 가능성이 높아집니다. 사용자 온보딩 퍼널user-onboarding funnel을 고려해보면, 프롬프트나 질문이 추가될 때마다 사용자가 온보딩을 완료하지 않을 가능성이 높아진다는 것을 알 수 있습니다. 이러한 효과는 빠르게 누적되며, 사용자가 퍼널을 통과하지 못하면 추천 시스템은 그다지 유용하지 않을 것입니다.

아이템에 대한 특징

반대로 아이템에 대한 특징을 만드는 것은 매우 손이 많이 가는 수작업입니다. 많은 비즈니스가 다른 목적을 위해서도 이 작업을 수행해야 하지만, 많은 경우 상당한 비용이 발생합니다. 특징이 유용하려면 품질이 높아야 하므로 더 많은 비용이 발생합니다. 특히 아이템 수가 매우 많으면 비용이 금방 감당할 수 없을 정도로 증가할 수 있습니다. 대규모 추천 문제의 경우, 수동으로 특징을 추가하는 것은 불가능합니다. 이 경우 자동 특징-엔지니어링feature-engineering 모델이 도움이 될 수 있습니다.

이러한 특징 기반 모델에서 또 다른 중요한 문제는 **분리 가능성**separability 또는 **구별 가능성**distingushability 입니다. 특징이 아이템이나 사용자를 잘 분리할 수 없다면 이러한 모델은 유용하지 않습니다. 이는 카디널리티cardinality가 증가함에 따라 복합적인 문제로 이어집니다.

마지막으로, 많은 추천 문제에서 우리는 취향이나 선호도가 지극히 개인적이라는 가정에서 시작합니다. 우리는 근본적으로 책에 대한 관심은 페이지 수나 출판일보다는 책이 나 자신 혹은 나의 개인적인 경험과 어떻게 연관되는지와 더 관련이 있다고 생각합니다(**페이지 수와 출판일을 기준으로 이 책을 구입했다면 사과드립니다**). CF는 단순하지만 **공유된 경험 네트워크**를 통해 이러한 연관성을 잘 표현합니다.

9.5 카운팅 기반 추천기

여기서는 가장 간단한 특징 유형인 단순 카운팅을 사용하겠습니다. 빈도와 쌍별 빈도를 세는 것은 간단하지만 유용한 초기 모델 집합을 얻을 수 있습니다.

9.5.1 MPIR로 돌아가기

앞서 살펴본 매우 간단한 MPIR(가장 인기 있는 아이템 추천 시스템) 구현은 편리하고 실험하기 좋은 모델을 제공했는데, MPIR을 배포할 때 실질적으로 고려해야 할 사항은 무엇일까요? MPIR은 추천에 대한 베이지안 근사 접근법을 시작하는 데 탁월한 프레임워크를 제공하는 것이 밝혀졌습니다. 이번 절에서는 개인화된 추천기를 고려하지 않고, 전체 사용자 집단에 대한 보상 극대화를 고려한다는 점에 유의하세요. 여기서는 디팍 아가왈과 비 청 첸의 《추천 시스템의 통계 기법》(에이콘출판사, 2022)의 처리 방식을 따릅니다.

간단히 최적화를 위한 지표로 **클릭률**click-through rate, CTR을 고려해보겠습니다. 추천할 수 있는 아이템은 $\mathscr{I} = \{i\}$ 개이고, 추천할 수 있는 기간은 **처음의 한 번**뿐인 상태에서, 아이템을 추천하는 방법은 **할당 계획**, 즉 비율 집합 $x_i, \sum_{i \in \mathscr{I}} x_i = 1$에 관심이 있다고 가정해봅시다. 이는 보상이 다음과 같이 주어지는 매우 간단한 멀티암드 밴딧 문제로 볼 수 있습니다.

$$R(\mathbf{x}, \mathbf{c}) = \sum_{i \in \mathscr{I}} c_i \times (N \times x_i)$$

여기서 c_i는 각 아이템의 CTR에 대한 사전 분포_{prior distribution}를 나타냅니다. 이 보상을 최대화하려면 p_i가 가장 큰 아이템에 모든 추천을 할당하면, 즉 CTR 측면에서 가장 인기 있는 아이템을 선택하면 된다는 것을 쉽게 알 수 있습니다.

이 설정은 우리가 사전 확률에 대해 강한 확신이 있다면 이 문제가 사소해보인다는 것을 분명히 보여줍니다. 이제 확신에 불일치가 생기는 경우를 보겠습니다.

두 개의 기간 N_0과 N_1이 사용자 방문 횟수를 나타낸다고 하겠습니다. 이 모델에서 0을 과거, 1을 미래로 생각하겠습니다. 그리고 **두 개의 아이템**만 제공한다고 가정해보겠습니다. 그중 한 가지 아이템은 다소 신기하게도 각 기간의 CTR에 대해 100%의 확신이 있다고 가정하고, 각 기간에 대한 CTR을 q_0과 q_1이라고 하겠습니다. 반면, 다른 아이템은 사전 확률만 있는데, 각 기간에 대해 $p_0 \sim \mathscr{P}(\theta_0)$ 및 $p_1 \sim \mathscr{P}(\theta_1)$로, θ_i는 상태 벡터로 간주합니다. 할당을 $x_{i,t}$로 표기하는데, 여기서 두 번째 인덱스는 기간을 나타냅니다. 그러면 다음과 같이 예상 클릭 수를 간단히 계산할 수 있습니다.

$$\mathbb{E}\left[N_0 \times x_0 \left(p_0 - q_0\right) + N_1 \times x_1 \left(p_1 - q_1\right)\right] + q_0 N_0 + q_1 N_1$$

이는 p_1에 대한 분포가 x_0과 p_0의 함수라고 가정함으로써 최대화할 수 있습니다. p_0가 감마 분포를 따르고 p_1이 정규 분포를 따른다는 분포 가정을 통해, 이를 볼록 최적화 문제로 처리하여 클릭 수를 최대화할 수 있습니다. 통계에 대한 자세한 내용은 《추천 시스템의 통계 기법》을 참조하세요.

이 실험하기 좋은 예제는 두 가지 차원으로 확장되어 더 큰 아이템 세트와 더 많은 시간 창에 대해 모델링할 수 있습니다. 이 단계별 최적화 과정에서 각 아이템과 시간 단계에 대한 사전 확률 간의 관계에 대한 비교적 간단한 직관을 얻을 수 있습니다.

이 추천기를 실제 활용한다면 어떤 점을 고려해야 할까요. 우리는 아이템 인기도에서 시작하여 사용자 피드백에 맞춰 학습하는 베이지안 추천기로 일반화했습니다. 뉴스와 같이 완전히 트렌드에 기반하여 추천해야 하는 상황에서는 이 추천기를 고려해볼 수 있습니다. 그런데 인기 있는 기사가 중요하긴 하지만 이는 빠르게 변할 수 있으므로 사용자 행동부터 학습하는 것이 좋습니다.

9.5.2 상관관계 마이닝

아이템의 특징과 추천 간의 상관관계를 사용하는 방법을 살펴보았는데, 아이템 자체 간의 상관관계를 사용하는 것도 확인해봐야 합니다. 2장의 치즈에 대한 초기 논의(그림 2-1)를 떠올려보세요. 우리는 CF를 통해 치즈 취향 간 상관관계를 찾아 새로운 치즈를 추천하는 방법을 제시했습니다. 이는 평점이라는 개념을 기반으로 구축되었지만, 평점을 추상화하여 사용자가 선택한 아이템 간의 상관관계를 살펴볼 수 있습니다. 온라인 서점의 경우, 사용자가 읽기 위해 선택한 책 한 권이 다른 책을 추천하는 데 유용할 수 있다고 상상해볼 수 있습니다. 사용자가 첫 번째 책에 평점을 매기지 않더라도, 유용할 것입니다. 8장에서 위키피디아 문서들에 대해 토큰의 동시 출현을 사용할 때도 이러한 현상을 확인했습니다.

동시 출현 행렬을 두 아이템인 i와 j가 함께 나타나는 횟수의 다차원 배열로 소개했었습니다. 동시 출현에 대해 좀 더 깊이 있게 논의해보겠습니다.

동시 출현은 상황에 따라 달라지며, 위키피디아 문서의 경우 하나의 문서에서 토큰이 동시 출현하는 상황을 고려했습니다. 이커머스의 경우, 동일한 사용자가 구매한 두 개의 아이템이 동시 출현될 수 있습니다. 광고의 경우, 사용자가 클릭한 두 개의 아이템 등이 동시 출현에 해당할 수 있습니다. 수학적으로 사용자와 아이템이 주어지면 각 사용자에 대한 **발생률 벡터**incidence vector, 즉 사용자가 상호작용한 각 아이템에 대해 원-핫 인코딩된 특징들의 이진 벡터를 구성합니다. 이러한 벡터들을 하나의 벡터로 쌓아 #(사용자)×#(아이템) 행렬을 형성하고, 각 행은 사용자를, 각 열은 아이템을 나타내며, 사용자-아이템 쌍이 상호작용한 경우 요소는 1이 됩니다.

수학적으로 정확하게 말하면, **사용자-아이템 발생 구조**는 사용자 상호작용의 집합인 $\{y_u\}_{u \in U}$이고 아이템의 집합은 $\{x_i\}_{i \in I}$인데, U는 사용자를 나타내며 i는 아이템을 나타냅니다.

연관된 **사용자-아이템 발생 행렬**인 $\mathscr{U}$는 행이 집합으로 인덱싱되고 열이 노드로 인덱싱되는 이진 행렬로, 요소는 다음과 같습니다.

$$e_{y_u, x_i} = \begin{cases} 1 & x_i \in y_u \\ 0 & \text{그렇지 않은 경우} \end{cases}$$

x_a와 x_b의 **동시 출현**은 $\{y_u | x_a \in y_u \text{ and } x_b \in y_u\}$ 집합의 크기와 같습니다. 이를 간단한 공식을 통해 계산할 수 있는 행렬로 표현할 수 있습니다. $C_\mathscr{I}$는 동시 출현 행렬, 즉 $\{x_i\}_{i \in I}$로 인덱싱된 행과 열이 있고 각 인덱스에 동시 출현 여부가 요소로 있는 행입니다. 그러면 다음 공식과 같습니다.

$$C_\mathscr{I} = \mathscr{I}^T \times \mathscr{I}$$

> **고차원의 동시 출현**
>
> 이 추천을 더욱 일반화하여 사용자가 본 여러 아이템에 대해 집계하는 것을 상상해볼 수 있습니다. 실제로 사용자가 상호작용한 최근 5개 아이템을 고려한 다음 각각에 대한 조건부 MPIR 추천을 계산하고 이를 합칠 수 있습니다.
>
> 또는 **고차원**의 동시 출현으로 일반화할 수도 있습니다. 즉, 동시 출현하는 아이템의 쌍 대신 세 개의 조합, 네 개의 조합, 그 이상의 조합을 살펴볼 수 있습니다. 이 일반화에 대한 접근법 중 하나를 확인하고자 한다면, 저자 중 한 명이 작성한 〈얼굴 분할로 생성한 하이퍼그래프를 위한 높은 차수의 동시 출현에 대한 텐서(Higher Order Co-occurrence Tensors for Hypergraphs via Face-Splitting)〉(https://oreil.ly/ta8HU)를 참조하세요.

156페이지의 '고객이 함께 구매한 상품'에서 언급했듯이, 동시 출현 행렬의 행 또는 열을 고려하여 MPIR의 새로운 변형을 만들 수 있습니다. **조건부 MPIR**은 사용자의 마지막 상호작용이 아이템 x_i인 경우, x_i에 해당하는 행에 해당하는 요소들 중 최댓값을 반환하는 추천기입니다.

실제로 x_i에 해당하는 행을 **기저 벡터**, 즉 x_i번째 위치에 0이 아닌 요소를 가진 벡터 q_{x_i}로 보는 경우가 많습니다.

$$q_{x_i, j} = \begin{cases} 1 & j = x_i \\ 0 & \text{그렇지 않은 경우} \end{cases} = \begin{bmatrix} 0 \\ \vdots \\ 1 \\ \vdots \\ 0 \end{bmatrix}$$

그런 다음, 앞의 도트 곱의 최댓값 또는 **소프트맥스**softmax를 고려할 수 있습니다.

$$C_{\mathscr{I}} = \mathscr{I}^T \cdot \mathscr{I} \times q_{x_i}$$

이렇게 하면 x_i와 다른 아이템 간의 동시 출현 횟수 벡터가 산출됩니다. 여기서 동시 출현 추천 모델의 입력임을 나타내기 위해 종종 q_{x_i}를 **쿼리**query라고 부릅니다.

> **이 데이터를 어떻게 저장하나요?**
>
> 동시 출현 데이터를 여러 가지 방식으로 생각할 수 있습니다. 가장 큰 이유는 추천 시스템을 위한 동시 출현 데이터가 매우 희박할 것으로 예상하기 때문입니다. 즉, 앞서 언급한 행렬 곱셈 방식(대략 $O(n^3)$)은 0이 아닌 아이템을 계산하는 데 상대적으로 느릴 수 있습니다. 이러한 성능 문제와 0으로 가득 찬 거대한 행렬을 저장하는 것에 대한 우려로 인해, 컴퓨터 과학자들은 희소 행렬을 표현하는 문제를 심각하게 다루어 왔습니다.
>
> 맥스 그로스먼Max Grossman(https://oreil.ly/c3Gif)은 101가지 방법이 있다고 주장하지만, 실제로는 몇 가지

에 불과합니다. JAX는 기본적으로 0이 아닌 요소에 대한 좌표계 목록과 해당 요소가 무엇인지에 대한 일괄 좌표계 형식인 **BCOO**batched coordinate(https://oreil.ly/AB5vk)를 지원합니다.

상호작용에 대한 이진 형식 요소로 1이 있고, 동시 출현 행렬의 경우에는 발생 횟수가 해당 요소입니다. 이러한 행렬의 구조는 다음과 같이 작성할 수 있습니다.

```
{
    'indices': indices,
    'values': values,
    'shape': [user_dim, items_dim]
}
```

9.5.3 동시 출현을 통한 포인트별 상호 정보

문서에 대한 초기형 추천 시스템에서는 동시 출현과 밀접한 관련이 있는 **포인트별 상호 정보**, 즉 PMIpointwise mutual information를 사용했습니다. 자연어 처리의 맥락에서 PMI는 무작위적 우연보다 동시 출현이 얼마나 더 빈번한지를 표현하려고 시도합니다. 앞서 살펴본 내용을 고려할 때, 이를 정규화된 동시 출현 모델이라고 생각할 수 있습니다. 전산 언어학자들은 분포 가설에 따라 단어 유사도 또는 단어 의미에 대한 추정치로 PMI를 자주 사용합니다.

> 단어는 그 단어가 함께 하고 있는 단어들을 통해 알 수 있다.
>
> —존 R. 퍼스John R. Firth, **영국 언어학자**

추천 순위의 맥락에서 PMI가 매우 높은 아이템은 의미 있는 동시 출현을 보인다고 할 수 있습니다. 따라서 이 수치는 **상호 보완적**인 아이템에 대한 추정의 근거로 사용될 수 있습니다. 즉, 한 아이템과 상호작용했다면, 다른 아이템과도 상호작용해야 합니다.

두 아이템 x_i, x_j에 대한 PMI는 다음과 같이 계산됩니다.

$$\frac{p(x_i, x_j)}{p(x_i) \times p(x_j)} = \frac{\left(C_\mathcal{I}\right)_{x_i, x_j} \times \#(\text{총 상호작용})}{\#(x_i) \times \#(x_j)}$$

PMI 계산을 통해 동시 출현에 대한 모든 작업을 보다 정규화된 계산으로 수정할 수 있으므로, 좀 더 의미 있는 계산이 가능합니다. 이 프로세스는 157페이지의 'GloVe 모델 정의'에서 배운 GloVe 모델과 관련이 있습니다. 음의 PMI 값을 통해 두 아이템이 함께 자주 관찰되지 않는 경우를 이해할 수 있습니다.

이러한 PMI 계산은 장바구니에 품목을 추가한 후 PMI가 매우 높은 품목을 발견했을 때 다른 품목을 추천하는 데 사용할 수 있습니다. 사용자가 이미 상호작용한 아이템 집합을 살펴보고 그중 여러 아이템의 PMI가 높은 아이템을 찾아 검색하는 방법을 사용할 수 있습니다.

동시 출현을 다른 유사도 측정값으로 전환하는 방법을 살펴보겠습니다.

PMI는 거리 측정인가요?

이 시점에서 고려해야 할 좋은 질문은 '두 개체 간의 PMI는 거리 측정인가요? 유사도를 두 아이템 간의 PMI로 직접 정의하고, 거리를 측정하기에 편리한 지오메트리를 얻을 수 있을까요?'입니다. 대답은 '아니요'입니다. 거리 함수의 공리 중 하나가 삼각 부등식triangle inequality이라는 것을 기억하고, 왜 삼각형 부등식이 PMI에 해당하지 않는지 생각해보는 것은 유용한 연습이 될 수 있습니다.

하지만 아무 의미 없는 것은 아닙니다. 다음 절에서는 동시 출현 구조에서 몇 가지 중요한 유사도 측정을 공식화하는 방법을 살펴보겠습니다. 또한 다음 장에서는 동시 출현 횟수를 거리 지표로 직접 변환할 수 있는 바서스타인 거리Wasserstein distance에 대해 설명하겠습니다. 핵심적인 차이점은 다른 모든 아이템의 동시 출현 횟수를 동시에 하나의 분포로 고려한다는 것입니다.

9.5.4 동시 출현에서의 유사도

앞서 우리는 유사도 측정과 이를 피어슨 상관관계Pearson correlation에서 구하는 방법에 대해 살펴보았습니다. 피어슨 상관관계는 명시적인 평점이 있는 경우의 유사성에 대한 특수한 경우이므로, 평점이 없는 경우를 살펴보겠습니다.

사용자와 연관된 발생 집합 $\{y_u\}_{u \in U}$을 고려하면서, 세 가지 거리 지표를 정의해보겠습니다.

자카드 유사도 Jaccard similarity, Jac$(-)$
두 사용자가 상호작용한 총 아이템 수 대비 두 사용자가 공유한 아이템의 비율

쇠렌센-다이스 유사도Sørensen-Dice similarity, DSC$(-)$
각 사용자가 상호작용한 총 아이템 수 대비 두 사용자가 공유한 아이템의 비율의 2배

코사인 유사도 Cosine similarity, Cosim$(-)$
각 사용자가 상호작용한 총 아이템 수 대비 두 사용자가 공유한 아이템의 비율

이 지표들은 모두 서로 연관성이 매우 높지만 약간씩 다른 강점을 가지고 있습니다. 다음은 고려해야 할 몇 가지 사항입니다.

- 자카드 유사도는 기하학에 유용한 몇 가지 속성을 가진 실제 거리 지표이지만, 다른 두 지표는 그렇지 않습니다.

- 세 가지 모두 (0,1) 구간에 있지만 코사인은 음수 평점을 포함하여 (−1,1)로 확장되는 경우가 많습니다.
- 코사인은 모든 상호작용을 ±1의 극성을 갖도록 확장하여 '좋아요/싫어요'를 수용할 수 있습니다.
- 코사인은 벡터를 2진수가 아닌 사용자가 아이템과 상호작용한 횟수로 저장하면 '다중 상호작용'을 수용할 수 있습니다.
- 자카드와 다이스는 $S=2J/(1+J)$라는 간단한 방정식으로 서로 연관되어 있으며, 하나에서 다른 하나를 쉽게 계산할 수 있습니다.

사용자 간의 유사도 측정을 모두 정의했습니다. 다음 절에서는 이러한 정의를 아이템으로 확장하는 방법과 이를 추천으로 전환하는 방법을 살펴보겠습니다.

9.5.5 유사도 기반 추천

앞의 각 거리 지표에서 유사도 측정값을 정의했지만, 유사도 측정값이 어떻게 추천으로 전환되는지에 대해서는 아직 논의하지 않았습니다. 39페이지의 '최근접 이웃'에서 설명한 것처럼, 검색 단계에서는 유사도 측정값을 활용하여 서로 가까운 아이템이 좋은 추천 아이템이 될 수 있는 공간을 찾고자 합니다. 순위 결정ranking의 맥락에서 유사도 측정값은 추천의 관련성을 기준으로 추천을 정렬할 때 직접 사용될 수 있습니다. 다음 장에서는 관련성 지표에 대해 자세히 설명하겠습니다.

이전 절에서는 세 가지 유사도 점수를 살펴보았지만, 이러한 측정에 대한 관련 집합 개념을 확장할 필요가 있습니다. 자카드 유사도를 프로토타입으로서 생각해보겠습니다.

사용자 y_u와 본 적 없는 아이템 x_i가 주어졌을 때, '이 사용자와 아이템 간의 자카드 유사도는 얼마인가?'라고 질문해보겠습니다. 자카드 유사도는 두 집합 간의 유사도이며, 이 정의에서 두 집합은 모두 **사용자 상호작용의 발생 집합**이라는 점을 기억하세요. 다음은 이 접근 방식을 추천에 사용하는 세 가지 방법입니다.

사용자-사용자

앞서의 정의를 사용하여 자카드 유사도가 최대인 사용자 k를 찾습니다. 이러한 사용자 중 x_i와 상호작용한 사용자의 비율을 계산합니다. 아이템 x_i의 인기도에 따라 이를 정규화할 수도 있습니다.

아이템-아이템

각 아이템이 상호작용한 사용자 집합을 계산하고, 이러한 아이템-사용자 발생 집합의 자카드 유사도에 대해 x_i와 가장 유사한 아이템 k개를 계산합니다. 이러한 아이템이 y_u의 상호작용 집합에 포함된 비율을 계산합니다. y_u의 총 상호작용 횟수 또는 유사한 아이템들의 인기도에 따라 정규화할 수도 있습니다.

사용자-아이템

사용자 y_u가 상호작용한 아이템의 집합과 모든 사용자의 상호작용 발생 집합에서 x_i와 함께 발생하는 아이템의 집합을 계산합니다. 이 두 집합 간의 자카드 유사도를 계산합니다.

순위 시스템을 설계할 때 최근접 이웃을 찾는 쿼리를 지정하는 경우가 많습니다. 그런 다음 이러한 이웃을 사용하여 추천을 산출하는 방법을 지정합니다. 추천이 될 수 있는 아이템은 후보이지만, 앞의 예에서 보았듯이 이웃이 후보 자체가 아닐 수도 있습니다. 또 한 가지 복잡한 점은 일반적으로 많은 후보 점수를 동시에 계산해야 하므로 16장에서 살펴보게 될 최적화된 계산이 필요하다는 것입니다.

9.6 요약

이 장에서는 검색에서 얻은 직관을 바탕으로, 사용자의 선호도가 그들이 이미 보여준 상호작용에서 파악될 수 있다는 유사성의 개념에 더 깊이 파고들기 시작했습니다.

사용자에 대한 특징에 기반한 간단한 모델부터 시작하여, 목표 결과와 연관된 선형 모델을 구축했습니다. 그런 다음 이러한 간단한 모델을 특징 모델링 및 하이브리드 시스템의 다른 측면과 결합해 보았습니다.

다음으로 카운팅, 특히 아이템, 사용자, 장바구니의 동시 출현 횟수를 계산하는 것에 대해 논의해 보았습니다. 빈번한 동시 출현을 살펴봄으로써 'a를 좋아하면 b도 좋아할 수 있다'는 것을 포착하는 모델을 구축할 수 있습니다. 이러한 모델은 이해하기 쉬울 뿐만 아니라, 이러한 기본 상관관계 구조를 사용하여 유사도 측정값을 구축할 수 있습니다. 따라서 ANN 기반 검색을 통해 추천을 위한 좋은 후보를 도출할 수 있는 잠재 공간을 구축할 수 있습니다.

모든 아이템의 특징화와 동시 출현 행렬 구축과 관련하여 눈여겨볼 점은 특징의 수가 각 아이템당 하나의 차원으로 천문학적으로 많다는 것입니다! 이것이 바로 다음 장에서 다룰 조사 영역인 **잠재 공간**의 차원을 어떻게 줄일 것인가입니다.

CHAPTER 10

낮은 계수 방법

이전 장에서 우리는 너무 많은 특징으로 작업해야 하는 어려움에 대해 논의했습니다. 각 아이템이 고유한 특징이 되도록 함으로써 사용자 선호도와 아이템 간 선호도 상관관계에 대한 많은 정보를 표현할 수 있었지만, 차원의 저주라는 문제에 직면했습니다. 여기에 매우 희박한 특징이 더해지면 문제가 더욱 심각해집니다. 이 장에서는 더 작은 특징 공간에 대해 살펴보겠습니다. 사용자와 아이템을 저차원 벡터로 표현하면 보다 효율적이고 효과적인 방식으로 이들 간의 복잡한 관계를 포착할 수 있습니다. 이를 통해 사용자에게 더욱 개인화되고 관련성 높은 추천을 생성하는 동시에 추천 프로세스의 계산 복잡성을 줄일 수 있습니다.

저차원 임베딩의 사용법을 살펴보고 이 접근 방식의 장점과 구현 세부 사항에 대해 논의할 것입니다. 또한 최신 경사도 기반 최적화를 사용하여 아이템 또는 사용자 표현의 크기를 줄이는 JAX 코드도 살펴볼 것입니다.

10.1 잠재 공간

여러분은 보통 범주형 또는 벡터 값으로 데이터를 직접 표현하는 특징 공간에 대해 이미 잘 알고 계실 것입니다. 이는 이미지에서 빨강, 녹색, 파랑의 원시raw 값, 또는 히스토그램의 아이템 수, 또는 길이, 너비, 높이와 같은 개체의 속성 등이 여기에 해당합니다. 반면에 잠재적 특징은 아이템의 특정 실젯값에 해당하는 특징을 나타내지 않고, 무작위로 초기화된 다음 작업에 맞게 학습됩니다.

8장에서 설명한 GloVe 임베딩은 단어의 수의 로그 값을 나타내도록 학습된 잠재 벡터의 한 예입니다. 여기서는 이러한 잠재적 특징 또는 임베딩을 생성하는 더 많은 방법을 다룰 것입니다.

'이상한 점'에 집중하기

이 장에서는 선형대수에 크게 의존하므로 계속 진행하기 전에 벡터, 도트 곱, 벡터의 규범에 대해 읽어두는 편이 좋습니다. 행렬과 행렬의 계수를 이해하는 것도 도움이 될 것입니다. 길버트 스트랭의 《선형대수학과 그 응용》(경문사, 2013)을 참고하세요.

잠재 공간이 인기 있는 이유 중 하나는 일반적으로 그것이 나타내는 특징보다 차원이 낮기 때문입니다. 예를 들어, 사용자-아이템 평점 행렬 또는 상호작용 행렬(사용자가 아이템과 상호작용한 경우 해당 요소가 1인 행렬)의 차원이 $N \times M$인 경우, 이 행렬을 $N \times K$ 및 $K \times M$의 잠재 요인으로 인수분해하면 인수분해를 완화하기 때문에 K가 N 또는 M보다 훨씬 작아져 누락된 아이템의 근사치를 구할 수 있습니다. K가 N 또는 M보다 작은 것을 일반적으로 **정보 병목현상**information bottleneck이라고 하는데, 이는 행렬이 훨씬 더 작은 행렬로 구성되도록 강제하는 것입니다. 이는 머신러닝 모델이 누락된 아이템을 보충해야 한다는 것을 의미하는데, 이는 추천 시스템에 유리할 수 있습니다. 사용자가 충분히 유사한 아이템과 상호작용하는 한, 시스템의 자유도 측면에서 훨씬 적은 용량을 갖도록 강제함으로써 인수분해를 통해 행렬을 완전히 재구성할 수 있으며, 누락된 아이템은 유사한 아이템으로 채워지는 경향이 있습니다.

예를 들어 4×4의 사용자-아이템 행렬을 SVD를 사용하여 4×2와 2×4 벡터로 인수분해하면 어떤 일이 발생하는지 살펴보겠습니다.

행이 사용자이고 열이 아이템인 행렬을 제공합니다. 예를 들어 행 0은 [1, 0, 0, 1]이며, 이는 사용자 0이 아이템 0과 아이템 3을 선택했음을 의미합니다. 아이템은 평점 또는 구매일 수 있습니다. 이제 코드를 살펴보겠습니다.

```
import numpy as np

a = np.array([[1, 0, 0, 1],
              [1, 0, 0, 0],
              [0, 1, 1, 0],
              [0, 1, 0, 0]]
             )

u, s, v = np.linalg.svd(a, full_matrices=False)
```

```
# 마지막 두 고윳값을 0으로 설정합니다.
s[2:4] = 0
print(s)
b = np.dot(u * s, v)
print(b)

# 가장 작은 두 개를 0으로 설정한 고윳값입니다.
s = [1.61803399 1.61803399 0.           0.]

# 이것이 새로 재구성된 행렬입니다.
b = [[1.17082039 0.         0.         0.7236068 ]
     [0.7236068  0.         0.         0.4472136 ]
     [0.         1.17082039 0.7236068  0.        ]
     [0.         0.7236068  0.4472136  0.        ]]
```

이제 1행의 사용자가 3열의 아이템에 대한 점수를 가지고 있고, 3행의 사용자가 2열의 아이템에 대해 양의 점수를 가지고 있음을 알 수 있습니다. 이러한 현상을 일반적으로 **행렬 완성**matrix completion이라고 하며, 이제 우리는 사용자에게 새로운 아이템을 추천할 수 있기 때문에 추천 시스템에 좋은 속성입니다. 머신러닝이 재구성하려는 행렬의 크기보다 작은 병목현상을 통과하도록 강제하는 일반적인 방법은 근사의 계수가 2이지만 원래 사용자-아이템 행렬의 계수는 4이기 때문에 **낮은 계수 근사**low-rank approximation라고 합니다.

행렬의 계수란 무엇인가요?

$N \times M$ 행렬은 N개의 행 벡터(사용자에 대응하는)와 M개의 열 벡터(아이템에 대응하는)로 간주할 수 있습니다. 차원 M의 N개의 벡터를 고려할 때 **행렬의 계수**는 M차원의 N개의 벡터로 정의된 다면체의 부피입니다. 그러나 이는 우리가 행렬의 계수에 대해 이야기하는 방식과는 다른 경우가 많습니다. 가장 자연스럽고 정확한 정의이긴 하지만, 대신 '행렬의 벡터를 표현하는 데 필요한 최소 차원 수'라고 말합니다.

이 장의 뒷부분에서 SVD에 대해 더 자세히 다루겠습니다. 여기서는 잠재 공간이 추천 시스템과 어떤 관련이 있는지 살펴보겠습니다.

10.2 도트 곱 유사도

3장에서 유사도 측정값을 소개했지만, 이제 다시 유사도라는 맥락에서 도트 곱으로 돌아가는 이유는 잠재 공간에서 그 중요성이 커졌기 때문입니다. 결국, 잠재 공간은 거리가 유사도라는 가정을 바탕으로 구축됩니다.

도트 곱 유사도는 잠재 공간에서 사용자와 아이템(또는 잠재적으로 아이템과 아이템, 사용자와 사용자 등) 간의 관계를 기하학적으로 해석할 수 있기 때문에 추천 시스템에서 의미가 있습니다. 추천 시스템의 맥락에서 도트 곱은 하나의 벡터를 다른 벡터에 투영한 것으로 볼 수 있으며, 사용자의 선호도와 아이템의 특성 간의 유사도 또는 일치 정도를 나타냅니다.

도트 곱의 기하학적 의미를 이해하려면 잠재 공간에서 각각의 사용자와 제품을 나타내는 두 개의 벡터, u와 p를 생각해보세요. 이 두 벡터의 도트 곱은 다음과 같이 정의할 수 있습니다.

$$u \cdot p = \| u \| \| p \| cos(\theta)$$

여기서 $\|u\|$와 $\|p\|$는 사용자와 제품 벡터의 크기를 나타내고, θ는 두 벡터 사이의 각도를 나타냅니다. 따라서 도트 곱은 한 벡터를 다른 벡터에 투영한 측정값이며, 두 벡터의 크기에 따라 스케일이 조정됩니다.

추천 시스템에서 널리 사용되는 또 다른 유사도 측정값인 코사인 유사도는 도트 곱에서 직접 도출됩니다.

$$\text{코사인 유사도}(u, p) = \frac{(u \cdot p)}{(\| u \| \| p \|)}$$

코사인 유사도의 범위는 -1에서 1까지이며, 여기서 -1은 선호도와 특성이 완전히 다른 것을 나타냅니다. 0은 유사성이 전혀 없음을 나타내고, 1은 사용자의 선호도와 제품의 특성이 완벽하게 일치함을 나타냅니다. 추천 시스템의 맥락에서 코사인 유사도는 사용자 및 제품 벡터의 크기에 변하지 않는 정규화된 유사도 측정을 제공합니다. 코사인 유사도와 L2 거리 중 어느 것을 사용할지는 사용 중인 임베딩의 유형과 계산을 최적화하는 방식에 따라 달라집니다. 실제로 상대적 값만 중요한 경우가 많습니다.

추천 시스템에서 도트 곱(및 코사인 유사도)의 기하학적 해석은 사용자 선호도와 제품 특성 간의 정렬을 포착한다는 것입니다. 사용자와 제품 벡터 사이의 각도가 작으면 사용자의 선호도가 제품의 특성과 잘 일치하여 유사도 점수가 높아집니다. 반대로 각도가 크면 사용자의 선호도와 제품의 특성이 서로 다르므로 유사도 점수가 낮아집니다. 도트 곱 유사노는 사용자와 상품 벡터를 서로 투영함으로써 사용자 선호도와 상품 특성 간의 일치 정도를 파악할 수 있으며, 이를 통해 추천 시스템은 사용자에게 가장 관련성이 높고 매력적일 가능성이 높은 상품을 식별할 수 있습니다.

개인적 경험에 따르면, 매우 긴 벡터는 완전히 수직이 아니거나 반대 방향을 향하지 않는 한 모든 것에 투영되기 쉽기 때문에, 도트 곱이 인기도를 포착하는 것으로 보입니다. 따라서 벡터 길이가 긴 인기 아이템을 자주 추천하는 것과 코사인 거리에 따른 각도 차이가 작은 롱테일 아이템을 추천하는 것 사이에는 상충관계trade-off가 존재합니다.

그림 10-1은 두 개의 벡터인 a와 b를 고려한 것으로, 코사인 유사도에서는 벡터가 단위 길이이므로 각도가 유사도의 척도일 뿐입니다. 그러나 도트 곱을 사용하면 c와 같이 매우 긴 벡터는 c의 길이가 더 길기 때문에 a와 b 사이의 각도가 더 작더라도 b보다 a와 더 유사한 것으로 간주될 수 있습니다. 이러한 긴 벡터는 다른 많은 아이템과 함께 발생하는 매우 인기 있는 아이템인 경향이 있습니다.

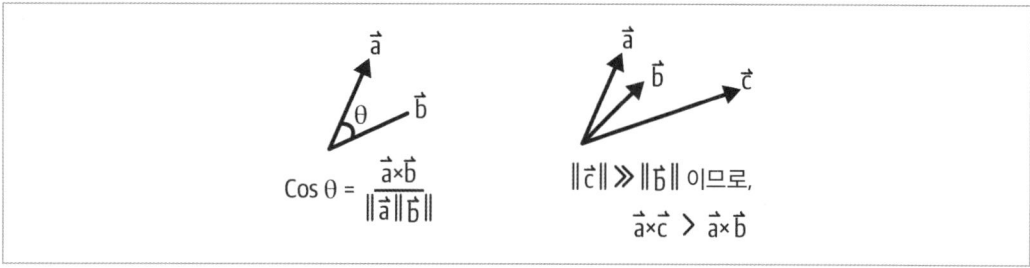

그림 10-1 **코사인과 도트 곱 유사도 비교**

10.3 동시 출현 모델

위키피디아의 동시 출현 예제에서, 두 아이템 간의 동시 출현 구조가 유사도 측정을 생성할 수 있다고 판단했습니다. 우리는 PMI가 동시 출현 횟수를 어떻게 활용하여 카트에 있는 아이템과 다른 아이템 간의 매우 높은 상호 정보를 기반으로 추천할 수 있는지에 대해 살펴봤습니다.

앞서 설명했듯이, PMI는 거리 지표는 아니지만, 동시 출현을 기반으로 한 중요한 유사도 측정을 제공합니다. 다시 이 주제로 돌아가 보겠습니다.

앞서 PMI는 다음과 같이 정의된다는 점을 기억하세요.

$$\frac{p(x_i, x_j)}{p(x_i) \times p(x_j)} = \frac{(C_\mathscr{I})_{x_i, x_j} \times \#(\text{총 상호작용})}{\#(x_i) \times \#(x_j)}$$

이제 다른 모든 x_j에 대한 동시 출현의 집합으로 정의되는 **이산 동시 출현 분포**discrete co-occurrence distribution인 CD_{x_i}를 고려해보겠습니다.

$$CD_{x_i} = (C_{\mathscr{I}})_{x_i, x_1}, \ldots, (C_{\mathscr{I}})_{x_i, x_i}, \ldots, (C_{\mathscr{I}})_{x_i, x_N}$$

여기서 $j \in 1 \ldots N$ 이고, N은 아이템의 총 개수입니다. 이것은 x_i와 다른 모든 아이템 간의 발생 빈도 히스토그램을 나타냅니다. 이러한 이산 분포를 도입함으로써 헬링거 거리Hellinger distance라는 또 다른 도구를 활용할 수 있습니다.

분포 거리를 측정하는 방법은 몇 가지가 있으며, 각각 다른 장점이 있습니다. 여기서는 차이점에 대해 자세히 설명하지 않고, 가장 간단하면서도 적당한 방법을 사용하겠습니다. 헬링거 거리는 다음과 같이 정의됩니다.

$$H(P, Q) = \sqrt{1 - \sum_i^n \sqrt{p_i q_i}} = \frac{1}{\sqrt{2}} \left\| \sqrt{P} - \sqrt{Q} \right\|_2$$

$P = \langle p_i \rangle$, $Q = \langle q_i \rangle$는 두 개의 확률 밀도 벡터입니다. 이 설정에서 P와 Q는 CD_{x_i}와 CD_{x_j}가 될 수 있습니다.

이 과정의 동기는 이제 순수하게 동시 출현을 기반으로 아이템 간의 적절한 거리를 갖게 되었다는 것입니다. 우리는 이 기하학에서 모든 차원 변환 또는 축소를 사용할 수 있습니다. 나중에는 임의의 거리 행렬을 사용하고 공간을 근사하는 저차원 임베딩으로 축소할 수 있는 차원 축소 기법을 보겠습니다.

측정 공간과 정보 이론은 어떻습니까?

분포에 대해 논의하는 동안 '분포 사이에 거리가 있어, 분포들이 잠재 공간 내의 점으로 나타날 수 있나요?' 라는 의문이 들 수 있습니다. 무척 궁금했을 텐데, 지금 이 문제를 다루겠습니다.

짧은 대답은 분포 간의 차이를 측정할 수 있다는 것입니다. 가장 많이 사용되는 것은 KL 발산으로, 일반적으로 베이지안 관점에서 분포 Q를 예상했는데 분포 P를 보았을 때의 놀라움 정도로 설명됩니다. 그러나 KL은 비대칭적이기 때문에 적절한 거리 지표가 아닙니다.

대칭적이면서도 몇 가지 좋은 속성을 가진 또 다른 대칭 거리 측정 지표는 헬링거 거리입니다. 헬링거 거리는 사실상 2-노름2-Norm 수리적 거리입니다. 또한 헬링거 거리는 자연스럽게 이산 분포로 일반화됩니다.

그래도 추상화에 대한 아쉬움이 가시지 않는다면, 총 변동 거리total variation distance도 고려할 수 있습니다. 이는 피셔의 정확한 거리 측정Fisher's exact distance measure 공간에서의 한계로, 두 분포 간 거리가 모든 좋은 특성을 가지며, 어떤 측정으로도 더 다르다고 여기지 않는 것을 의미합니다. 물론, 완전히 모든 좋은 특성이 아닌 단 한 가지, 매끄러움smoothness은 제외입니다. 미분 가능성differentiability을 위해 매끄러

움smoothness도 원한다면 오프셋을 통해 근사해야 합니다.

분포 사이의 거리가 필요하다면 그냥 헬링거 거리를 사용하면 됩니다.

10.4 추천기 문제의 계수 줄이기

아이템과 사용자 수가 증가함에 따라 추천기 문제의 차원이 빠르게 증가하는 것을 보았습니다. 각 아이템과 사용자를 열 또는 벡터로 표현하기 때문에 n^2처럼 확장됩니다. 이러한 어려움을 극복하는 한 가지 방법은 계수 축소rank reduction를 사용하는 것입니다. 인수분해를 통한 계수 축소에 대한 이전 논의를 기억해보세요.

많은 정수와 마찬가지로, 많은 행렬을 더 작은 행렬로 **인수분해**할 수 있습니다. 정수의 경우 작은 값은 더 작은 값을 의미하고, 행렬의 경우 작은 값은 더 작은 차원을 의미합니다. $N \times M$ 행렬을 인수분해할 때 두 개의 행렬 $U_{N \times d}$와 $V_{d \times M}$을 찾게 되는데, 행렬을 곱하면 두 행렬은 반드시 하나의 차원을 공유해야 하며 해당 차원이 제거되고 나머지 두 차원이 남게 됩니다. 여기서는 행렬을 인수분해하여 원래 행렬과 같거나 근사한 두 행렬, $d \leq N$, $d \leq M$ 을 구하는 MF를 고려하겠습니다.

$$A_{i,j} \simeq \langle U_i, V_j \rangle$$

잠재 차원 수를 줄이기 위해 d의 작은 값을 구합니다. 눈치챘겠지만, 각 행렬 $U_{N \times d}$와 $V_{d \times M}$은 원래 평점 행렬의 행 또는 열에 해당합니다. 그러나 이들은 더 적은 차원으로 표현됩니다. 이는 **저차원 잠재 공간**의 개념을 활용합니다. 직관적으로, 잠재 공간은 아이템 대 잠재 특징, 사용자 대 잠재 특징이라는 두 가지 관계 집합에서 전체 $N \times M$ 차원 관계와 동일한 관계를 표현하려고 합니다.

이러한 방법은 다른 종류의 머신러닝에서도 널리 사용되지만, 여기서는 주로 평점 또는 상호작용 행렬을 인수분해하는 방법을 살펴볼 것입니다.

SVD를 통한 MF

SVDsingular value decomposition(특잇값 분해)와 MFmatrix factorization(행렬 분해)는 밀접한 관련이 있지만, SVD는 중요하면서 특수한 경우입니다. 주요 차이점은 인수분해가 수행되는 방식과 각각을 적용할 수 있는 행렬의 유형에 있습니다.

그림 10-2는 SVD의 작동 방식을 보여줍니다. 고유 벡터 $e1$과 $e2$는 가장 큰 두 개의 고윳값에 해당합니다. $e1$은 $e2$보다 더 많은 데이터를 설명하며, 점들의 가장 큰 확산 방향을 따라 놓여 있습니다. 고유 벡터는 항상 서로 수직이므로 도트 곱은 항상 0입니다.

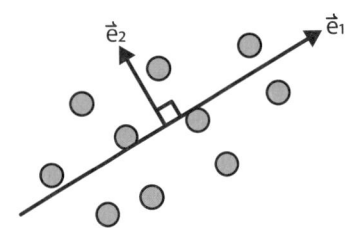

$\vec{e}_1$이 $\vec{e}_2$보다 데이터에 대해 더 많은 것을 설명합니다.
$\vec{e}_1$은 $\vec{e}_2$에 수직입니다.

그림 10-2 **특잇값 분해**

SVD는 행렬을 왼쪽 특이 행렬, 대각선 행렬, 오른쪽 특이 행렬의 세 가지 개별 행렬로 분해하는 특정 유형의 MF입니다. SVD는 모든 실수 행렬에 적용할 수 있지만, 특히 0이 아닌 요소가 많은 밀집 행렬에 적합합니다. 또한 SVD 행렬은 잠재된 특징 간의 특정 종류의 관계를 추출하는 데 유용한 특성이 있습니다. 특이 행렬의 열과 행은 고유 벡터이며, 대각 행렬의 값은 고윳값입니다. 이 분해는 고유 벡터가 원본 공간의 얼마나 많은 정보를 설명하는지 확인하는 데 유용하며, 고윳값의 크기와 일치하므로 고윳값이 큰 고유 벡터는 고윳값이 작은 고유 벡터보다 원본 데이터의 더 많은 부분을 설명합니다.

MF는 사용자-아이템 행렬을 사용자의 선호도와 아이템의 특성을 나타내는 두 개의 행렬로 분해합니다. 이를 통해 추천 시스템은 사용자의 선호도와 아이템의 특성을 일치시켜 개인화된 추천을 생성할 수 있습니다.

종종 MF를 고려할 때 몇 가지 문제를 극복해야 합니다.

- 인수분해하려는 행렬이 희소하고, 음수가 아니거나 2진인 경우가 많습니다.
- 마태 효과에서 보았듯이 각 아이템 벡터에서 0이 아닌 요소의 수는 매우 다양할 수 있습니다.
- 행렬을 인수분해하는 것은 세제곱 복잡도를 가집니다.
- SVD 및 그 외 전체 계수 방법은 대치imputation 없이는 작동하지 않으며, 그 자체로 복잡합니다.

몇 가지 대안적인 최적화 방법을 통해 이러한 문제를 해결해보겠습니다.

10.4.1 ALS를 이용한 MF 최적화

우리가 실행하려는 기본 최적화는 다음과 같이 근사하는 것입니다.

$$A_{i,j} \simeq \langle U_i, V_j \rangle$$

특히 행렬 아이템을 직접 최적화하려면 이러한 인수분해의 매개변수 수에 해당하는 $d^2 * N * M$ 요소를 동시에 최적화해야 합니다. 하지만 다음과 같은 방법을 사용하면 속도를 크게 높일 수 있습니다. 한 행렬 또는 다른 행렬을 번갈아 가며 튜닝하면 됩니다. 이를 **교대 최소 제곱법**alternating least squares, ALS이라고 하며, 이 문제에 대한 일반적인 접근 방식입니다. 각 패스에서 두 행렬의 모든 항에 대한 업데이트를 역전파back-propagating하는 대신, 두 행렬 중 하나만 업데이트할 수 있어 수행해야 하는 계산 횟수가 크게 줄어듭니다.

ALS는 U와 V 사이를 전환하면서, 동일한 손실 함수에 대해 평가하면서도 한 번에 하나의 행렬만 가중치를 업데이트합니다.

$$U \leftarrow U - \eta \times U \times \nabla U \times \mathcal{D}(A, UV)$$
$$V \leftarrow V - \eta \times V \times \nabla V \times \mathcal{D}(A, UV)$$

여기서 η는 학습률이고 $\mathcal{D}$는 우리가 선택한 거리 함수입니다. 이 거리 함수에 대한 자세한 내용은 잠시 후에 설명하겠습니다. 계속 진행하기 전에 여기서의 몇 가지 복잡한 점을 고려해보겠습니다.

- 이러한 각 업데이트 규칙에는 관련 요인 행렬에 대한 경사도가 필요합니다.
- 한 번에 전체 요인 행렬을 업데이트하지만, 요인 행렬들의 곱과 원래 행렬을 비교하여 손실을 평가합니다.
- 이해하기 힘든 거리 함수가 있습니다.
- 이 최적화를 구성하는 과정에서, 암묵적으로 이 프로세스를 사용하여 잘 근사된 두 행렬로 수렴한다고 가정하고 있습니다(종종 반복 횟수에 제한을 두기도 합니다).

JAX에서는 이러한 최적화를 간단하게 구현할 수 있으며, 방정식 형태와 JAX 코드가 얼마나 유사한지 살펴볼 것입니다.

> **행렬 사이의 거리**
>
> 우리는 다양한 방법으로 두 행렬 사이의 거리를 결정할 수 있습니다. 앞서 살펴본 것처럼, 벡터의 거리를 측정하는 여러 방법들은 기본 공간에서 다른 해석을 제공합니다. 이러한 계산은 복잡하지는 않지만, 잠시 살펴볼 가치가 있습니다. 가장 확실한 접근 방식은 이미 접해본 **관측된 평균제곱오차**observed mean squared error입니다.
>
> $$\frac{\Sigma_\Omega \left(A_{i,j} - \langle U_i V_j \rangle\right)^2}{1\Omega}$$
>
> 사용자 벡터에 0이 아닌 단일 아이템(또는 최대 평점)이 있는 경우, 관측된 평균제곱오차에 대한 한 가지 유용한 대안을 사용할 수 있습니다. 이 경우, 대신 교차 엔트로피 손실cross-entropy loss을 사용할 수 있는데, 이는 **로지스틱 MF**를 제공하여 확률 추정치probability estimate를 얻을 수 있습니다. 이를 구현하는 방법에 대한 자세한 내용은 카일 청Kyle Chung의 '추천 시스템을 위한 행렬 인수 분해(Matrix Factorization for Recommender Systems)' 튜토리얼(https://oreil.ly/7qWy6)을 참조하세요.

관측된 평점에서는 많은 수의 결측값과 일부 아이템 벡터가 과도하게 표현되는 평점이 있을 것으로 예상하고 있습니다. 이는 가중치가 균일하지 않은 행렬을 고려해야 함을 의미합니다. 다음에는 정규화를 통해 이것과 다른 파생된 것들을 고려하는 방법에 대해 설명하겠습니다.

10.4.2 MF를 위한 정규화

가중 교대 최소 제곱법weighted alternating least squares, WALS은 ALS와 유사하지만, 이 두 가지 데이터 문제를 보다 우아하게 해결하려고 시도합니다. WALS에서는 관측된 각 평점에 할당된 가중치가 해당 사용자 또는 아이템의 관측된 평점 수에 반비례합니다. 따라서 평점을 받은 횟수가 적은 사용자 또는 아이템의 관측된 평점일수록 최적화 프로세스에서 더 많은 가중치가 부여됩니다.

이러한 가중치를 최종 손실 함수의 정규화 매개변수로 적용할 수 있습니다.

$$\frac{\sum_\Omega \left(A_{i,j} - \langle U_i, V_j \rangle\right)^2}{|\Omega|} + \frac{1}{N}\sum |U|$$

MF에는 다른 중요하고 널리 사용되는 정규화 방법도 있습니다. 다음 두 가지 강력한 정규화 기법에 대해 알아보겠습니다.

- 가중치 감소weight decay
- 그래미안 정규화Gramian regularization

흔히 그렇듯이, **가중치 감소**는 l^2 정규화이며, 프로베니우스 노름Frobenius norm 수준에서 가중치 행렬의 크기를 제한합니다. 이는 **특잇값**의 크기를 최소화하는 방법으로 볼 수 있습니다.

마찬가지로 MF에는 매우 표준적으로 보이지만 계산 방식이 상당히 다른 또 다른 정규화 기법이 있습니다. 이는 기본적으로 개별 행렬 아이템의 크기를 정규화하는 **그래미안**을 사용하는 것이지만, 여기에는 최적화를 위한 우아한 트릭이 있습니다. 특히 행렬 U의 그래미안은 $U^T U$의 곱입니다. 눈썰미가 좋은 분들은 이 용어가 이전에 이진 행렬의 동시 출현을 계산할 때 사용한 용어와 동일하다는 것을 알아차리실 것입니다. 둘 다 행렬의 행과 열 사이의 도트 곱을 효율적으로 표현하는 방법을 찾는다는 공통점이 있습니다.

이러한 정규화가 바로 프로베니우스 항입니다.

$$R(U,V) = \frac{1}{N}\sum_{i}^{N}|U_i|_2^2 + \frac{1}{M}\sum_{j}^{M}|V_j|_2^2$$

또는 확장하면 방정식은 다음과 같습니다.

$$R(U,V) = \frac{1}{N}\sum_{i}^{N}\sum_{k}^{d}U_{i,k}^2 + \frac{1}{M}\sum_{j}^{M}\sum_{l}^{d}V_{j,l}^2$$

다음은 그래미안 항입니다.

$$G(U,V) := \frac{1}{N \cdot M}\sum_{i}^{N}\sum_{j}^{M}\langle U_i, V_j \rangle^2 - \frac{1}{N \cdot M} * \sum_{k,l}^{d}\left(U^T U * V^T V\right)_{k,l}$$

마지막으로 손실 함수입니다.

$$\frac{1}{|\Omega|}\sum_{(i,j)\in\Omega}\left(A_{ij} - \langle U_i, V_j \rangle\right)^2 + \lambda_R\left(\frac{1}{N}\sum_{i}^{N}\sum_{k}^{d}U_{i,k}^2 + \frac{1}{M}\sum_{j}^{M}\sum_{l}^{d}V_{j,l}^2\right) + \lambda_G\left(\frac{1}{N \cdot M} * \sum_{k,l}^{d}\left(U^T U * V^T V\right)_{k,l}\right)$$

10.4.3 정규화된 MF 구현

지금까지 많은 수학 기호를 사용했지만, 이 모든 기호들을 통해 매우 강력한 모델에 도달할 수 있었습니다. **정규화된 행렬 분해**는 중간 규모의 추천 문제에 효과적인 모델입니다. 이 모델 유형은 여전히 많은 비즈니스에서 사용되고 있습니다. MF 구현의 전형적인 문제 중 하나는 성능이지만, 우리는 GPU 지원이 매우 훌륭한 JAX를 사용하고 있기 때문에 실제로 파이토치 예제(https://oreil.ly/

U-K-V)보다 훨씬 더 간결하게 구현할 수 있습니다.

이제 이 모델이 그래미안을 사용하는 이중 정규화 모델을 통해 사용자-아이템 행렬에 대한 평점을 예측하는 방법을 살펴보겠습니다.

먼저 간단한 설정을 하겠습니다. 여기서는 평점 행렬이 이미 `wandb`에 있다고 가정합니다.

```python
import jax
import jax.numpy as jnp
import numpy as np import pandas as pd
import os, json, wandb, math

from jax import grad, jit
from jax import random
from jax.experimental import sparse

key = random.PRNGKey(0)

wandb.login()
run = wandb.init(
    # 엔티티를 설정하여 사용자 이름 또는 팀 이름을 지정합니다.
    entity="wandb-un",
    # 이 실행이 기록될 프로젝트를 설정합니다.
    project="jax-mf",
    # 실행을 올바른 데이터셋에 연결합니다.
    config={
        "dataset": "MF-Dataset",
    }
)

# 데이터셋이 wandb에 저장된 등급 테이블이라고 가정합니다.
artifact = run.use_artifact('stored-dataset:latest')
ratings_artifact = artifact.download()
ratings_artifact_blob = json.load(
    open(
        os.path.join(
            ratings_artifact,
            'ratings.table.json'
        )
    )
)

ratings_artifact_blob.keys()
# ['_type', 'column_types', 'columns', 'data', 'ncols', 'nrows']
```

```python
ratings = pd.DataFrame(  # user_id, item_id, rating, unix_timestamp
    data=ratings_artifact_blob['data'],
    columns=ratings_artifact_blob['columns']
)

def start_pipeline(df):
    return df.copy()

def column_as_type(df, column: str, cast_type):
    df[column] = df[column].astype(cast_type)
    return df

def rename_column_value(df, target_column, prior_val, post_val):
    df[target_column] = df[target_column].replace({prior_val: post_val})
    return df

def split_dataframe(df, holdout_fraction=0.1):
    """데이터 프레임을 훈련 및 테스트 집합으로 분할합니다.
    Args:
      df: 데이터프레임
      holdout_fraction: 테스트 세트에서 사용할 데이터프레임 행의 분수
    Returns:
      train: 훈련용 데이터프레임
      test: 테스트용 데이터프레임
    """
    test = df.sample(frac=holdout_fraction, replace=False)
    train = df[~df.index.isin(test.index)]
    return train, test

all_rat = (ratings
    .pipe(start_pipeline)
    .pipe(column_as_type, column='user_id', cast_type=int)
    .pipe(column_as_type, column='item_id', cast_type=int)
)

def ratings_to_sparse_array(ratings_df, user_dim, item_dim):
    indices = (np.array(ratings_df['user_id']), np.array(ratings_df['item_id']))
    values = jnp.array(ratings_df['rating'])

    return {
        'indices': indices,
        'values': values,
        'shape': [user_dim, item_dim]
    }

def random_normal(pr_key, shape, mu=0, sigma=1, ):
    return (mu + sigma * random.normal(pr_key, shape=shape))
```

```
x = random_normal(
    pr_key=random.PRNGKey(1701),
    shape=(10000,),
    mu=1.0,
    sigma=3.0,
)   # 이러한 하이퍼파라미터는 매우 무의미합니다.

def sp_mse_loss(A, params):
    U, V = params['users'], params['items']
    rows, columns = A['indices']
    estimator = -(U @ V.T)[(rows, columns)]
    square_err = jax.tree_map(
        lambda x: x**2,
        A['values']+estimator
    )
    return jnp.mean(square_err)

omse_loss = jit(sp_mse_loss)
```

여기서는 자체 손실 함수를 구현해야 했습니다. 이것은 비교적 간단한 평균제곱오차mean square error, MSE 손실이지만, 행렬의 희소성을 활용하고 있습니다. 코드에서 행렬을 희소 표현으로 변환한 것을 볼 수 있습니다. 따라서 손실 함수가 그 표현을 활용할 수 있을 뿐만 아니라, JAX 장치 배열과 매핑/지팅mapping/jitting을 활용하도록 작성하는 것이 중요합니다.

손실 함수가 정말 맞을까요?

이 손실 함수가 궁금할 만합니다. 이 책을 쓰는 동안 JAX를 활용한 이 손실 함수를 가장 잘 구현하는 방법이 무엇인지에 대해 매우 고민했습니다. 사실 이런 종류의 최적화에 대한 합리적인 접근 방식은 여러 가지가 있습니다. 이를 위해 코랩(https://oreil.ly/6zwEX)에서 여러 접근법을 벤치마킹하기 위한 공개 실험을 작성했습니다.

다음으로, 학습할 때 MF 상태를 처리할 모델 객체를 구축해야 합니다. 이 코드는 기본적으로 대부분 템플릿 코드이지만, 비교적 메모리 효율적인 방식으로 모델을 훈련 루프에 공급할 수 있도록 잘 설정되어 있습니다. 이 모델은 맥북 프로에서 하루도 안 되는 시간 동안 수천 개의 에폭에 대해 1백만 개의 아이템으로 훈련되었습니다.

```
class CFModel(object):
    """협업 필터링 모델을 나타내는 간단한 클래스"""
    def init(
        self,
        metrics: dict,
```

```python
        embeddings: dict,
        ground_truth: dict,
        embeddings_parameters: dict,
        prng_key=None
    ):
        """CFModel를 초기화합니다.
        Args:
        """
        self._metrics = metrics
        self._embeddings = embeddings
        self._ground_truth = ground_truth
        self._embeddings_parameters = embeddings_parameters

        if prng_key is None:
            prng_key = random.PRNGKey(0)
        self._prng_key = prng_key

    @property
    def embeddings(self):
        """임베딩 딕셔너리"""
        return self._embeddings

    @embeddings.setter
    def embeddings(self, value):
        self._embeddings = value

    @property
    def metrics(self):
        """지표 딕셔너리"""
        return self._metrics

    @property
    def ground_truth(self):
        """훈련/테스트 딕셔너리"""
        return self._ground_truth

    def reset_embeddings(self):
        """임베딩 상태 지우기"""
        prng_key1, prng_key2 = random.split(self._prng_key, 2)

        self._embeddings['users'] = random_normal(
            prng_key1, [
                self._embeddings_parameters['user_dim'],
                self._embeddings_parameters['embedding_dim']
            ],
            mu=0,
            sigma=self._embeddings_parameters['init_stddev'],
        )
```

```python
        self._embeddings['items'] = random_normal(
            prng_key2,
            [
                self._embeddings_parameters['item_dim'],
                self._embeddings_parameters['embedding_dim']],
            mu=0,
            sigma=self._embeddings_parameters['init_stddev'],
        )

    def model_constructor(
        ratings_df,
        user_dim,
        item_dim,
        embedding_dim=3,
        init_stddev=1.,
        holdout_fraction=0.2,
        prng_key=None,
        train_set=None,
        test_set=None,
    ):
        if prng_key is None:
            prng_key = random.PRNGKey(0)

        prng_key1, prng_key2 = random.split(prng_key, 2)

        if (train_set is None) and (test_set is None):
            train, test = (ratings_df
                        .pipe(start_pipeline)
                        .pipe(split_dataframe, holdout_fraction=holdout_fraction)
                        )
            A_train = (train
                    .pipe(start_pipeline)
                    .pipe(ratings_to_sparse_array, user_dim=user_dim, item_dim=item_dim)
                    )
            A_test = (test
                    .pipe(start_pipeline)
                    .pipe(ratings_to_sparse_array, user_dim=user_dim, item_dim=item_dim)
                    )
        elif (train_set is None) ^ (test_set is None):
            raise ('Must send train and test if sending one')
        else:
            A_train, A_test = train_set, test_set

        U = random_normal(prng_key1,
                        [user_dim, embedding_dim],
                        mu=0,
                        sigma=init_stddev,
                        )
```

```
            V = random_normal(prng_key2,
                        [item_dim, embedding_dim],
                        mu=0,
                        sigma=init_stddev,
                        )

        train_loss = omse_loss(A_train, {'users': U, 'items': V})
        test_loss = omse_loss(A_test, {'users': U, 'items': V})

        metrics = {
            'train_error': train_loss, 'test_error': test_loss
        }
        embeddings = {'users': U, 'items': V}
        ground_truth = {
            "A_train": A_train,
            "A_test": A_test
        }
        return CFModel(
            metrics=metrics,
            embeddings=embeddings,
            ground_truth=ground_truth,
            embeddings_parameters={
                'user_dim': user_dim,
                'item_dim': item_dim,
                'embedding_dim': embedding_dim,
                'init_stddev': init_stddev,
            },
            prng_key=prng_key,
        )

    mf_model = model_constructor(all_rat, user_count, item_count)
```

또한 훈련 중에 어떤 일이 일어나고 있는지 쉽게 이해할 수 있도록 wandb에 멋지게 로깅되도록 설정해야 합니다.

```
def train():
    run_config = { # 이는 wandb를 통해 조정할 하이퍼파라미터가 될 것입니다.
    'emb_dim': 10, # 잠재적 차원
    'prior_std': 0.1, # 가중치 초기화를 위해 표준 편차는 0에 가깝게 설정합니다.
    'alpha': 1.0, # 학습률
    'steps': 1500, # 훈련 횟수
    }
    with wandb.init() as run:
        run_config.update(run.config)
        model_object = model_constructor(
```

```
        ratings_df=all_rat,
        user_dim=user_count,
        item_dim=item_count,
        embedding_dim=run_config['emb_dim'],
        init_stddev=run_config['prior_std'],
        prng_key=random.PRNGKey(0),
        train_set=mf_model.ground_truth['A_train'],
        test_set=mf_model.ground_truth['A_test']
)
model_object.reset_embeddings() # 이전 버전부터 시작하도록 합니다.
alpha, steps = run_config['alpha'], run_config['steps']
print(run_config)
grad_fn = jax.value_and_grad(omse_loss, 1)
for i in range(steps):
    # 경사도 업데이트를 합니다.
    loss_val, grads = grad_fn(
        model_object.ground_truth['A_train'],
        model_object.embeddings
    )
    model_object.embeddings = jax.tree_multimap(
        lambda p, g: p - alpha * g,
        # 기본 업데이트 규칙; JAX가 브로드캐스팅을 처리합니다.
        model_object.embeddings,
        grads
    )
    if i % 1000 == 0: # 대부분의 출력은 wandb로 보내고, 약간만 로깅합니다.
        print(f'Loss step {i}: ', loss_val)
        print(f"""Test loss: {
            omse_loss(
                model_object.ground_truth['A_train'],
                model_object.embeddings
            )}""")
        wandb.log({
            "Train omse": loss_val,
            "Test omse": omse_loss(
                model_object.ground_truth['A_test'],
                model_object.embeddings
            )
        })
```

이 코드는 업데이트 규칙을 브로드캐스팅하기 위해 `tree_multimap`을 사용하고 있으며, `omse_loss` 호출에서 이전의 JIT된 손실을 사용하고 있다는 점에 유의하세요. 또한, `value_and_grad`를 호출하여 손실이 진행되면서 wandb에 로깅할 수 있도록 하고 있습니다. 이는 콜백 없이 두 가지 작업을 효율적으로 수행하기 위한 일반적인 트릭입니다.

이 작업을 완료하고 스윕으로 훈련을 시작할 수 있습니다.

```
sweep_config = {
    "name": "mf-test-sweep",
    "method": "random",
    "parameters": {
        "steps": {
            "min": 1000,
            "max": 3000,
        },
        "alpha": {
            "min": 0.6,
            "max": 1.75
        },
        "emb_dim": {
            "min": 3,
            "max": 10
        },
        "prior_std": {
            "min": .5,
            "max": 2.0
        },
    },
    "metric": {
        'name': 'Test omse',
        'goal': 'minimize'
    }
}

sweep_id = wandb.sweep(sweep_config, project = "jax-mf", entity = "wandb-un")

wandb.init()
train()

count = 50
wandb.agent(sweep_id, function= train, count = count)
```

이 경우, 하이퍼파라미터 최적화_{hyperparameter optimization, HPO}는 임베딩 차원과 사전 확률_{prior}(무작위 행렬)과 같은 하이퍼파라미터에 대해 진행됩니다. 지금까지 평점 행렬에 대해 일부 MF 모델을 훈련했습니다. 이제 정규화와 교차 검증을 추가해보겠습니다.

앞의 수학 방정식을 코드로 직접 변환해보겠습니다.

```python
def ell_two_regularization_term(params, dimensions):
    U, V = params['users'], params['items']
    N, M = dimensions['users'], dimensions['items']
    user_sq = jnp.multiply(U, U)
    item_sq = jnp.multiply(V, V)
    return (jnp.sum(user_sq)/N + jnp.sum(item_sq)/M)

l2_loss = jit(ell_two_regularization_term)

def gramian_regularization_term(params, dimensions):
    U, V = params['users'], params['items']
    N, M = dimensions['users'], dimensions['items']
    gr_user = U.T @ U
    gr_item = V.T @ V
    gr_square = jnp.multiply(gr_user, gr_item)
    return (jnp.sum(gr_square)/(N*M))

gr_loss = jit(gramian_regularization_term)

def regularized_omse(A, params, dimensions, hyperparams):
    lr, lg = hyperparams['ell_2'], hyperparams['gram']
    losses = {
        'omse': sp_mse_loss(A, params),
        'l2_loss': l2_loss(params, dimensions),
        'gr_loss': gr_loss(params, dimensions),
    }
    losses.update({
        'total_loss': losses['omse'] + lr*losses['l2_loss'] + lg*losses['gr_loss']
    })
    return losses['total_loss'], losses

reg_loss_observed = jit(regularized_omse)
```

학습 속도 스케줄러에 대해 자세히 알아보지는 않겠지만, 간단한 감소를 적용해보겠습니다.

```python
def lr_decay(
    step_num,
    base_learning_rate,
    decay_pct = 0.5,
    period_length = 100.0
):
    return base_learning_rate * math.pow(
        decay_pct,
        math.floor((1+step_num)/period_length)
    )
```

업데이트된 훈련 함수에는 몇 가지 하이퍼파라미터와 함께 제공되는 새로운 정규화와 약간의 추가 로깅 설정이 통합됩니다. 이 코드를 사용하면 훈련하는 동안 실험을 쉽게 기록하고, 정규화와 함께 작동하도록 하이퍼파라미터를 쉽게 구성할 수 있습니다.

```python
def train_with_reg_loss():
    run_config = { # 이는 wandb를 통해 조정할 하이퍼파라미터입니다.
        'emb_dim': None,
        'prior_std': None,
        'alpha': None, # Learning rate
        'steps': None,
        'ell_2': 1, # L2 정규화 패널티 가중치
        'gram': 1, # 그라미안 정규화 패널티 가중치
        'decay_pct': 0.5,
        'period_length': 100.0
    }

    with wandb.init() as run:
        run_config.update(run.config)
        model_object = model_constructor(
            ratings_df=all_rat,
            user_dim=942,
            item_dim=1681,
            embedding_dim=run_config['emb_dim'],
            init_stddev=run_config['prior_std'],
            prng_key=random.PRNGKey(0),
            train_set=mf_model.ground_truth['A_train'],
            test_set=mf_model.ground_truth['A_test']
        )
        model_object.reset_embeddings() # 소기화합니다.

        alpha, steps = run_config['alpha'], run_config['steps']
        print(run_config)

        grad_fn = jax.value_and_grad(
            reg_loss_observed,
            1,
            has_aux=True
        ) # JAX가 출력으로 보조 딕셔너리를 기대하도록 지시합니다.

        for i in range(steps):
            (total_loss_val, loss_dict), grads = grad_fn(
                model_object.ground_truth['A_train'],
                model_object.embeddings,
                dimensions={'users': user_count, 'items': item_count},
                hyperparams={
```

```
                    'ell_2': run_config['ell_2'],
                    'gram': run_config['gram']
                } # JAX는 로깅을 위해 손실 딕셔너리를 추적합니다.
            )
            model_object.embeddings = jax.tree_multimap(
                lambda p, g: p - lr_decay(
                    i,
                    alpha,
                    run_config['decay_pct'],
                    run_config['period_length']
                ) * g, # 감소를 적용한 갱신
                model_object.embeddings,
                grads
            )
            if i % 1000 == 0:
                print(f'Loss step {i}:')
                print(loss_dict)
                print(f"""Test loss: {
                    omse_loss(model_object.ground_truth['A_test'],
                    model_object.embeddings)}""")

            loss_dict.update( # wandb로 전체 손실 딕셔너리를 전달합니다.
                {
                    "Test omse": omse_loss(
                        model_object.ground_truth['A_test'],
                        model_object.embeddings
                    ),
                    "learning_rate": lr_decay(i, alpha),
                }
            )
            wandb.log(loss_dict)

sweep_config = {
    "name" : "mf-HPO-with-reg",
    "method" : "random",
    "parameters" : {
        "steps": {
            "value": 2000
        },
        "alpha" :{
            "min": 0.6,
            "max": 2.25
        },
        "emb_dim" :{
            "min": 15,
            "max": 80
        },
```

```
            "prior_std" :{
                "min": .5,
                "max": 2.0
            },
            "ell_2" :{
                "min": .05,
                "max": 0.5
            },
            "gram" :{
                "min": .1,
                "max": .75
            },
            "decay_pct" :{
                "min": .2,
                "max": .8
            },
            "period_length" :{
                "min": 50,
                "max": 500
            }
    },
    "metric" : {
        'name': 'Test omse',
        'goal': 'minimize'
    }
}

sweep_id = wandb.sweep(
    sweep_config,
    project="jax-mf",
    entity="wandb-un"
)

run_config = { # 이는 wandb를 통해 조정할 하이퍼파라미터가 될 것입니다.
    'emb_dim': 10, # Latent dimension
    'prior_std': 0.1,
    'alpha': 1.0, # 학습률
    'steps': 1000, # 학습 단계 수
    'ell_2': 1, # L2 정규화 패널티 가중치
    'gram': 1, # 그라미안 정규화 패널티 가중치
    'decay_pct': 0.5,
    'period_length': 100.0
}
train_with_reg_loss()
```

마지막 단계는 우리가 보고 있는 모델에 대한 확신을 줄 수 있는 방식으로 이 작업을 수행하는 것입니다. 안타깝게도 MF 문제에 대한 교차 검증을 설정하는 것은 까다로울 수 있으므로 데이터 구조를 몇 가지 수정해야 합니다.

```python
def sparse_array_concatenate(sparse_array_iterable):
    return {
        'indices': tuple(
            map(
                jnp.concatenate,
                zip(*(x['indices'] for x in sparse_array_iterable)))
        ),
        'values': jnp.concatenate(
            [x['values'] for x in sparse_array_iterable]
        ),
    }


class jax_df_Kfold(object):
    """Kfold를 처리하는 간단한 클래스입니다.
    행렬을 데이터프레임으로 분할하고 스파스 jarray로 저장합니다."""
    def __init__(
        self,
        df: pd.DataFrame,
        user_dim: int,
        item_dim: int,
        k: int = 5,
        prng_key=random.PRNGKey(0)
    ):
        self._df = df
        self._num_folds = k
        self._split_idxes = jnp.array_split(
            random.permutation(
                prng_key,
                df.index.to_numpy(),
                axis=0,
                independent=True
            ),
            self._num_folds
        )

        self._fold_arrays = dict()

        for fold_index in range(self._num_folds):
```

```
    # 각 접힌 조각에 대해 희소 JAX 배열을 만들어보겠습니다.
    self._fold_arrays[fold_index] = (
        self._df[
            self._df.index.isin(self._split_idxes[fold_index])
        ].pipe(start_pipeline)
        .pipe(
            ratings_to_sparse_array,
            user_dim=user_dim,
            item_dim=item_dim
        )
    )

def get_fold(self, fold_index: int):
    assert (self._num_folds > fold_index)
    test = self._fold_arrays[fold_index]
    train = sparse_array_concatenate(
        [v for k, v in self._fold_arrays.items() if k != fold_index]
    )
    return train, test
```

각 하이퍼파라미터 설정은 각 폴드에 대한 손실을 산출해야 하므로, `wandb.init` 내에서 각 폴드에 대한 모델을 구축합니다.

```
for j in num_folds:
    train, test = folder.get_fold(j)
    model_object_dict[j] = model_constructor(
        ratings_df=all_rat,
        user_dim=user_count,
        item_dim=item_count,
        embedding_dim=run_config['emb_dim'],
        init_stddev=run_config['prior_std'],
        prng_key=random.PRNGKey(0),
        train_set=train,
        test_set=test
    )
```

각 단계에서 훈련에 대한 경사도를 계산하고 테스트에서 평가할 뿐만 아니라, 모든 폴드에 대한 경사도를 계산하고 모든 테스트에서 평가하고, 관련 오류를 생성하고 싶습니다.

```
for i in range(steps):
    loss_dict = {"learning_rate": step_decay(i)}
    for j, M in model_object_dict.items():
```

```
    (total_loss_val, fold_loss_dict), grads = grad_fn(
      M.ground_truth['A_train'],
      M.embeddings,
      dimensions={'users': 942, 'items': 1681},
      hyperparams={'ell_2': run_config['ell_2'], 'gram': run_config['gram']}
    )
    M.embeddings = jax.tree_multimap(
        lambda p, g: p - step_decay(i) * g,
        M.embeddings,
        grads
    )
```

로깅은 폴드별 손실이어야 하며, 총 손실이 목표 지표가 되어야 합니다. 이는 각 폴드가 모델 매개변수의 독립적인 최적화이기 때문입니다. 하지만, 폴드 전체에 걸친 종합적인 동작을 보고 싶습니다.

```
    fold_loss_dict = {f'{k}_fold-{j}': v for k, v in fold_loss_dict.items()}
    fold_loss_dict.update(
            {
                f"Test omse_fold-{j}": omse_loss(
                  M.ground_truth['A_test'],
                  M.embeddings
                ),
            }
        )

    loss_dict.update(fold_loss_dict)

loss_dict.update({
  "Test omse_mean": jnp.mean(
    [v for k,v in loss_dict.items() if k.startswith('Test omse_fold-')]
  )
})
wandb.log(loss_dict)
```

하나의 큰 훈련 메서드로 마무리합니다.

```
def train_with_reg_loss_CV():
    run_config = { # wandb를 통해 조정할 하이퍼파라미터입니다.
        'emb_dim': None, # 잠재 차원
        'prior_std': None,
```

```python
        # 가중치 초기화 시 0을 중심으로 한 표준 편차
        'alpha': None, # 학습률
        'steps': None, # 학습 단계 수
        'num_folds': None, # 교차 검증 폴드 수
        'ell_2': 1, # L2 정규화 패널티 가중치를 위한 하이퍼파라미터
        'gram': 1, # 그라미안 정규화 패널티 가중치를 위한 하이퍼파라미터
    }

    with wandb.init() as run:
        run_config.update(run.config) # wandb 에이전트에 매개변수를 전달하는 방식입니다.
        model_object_dict = dict()

        for j in range(run_config['num_folds']):
            train, test = folder.get_fold(j)
            model_object_dict[j] = model_constructor(
                ratings_df=all_rat,
                user_dim=942,
                item_dim=1681,
                embedding_dim=run_config['emb_dim'],
                init_stddev=run_config['prior_std'],
                prng_key=random.PRNGKey(0),
                train_set=train,
                test_set=test
            )
            model_object_dict[j].reset_embeddings()
            # 초기화합니다.

        alpha, steps = run_config['alpha'], run_config['steps']
        print(run_config)

        grad_fn = jax.value_and_grad(reg_loss_observed, 1, has_aux=True)
        # JAX에 출력으로 보조 딕셔너리를 전달하도록 설정합니다.

for i in range(steps):
    loss_dict = {
        "learning_rate": lr_decay(
            i,
            alpha,
            decay_pct=.75,
            period_length=250
        )
    }
    for j, M in model_object_dict.items():
    # 폴드를 반복합니다.

        (total_loss_val, fold_loss_dict), grads = grad_fn(
            # 하나의 폴드에 대한 경사도 계산
            M.ground_truth['A_train'],
```

```
            M.embeddings,
            dimensions={'users': 942, 'items': 1681},
            hyperparams={
                'ell_2': run_config['ell_2'],
                'gram': run_config['gram']
            }
        )

        M.embeddings = jax.tree_multimap(
        # 하나의 fold에 대한 가중치 업데이트
            lambda p, g: p - lr_decay(
                i,
                alpha,
                decay_pct=.75,
                period_length=250
            ) * g,
            M.embeddings,
            grads
        )

        fold_loss_dict = {
            f'{k}_fold-{j}':
            v for k, v in fold_loss_dict.items()
        }
        fold_loss_dict.update( # 폴드 내 손실 계산
            {
                f"Test omse_fold-{j}": omse_loss(
                    M.ground_truth['A_test'],
                    M.embeddings
                ),
            }
        )

        loss_dict.update(fold_loss_dict)

loss_dict.update({ # 모든 폴드에 대한 평균 손실
    "Test omse_mean": np.mean(
        [v for k,v in loss_dict.items()
        if k.startswith('Test omse_fold-')]
    ),
    "test omse_max": np.max(
        [v for k,v in loss_dict.items()
        if k.startswith('Test omse_fold-')]
    ),
    "test omse_min": np.min(
        [v for k,v in loss_dict.items()
        if k.startswith('Test omse_fold-')]
    )
```

```
        })
        wandb.log(loss_dict)

        if i % 1000 == 0:
            print(f'Loss step {i}:')
            print(loss_dict)
```

다음은 최종 스윕 구성입니다.

```
sweep_config = {
    "name": "mf-HPO-CV",
    "method": "random",
    "parameters": {
        "steps": {
            "value": 2000
        },
        "num_folds": {
            "value": 5
        },
        "alpha": {
            "min": 2.0,
            "max": 3.0
        },
        "emb_dim": {
            "min": 15,
            "max": 70
        },
        "prior_std": {
            "min": .75,
            "max": 1.0
        },
        "ell_2": {
            "min": .05,
            "max": 0.5
        },
        "gram": {
            "min": .1,
            "max": .6
        },
    },
    "metric": {
        'name': 'Test omse_mean',
        'goal': 'minimize'
    }
}
```

```
sweep_id = wandb.sweep(sweep_config, project="jax-mf", entity="wandb-un")

wandb.agent(sweep_id, function=train_with_reg_loss_CV, count=count)
```

설정이 많은 것처럼 보일 수 있는데, 두 행렬 인자를 최적화하는 동시에 행렬 요소와 그래미안을 작게 유지하도록 모델을 초기화했습니다.

이제 멋진 이미지를 얻을 수 있습니다.

❶ HPO MF의 출력

이전 작업의 결과를 간단히 살펴보겠습니다. 먼저, 그림 10-3을 보면 1차 손실 함수인 관측된 평균 제곱오차observed mean square error, OMSE가 빠르게 감소하고 있음을 알 수 있습니다. 이는 훌륭하지만 좀 더 자세히 살펴볼 필요가 있습니다.

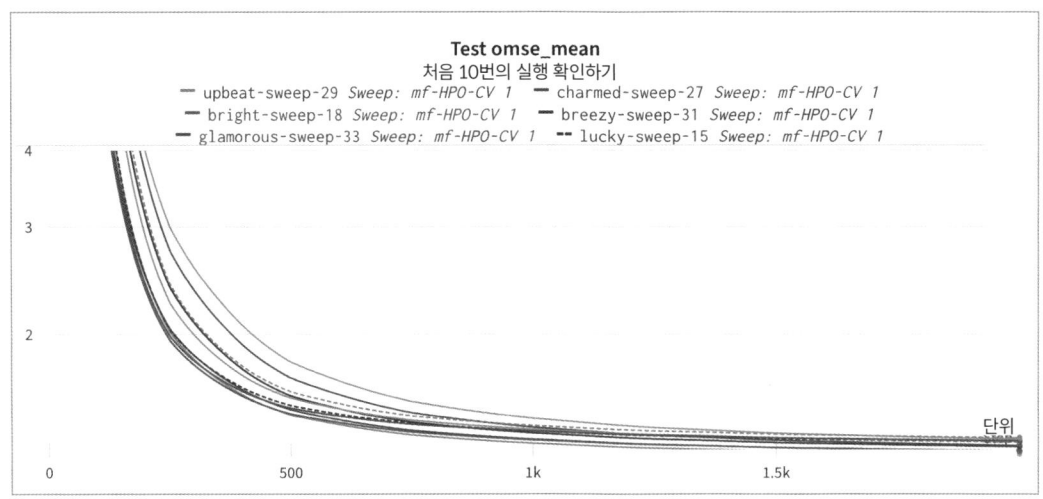

그림 10-3 **훈련 중 손실**

또한 정규화 매개변수(그림 10-4)가 수렴하고 있는지 간단히 살펴봅시다. 더 많은 에폭 동안 계속하면 L2 정규화가 여전히 감소할 수 있음을 알 수 있습니다.

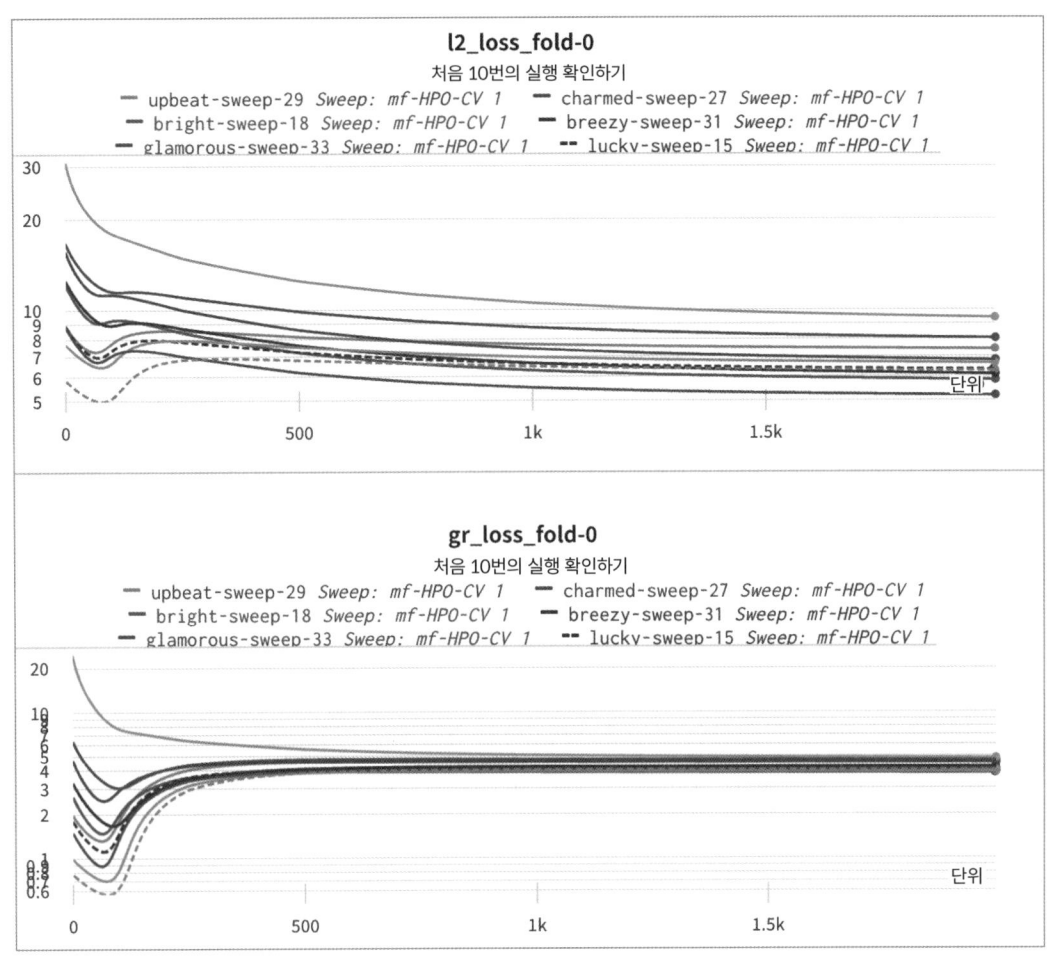

그림 10-4 **전규화 매개변수**

교차 검증을 폴드 및 해당 손실에 따라 배치한 것을 보고 싶습니다(그림 10-5). 이것은 **평행 좌표 차트**로, 선은 서로 다른 매개변수 선택에 따른 서로 다른 실행에 해당하고, 세로 축은 서로 다른 지표입니다. 맨 오른쪽 히트맵 축은 최소화하려는 전체 총 손실에 해당합니다. 이 경우, 폴드에 대한 테스트 손실과 해당 폴드에 대한 총 손실을 번갈아 표시합니다. 숫자가 낮을수록 좋으며, 개별 선이 폴드별 손실에 걸쳐 일관성을 유지하기를 바랍니다(그렇지 않으면 데이터셋이 왜곡될 수 있습니다). 하이퍼파라미터의 선택이 폴드 동작과 상호작용할 수 있음을 확인할 수 있고, 모든 낮은 손실 시나리오(아래쪽)에서 서로 다른 폴드(플롯의 세로축)에서의 성능 간에 높은 상관관계를 확인할 수 있습니다.

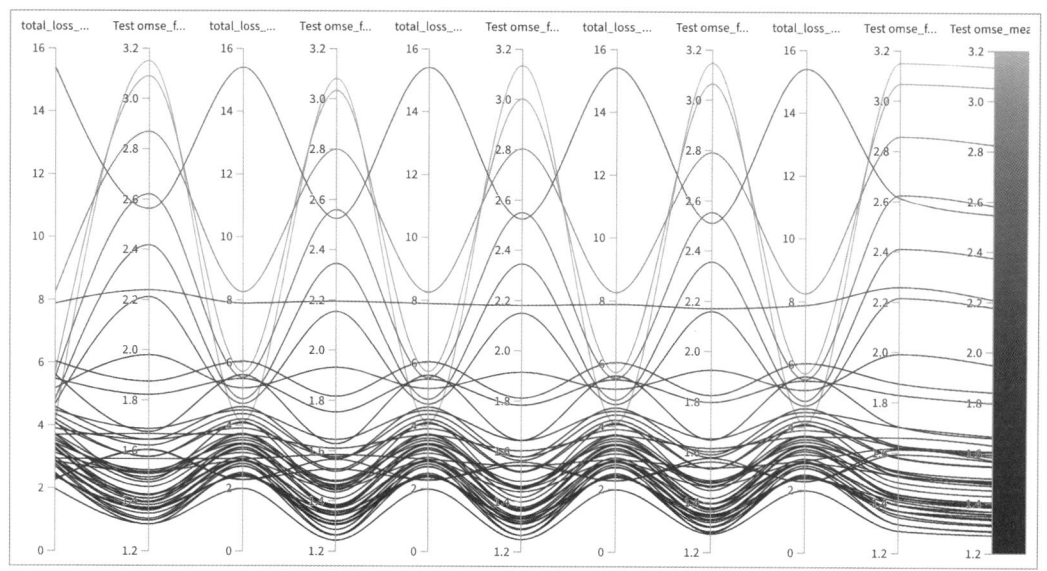

그림 10-5 **훈련 중 손실**

다음으로, 어떤 하이퍼파라미터 선택이 성능에 큰 영향을 미칠까요? 그림 10-6은 서로 다른 하이퍼파라미터에 해당하는 세로 축이 있는 또 다른 평행 좌표 플롯입니다. 일반적으로 맨 오른쪽 히트맵에서 세로 축의 어떤 도메인이 낮은 손실에 해당하는지 살펴볼 수 있습니다. 전제 분포와 다소 놀랍게도 ell_2와 같은 일부 하이퍼파라미터는 사실상 아무런 영향을 미치지 않는다는 것을 알 수 있습니다. 그러나 작은 임베딩 차원과 작은 그래미안 가중치는 확실히 영향을 미칩니다. 또한 알파가 클수록 좋은 성능과 상관관계가 있는 것으로 보입니다.

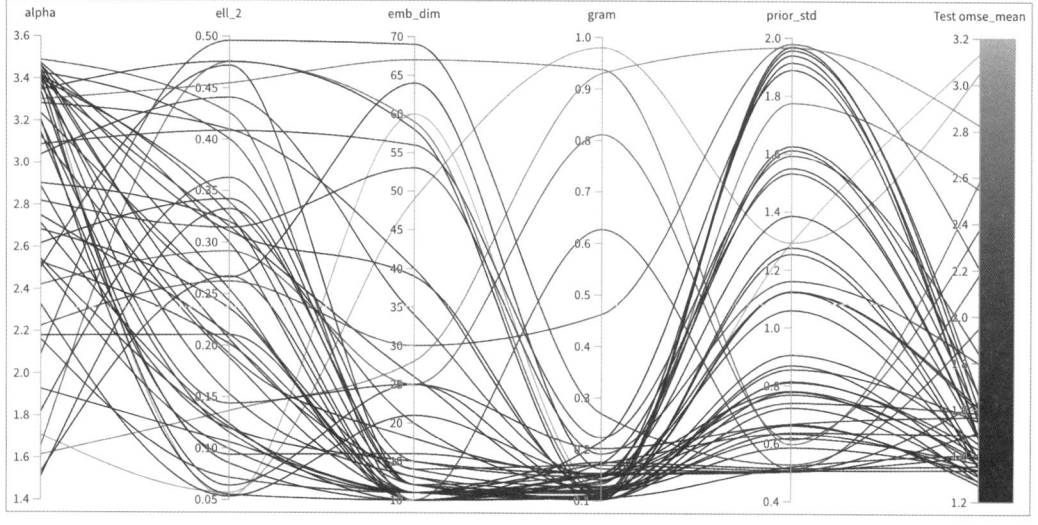

그림 10-6 **하이퍼파라미터에 따른 손실**

마지막으로, 베이지안 하이퍼파라미터 탐색을 통해 시간이 지남에 따라 성능이 실제로 향상된다는 것을 알 수 있습니다. 그림 10-7은 분산형 차트의 각 점이 한 번의 실행을 나타내고 왼쪽에서 오른쪽으로 시간 축이 있는 **파레토 차트**Pareto plot의 모습입니다. 세로 축은 전체 총 손실이므로 낮을수록 좋으며, 일반적으로 더 나은 성능을 향해 수렴하고 있음을 의미합니다. 산점도 점들의 볼록한 선체 하단을 따라 새겨진 선은 파레토 프런티어Pareto frontier, 즉 해당 x 값에서 가장 좋은 성능입니다. 이것은 시계열 파레토 도표이므로 시간 경과에 따른 최고 성능을 추적할 뿐입니다.

시간이 지남에 따라 어떻게 그리고 왜 더 나은 손실 값으로 수렴할 수 있는지 궁금할 것입니다. 이는 베이지안 하이퍼파라미터 탐색을 수행하여 독립적인 가우스Gaussian에서 하이퍼파라미터를 선택하고, 이전 실행의 성능을 기반으로 각 파라미터에 대한 사전 확률을 업데이트했기 때문입니다. 이 방법에 대한 소개는 로버트 밋슨Robert Mitson의 '베이지안 하이퍼파라미터 최적화-입문서(Bayesian Hyperparameter Optimization—A Primer)'(https://oreil.ly/4nd3D)를 참조하세요. 실제 환경에서는 이 플롯에서 덜 단조로운 동작을 볼 수 있겠지만 항상 개선되기를 기대합니다.

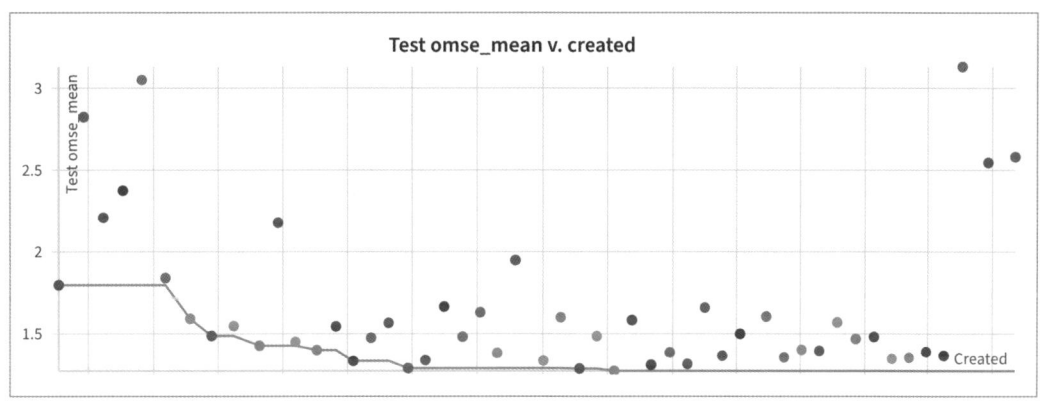

그림 10-7 **손실 값의 파레토 프런티어**

❷ 프리퀀셜 검증

앞의 접근 방식을 실제로 적용하려면, 학습된 모델을 모델 레지스트리에 저장하여 상용 환경에서 사용할 수 있도록 해야 합니다. 모범 사례best practice는 선택한 모델을 테스트할 수 있는 평가 기준을 명시적으로 설정하는 것입니다. 기본 머신러닝 훈련에서 검증 데이터셋에 대해 검토해보도록 권장받았을 것입니다. 검증 데이터셋은 여러 형태를 취할 수 있는데, 특정 인스턴스나 특징의 하위 집합에 대해 테스트하거나 잘 알려진 방식으로 공변량 전체에 걸쳐 분포될 수 있습니다.

추천 시스템에 유용한 하나의 프레임은 추천 시스템이 근본적으로 순차적인 데이터셋이라는 점을 기억하는 것입니다. 이를 염두에 두고 평점 데이터를 다시 한번 살펴보겠습니다. 나중에 순차적 추천기sequential recommender에 대해 자세히 다룰 것이지만, 검증에 적절한 주의를 기울여야 합니다.

모든 평점에는 관련된 타임스탬프가 있습니다. 적절한 검증 집합을 구축하려면 데이터의 끝에서 해당 타임스탬프를 가져오는 것이 좋습니다.

하지만 '서로 다른 사용자가 언제 활동할까?', '타임스탬프가 늦을수록 평점이 편향적으로 선택되는 것은 아닐까?'라는 궁금증이 생길 수 있습니다. 이는 중요한 질문입니다. 이러한 질문을 설명하기 위해 사용자별 홀드아웃을 수행해야 합니다.

이 **프리퀀셜 데이터셋**prequential dataset을 만들기 위해 테스트 집합이 시간 순서대로 훈련 집합 바로 뒤에 오도록 만들려면, 먼저 검증을 위해 10%와 같은 원하는 크기를 결정합니다. 그런 다음, 사용자별로 데이터를 그룹화합니다. 마지막으로, 거부 샘플링을 사용하여 가장 최근의 타임스탬프를 거부 기준으로 사용하지 않도록 합니다.

다음은 판다스에서 거부 샘플링을 사용하는 간단한 구현입니다. 이것은 계산적으로 가장 효율적인 구현은 아니지만 작업을 수행할 수 있습니다.

```
def prequential_validation_set(df, holdout_perc=0.1):
    '''
    거부 샘플링을 활용합니다.

    모든 관측값에 확률을 할당합니다.
    샘플 백분율 아래에 있고 집합에 가장 최근의 것이라면 포함합니다.

    그렇지 않으면 반환하고 반복합니다.
    매번 카운트를 채우는 데 필요한 만큼만 가져옵니다.
    '''
    count = int(len(df)*holdout_perc)
    sample = []
    while count > 0:
        df['p'] = np.random.rand(len(df),1) # 확률 생성
        x = list(
            df.loc[~df.index.isin(sample)] # 이미 선택된 것 제외
            .sort_values(['unix_timestamp'], ascending=False)
            .groupby('user_id').head(1) # 각 그룹에서 첫 번째만 허용
            .query("p < @holdout_perc").index # 인덱스 가져옴
        )
        rnd.shuffle(x) # 이전의 정렬이 사용자 하위 집합에 편향되지 않도록 보장함
```

```
        sample += x[:count] # 더 필요한 만큼 관측값 추가
        count -= len(x[:count]) # 남은 필요 수를 감소시킴

    df.drop(columns=['p'], inplace=True)

    test = df.iloc[sample]
    train = df[~df.index.isin(test.index)]
    return train, test
```

이는 본질적으로 순차적인 데이터셋에 대해 효과적이고 중요한 검증 방식입니다.

10.4.4 WSABIE

최적화와 수정에 대해 다시 한번 집중해보겠습니다. 또 다른 최적화는 MF 문제를 단일 최적화로 다루는 것입니다.

제이슨 웨스턴Jason Weston 등이 작성한 〈WSABIE: 대규모 어휘 이미지 주석 확장(WSABIE: Scaling Up to Large Vocabulary Image Annotation)〉(https://oreil.ly/1GB3x) 논문에도 아이템 행렬에 대한 인수분해가 포함되어 있습니다. 이 방식에서는 사용자 행렬을 사용자가 선호하는 아이템의 가중 합으로 대체합니다. 이미지 임베딩에 의한 웹 규모 주석(WSABIE)과 워프WARP 손실에 대한 자세한 내용은 255페이지의 'WARP'에서 다룹니다. 사용자를 그들이 좋아하는 아이템의 평균으로 표현하면, 공간을 절약할 수 있고, 사용자 수가 많은 경우에도 별도의 사용자 행렬이 필요하지 않습니다.

> **잠재 공간 HPO**
>
> RecSys에서 HPO를 수행하는 완전히 다른 방법은 잠재 공간 자체를 이용하는 것입니다! 브루노 벨로소Bruno Veloso 등이 작성한 〈동적 추천 시스템에서 잠재 공간에 대한 하이퍼파라미터 최적화(Hyper-Parameter Optimization for Latent Spaces in Dynamic Recommender Systems)〉(https://gmanco.github.io/publication/veloso-2021) 논문은 임베딩 모델을 최적화하기 위해 각 단계에서 상대 임베딩을 수정하는 방법을 시도합니다.

10.5 차원 축소

차원 축소 기법은 계산 복잡성을 줄이고 추천 알고리즘의 정확도를 높이기 위해 추천 시스템에서 자주 사용됩니다. 이러한 맥락에서 추천 시스템을 위한 차원 축소의 주요 개념에는 MF와 SVD가 포함됩니다.

행렬 분해 방법은 사용자-아이템 상호작용 행렬 ($A \in \mathbb{R}^{(m \times n)}$)을 두 개의 저차원 행렬로 분해하여 각각 사용자 ($U \in \mathbb{R}^{(m \times r)}$)과 아이템 ($V \in \mathbb{R}^{(n \times r)}$)의 잠재 요인을 나타냅니다. 이 기술은 기본 데이터 구조를 파악하고 사용자의 이전 상호작용을 기반으로 추천을 제공할 수 있습니다. 수학적으로 MF는 다음과 같이 표현할 수 있습니다.

$$A \sim U \times V^{(T)}$$

SVD는 행렬(**A**)을 왼쪽 특이 벡터(**U**), 특잇값(**Σ**), 오른쪽 특이 벡터(**V**)의 세 행렬로 분해하는 선형 대수 기법입니다. SVD는 사용자-아이템 상호작용 행렬이 더 적은 수의 잠재 요인으로 분해되는 추천 시스템의 MF에 활용될 수 있습니다. SVD의 수학적 표현은 다음과 같습니다.

$$A = U \times \Sigma \times V^{(T)}$$

그러나 실제로는 수학 라이브러리를 사용하여 고유 벡터를 찾는 대신, 멱법(거듭제곱법)power iteration method(https://oreil.ly/DCsRs)을 사용하여 고유 벡터를 근사적으로 찾을 수 있습니다. 이 방법은 정확도와 밀집 벡터에 최적화된 완전 밀집 SVD 설루션보다 훨씬 더 확장성이 뛰어납니다.

```
import jax
import jax.numpy as jnp

def power_iteration(a: jnp.ndarray) -> jnp.ndarray:
    """행렬 a의 고유 벡터를 반환합니다.
    Args:
        a: 한 개의 n x m 행렬
    """
    key = jax.random.PRNGKey(0)
    x = jax.random.normal(key, shape=(a.shape[1], 1))
    for i in range(100):
        x = a @ x
        x = x / jnp.linalg.norm(x)
    return x.T

key = jax.random.PRNGKey(123)
A = jax.random.normal(key, shape=[4, 4])
print(A)
[[ 0.52830553  0.3722206  -1.2219944  -0.10314374]
 [ 1.4722222   0.47889313 -1.2940298   1.0449569 ]
 [ 0.23724185  0.3545859  -0.172465   -1.8011322 ]
 [ 0.4864215   0.08039388 -1.2540827   0.72071517]]

S, _, _ = jnp.linalg.svd(A)
```

```
print(S)
[[-0.375782   -0.40269807 -0.44086716 -0.70870167]
 [-0.753597   -0.0482972   0.65527284  0.01940039]
 [ 0.2040088  -0.91405433  0.15798494  0.31293103]
 [-0.49925917  0.00250015 -0.5927009   0.6320123 ]]

x1 = power_iteration(A)
print(x1.T)
[[-0.35423845]
 [-0.8332922 ]
 [ 0.16189891]
 [-0.39233655]]
```

거듭제곱이 반환하는 고유 벡터가 S의 첫 번째 열에 가깝지만 정확히 일치하지는 않다는 것을 알 수 있습니다. 이는 이 방법이 근사적이기 때문입니다. 이 방법은 행렬을 곱할 때 고유 벡터의 방향이 변하지 않는다는 사실에 기반합니다. 따라서 행렬을 반복적으로 곱하면 결국 고유 벡터에 수렴합니다. 또한 행 고유 벡터 대신 열 고유 벡터를 구했다는 점에 주목하세요. 이 예제에서 열은 사용자이고 행은 아이템입니다. 많은 머신러닝이 행렬의 형태를 바꾸고 전치하는 작업이 포함되므로, 전치 행렬을 다루는 데 익숙해지는 것이 중요합니다.

고유 벡터 예제

여기 좋은 연습 문제가 있습니다. 두 번째 고유 벡터는 행렬 곱셈 후 첫 번째 고유 벡터를 빼서 계산됩니다. 이는 두 번째 고유 벡터를 계산하기 위해 알고리즘에게 첫 번째 고유 벡터의 모든 구성 요소를 무시하도록 지시하는 것입니다. 재미있는 연습을 해보기 위해 코랩(https://oreil.ly/0zmWq)으로 이동하여 두 번째 고유 벡터를 계산해보세요. 이를 희소 벡터 표현으로 확장하면 추천 시스템이 일반적으로 사용하는 행렬의 형태인 희소 행렬의 고유 벡터를 계산할 수 있으므로 또 다른 흥미로운 연습이 됩니다.

다음으로 열을 생성한 다음 모든 고유 벡터와의 도트 곱을 구하고 가장 가까운 것을 찾아 사용자를 위한 추천을 구성합니다. 그런 다음 사용자가 보지 않은 고유 벡터에서 가장 높은 점수를 받은 아이템을 모두 찾아서 추천 아이템으로 반환합니다. 따라서 앞의 예에서 고유 벡터 x_1이 사용자 열에 가장 가까운 경우, 사용자가 고유 벡터 x_1에 가장 가까운 경우 고유 벡터에서 가장 큰 구성 요소이므로 가장 높은 점수를 받은 아이템 3이 추천할 수 있는 가장 좋은 아이템이 됩니다. 다음은 코드의 모습입니다.

```
import jax
import jax.numpy as jnp
```

```
def recommend_items(eigenvectors: jnp.ndarray, user:jnp.ndarray) -> jnp.ndarray:
    """ 사용자에 대한 추천 아이템의 정렬된 목록을 반환합니다.
    Args:
        eigenvectors: n X m 고유 벡터 행렬
        user: 크기 m인 사용자 벡터
    """
    score_eigenvectors = jnp.matmul(eigenvectors.T, user)
    which_eigenvector = jnp.argmax(score_eigenvectors)
    closest_eigenvector = eigenvectors.T[which_eigenvector]
    scores, items = jax.lax.top_k(closest_eigenvector, 3)
    return scores, items

S = jnp.array(
    [[-0.375782,   0.40269807],
     [-0.753597,   0.0482972],
     [ 0.2040088, 0.91405433],
     [-0.49925917, -0.00250015]])
u = jnp.array([-1, -1, 0, 0]).reshape(4, 1)
scores, items = recommend_items(S, u)
print(scores)
[ 0.2040088  -0.375782   -0.49925917]
print(items)
[2 0 3]
```

이 예제에서는 사용자가 아이템 0과 아이템 1에 부정적인 평가를 했습니다. 따라서 가장 가까운 열 고유 벡터는 열 0입니다. 그런 다음 사용자와 가장 가까운 고유 벡터를 선택하고, 아이템을 정렬한 다음, 사용자가 보지 않은 아이템 중 가장 높은 점수를 받은 아이템 2를 사용자에게 추천합니다.

다음 두 가지 기법은 사용자-아이템 상호작용 행렬에서 가장 관련성이 높은 특징을 추출하고 차원을 줄여 성능을 개선하는 것을 목표로 합니다.

주성분 분석 principal component analysis, PCA

이 통계 기법은 원래의 고차원 데이터를 가장 중요한 정보를 유지하면서 저차원 표현으로 변환합니다. PCA를 사용자-아이템 상호작용 행렬에 적용하여 차원 수를 줄이고 추천 알고리즘의 계산 효율성을 개선할 수 있습니다.

비음수 행렬 인수분해 nonnegative matrix factorization, NMF

이 기법은 음수가 아닌 사용자-아이템 상호작용 행렬 ($A \in \mathbb{R}^{(m \times n)^{*+}}$)을 두 개의 음수가 아닌 행렬 ($W \in \mathbb{R}^{(m \times r)^{*+}}$와 $H \in \mathbb{R}^{(r \times n)_+}$)로 분해합니다. NMF는 잠재 요인이 음수가 아니며,

해석 가능한 추천 시스템에서 차원 축소를 위해 활용할 수 있습니다. NMF의 수학적 표현은 $A \simeq W \times H$ 입니다.

MF 기법은 부가 정보를 사용하여 아이템 콘텐츠나 사용자 인구통계학적 데이터와 같은 부가 정보를 통합하도록 더욱 확장될 수 있습니다. 부수적인 정보를 사용하여 사용자-아이템 상호작용 행렬을 보강함으로써 보다 정확하고 개인화된 추천을 제공할 수 있습니다.

또한, 상호작용 데이터가 없다고 해서 관심도가 없는 것이 아닌 암묵적 피드백 데이터를 처리하도록 MF 모델을 확장할 수 있습니다. 목적 함수에 추가적인 정규화 조건을 통합함으로써 MF 모델은 사용자-아이템 상호작용 행렬을 더욱 강력하게 표현하여 암묵적 피드백 시나리오에 대한 더 나은 추천을 학습할 수 있습니다.

MF를 사용하여 사용자-아이템 상호작용 행렬을 모델링하는 추천 시스템을 생각해봅시다. 시스템이 많은 사용자와 아이템으로 구성된 경우, 결과 요인 행렬은 고차원이 되어 계산 비용이 많이 들 수 있습니다. 하지만 SVD나 PCA와 같은 차원 축소 기법을 사용하면 알고리즘은 사용자-아이템 상호작용에 대한 가장 중요한 정보를 보존하면서 요인 행렬의 차원을 줄일 수 있습니다. 이를 통해 알고리즘은 새로운 사용자나 상호작용 데이터가 제한적인 아이템에 대해서도 보다 효율적이고 정확한 추천을 생성할 수 있습니다.

10.5.1 아이소메트릭 임베딩

아이소메트릭 임베딩isometric embeddings은 고차원 공간의 점들을 저차원 공간으로 매핑할 때 점들 간의 거리를 유지하는 임베딩의 특정 유형입니다. **아이소메트릭**이라는 용어는 고차원 공간의 점들 간의 거리가 저차원 공간에서 스케일링 계수까지 정확하게 보존된다는 것을 의미합니다.

점 사이의 거리가 왜곡될 수 있는 선형 또는 비선형 임베딩과 같은 다른 유형의 임베딩과 달리, 아이소메트릭 임베딩은 거리 보존이 필수적인 수많은 애플리케이션에서 선호됩니다. 예를 들어, 머신러닝에서는 아이소메트릭 임베딩을 사용하여 데이터 포인트 간의 상대적 거리를 유지하면서 고차원 데이터를 2차원 또는 3차원으로 시각화할 수 있습니다. NLP에서 아이소메트릭 임베딩은 임베딩 공간에서 상대적인 거리를 유지하면서 단어 또는 문서 간의 의미적 유사성을 표현하는 데 활용할 수 있습니다.

아이소메트릭 임베딩을 생성하는 데 널리 사용되는 기술 중 하나는 **다차원 스케일링**multidimensional scaling, MDS입니다. MDS는 고차원 공간에서 데이터 포인트 간의 쌍별 거리를 계산한 다음 이 거리를 유지하는 저차원 임베딩을 결정하는 방식으로 작동합니다. 최적화 문제는 일반적으로 제약된 최적화 문제로 공식화되며, 목표는 고차원 공간의 쌍간 거리 pairwise distance와 저차원 임베딩의 해당 거리 간의 차이를 최소화하는 것입니다. 수학적으로는 $min_{(X)} \sum_{(i,j)} (d_{ij} - ||x_i - x_j||)^2$ 이라고 쓰면 됩니다.

여기서 d_{ij}는 고차원 공간에서의 쌍별 거리를 나타내고, x_i와 x_j는 저차원 임베딩의 점을 나타냅니다.

아이소메트릭 임베딩을 생성하는 또 다른 접근 방식은 커널 PCA 또는 커널 MDS와 같은 커널 메서드를 사용하는 것입니다. 커널 메서드는 데이터 포인트를 암묵적으로 고차원 특징 공간에 매핑하여 포인트 간의 거리를 계산하기 쉽게 만듭니다. 그런 다음 특징 공간에서 아이소메트릭 임베딩이 계산되고, 그 결과 임베딩이 원래 공간에 다시 매핑됩니다.

아이소메트릭 임베딩은 추천 시스템에서 아이템 간의 거리가 유지되는 저차원 공간에서 사용자-아이템 상호작용 행렬을 표현하는 데 사용되었습니다. 임베딩 공간에서 아이템 간의 거리를 보존함으로써 추천 알고리즘은 데이터의 기본 구조를 더 잘 포착하고 더 정확하고 다양한 추천을 제공할 수 있습니다.

아이소메트릭 임베딩은 아이템 콘텐츠나 사용자 인구통계학적 데이터와 같은 추가 정보를 추천 알고리즘에 통합하는 데에도 사용할 수 있습니다. 아이소메트릭 임베딩을 사용하여 아이템과 추가 정보를 표현함으로써 정보를 표현하기 위해 아이소메트릭 임베딩을 사용하면 알고리즘이 사용자-아이템 상호작용 데이터와 아이템 콘텐츠 또는 사용자 인구 통계를 기반으로 아이템 간의 유사성을 파악하여 보다 정확하고 다양한 추천을 제공할 수 있습니다.

또한 아이소메트릭 임베딩은 추천 시스템의 콜드 스타트 문제를 해결하는 데도 사용할 수 있습니다. 아이소메트릭 임베딩을 사용하여 아이템을 표현하면 알고리즘은 사용자 상호작용이 없는 경우에도 임베딩 공간의 기존 아이템과 유사성을 기반으로 새 아이템을 추천할 수 있습니다.

요약하면, 아이소메트릭 임베딩은 추천 시스템에서 아이템 간의 거리가 유지되는 저차원 공간에서 사용자-아이템 상호작용 행렬을 표현하는 데 유용한 기술입니다. 아이소메트릭 임베딩은 MF 기법을 사용하여 생성할 수 있으며, 추가 정보를 통합하고 콜드 스타트 문제를 해결하며 추천의 정확성과 다양성을 개선하는 데 사용할 수 있습니다.

10.5.2 비선형 국소 측정 가능 임베딩

비선형 국소 측정 가능 임베딩nonlinear locally metrizable embedding은 인접 아이템 간의 국소 거리가 보존되는 저차원 공간에서 사용자-아이템 상호작용 행렬을 표현하는 또 다른 방법입니다. 임베딩 공간에서 아이템 간의 국소 거리를 보존함으로써 추천 알고리즘은 데이터의 국소 구조를 더 잘 포착하고 더 정확하고 다양한 추천을 제공할 수 있습니다.

수학적으로 $X = x_1, x_2, ..., x_n$ 을 고차원 공간의 아이템 집합으로, $Y = y_1, y_2, ..., y_n$ 은 저차원 공간에 있는 아이템의 집합으로 정의하겠습니다. 비선형 국소 측정 가능 임베딩의 목표는 국소 거리를 보존하는 매핑 $f : X \to Y$ 를 구하는 것입니다. 즉, 모든 $x_i, x_j \in X$ 에 대해 다음과 같이 구할 수 있습니다.

$$d_Y(f(x_i), f(x_j)) \simeq d_X(x_i, x_j)$$

추천 시스템에서 로컬로 측정 가능한 비선형 임베딩을 생성하는 데 널리 사용되는 접근 방식 중 하나는 오토인코더 신경망autoencoder neural network을 사용하는 것입니다. 오토인코더는 인코더 네트워크를 통해 고차원의 사용자-아이템 상호작용 행렬을 저차원 공간에 매핑한 다음, 디코더 네트워크를 통해 고차원 공간에서 행렬을 다시 재구성하는 방식으로 작동합니다. 인코더와 디코더 네트워크는 임베딩 공간에서 데이터의 기본 구조를 포착하는 것을 목표로 입력 데이터와 재구성된 데이터 간의 차이를 최소화하기 위해 공동으로 훈련됩니다.

$$min_{(\theta, \phi)} \sum_{(i=1)}^{n} || x_i - g_\phi(f_\theta(x_i)) ||^2$$

여기서 f_θ 는 매개변수 θ 를 가진 인코더 네트워크를 나타내고, g_θ 는 매개변수 θ 를 가진 디코더 네트워크를 나타내며, $||\cdot||$ 는 유클리드 노름Euclidean norm을 나타냅니다.

추천 시스템에서 비선형 국소 측정 가능 임베딩을 생성하는 또 다른 접근 방식은 t-분포 확률적 이웃 임베딩(t-SNE)을 사용하는 것입니다. t-SNE는 고차원 공간에서 아이템 간의 쌍별 유사성을 모델링한 다음, 이러한 유사성을 보존하는 저차원 임베딩을 찾는 방식으로 작동합니다.

현대에 더 많이 사용되는 접근 방식은 지역 이웃의 밀도를 보존하는 최소 매니폴드를 찾는 UMAP입니다. UMAP는 복잡하고 고차원적인 잠재 공간에서 저차원 표현을 찾는 데 필수적인 기법이며, 관련 문서는 https://oreil.ly/NLqDg에서 확인할 수 있습니다. 최적화 문제는 일반적으로 고차원 공간의 쌍별 유사도와 저차원 임베딩의 상응하는 유사도 간의 차이를 측정하는 비용 함수 C로 공식화됩니다.

$$C(Y) = \sum_{(i,j)} p_{ij} \times log\left(\frac{p_{ij}}{q_{ij}}\right)$$

여기서 p_{ij}는 고차원 공간에서의 쌍별 유사도를 나타내고, q_{ij}는 저차원 공간에서의 쌍별 유사도를 나타내며, 합은 모든 아이템 (i, j)에 대해 이루어집니다.

비선형 국소 측정 가능 임베딩은 아이템 콘텐츠나 사용자 인구통계학적 데이터와 같은 추가 정보를 추천 알고리즘에 통합하는 데에도 사용할 수 있습니다. 비선형 국소 측정 가능 임베딩을 사용하여 아이템과 추가 정보를 표현함으로써 알고리즘은 사용자-아이템 상호작용 데이터와 아이템 콘텐츠 또는 사용자 인구 통계를 모두 고려하여 아이템 간의 유사성을 파악하고 보다 정확하고 다양한 추천을 제공할 수 있습니다.

또한 비선형 국소 측정 가능 임베딩을 사용하여 추천 시스템의 콜드 스타트 문제를 해결할 수도 있습니다. 비선형 국소 측정 가능 임베딩을 사용하여 아이템을 표현하면, 알고리즘은 사용자 상호작용이 없는 경우에도 임베딩 공간의 기존 아이템과의 유사성을 기반으로 새로운 아이템을 추천할 수 있습니다.

요약하면, 비선형 국소 측정 가능 임베딩은 인접 아이템 간의 국소 거리가 유지되는 저차원 공간에서 사용자-아이템 상호작용 행렬을 표현하기 위한 추천 시스템에서 유용한 기술입니다. 비선형 국소 측정 가능 임베딩은 오토인코더 신경망 또는 t-SNE와 같은 기술을 사용하여 생성할 수 있으며, 추가 정보를 통합하고 콜드 스타트 문제를 해결하며 추천의 정확성과 다양성을 개선하는 데 사용할 수 있습니다.

10.5.3 중심 커널 정렬

신경망을 훈련할 때, 각 계층의 잠재 공간 표현은 입력 신호 간의 상관관계 구조를 표현해야 합니다. 이러한 중간 표현은 초기 계층에서 최종 계층으로 전환되는 일련의 상태로 구성되는 경우가 많습니다. '이러한 표현이 네트워크 계층에 걸쳐 어떻게 변화하는가?', '각 계층은 얼마나 유사한가?'라는 궁금증이 자연스럽게 생길 수 있습니다. 흥미롭게도 일부 아키텍처에서는 이러한 질문을 통해 네트워크의 동작에 대한 깊은 인사이트를 얻을 수 있습니다.

계층 표현을 비교하는 이 과정을 **상관관계 분석**correlation analysis이라고 합니다. 계층이 $1,...,N$인 다층 퍼셉트론MLP의 경우, 상관관계는 쌍 관계의 $N \times N$ 행렬로 나타낼 수 있습니다. 각 계층은 일련의 잠재 요인으로 구성되며, 데이터셋의 다른 특징에 대한 상관관계 분석과 마찬가지로 이러한 잠재 특징 간의 관계는 공분산으로 간단히 요약할 수 있습니다.

10.6 선호도 및 판매 확률

지금까지 살펴본 바와 같이, MF는 강력한 차원 축소 기법으로 판매 확률(흔히 **p-sale**로 줄여서 표현)을 추정할 수 있습니다. MF의 목표는 사용자 행동에 대한 이 과거 데이터와 제품 판매 행렬을 사용자 선호도를 나타내는 행렬과 제품 특성을 나타내는 행렬이라는 두 개의 저차원 행렬로 분해하는 것입니다. 이제 이 MF 모델을 사용하여 매출 추정치를 계산해보겠습니다.

$R \in \mathbb{R}^{(M \times N)}$을 과거 데이터 행렬이라 하고, M은 사용자 수, N은 제품 수입니다. MF는 다음과 같은 두 행렬 $U \in \mathbb{R}^{(M \times d)}$와 $V \in \mathbb{R}^{(N \times d)}$를 구하는 것이 목표이며, 여기서 d는 잠재 공간의 차원입니다.

$$R \simeq U \times V^T$$

MF를 사용하여 먼저 과거 데이터 행렬을 사용자 및 제품 행렬로 분해한 다음, 사용자가 특정 제품을 구매할 가능성을 나타내는 점수를 계산하여 **판매 확률**, 즉 읽기, 보기, 먹기, 클릭 확률을 예측할 수 있습니다. 이 점수는 사용자 행렬의 해당 행과 제품 행렬의 열의 도트 곱을 사용하여 계산한 다음, 로지스틱 함수를 사용하여 도트 곱을 확률 점수로 변환하여 계산할 수 있습니다.

수학적으로 사용자 u와 제품 p의 판매 확률은 다음과 같이 다시 표현할 수 있습니다.

$$P(u, p) = \text{sigmoid}(u \times p^T)$$

여기서 시그모이드sigmoid는 사용자와 제품 벡터의 점의 곱을 0과 1 사이의 확률 점수로 매핑하는 로지스틱 함수입니다.

$$sigmoid(x) = 1 / (1 + exp(-x))$$

p^T는 제품 벡터의 전치를 나타냅니다. 사용자와 제품 벡터의 도트 곱은 사용자의 선호도와 제품 특성 간의 유사도를 측정하는 척도이며, 로지스틱 함수는 이 유사성 점수를 확률 점수로 매핑합니다.

사용자 및 제품 행렬은 SVD, NMF, ALS와 같은 다양한 MF 알고리즘을 사용하여 과거 데이터로 훈련할 수 있습니다. 행렬이 학습되면 새로운 사용자-제품 쌍에 도트 곱 및 로지스틱 함수를 적용하여 판매 확률을 예측할 수 있습니다. 그런 다음 예측된 확률을 사용하여 사용자에게 제품의 순위를 매기고 추천할 수 있습니다.

한 가지 강조하고 싶은 점은 ALS의 손실 함수가 볼록하기 때문에(즉, 하나의 글로벌 최솟값이 존재한다는 의미), 사용자 행렬이나 아이템 행렬 중 하나를 고정하면 수렴 속도가 빠를 수 있습니다. 이 방법에서는 먼저 사용자 행렬을 고정하고 아이템 행렬을 구합니다. 그런 다음 아이템 행렬이 고정하고 사용자 행렬을 구합니다. 이 방법은 두 행렬 간을 번갈아가며 사용하고, 이 방식에서는 손실 함수가 볼록하기 때문에 빠르게 수렴합니다.

사용자 행렬의 해당 행과 제품 행렬의 열의 도트 곱은 사용자와 제품 간의 선호도 점수, 즉 사용자의 선호도가 제품의 특성과 얼마나 잘 일치하는지를 나타냅니다. 하지만 이 점수만으로는 사용자가 실제로 제품을 구매할지 여부를 충분히 예측할 수 없습니다.

MF 모델에서 도트 곱에 적용된 로지스틱 함수는 선호도 점수를 판매 가능성을 나타내는 확률 점수로 변환합니다. 이러한 변환에는 사용자의 선호도와 제품의 특성 외에도 제품의 전반적인 인기도, 사용자의 구매 행동, 기타 관련 외부 요인 등 추가적인 요소가 고려됩니다. 이러한 추가 요소를 통합함으로써 MF는 단순한 선호도 점수가 아니라 판매 가능성을 더 정확하게 예측할 수 있습니다.

잠재 임베딩을 일렬로 계산하기 위한 비교 라이브러리(JAX는 아님)로는 libFM(http://libfm.org)이 있습니다. 인수분해 기계의 공식은 두 벡터 간의 상호작용을 모델링한다는 점에서 GloVe 임베딩과 유사하지만, 도트 곱은 회귀 또는 이진 분류 작업에 사용할 수 있습니다. 또한 이 방법은 사용자와 아이템을 넘어 두 가지 이상의 아이템을 추천하도록 확장할 수도 있습니다.

요약하면, MF는 사용자의 선호도와 상품의 특성 외에 추가적인 요소를 반영하고, 로지스틱 함수를 사용해 선호도 점수를 확률 점수로 변환함으로써 단순한 선호도 점수가 아닌 판매 확률을 산출합니다.

10.7 추천 시스템 평가를 위한 성향 가중치 적용

지금까지 살펴본 바와 같이 추천 시스템은 배포된 추천 시스템에서 수집된 사용자 피드백을 기반으로 평가됩니다. 그러나 이 데이터는 배포된 시스템에 영향을 받아 피드백 루프가 생성하므로 새 모델의 평가를 편향시킬 수 있습니다. 이러한 피드백 루프는 교란 변수로 이어질 수 있어 사용자 선호도와 배포된 시스템의 영향을 구분하기 어렵게 만들 수 있습니다.

이 사실이 놀랍다면, 추천 시스템이 사용자의 행동이나 그 행동의 결과에 인과적 영향을 미치지 않도록 하기 위해 무엇이 필요한지 잠시 생각해봅시다. 이를 위해 '사용자가 추천을 완전히 무시한다', '시스템이 무작위로 추천을 한다' 같은 가정이 필요합니다. 성향 가중치를 사용하면 이 문제의 최악의 영향을 일부 완화할 수 있습니다.

추천 시스템의 성능은 사용자-아이템 특성, 맥락 정보, 트렌드 등 여러 가지 요소에 따라 달라지며, 이러한 요소는 추천의 품질과 사용자 참여도에 영향을 미칠 수 있습니다. 그러나 이러한 영향은 상호작용할 수 있으며, 사용자 상호작용이 추천기에게 영향을 주거나 그 반대의 경우도 마찬가지입니다. 따라서 추천 시스템이 사용자 행동과 만족도에 미치는 인과적 효과를 평가하는 것은 잠재적인 교란 변수, 즉 처리 방식(추천 전략)와 관심 있는 결과(추천에 대한 사용자의 반응) 모두에 영향을 미칠 수 있는 요인을 통제해야 하므로 까다로운 작업입니다.

인과 관계 추론은 이러한 문제를 해결하기 위한 프레임워크를 제공합니다. 추천 시스템의 맥락에서 인과 추론은 다음과 같은 질문에 답하는 데 도움이 될 수 있습니다.

- 추천 전략의 선택이 CTR, 구매율, 만족도 등 사용자 참여에 어떤 영향을 미치는가?
- 특정 사용자 세그먼트, 아이템 카테고리, 맥락에 대한 최적의 추천 전략은 무엇인가?
- 추천 전략이 사용자 리텐션, 충성도, 생애 가치에 미치는 장기적인 영향은 무엇인가?

이 장에서는 성향 점수라는 개념을 기반으로 추천 시스템에 중요한 인과 관계 추론의 한 측면을 소개하는 것으로 이 장을 마무리하겠습니다. 사용자에게 표시될 일부 아이템의 조정된 가능성을 정량화하기 위해 성향을 도입할 것입니다. 그런 다음 이것이 유명한 심슨의 역설 Simpson's paradox과 어떻게 상호작용하는지 살펴보겠습니다.

10.7.1 성향

많은 데이터 과학 문제에서 우리는 교란 요인과 그 요인들이 목표 결과와 갖는 상관관계를 파악해야 합니다. 설정에 따라 교란 요인은 다양한 형태로 존재할 수 있습니다. 추천 시스템에서는 시스템 자체가 교란 요인이 될 수 있다는 점이 흥미롭습니다! 추천 시스템의 오프라인 평가는 사용자의 아이템 선택 행동과 배포된 추천 시스템에서 파생된 교란 요소의 영향을 받습니다.

이 문제가 약간 순환적인 것처럼 보인다면, 그 이유는 실제로 그렇기 때문입니다. 이를 **폐쇄 루프 피드백**closed-loop feedback이라고도 합니다. 이를 완화하기 위한 한 가지 접근 방식은 추정된 성향을 기반으로 해당 계층의 각 피드백을 고려함으로써 이 문제를 해결하는 것을 목표로 하는 성향 가중치입니다. **성향**propensity은 사용자가 아이템을 볼 가능성을 의미하며, 이에 역으로 가중치를 부여함으로써 선택 편향을 상쇄할 수 있습니다. 표준 오프라인 홀드아웃 평가와 비교했을 때, 이 방법은 검토된 추천 모델의 실제 효용을 표현하려고 시도합니다.

반사실적 활용

선택 편향을 완화하기 위한 또 다른 접근 방식 중 하나로, 강화 학습(RL)의 정책 외 평가 접근 방식과 더 유사한 성향 가중치 기법을 사용하여 추천 모델의 실제 효용을 추정하는 **반사실적 평가**counterfactual evaluation가 있습니다. 그러나 반사실적 평가는 일부 무작위 아이템이 사용자에게 노출되는 개방형 루프 환경에서 정확한 로깅 성향에 의존하는 경우가 많기 때문에 대부분의 추천 문제에는 실용적이지 않습니다. 사용자에게 무작위 추천을 포함하여 평가할 수 있는 옵션이 있다면 편향성을 줄이는 데 도움이 될 수 있습니다. 이러한 방법을 결합할 수 있는 설정 중 하나는 멀티암드 밴딧 또는 기타 구조화된 무작위 추출과 같은 탐색-활용 방법을 사용하는 RL 기반 추천 시스템 구성입니다.

역성향 평점 Inverse propensity scoring, IPS은 배포된 추천 시스템에서 수집된 피드백이 균일하게 무작위적이지 않다는 사실을 고려하기 위해 연령별 중요도 샘플링을 활용하는 성향 기반 평가 방법입니다. 성향 점수는 성향 점수에 따라 관측된 피드백 분포를 조정하는 균형 요소입니다. 오픈 루프 피드백을 가능한 모든 아이템에서 균일하게 무작위로 샘플링할 수 있다면 IPS 평가 방법은 이론적으로 편향되지 않습니다. 3장에서는 추천 시스템에 대한 마태 효과, 즉 '부자가 더 부자가 되는' 현상에 대해 설명했습니다. IPS는 이 효과를 방지하는 한 가지 방법입니다. 여기서 마태 효과와 심슨의 역설의 두 가지 개념, 즉 서로 다른 계층 내에서 선택 효과가 상당한 편향성을 야기하는 경우의 관계에 주목하세요.

성향 가중치는 배포된 추천 시스템에 의해 아이템이 사용자에게 노출될 확률(성향 점수)이 해당 사용자로부터 수집되는 피드백에 영향을 미친다는 아이디어에 기반합니다. 성향 점수에 따라 피드백에 가중치를 부여하면 배포된 시스템으로 인한 편향을 조정하고 새로운 추천 모델에 대한 보다 정확한 평가를 얻을 수 있습니다.

IPS를 적용하려면 수집된 피드백 데이터셋에서 각 아이템-사용자 상호작용에 대한 성향 점수를 추정해야 합니다. 이는 배포된 시스템이 해당 상호작용 시점에 사용자에게 해당 아이템을 노출했을 확률을 모델링하여 수행할 수 있습니다. 한 가지 간단한 접근 방식은 아이템의 인기도를 성향 점수의 프록시로 사용하는 것입니다. 그러나 보다 정교한 방법을 사용하여 사용자 및 아이템의 특징과 상호작용의 콘텍스트를 기반으로 성향 점수를 모델링할 수도 있습니다.

성향 점수가 추정되면 중요도 샘플링을 사용하여 피드백에 가중치를 다시 부여할 수 있습니다. 구체적으로 각 피드백은 성향 점수의 역수만큼 가중치를 부여하여 배포된 시스템에 의해 노출될 가능성이 높은 아이템은 가중치를 낮추고 노출될 가능성이 낮은 아이템은 가중치를 높입니다. 이 가중치 재조정 프로세스는 균일한 인기도 분포에서 추천을 표시할 때 예상되는 피드백의 반사실적 분포를 근사화합니다.

마지막으로, 이 장에서 살펴본 것처럼 가중치가 재조정된 피드백을 사용하여 표준 평가지표를 통해 새로운 추천 모델을 평가할 수 있습니다. 그런 다음 가중치가 재조정된 피드백을 사용하여 새 모델의 유효성을 배포된 시스템의 유효성과 비교하여 새 모델의 성능을 보다 공정하고 정확하게 평가할 수 있습니다.

10.7.2 심슨의 역설과 교란 완화

심슨의 역설 Simpson's paradox은 (잠재적으로 오해의 소지가 있는) 공변량을 계층화하는 교란 변수의 개념에 기반합니다. 이 역설은 두 변수 간의 연관성이 교란 변수에 의해 왜곡될 때 발생합니다.

추천 시스템의 경우, 이 교란 변수는 배포된 모델의 특성과 선택 편향입니다. 성향 점수는 편향되지 않은 오픈 루프 노출 시나리오에서 시스템의 편차를 측정하는 척도로 도입되었습니다. 이 점수를 통해 관측된 폐쇄 루프 피드백에 기반한 추천 모델의 오프라인 평가를 설계하고 분석하여 개방 루프 시나리오의 일부 특정 특성을 모방할 수 있습니다.

전통적으로 심슨의 역설을 설명할 때는 계층화stratification가 많이 제안됩니다. 이는 각 계층별로 인과 효과causal effect를 조사하기 전에, 먼저 기저stratum를 식별하여 인과 효과를 발견하고 추정하는 잘 알려진 기법입니다. 이 접근법을 사용하면 교란 변수와 관계없이 잠재적 결과를 측정할 수 있습니다. 추천 시스템의 경우, 이는 배포된 모델의 특성(교란 변수)에 따라 관측된 결과를 여러 계층으로 분류(계층화)하고, 각 계층에서의 결과를 분석하는 방식으로 구현됩니다.

사용자 독립적 성향 점수는 배포된 모델에 의해 아이템이 추천될 사전 확률과 사용자가 해당 아이템과 상호작용할 조건부 확률을 사용하는 2단계 생성 프로세스를 통해 추정됩니다. 일련의 가벼운 가정을 바탕으로(하지만 수학적으로 너무 기술적이므로 이 책에서는 다루지 않음), 각 데이터셋에 대한 최대 가능도likelihood을 사용하여 사용자 독립적 성향 점수를 추정할 수 있습니다.

배포된 모델이 아이템 $i \in I$ 를 사용자 $u \in U$ 에게 노출하는 경향 또는 빈도를 나타내는 사용자 성향 점수 $p_{u,i}$ 를 정의해야 합니다. 실제로는 사용자에 대한 한계화marginalize를 통해 사용자 독립적 성향 점수 $p_{*,i}$ 를 구합니다. 롱치 양Longqi Yang 등이 작성한 〈Missing-Not-at-Random 암묵적 피드백을 위한 편향 없는 오프라인 추천기 평가(Unbiased Offline Recommender Evaluation for Missing-Not-at-Random Implicit Feedback)〉(https://oreil.ly/mpM87)에서 설명한 대로, 이 공식은 다음과 같습니다.

$$p_{*,i} \alpha \left(n_i^*\right)^{\frac{\gamma+1}{2}}$$

여기서 n_i^* 는 아이템 i와 상호작용한 총 횟수이며, γ 는 관측된 인기도가 다른 아이템에 대한 성향 분포에 영향을 미치는 매개변수입니다. 멱법칙 매개변수 γ 는 아이템별 성향 분포에 영향을 미치며 조사된 데이터셋에 따라 달라집니다. 각 데이터셋에 대해 최대 가능도를 사용하여 γ 매개변수를 추정합니다.

이러한 성향 추정치를 사용하면 간단한 역가중치 $w_i = \dfrac{1}{p_i}$ 를 적용하여 피드백의 효과를 계산할 수 있습니다. 마지막으로, 이러한 가중치를 성향 매칭과 결합하여 반사실적 추천을 생성할 수 있습니다. 거의 동일한 성향의 아이템을 계층으로 모아 교란 변수로 사용할 수 있습니다.

이중 강건 추정

이중 강건 추정Doubly robust estimation, DRE은 처리될 확률(배포된 모델에 의해 아이템이 추천될 확률)을 모델링하는 모델과 관심 있는 결과(아이템에 대한 사용자의 피드백)를 모델링하는 모델의 두 가지 모델을 결합하는 방법입니다. DRE에 사용되는 가중치는 두 모델에서 예측된 확률에 따라 달라집니다. 이 방법의 장점은 모델 중 하나가 잘못 지정되더라도 편향되지 않은 추정치를 제공할 수 있다는 점입니다.

성향 점수 가중치와 결과 모델을 사용하는 이중 강건 추정의 구조 방정식은 다음과 같습니다.

$$\Theta = \frac{\sum w_i (Y_i - f(X_i))}{\sum w_i (T_i - p_i) + \sum w_i \left(p_i (1 - p_i)^2 \left(f(X_i) - f^*(X_i)\right)\right)}$$

여기서 Y_i는 결과, X_i는 공변량, T_i는 치료, p_i는 성향 점수, w_i는 가중치, $f(X_i)$는 결과 모델, $f^*(X_i)$는 추정된 결과 모델입니다.

이러한 고려 사항에 대한 훌륭한 소개를 보려면 '강력한 추정기 제공-두 배로 만들기!(Give Me a Robust Estimator-and Make It a Double!)'(https://oreil.ly/sNhvF)를 참조하세요.

10.8 요약

정말 많은 것을 다뤘습니다! 잠재 공간은 추천 시스템에서 가장 중요한 측면입니다. 잠재 공간은 사용자와 아이템을 인코딩하는 데 사용하는 표현입니다. 궁극적으로 잠재 공간은 차원 축소 이상의 의미를 지니며, 거리 측정값이 머신러닝 작업과 관련된 의미를 인코딩하는 기하학적 구조를 이해하는 것입니다.

임베딩과 인코더의 세계는 매우 깊습니다. CLIP 임베딩(이미지+텍스트)이나 푸앵카레Poincaré 디스크(자연스러운 계층적 거리 측정)에 대해서는 아직 논의할 시간이 없었습니다. UMAP(비선형 밀도 인식 차원 축소 기법)이나 HNSW(지역 기하학을 잘 반영하는 잠재 공간에서의 검색 방법)에 대해서도 깊이 있게 다루지 않았습니다. 그 대신 임베딩에 관한 비키 보이키스Vicki Boykis의 글(https://oreil.ly/Rpu23), 임베딩 구성에 관한 카렐 미나릭Karel Minařík의 에세이 및 가이드(https://oreil.ly/UDZ1_), 텍스트 임베딩에 대한 코히어Cohere의 미오 아메르Meor Amer가 작성한 아름다운 시각적 가이드(https://oreil.ly/t1N48)를 참고해보시기 바랍니다.

이제 표현 방식은 갖추었지만 최적화가 필요합니다. **개인화된** 추천 시스템을 구축하고 있으므로, 작업 성과를 측정할 지표를 정의해보겠습니다.

CHAPTER 11

개인화된 추천 지표

개인화라는 맥락에서 MF와 신경망의 강력한 방법론을 살펴본 결과, 우리는 이제 정교한 추천 시스템을 만들 수 있는 강력한 도구를 갖추게 되었습니다. 그런데 추천 목록의 순서는 사용자의 참여도와 만족도에 큰 영향을 미칠 수 있습니다.

지금까지의 우리의 여정은 주로 잠재 요인이나 딥러닝 아키텍처를 사용하여 사용자가 좋아할 만한 것을 예측하는 데 중점을 두었습니다. 이러한 예측을 제시하는 방식, 즉 보다 정확하게는 추천 순위를 어떻게 매기는지가 중요합니다. 따라서 이 장에서는 예측 문제에서 벗어나, 추천 시스템에서 순위를 매기는 복잡한 과정을 확인해보겠습니다.

이 장에서는 평균 평균 정밀도mean average precision, mAP, 평균 역순위mean reciprocal rank, MRR, 정규화된 할인 누적 이득normalized discounted cumulative gain, NDCG 등 주요 순위 지표를 이해하는 데 중점을 두고 있습니다. 이러한 각 지표는 사용자 상호작용의 다양한 측면을 고려하여 순위의 품질을 정량화하기 위한 고유한 접근 방식을 취합니다.

이러한 지표들의 세부적인 부분을 확인하여, 계산 세부 사항을 밝히고 그 해석에 대해 논의하며, 장단점을 다루고, 다양한 개인화 시나리오와의 구체적인 관련성을 확인할 것입니다.

이러한 탐색은 추천 시스템에서 평가 프로세스의 중요한 부분을 차지합니다. 이는 시스템의 성능을 측정할 수 있는 강력한 프레임워크를 제공할 뿐만 아니라, 온라인 환경에서 다양한 알고리즘이 어떻게 작동하는지 이해하는 데 필수적인 인사이트를 제공합니다. 이는 알고리즘 편향성, 추천의 다양성, 추천 시스템에 대한 다중 이해관계자 접근 방식에 대한 향후 논의의 토대를 마련할 것입니다.

본질적으로, 이 장에서 얻은 지식은 추천 시스템을 미세 조정하는 도움이 되는 도구가 되어, 예측을 잘하는 것뿐만 아니라 개별 사용자의 선호도와 행동에 진정으로 공감하는 방식으로 추천할 수 있도록 해줄 것입니다.

11.1 환경

주요 지표를 정의하기 전에, 평가의 종류에 대해 잠시 논의하겠습니다. 곧 보게 되겠지만, 추천 시스템에 대한 평가에 추천이 사용자에게 얼마나 **관련성이 있는지**가 중요한 특성인 경우가 많습니다. 검색 지표와 유사하지만, 추가 요소를 포함하여 가장 관련성이 높은 아이템이 목록의 **어느 곳에** 위치하는지도 고려합니다.

추천 시스템 평가를 매우 포괄적인 관점에서 바라보기 위해, 최근의 프로젝트 RecList(https://oreil.ly/b6mPy)에서는 지표와 평가를 구성하는 데 유용한 체크리스트 기반 프레임워크를 구축했습니다.

흔히 다음과 같은 몇 가지 설정으로 추천기를 평가하는 것은 알고 있을 것입니다.

- 온라인/오프라인
- 사용자/아이템
- A/B

각 설정은 조금씩 다른 종류의 평가를 제공하며, 서로 다른 내용을 알려줍니다. 용어에 대한 몇 가지 가정을 수립하기 위해 차이점을 빠르게 분석해보겠습니다.

11.1.1 온라인 및 오프라인

온라인 추천기와 오프라인 추천기는 평가를 실행하는 시점에 차이가 있습니다. **오프라인 평가**에서는 상용 시스템 외부의 테스트/평가 데이터셋으로 일련의 지표를 계산합니다. 이는 가장 간단하게 설정할 수 있는 추천기이지만, 기존 데이터가 많이 필요합니다. 과거 데이터를 사용하여 관련 응답을 구성하고, 시뮬레이션된 추론 중에 사용할 수 있습니다. 이 접근 방식은 전통적인 머신러닝과 가장 유사하지만 오류 계산 방식이 약간 다릅니다.

대규모 모델을 훈련할 때는 오프라인 데이터셋을 사용합니다. 우리는 앞서 프리퀀셜prequential 데이터를 살펴보았는데, 이는 다른 많은 머신러닝 애플리케이션보다 추천 시스템과 훨씬 더 관련성이 높습니다. 때로는 사람들이 '모든 추천 시스템은 순차적 추천 시스템'이라는 말을 들을 수 있는데, 이는 추천 문제에서 과거 노출이 중요하기 때문입니다.

온라인 평가는 일반적으로 상용 환경에서 추론하는 동안 이루어집니다. 까다로운 부분은 기본적으로 반사실적counterfactual 결과를 알 수 없다는 것입니다. 온라인 순위에서 공변량의 빈도 및 분포, CTR/성공률, 플랫폼 체류 시간 등의 특정 지표를 계산할 수 있지만, 이러한 지표는 결국 오프라인 지표와 차이를 보입니다.

과거 평가 데이터에서 부트스트랩하기

추천을 처음부터 구축하는 사람들이 가장 많이 하는 질문 중 하나는 '초기 훈련 데이터는 어디서 구하나요?'입니다. 이것은 어려운 문제입니다. 궁극적으로, 유용한 데이터셋을 만들려면 창의적이어야 합니다. 위키피디아 추천기의 동시 출현 데이터를 다시 생각해보세요. 추천기를 구축하기 위한 데이터셋을 얻기 위해 사용자 상호작용이 필요하지는 않았습니다. 아이템 간 부트스트랩하는 것이 가장 많이 사용되는 전략이지만 다른 기법들도 사용할 수 있습니다. 사용자-아이템 추천으로 넘어가는 가장 간단한 방법은 사용자에게 직접 질문을 하는 것입니다. 일련의 아이템 특징에 대한 선호도 정보를 묻고, 이를 통합하기 시작하는 간단한 모델을 구축할 수 있습니다.

11.1.2 사용자 대 아이템 지표

추천 시스템은 개인화 기계이기 때문에, 항상 사용자를 위한 추천을 제공하고 그 성능을 측정하고 싶어 할 것입니다. 하지만 미묘한 차이가 있습니다. 우리는 개별 아이템이 공정한 기회를 얻고 있는지 확인하고 싶고, 때로는 방정식의 다른 측면을 살펴보는 것이 이를 평가하는 데 도움이 될 수 있습니다. 즉, 아이템들이 충분히 자주 추천되어 틈새 시장을 찾고 있는지 사용자 축과 아이템 축에 대한 지표를 명시적으로 계산해야 합니다.

아이템 측면 지표의 또 다른 유의해야 할 부분은 집합 기반 추천기에 관한 것이라는 점입니다. 맥락에 따라 추천되는 다른 아이템들이 추천의 성능에 상당한 영향을 미칠 수 있습니다. 따라서 대규모 평가에서는 쌍별 아이템 지표를 측정할 때 주의해야 합니다.

11.1.3 A/B 테스트

새로운 추천 모델의 성능을 평가하려면, 무작위 대조 실험을 사용하는 것이 좋습니다. 이는 매우 까다로운 작업입니다. 이 장의 마지막 부분에서 미묘한 차이를 확인할 수 있겠지만, 지금은 폐쇄 루프 패러다임에서 A/B 테스트를 어떻게 다뤄야 하는지 간단히 확인해보겠습니다.

효과 크기 추정effect size estimation은 목표 지표에 대한 개입의 인과적 영향을 측정하는 프로세스로, A/B 테스트는 한 모델을 다른 모델로 교체했을 때의 효과 크기를 추정하는 것입니다. 먼저 두 개의 추천 모델을 배포해야 합니다. 또한 각 추천 모델에 사용자를 합리적으로 무작위 배정하면 좋겠죠. 하지만 무작위화 단위randomization unit는 무엇일까요? 사용자라고 쉽게 짐작하기 쉽지만, 추천기에 대해 무엇이 변경되었나요? 추천기가 분포의 일부 속성에 공변하는, 즉 일부 속성에 따라 다르게 작동하도록 변경되었나요? 예를 들어, 11월 둘째 주에 접어들면 계절성 TV 특집 프로그램에 덜 우호적인 새로운 추천기를 구축하는 것과 같습니다.

추천 시스템에 대한 이러한 종류의 테스트에서 고려해야 할 또 다른 사항은 장기적인 복합 효과입니다. 몇 년에 걸친 일련의 양성인 A/B 테스트 결과에 대해 '첫 번째 추천과 마지막 추천을 비교 테스트해봤나요?'라는 질문을 자주 받습니다. 이는 사용자와 아이템 모두 모집단이 변경되기 때문입니다. 또한 추천 시스템을 다양하게 변경함에 따라 이 사용자 또는 아이템 집단을 다른 추천 시스템에서는 본 적이 없는 이중 맹검 상황double-blind situation에 처하는 경우가 종종 있습니다. 모든 A/B 테스트의 효과 크기가 업계 전반에 걸쳐 모두 더해진다면, 전 세계 GDP가 2~3배로 성장하게 될 것입니다.

이와 같은 반발을 방지하는 방법은 **장기 홀드아웃**long-term holdout으로, 시간이 지나도 새 모델로 업그레이드되지 않는 무작위 하위 사용자 집합(지속적으로 추가됨)입니다. 이 집합과 상용의 가장 최신 모델을 비교하여 목표 지표를 측정하여, 작업의 장기적인 효과를 항상 파악할 수 있습니다. 장기 홀드아웃의 단점은 무엇일까요? 유지하기 어렵고, 모집단의 일부 하위 집단에 대해 작업의 일부 효과를 희생하기 어렵다는 점입니다.

이제 드디어 지표를 살펴봅시다!

11.2 재현율과 정밀도

먼저 네 가지 추천 문제와 각 문제가 원하는 결과의 종류에 따라 어떻게 다른 의미를 가질 수 있는지 살펴보겠습니다.

첫 번째 예로, 서점에 들어가 인기 작가의 책을 찾는 경우를 가정해보겠습니다. 이는 다음과 같은 추천 문제라고 할 수 있습니다.

- 많은 추천을 제공함
- 관련성 있는 결과가 적음

게다가 서점에 좋은 셀렉션이 있다면, 모든 관련된 검색 결과가 추천에 포함되어 있을 것으로 예상합니다. 왜냐하면 서점에서는 한 작가의 작품이 인기를 얻으면 대부분 또는 모든 작품을 취급하는 경우가 많기 때문입니다. 그러나 서점에서 추천되는 책 중 상당수는 검색과 관련이 없는 경우가 많습니다.

두 번째 예로, 대도시에서 지도 앱으로 근처에 있는 주유소를 찾는 경우를 생각해봅시다. 비교적 가까운 곳에 많은 주유소가 있을 것으로 예상되지만, 처음 보이는 주유소 두어 곳 또는 한 곳만 선택지로서 고려할 것입니다. 따라서 이 문제에 대한 추천기의 특성은 다음과 같습니다.

- 관련성 있는 결과가 많음
- 유용한 추천이 적음

첫 번째 예시에서는 관련 결과가 추천에 모두 포함될 수 있으며, 두 번째 예시에서는 추천이 관련 결과에 완전히 포함될 수 있습니다.

이제 좀 더 일반적인 시나리오를 살펴보겠습니다.

세 번째 예로, 오늘 밤 로맨틱한 기분이 들어 스트리밍 동영상 플랫폼에서 시청할 콘텐츠를 검색한다고 가정해보겠습니다. 스트리밍 플랫폼은 이런저런 주제의 추천 페이지를 여럿 보여주는 경향이 있습니다. 하지만 오늘 밤, 그리고 이 플랫폼에서만이라도 단 몇 편의 영화나 TV 프로그램 만이 정말로 당신이 찾는 것에 맞을 수 있습니다. 그러면 추천기는 다음과 같습니다.

- 추천이 많음
- 실제로 관련성이 있는 추천은 몇 개뿐임

여기서 중요한 것은 모든 관련 결과가 추천에 표시되는 것은 아니라는 점입니다. 즉, 플랫폼마다 제공하는 콘텐츠가 다르기 때문에 아무리 여러 번 살펴보더라도 일부 관련 결과가 추천에 표시되지 않을 수 있습니다.

네 번째 예로, 특별한 취향을 가진 고급 커피 마니아가 현지 로스터에서 3세대, 싱글 오리진 커피를 찾고 있다고 가정해봅시다. 숙련된 커피 애호가로서 전 세계의 고품질 커피를 좋아하고 대부분의 원산지를 즐기지만 모든 원산지를 즐기는 편은 아닙니다. 하지만 동네 카페에는 싱글 오리진 핸드브루 커피가 몇 가지밖에 없을 수도 있습니다. 호불호가 나뉘지만 인기 있는 테루아 커피가 있을 수 있습니다. 이 작은 커피 추천 브루 바는 다음과 같이 설명할 수 있습니다.

- 몇 가지 추천 제공
- 관련성 있는 다양한 추천 제공

몇 가지 추천 중 일부만 관련 있을 수 있습니다.

이렇게 네 가지 시나리오입니다. 후자의 두 가지 경우, 추천과 관련성 사이의 교집합은 비율적으로 작거나 크거나 심지어 비어 있을 수도 있습니다! 작은 샘플의 전체가 항상 사용되는 것은 아닙니다.

이제 몇 가지 예제를 살펴봤으니, 이들이 추천의 핵심 지표인 정밀도$_{precision}$ 및 재현율$_{recall}$ $@k$(그림 11-1)와 어떻게 연관되는지 살펴봅시다. 예제 3과 4를 살펴보면 일부 추천만 관련성 있는 옵션과 교차한다는 것을 알 수 있습니다. 그리고 관련성 있는 옵션 중 일부만 추천과 교차합니다. 종종 간과되는 부분이지만 사실 **이 두 가지 비율이 지표를 정의**합니다.

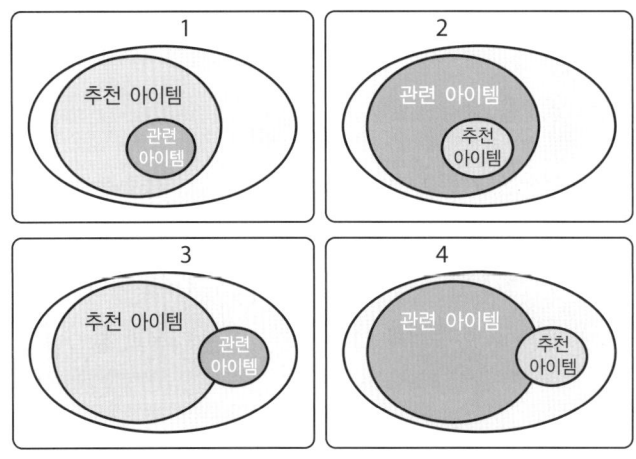

그림 11-1 재현율 및 정밀도 집합

11.2.1 @k

이 장과 RecSys 지표에 대한 논의의 대부분에서 @k와 같은 표현을 사용하는데, 이는 'k에서(at k)'를 의미하며, 실제로는 'k 안에서(in k)' 또는 'k 중에서(out of k)'를 의미해야 합니다. 이는 단순히 추천 집합의 크기를 나타내는 지표입니다. 우리는 종종 사용자 경험을 해치지 않고 얼마나 많은 추천을 보여줄 수 있는지에 사용자 경험을 기준으로 삼습니다. 또한 관련 아이템 집합의 카디널리티cardinality를 알아야 하는데, 이를 @r이라고 합니다. 이 숫자를 모를 수도 있지만, 훈련 또는 테스트 데이터를 통해 '알려진 관련' 옵션을 의미한다고 가정합니다.

11.2.2 k에서의 정밀도

정밀도precision는 추천 집합의 크기인 k 대비 관련 추천 집합의 크기의 비율입니다.

$$정밀도@k = \frac{num_{relevant}}{(k)}$$

관련 아이템의 크기가 공식에 포함되지 않는다는 점에 유의하세요. 교집합의 크기는 여전히 관련 아이템 집합의 크기에 따라 달라집니다.

두 번째 시나리오가 기술적으로는 가장 높은 정밀도를 가지고 있지만, 관련 결과의 수로 인해 약간의 오해의 소지가 있습니다. 이는 추천 시스템을 평가할 때 정밀도가 가장 일반적인 지표가 아닌 이유입니다.

11.2.3 k에서 재현율

재현율은 관련 아이템 집합의 크기인 r 대비 관련 추천 집합의 크기의 비율입니다.

하지만 잠깐! 비율이 관련 아이템 대비 관련 추천이라면, k의 역할은 무엇일까요? 추천 집합의 크기가 교집합의 가능한 크기를 제한하므로, k는 여전히 중요합니다. 이 비율은 항상 k에 따라 작동한다는 점을 기억하세요. 즉, r과 k의 최댓값을 고려해야 하는 경우가 많습니다.

세 번째 시나리오에서 우리는 마음에 드는 영화들이 적절한 스트리밍 플랫폼에 있기를 바랍니다. 이들의 수를 모든 콘텐츠의 수로 나눈 값이 **재현율**입니다. 모든 관련 영화가 이 플랫폼에 있다면, 이를 **완전한 재현**total recall이라고 할 수 있습니다.

네 번째 시나리오의 카페 경험은 재현율이 때때로 회피의 반대 확률이라는 점을 보여줍니다. 너무 많은 커피를 좋아한다면, 오히려 싫어하는 커피에 대해 이야기하는 것이 더 쉬울 수 있습니다. 이 경우, 제공된 것 중 피한 횟수가 재현율에 큰 영향을 미칠 것입니다.

$$재현율@k = \frac{(k - Avoid@k)}{num_{relevant}}$$

이는 재현율에 대한 핵심적인 수학적 정의이며, 검색의 성능에 대한 순수한 추정값이므로 가장 먼저 고려하는 측정값입니다.

11.2.4 R-정밀도

추천에 대한 순위도 있다면, 상위 r개의 추천에서 r 대비 관련 추천의 비율을 사용할 수 있습니다. 이를 통해 세 번째와 네 번째 시나리오처럼 r이 매우 작은 경우 이 지표를 개선할 수 있습니다.

11.3 mAP, MRR, NDCG

정밀도@k와 재현율@k를 신뢰할 수 있는 영역을 알아보면서 추천 시스템의 품질에 대한 유용한 인사이트를 얻었습니다. 이러한 지표들이 중요하긴 하지만, 때로는 이 시스템의 중요한 측면인 **추천 순서**order of recommendation를 포착하지 못할 수 있습니다.

추천 시스템에서 추천을 제시하는 순서는 상당한 비중을 차지하므로, 효과적인지 평가할 필요가 있습니다.

그렇기 때문에 이제 정밀도@k와 재현율@k를 넘어 순위에 민감한 주요 지표인 평균 평균 정밀도mean average precision, mAP, 평균 역순위mean reciprocal rank, MRR, 정규화된 할인 누적 이득normalized discounted cumulative gain, NDCG을 살펴볼 것입니다. 이러한 지표들은 추천이 관련성이 있는지 여부뿐만 아니라 추천이 잘 정렬되어 있는지도 고려합니다.

mAP 지표는 각 관련 문서와 그 위치에 중요성을 부여하며, MRR은 첫 번째 관련 아이템의 순위에 집중합니다. NDCG는 더 높은 순위의 관련 문서에 더 많은 중요성을 부여합니다. 이러한 지표들을 이해하면 추천 시스템을 평가하고 개선할 수 있는 더욱 강력한 도구 세트를 확보하게 됩니다.

그러면 정밀도와 이해가능성comprehensiblity 사이의 균형을 유지하면서 우리의 탐구를 계속해 나가겠습니다. 이번 절이 끝날 때쯤이면, 여러분은 이러한 필수적인 평가 방법들을 자신감 있고 풍부한 지식을 가지고 다룰 수 있을 것입니다.

11.3.1 mAP

추천 시스템에서 중요한 이 지표는 특히 관련 아이템의 순위를 설명하는 데 적합합니다. 5개의 아이템이 있는 목록에서 관련 아이템이 2, 3, 5번 위치에 있는 경우, 정밀도@2, 정밀도@3, 정밀도@5를 계산한 다음 이 값의 평균을 구하면 mAP가 계산됩니다. mAP의 강점은 관련 아이템의 순서에 민감하게 반응하는 점으로, 해당 아이템의 순위가 높을수록 더 높은 점수를 제공한다는 점입니다.

두 개의 추천 알고리즘 A와 B의 예를 생각해보겠습니다.

- 알고리즘 A의 경우, mAP는 다음과 같이 계산합니다.
  (정밀도@2 + 정밀도@3 + 정밀도@5) / 3 = (1/2 + 2/3 + 3/5) / 3 = 0.6

- 알고리즘 B의 경우, 아이템의 순위를 완벽하게 매기므로, mAP는 다음과 같이 계산됩니다.
  mAP = (정밀도@1 + 정밀도@2 + 정밀도@3) / 3 = (1/1 + 2/2 + 3/3) / 3 = 1

쿼리 집합 Q에 대한 mAP의 일반화된 공식은 다음과 같습니다.

$$mAP = \frac{1}{|Q|} \sum_{q=1}^{|Q|} \frac{1}{m_q} \sum_{k=1}^{n} P(k) * rel(k)$$

여기서 $|Q|$는 총 쿼리 수, m_q는 특정 쿼리 q에 관련된 문서 수, $P(k)$는 k번째 컷오프에서의 정밀도, $rel(k)$는 순위 k에 있는 아이템이 관련성이 있으면 1, 그렇지 않으면 0을 나타내는 지표 함수입니다.

11.3.2 MRR

추천 시스템에서 사용되는 또 다른 효과적인 지표는 MRR입니다. 모든 관련 아이템을 고려하는 mAP와 달리 MRR은 주로 추천 목록에서 첫 번째 관련 아이템의 위치에 초점을 맞춥니다. 이는 첫 번째 관련성 있는 아이템이 표시되는 순위의 역수로 계산됩니다.

결과적으로 목록의 첫 번째 아이템이 관련성이 있는 경우 MRR은 최대 값인 1입니다. 첫 번째 관련 아이템이 목록에서 더 아래쪽에 있는 경우 MRR은 1보다 작은 값을 갖습니다. 예를 들어, 첫 번째 관련 아이템이 순위 2에 있는 경우 MRR은 1/2이 됩니다.

앞서 사용한 추천 알고리즘 A와 B의 맥락에서 이를 살펴봅시다.

- 알고리즘 A의 경우, 첫 번째 관련 아이템이 순위 2에 있으므로 MRR은 1/2 = 0.5입니다.
- 아이템의 순위를 완벽하게 매긴 알고리즘 B의 경우, 첫 번째 관련 아이템이 순위 1에 있으므로 MRR은 1/1 = 1이 됩니다.

이를 여러 쿼리에 대해 확장한 MRR의 일반적인 공식은 다음과 같습니다.

$$MRR = \frac{1}{|Q|} \sum_{i=1}^{|Q|} \frac{1}{순위_i}$$

여기서 $|Q|$는 총 쿼리 수를 나타내며, 순위$_i$는 i번째 쿼리에 대한 목록에서 첫 번째 관련 아이템의 위치를 나타냅니다. 이 지표는 추천 알고리즘이 목록의 맨 위에 관련성 높은 추천을 얼마나 잘 제공하는지에 대한 귀중한 인사이트를 제공합니다.

11.3.3 NDCG

순위 지표에 대한 이해를 더욱 구체화하기 위해 NDCG의 세계로 들어가 보겠습니다. mAP 및 MRR과 마찬가지로 NDCG도 관련성 있는 아이템 순위의 순서를 인정하지만, 여기에 약간의 변형을 가합니다. 이는 목록에서 아래로 내려갈수록 아이템의 관련성을 할인하여 목록의 앞쪽에 있는 아이템이 아래쪽에 있는 아이템보다 더 가치가 있다는 것을 나타냅니다.

NDCG는 목록에서 상위 k개 아이템의 관련성 점수를 합산한 값인 누적 이득cumulative gain, CG이라는 개념에서 출발합니다. 할인 누적 이득discounted cumulative gain, DCG은 여기서 한 걸음 더 나아가 각 아이템의 순위에 따라 관련성을 할인합니다. 따라서 NDCG는 모든 관련성 있는 아이템이 목록의 맨 위에 나타날 경우의 DCG인 이상적인 DCG ideal DCG, IDCG로 정규화된 DCG 값입니다.

목록에 5개의 아이템이 있고, 특정 사용자에게 관련된 아이템이 2번과 3번 위치에 있다고 가정하면, IDCG@k는 $(1/\log(1 + 1) + 1/\log(2 + 1)) = 1.5 + 0.63 = 2.13$이 됩니다.

이를 예시 알고리즘 A와 B에 대입해보겠습니다.

알고리즘 A의 경우
- DCG@5 = $1/\log(2 + 1) + 1/\log(3 + 1) + 1/\log(5 + 1) = 0.63 + 0.5 + 0.39 = 1.52$
- NDCG@5 = DCG@5 / IDCG@5 = 1.52 / 2.13 = 0.71

알고리즘 B의 경우

- DCG@5 = 1/log(1 + 1) + 1/log(2 + 1) + 1/log(3 + 1) = 1 + 0.63 + 0.5 = 2.13
- NDCG@5 = DCG@5 / IDCG@5 = 2.13 / 2.13 = 1

NDCG의 일반적인 공식은 다음과 같이 표현할 수 있습니다.

$$NDCG@k = \frac{DCG@k}{IDCG@k}$$

여기서 $\mathcal{R}$ 는 관련 문서의 집합입니다.

- DCG@5 = $\sum_{i=1}^{k} \frac{rel_i}{\log_2(i+1)}$
- NDCG@5 = $\sum_{i=1}^{|\mathcal{R}|} \frac{1}{\log_2(i+1)}$

이 지표는 추천 알고리즘이 관련성 있는 아이템의 순위를 얼마나 잘 매기는지에 대한 정규화된 점수를 제공하며, 목록에서 아래로 내려갈수록 점수가 낮아집니다.

11.3.4 mAP 대 NDCG?

mAP와 NDCG는 모두 모든 관련 아이템과 각각의 순위를 통합하여 순위 품질에 대한 종합적인 관점을 제공하는 총체적인 지표입니다. 그러나 이러한 지표의 해석 가능성interpretability과 사용 사례는 추천을 수행하는 맥락의 세부 사항과 관련성의 특성에 따라 달라질 수 있습니다.

MRR은 모든 관련 아이템을 고려하지는 않지만, 알고리즘의 성능에 대한 해석 가능한 인사이트를 제공하고, 첫 번째 관련 아이템의 평균 순위를 강조합니다. 이는 최상위 추천 아이템이 중요한 가치를 지니고 있을 때 특히 유용할 수 있습니다.

반면에 mAP는 정밀도-재현율 곡선 아래의 영역을 효과적으로 나타내는 풍부한 평가 척도입니다. mAP의 평균이라는 측면은 다양한 순위 컷오프에 걸쳐 정밀도와 재현율 사이의 트레이드오프에 대한 직관적인 해석을 제공합니다.

NDCG는 각 아이템의 관련성을 강하게 고려하고, 순위의 순서에 민감하게 반응하며, 로그 할인 요소logarithmic discount factor를 사용해 목록에서 아래로 내려갈수록 아이템의 중요도가 감소하는 것을 정량화합니다. 이를 통해 아이템이 다양한 관련성을 가질 수 있는 시나리오를 처리할 수 있으며, 이는 mAP와 MRR에서 자주 사용되는 이진 관련성을 넘어섭니다. 그러나 NDCG의 이러한 다양한 측면은 로그 할인의 복잡성으로 인해 해석 가능성을 제한할 수도 있습니다.

또한, NDCG는 아이템에 고유한 관련성 가중치를 부여하는 사용 사례에 적합하지만, 실제 적용 시 정확하게 실측 자료ground-truth인 관련성 점수를 확보하는 것은 상당한 도전이 될 수 있습니다. 이는 NDCG의 실제 유용성에 제한을 가합니다.

종합적으로, 이러한 지표들은 추천 알고리즘에 대한 오프라인 평가 방법론의 근간을 형성합니다. 앞으로 온라인 평가에 대해 살펴보고, 알고리즘 편향성을 평가하고 완화하는 전략을 논의하며, 추천의 다양성을 보장하는 것의 중요성을 이해하고, 생태계의 다양한 이해관계자를 위해 추천 시스템을 최적화하는 방법에 대해 알아볼 것입니다.

11.3.5 상관계수

피어슨Pearson이나 스피어만Spearman과 같은 상관계수correlation coefficient는 두 순위 간의 유사성(예: 예측 순위와 실측 자료인 순위 간의 유사성)을 평가하는 데 사용할 수 있지만, mAP, MRR, NDCG와 정확히 동일한 정보를 제공하지는 않습니다.

상관계수는 일반적으로 두 연속형 변수 간의 선형 연관 정도를 측정하는 데 사용되며, 순위와 관련하여 두 정렬된 목록 간의 전반적인 유사성을 나타낼 수 있습니다. 하지만 직접적으로 개별 아이템의 관련성, 관련 아이템의 위치, 아이템 간의 다양한 관련성 정도와 같은 mAP, MRR 및 NDCG에 필수적인 측면을 설명하지 못합니다.

예를 들어, 사용자가 과거에 5개의 아이템과 상호작용했다고 가정해보겠습니다. 추천 시스템은 사용자가 이러한 아이템과 다시 상호작용할 것으로 예측하지만 중요도 순서는 반대일 수 있습니다. 시스템이 관심 아이템을 정확하게 식별했더라도 순위가 뒤바뀌면 mAP, MRR, NDCG로 측정한 성능은 떨어지지만 선형 관계로 인해 높은 음의 상관계수를 얻을 수 있습니다.

결과적으로 상관관계 계수는 순위 성능에 대한 개략적인 수준의 이해를 제공할 수 있지만, mAP, MRR, NDCG와 같은 지표가 제공하는, 보다 자세한 정보를 충분히 대체할 수는 없습니다.

상관관계 계수를 순위 결정에서 활용하려면, 개별 아이템의 관련성 및 순위 내 위치 등 추천 문제의 특정 뉘앙스를 설명해주는 다른 지표와 함께 사용해야 합니다.

11.4 친화도에서의 RMSE

친화도 점수affinity score를 출력하는 추천 시스템을 평가할 때, 평균제곱근오차root mean square error, RMSE와 mAP, MRR, NDCG와 같은 순위 지표는 근본적으로 다른 관점을 제공합니다.

RMSE는 예측 오차를 정량화하는 데 널리 사용되는 지표입니다. 이는 예측된 친화도 점수와 실젯값 사이의 차이를 제곱한 후 평균을 구하고, 그 제곱근을 계산합니다. RMSE가 낮을수록 예측 정확도가 높다는 것을 의미합니다. 그러나 RMSE는 문제를 표준 회귀 작업으로 취급하며 추천 시스템의 고유한 순위 구조를 무시합니다.

반대로, mAP, MRR, NDCG는 추천 시스템에서 필수적인 순위의 품질을 평가하도록 명시적으로 설계되었습니다. 본질적으로 RMSE는 예측된 친화도 점수가 실젯값에 얼마나 근접한지를 측정하는 반면, mAP, MRR, NDCG는 관련 아이템의 위치를 고려하여 순위 품질을 평가합니다. 따라서 정확한 친화도 점수를 예측하는 것이 아니라 아이템의 순위를 매기는 것이 주된 관심사인 경우, 일반적으로 이러한 순위 지표가 더 적합합니다.

11.5 적분 형태: AUC 및 cAUC

추천 시스템의 경우 각 사용자에 대한 아이템의 순위 목록을 생성합니다. 지금까지 살펴본 바와 같이, 이러한 순위는 사용자가 각 아이템에 대해 갖는 친화도의 확률 또는 수준을 기반으로 합니다. 이 프레임워크에 따라 순위 목록의 품질을 평가하기 위한 몇 가지 지표가 개발되었습니다. 그 중 하나가 AUC-ROC이며, mAP, MRR, NDCG로 보완됩니다. 이에 대해 자세히 살펴보겠습니다.

11.5.1 추천 확률에서 AUC-ROC로

이진 분류 설정에서 **수신기 작동 특성 곡선 아래 영역**area under the receiver operating characteristic curve, AUC-ROC은 추천 모델이 양성(관련성 있는) 인스턴스와 음성(관련성 없는) 인스턴스를 구별하는 능력을 측정합니다. 다양한 임곗값에서 진양성률true positive rate, TPR을 위양성률false positive rate, FPR에 대해 플롯하고, 이 곡선 아래의 영역을 계산하여 구합니다.

추천의 맥락에서 이러한 '임곗값threshold'은 사용자에게 추천되는 상위 아이템의 수를 다르게 설정하는 것으로 생각할 수 있습니다. AUC-ROC 지표는 실제 순위 위치와 관계없이, 모델이 관련 아이템을 관련성이 없는 아이템보다 얼마나 잘 순위 매기는지 평가하는 지표가 됩니다. 다시 말해,

AUC-ROC는 모델이 무작위로 선택한 관련 아이템이 무작위로 선택된 관련 없는 아이템보다 더 높은 순위를 배치될 가능성을 효과적으로 정량화합니다. 그러나 이는 목록에서 아이템의 실제 위치나 순서를 고려하지 않으며, 양성인 사례와 음성인 사례의 상대적 순위만 고려합니다. 모델이 해당 아이템을 관련성이 있다고 판단하는 신뢰도 측정값confidence measure으로 보정된 아이템의 친화도를 해석할 수 있습니다. 과거 데이터를 고려할 때, 보정되지 않은 친화도 점수도 추천 목록에서 유용한 아이템을 찾는 데 필요한 추천의 수를 제안할 때 유용할 수 있습니다.

이러한 친화도 점수를 진지하게 구현하는 방법 중 하나는 사용자에게 특정 점수 이상의 아이템만 보여주고 그렇지 않은 경우에는 나중에 다시 오라고 하거나 탐색 방법을 사용하여 데이터를 개선하는 것입니다. 예를 들어, 위생용품을 판매하면서, 결제 시 고객에게 이솝 비누를 추가하도록 권장하는 것을 고려하고 있다면, 이솝 ROC를 평가하여 관측된 친화도가 학습된 임곗값을 통과한 경우에만 이 제안을 할 수 있습니다. 이러한 개념은 293페이지의 '재고 건전성'에서도 사용됩니다.

11.5.2 다른 지표와의 비교

다른 지표들과 비교하여 설명하겠습니다.

mAP

이 지표는 순위 목록의 특정 컷오프에서의 정밀도 개념을 확장하여 모델 성능에 대한 전반적인 척도를 제공합니다. 이는 각 관련 아이템이 발견된 순위에서의 정밀도 값의 평균을 계산됩니다. AUC-ROC와 달리 mAP는 순위가 높은 아이템에 중점을 두며 순위 상위의 변화에 더 민감합니다.

MRR

목록의 모든 관련 아이템을 고려하는 AUC-ROC 및 mAP와 달리 MRR은 목록에서 첫 번째 관련 아이템의 순위에만 중점을 둡니다. 이는 모델이 얼마나 빨리 관련성 있는 아이템을 찾는지를 측정합니다. 모델이 지속적으로 관련성 있는 아이템을 목록의 맨 위에 배치하면 MRR이 높아집니다.

NDCG

이 지표는 추천 순서뿐만 아니라 아이템의 등급별 관련성(이전 지표에서는 고려하지 않음)도 고려하여 순위의 품질을 평가합니다. NDCG는 목록의 아래쪽에 있는 아이템을 할인하여 목록 상단에 표시되는 관련성 높은 아이템에 보상을 제공합니다.

AUC-ROC는 관련성 있는 아이템과 관련성 없는 아이템을 구분하는 모델의 능력에 대한 유용한 총체적 측정값을 제공하며, mAP, MRR, NDCG는 위치 편향 및 다양한 관련성 정도와 같은 요소를 고려하여 모델의 순위 품질을 더욱 세밀하게 평가합니다.

고객별 AUC를 계산한 다음 평균을 구하는 경우도 있습니다. 이를 고객 AUC(customer AUC, cAUC)라고 하며, 이는 종종 사용자 경험에 대한 좋은 기대치를 제공합니다.

11.6 BPR

베이지안 개인화 순위(Bayesian personalized ranking, BPR)는 추천 시스템에서 아이템 순위를 매기는 작업에 대한 베이지안 접근 방식을 제시하며, 개인화 순위 프로세스를 모델링하기 위한 확률 프레임을 효과적으로 제공합니다. 아이템 추천 문제를 관련성 여부에 따른 이분법적 분류 문제로 변환하는 대신, BPR은 두 개의 아이템이 주어졌을 때 사용자가 어떤 아이템을 더 선호할지 쌍별 선호도(pairwise preference)에 초점을 맞춥니다. 이 접근 방식은 추천 시스템에서 흔히 볼 수 있는 암묵적 피드백의 특성에 더 잘 부합합니다.

BPR 모델은 특정 사용자에 대해 양성인 아이템과 음성인 아이템의 상대적 순서를 고려하는 쌍별 손실 함수를 사용합니다. 이 모델은 관측된 순위가 정확할 사후 확률(posterior probability)을 최대화하려고 합니다. 이 모델은 일반적으로 확률적 경사 하강(stochastic gradient descent) 또는 그 변형을 사용하여 최적화됩니다. 앞서 설명한 AUC-ROC, mAP, MRR, NDCG 등 다른 지표와 달리 BPR은 평가지표가 아닌 모델 훈련 목표라는 점에 주의해야 합니다. 따라서 앞서 언급한 지표가 학습 후 모델의 성능을 평가하는 반면, BPR은 순위 결정 작업을 직접적으로 최적화하는 방식으로 모델 학습 프로세스를 안내하는 메커니즘을 제공합니다. 이러한 주제에 대한 더 자세한 내용은 〈BPR: 암묵적 피드백을 통한 베이지안 개인화 순위 결정(BPR: Bayesian Personalized Ranking from Implicit Feedback)〉(https://oreil.ly/NwCYa)을 참조하세요.

11.7 요약

이제 추천 시스템의 성능을 평가하는 방법을 알았으니, 실제로 어떻게 훈련할지 궁금할 것입니다. 앞서 소개한 많은 지표들이 좋은 손실 함수가 되지 않을 수 있다는 점을 눈치챘을 것입니다. 이들은 아이템 집합과 목록에 대해 많은 동시 관측을 수행해야 하기 때문입니다. 이는 추천 시스템이 복잡한 조합을 통해 학습하고 있다는 신호가 될 수 있습니다. 또한, 지금까지 살펴본 지표들은 재현율과 관련된 이진 지표와 순위 가중치라는 두 가지 측면을 모두 고려해야 합니다.

다음 장에서는 훌륭한 훈련 목표가 될 수 있는 몇 가지 손실 함수를 배우게 될 것입니다. 이러한 함수의 중요성은 여러분도 이미 잘 알 것입니다.

CHAPTER 12

순위를 매기기 위한 훈련

일반적으로 머신러닝 작업은 단일 결과를 예측합니다. 예를 들어, 분류 작업에서 양수 클래스에 속할 확률을 예측하고, 회귀 작업에서는 예상값을 예측합니다. 반면에 순위 결정은 아이템 집합의 상대적인 순서를 제공합니다. 제시된 아이템의 순서가 중요한 검색 결과나 추천에서 이러한 종류의 작업을 흔히 볼 수 있습니다. 이러한 문제에서 아이템의 점수가 사용자에게 직접 표시되지 않고, 서수적 순위ordinal rank만 표시됩니다. 목록의 맨 위에 있는 아이템은 다음 아이템보다 낮은 번호가 부여됩니다.

이 장에서는 머신러닝 알고리즘이 훈련 중에 사용할 수 있는 다양한 종류의 손실 함수들을 소개합니다. 이러한 점수들을 통해 목록 순서를 추정하여, 훈련 데이터셋에서 관측된 관련성 순서에 더 가깝게 정렬된 집합을 생성하도록 합니다. 여기서는 개념과 계산을 소개하는 데 중점을 두며, 다음 장에서 실제로 활용하게 될 것입니다.

12.1 추천 시스템에서 순위 결정의 역할

순위 결정을 위한 손실 함수에 대해 자세히 알아보기 전에, 추천 시스템의 전체 구조에서 순위 결정이 어떻게 적합한지 살펴보겠습니다. 일반적인 대규모 추천 시스템에는 검색 단계가 있으며, 이 단계에서는 저렴한 함수를 사용하여 적절한 수의 후보 아이템을 수집합니다. 일반적으로 이 검색 단계는 아이템 기반으로만 이루어집니다. 예를 들어, 후보 집합에는 사용자가 최근에 소비했거나 좋아하는 아이템과 관련된 아이템이 포함될 수 있습니다. 또는 뉴스 데이터처럼 최신성이 중요한 경우에는 사용자에게 가장 인기 있고 관련성이 높은 최신 아이템을 후보 집합에 포함할 수 있습니다. 아이템이 후보 집합으로 수집된 후에는 해당 아이템에 순위를 적용합니다.

또한, 후보 집합은 일반적으로 전체 아이템 말뭉치corpus보다 훨씬 작기 때문에 더 비싼 모델과 보조적 특징을 사용하여 순위를 매길 수 있습니다. 이러한 특징들은 사용자 특징user feature 또는 맥락적 특징context feature일 수 있습니다. 사용자 특징은 최근에 소비된 아이템의 평균 임베딩 수와 같이 사용자가 아이템의 유용성을 판단하는 데 도움이 될 수 있습니다. 맥락적 특징은 사용자가 입력한 시간이나 최근 검색어 등 현재 세션에 대한 세부 정보를 포함하여, 현재 세션을 다른 세션과 구별하고 관련 아이템을 결정하는 데 도움이 되는 특징입니다. 마지막으로 아이템 자체의 표현이 있습니다. 콘텐츠 특징부터 아이템을 나타내는 학습된 임베딩까지 모든 것이 포함될 수 있습니다.

그런 다음, 사용자, 맥락, 아이템의 특징을 하나의 특징 벡터로 연결하여 아이템을 표현하는 데 사용하고, 모든 후보에 대한 점수를 한 번에 매겨 순위를 지정합니다. 그런 다음, 순위를 매긴 집합에 비즈니스 로직을 위한 추가 필터링을 적용하여 중복에 가까운 아이템을 제거하거나 표시되는 아이템의 종류를 더 다양하게 만드는 등 순위를 매긴 집합에 추가 필터링을 적용할 수 있습니다.

다음 예에서는 아이템이 모두 사용자, 콘텍스트, 아이템 특징을 합친 특징 벡터로 표현하고, 선형 모델처럼 아이템 벡터와 가중치 벡터 W를 도트 곱하여 아이템 정렬을 위한 점수를 얻는 단순한 모델이라고 가정하겠습니다. 이러한 모델은 심층 신경망으로 일반화할 수 있지만 최종 레이어 출력은 여전히 아이템을 정렬하는 데 사용되는 스칼라가 될 것입니다.

지금까지 순위를 매기는 배경을 설명했고, 이제 벡터로 표현되는 아이템 집합의 순위를 매기는 방법을 살펴보겠습니다.

12.2 순위 결정 학습

순위 결정 학습learning to rank, LTR은 관련성 또는 중요도에 따라 정렬된 아이템 목록을 점수화하는 모델을 말합니다. 이 기법은 검색의 잠재적인 가공되지 않은 결과물에서 관련성에 따라 정렬된 아이템 목록으로 전환하는 방법입니다.

LTR 문제에는 세 가지 주요 유형이 있습니다.

점별pointwise

모델은 개별 문서를 독립적으로 처리하고 점수나 순위를 할당합니다. 이 작업은 회귀 또는 분류 문제로 간주됩니다.

쌍별pairwise

모델은 손실 함수에서 한 쌍의 문서를 동시에 고려합니다. 목표는 잘못 정렬된 쌍의 수를 최소화하는 것입니다.

목록별listwise

모델은 손실 함수에서 전체 문서 목록을 고려합니다. 목표는 전체 목록의 최적 순서를 찾는 것입니다.

12.3 LTR 모델 훈련하기

LTR 모델의 훈련 데이터는 일반적으로 아이템 목록으로 구성되며, 각 아이템은 일련의 특징과 레이블(또는 실측 자료)을 가지고 있습니다. 특징에는 아이템 자체에 대한 정보가 포함될 수 있으며, 레이블은 일반적으로 해당 아이템의 관련성 또는 중요성을 나타냅니다. 예를 들어, 추천 시스템에서는 아이템 특징이 있으며, 훈련 데이터셋에서는 해당 아이템이 사용자와 관련이 있는지 여부를 레이블로 표시합니다. 또한 LTR 모델은 때때로 쿼리 또는 사용자 특징을 활용하기도 합니다.

훈련 과정은 이러한 특징과 레이블을 사용하여 순위 함수를 학습하는 것입니다. 이 순위 함수는 검색된 아이템에 적용되어 순위를 매긴 후 사용자에게 제공됩니다.

이러한 모델이 어떻게 훈련되는지 몇 가지 예를 살펴보겠습니다.

12.3.1 분류를 통한 순위 결정

순위 결정 문제에 접근하는 방법 중 하나는 다중 레이블 작업multilabel task으로 보는 것입니다. 훈련 집합에서 사용자와 연관된 모든 아이템은 양성positive 예시이고, 그렇지 않은 것은 음성negative 예시입니다. 이는 결국 아이템 집합의 크기에 따라 다중 레이블 접근 방식을 사용하는 것입니다. 네트워크는 각 아이템의 특징을 입력 노드로 삼고 사용자 특징도 일부 포함하는 아키텍처를 가질 수 있습니다. 출력 노드는 레이블을 지정하려는 아이템들과 대응됩니다.

선형 모델에서 X가 아이템 벡터이고 Y가 출력인 경우, W를 학습합니다. 여기서 X가 양성positive 집합에 있는 아이템이면 $sigmoid(WX) = 1$, 그렇지 않으면 $sigmoid(WX) = 0$이 됩니다. 이는 Optax의 '이진 교차 엔트로피 손실(binary cross-entropy loss)'에 해당합니다.

그런데 안타깝게도 이 설정에서는 아이템의 상대적 순서가 고려되지 않으므로, 각 아이템에 대한 시그모이드 활성화 함수sigmoid activation function로 구성된 이 손실 함수는 순위 지표를 잘 최적화하지 못합니다. 사실, 이 접근 방식은 순위 결정의 하류 단계에서 **관련성 모델**로 작동하여 이전 단계에서 검색된 후보들을 필터링하는 데만 유용합니다.

이 접근 방식의 또 다른 문제점은 훈련 집합 외의 모든 아이템을 부정적으로 레이블을 지정했다는 점입니다. 사용자가 쿼리와 관련이 있을 수 있는 새로운 아이템을 본 적이 없을 수 있으므로, 단순히 본 적 없는 새 아이템에 부정적 레이블을 지정하는 것은 올바르지 않습니다.

순위 결정에서 목록 내 상대적 위치를 고려해야 한다는 것을 이미 알고 있을 것입니다. 다음에는 이에 대해 살펴보겠습니다.

12.3.2 회귀를 통한 순위 결정

아이템 집합의 순위를 매기는 가장 단순한 방법은 NDCG 또는 순위에 따른 다른 개인화 지표와 같은 수치로 순위로 회귀하는 것입니다.

실제로는 쿼리에 대한 아이템 집합에 조건을 걸어 이를 달성할 수 있습니다. 예를 들어, 쿼리를 순위 결정이라는 맥락에서 제공하여 NDCG로 회귀하는 문제로 볼 수 있습니다. 또한 집합 내 아이템의 특징과 연결된 피드-포워드 네트워크feed-forward network에 쿼리를 임베딩 콘텍스트 벡터로서 제공하고, NDCG 값으로 회귀할 수 있습니다.

쿼리는 아이템 집합의 순서에 따라 달라질 수 있으므로 콘텍스트로 제공될 필요가 있습니다. 예를 들어, 검색창에 '꽃'을 쿼리로서 입력한다고 가정해보겠습니다. 그러면 꽃을 가장 잘 나타내는 아이템 집합이 최상위 결과에 표시될 것으로 예상할 수 있습니다. 이는 쿼리가 평점 함수에서 중요한 고려 사항임을 보여줍니다.

선형 모델에서 X가 아이템 벡터, Y가 출력이면, W를 학습하는 것으로, $WX(i) = NDCG(i)$입니다. $NDCG(i)$는 아이템 i에 대한 NDCG입니다. 회귀는 Optax의 'L2 손실 함수(L2 loss function)'를 사용하여 학습할 수 있습니다.

궁극적으로, 이 접근 방식은 개인화 지표에서 더 높은 순위의 점수로 이어지는 아이템의 기본적 특징을 학습하려고 시도하는 것입니다. 안타깝게도 이 방식은 아이템의 상대적 순서를 명시적으로 고려하지 못합니다. 이는 매우 심각한 제약 사항으로, 곧 살펴보겠습니다.

또 다른 고려 사항은 상위 k개 훈련 아이템 외에 순위가 매겨지지 않은 아이템은 어떻게 처리해야 할까요? 이 아이템들에 어떤 순위를 부여해야 할지 알 수 없으므로, 기본적으로 무작위로 순위를 부여할 수밖에 없습니다. 따라서 이 방법은 개선이 필요하며 다음 절에서 살펴볼 것입니다.

12.3.3 분류 및 회귀를 통한 순위 결정

온라인 서점과 같은 웹페이지가 있고, 사용자가 상품을 구매하려면 상품을 탐색하고 클릭해야 한다고 가정해보겠습니다. 이러한 퍼널의 경우 순위를 두 부분으로 나눌 수 있습니다. 첫 번째 모델은 표시된 상품 집합이 주어졌을 때 해당 상품이 클릭될 확률을 예측할 수 있습니다. 두 번째 모델은 클릭을 조건으로 하고 해당 아이템의 구매 가격을 추정하는 회귀 모델이 될 수 있습니다.

그러면 전체 순위 결정 모델은 두 모델의 곱이 될 수 있습니다. 첫 번째 모델은 경쟁 아이템 집합이 주어졌을 때 해당 아이템을 클릭할 확률을 계산합니다. 그리고 두 번째 모델은 클릭이 이루어졌을 때 예상되는 구매 가치를 계산합니다. 첫 번째 모델과 두 번째 모델은 사용자가 퍼널의 어느 단계에 있는지에 따라 서로 다른 특징을 가질 수 있습니다. 첫 번째 모델은 경쟁 상품의 특징에 접근할 수 있는 반면, 두 번째 모델은 상품의 가치를 변경할 수 있는 배송비 및 할인 적용을 고려할 수 있습니다. 따라서 이 설정에서는 퍼널의 각 단계에 존재하는 정보를 최대한 활용하기 위해 퍼널의 두 단계를 서로 다른 모델로 모델링하는 것이 유리할 수 있습니다.

12.4 WARP

확률적으로 순위 손실을 생성하는 한 가지 방법이 제이슨 웨스턴 등의 'WSABIE: 대규모 어휘 이미지 주석으로의 확장(WSABIE: Scaling Up to Large Vocabulary Image Annotation)'(https://oreil.ly/bagf-)에 소개되었습니다. 이 손실을 **가중 근사 순위 쌍별**weighted approximate rank pairwise, WARP이라고 합니다. 이 방식에서 손실 함수는 쌍별 손실처럼 보이는 형태로 분해될 수 있습니다. 더 정확히 말하면, 상위 순위 아이템의 점수가 하위 순위 아이템보다 마진(임의로 1로 선택)만큼 크지 않으면, 해당 아이템 쌍에 **힌지 손실**hinge loss을 적용합니다. 이는 다음과 같습니다.

$$max(0, 1 - score(pos) + score(neg))$$

선형 모델에서 X_pos가 양성positive 아이템 벡터이고 X_neg가 음성negative 아이템 벡터인 경우 W를 학습하며, 여기서 $WX_pos - WX_neg > 1$이 됩니다. 이에 대한 손실이 '힌지 손실'이며, 여기서 예측기의 출력은 $WX_pos - WX_neg$이고, 목표는 1입니다.

그러나 관찰되지 않은 아이템이 진정 음성negative이 아닐 수 있다는 점을 보완하기 위해, 선택한 쌍의 순서를 위반하는 아이템을 찾기 위해 부정적 집합에서 샘플링해야 했던 횟수를 계산합니다. 즉, 다음 식을 만족하는 것을 찾기 위해 시도한 횟수를 계산합니다.

$$score(neg) > score(pos) - 1$$

그런 다음, 아이템들(양성은 제외) 중 위반하는 음성을 샘플링하는 횟수에 대한 단조 감소 함수를 구성하고, 이 숫자에 대한 가중치를 찾아서 손실에 곱합니다. 따라서 위반하는 음성을 찾기가 매우 어려운 경우, 이미 좋은 설루션에 가까워졌거나 해당 아이템을 이전에 본 적이 없기 때문에 경사도가 낮아져야 합니다. 단순히 쿼리 결과로서 사용자에게 표시되지 않았다는 이유만으로 낮은 점수를 부여해서는 안 됩니다.

WARP 손실은 CPU가 머신러닝 모델 훈련을 위한 주된 계산 방식이었을 때 개발되었습니다. 따라서 음성 아이템의 순위를 얻기 위해 **근사 순위**approximate rank를 사용했으며, 이는 순위에 대한 근삿값을 의미합니다. 근사 순위는 아이템 전체 집합(양성 예제 제외)에서 복원replacement 샘플링[1]으로 음성 아이템이 양성 아이템의 점수보다 **마진이라 불리는 임의의 상수** 1.0만큼 더 큰 경우를 찾기 전까지의 샘플 수로 정의됩니다.

쌍별 손실pairwise loss에 대한 WARP 가중치를 구성하려면, 음성 아이템의 근사 순위에서 WARP 가중치로 변환하는 함수가 필요합니다. 이를 계산하는 비교적 간단한 코드는 다음과 같습니다.

```
import numpy as np

def get_warp_weights(n: int) -> np.ndarray:
    """순위를 손실 가중치로 변환하기 위해 N개의 가중치를 반환합니다."""
    # 알파는 순위가 증가함에 따라 단조롭게 감소하는 값으로 정의됩니다.
    # 알파는 자연수의 역수를 사용합니다.
    rank = np.arange(1.0, n + 1, 1)
```

---

1 [옮긴이] 샘플링 과정에서 선택된 항목을 다시 모집단에 포함시키는 방식

```
    alpha = 1.0 / rank
    weights = alpha
    # 이것은 이전의 모든 알파의 합으로 정의되는 논문의 L입니다.
    for i in range(1, n):
        weights[i] = weights[i] + weights[i -1]

    # 각 가중치를 해당 순위로 나눕니다.
    weights = weights / rank
    return weights

print(get_warp_weights(5))
[1.         0.75       0.61111111 0.52083333 0.45666667]
```

이와 같이 음수를 바로 찾으면 WARP 가중치는 1.0이 되지만, 마진을 위반하는 음수를 찾기가 매우 어렵다면 WARP 가중치는 작아집니다.

이 손실 함수는 대략적으로 정밀도@k를 최적화하므로, 검색된 집합에서 순위 추정치를 개선하는 데 유리합니다. 더 좋은 점은 WARP는 샘플링을 통해 계산 효율이 높아지고 메모리 효율도 더 좋다는 것입니다.

12.5 k-차 통계

WARP 손실과 직접적인 쌍방향 힌지 손실straight-up pairwise hinge loss을 개선할 수 있는 방법이 있을까요? 여러 방법이 있는 것으로 밝혀졌습니다. 'k-차 통계적 손실로 추천 순위 매기기(Learning to Rank Recommendations with the k-order Statistic Loss)'(https://oreil.ly/afphG)에서 제이슨 웨스턴 Jason Weston 등(이 책의 공동 저자 중 한 명 포함)은 힌지 손실과 WARP 손실 사이에서 다양한 변형을 탐구하여 이를 수행하는 방법을 보여줍니다. 이 논문의 저자들은 다양한 말뭉치에 대해 실험을 수행하고, 단일 쌍별 최적화와 WARP처럼 더 어려운 음성 선택 사이에서 절충을 하면 평균 순위, 정밀도@k, 재현율@k 등의 지표에 어떤 영향을 미치는지 보여줍니다.

주요한 일반화는 경사도 단계에 대해 하나의 양성 아이템을 고려하는 방식 대신에 모든 아이템을 고려하는 방식을 사용하는 것입니다.

무작위 양성 및 음성 쌍을 선택하면 ROC 또는 AUC가 최적화된다는 점을 기억하세요. 이는 목록 상위의 최적화에는 적합하지 않습니다. 반면에 WARP 손실은 단일 양성 아이템에 대해 목록 상위를 최적화하지만, 양성 아이템을 선택하는 방법은 지정하지 않습니다.

목록 상위를 정렬하는 데 여러 대안 전략을 사용할 수 있습니다. 예를 들어, 평균 최대 순위를 최적화하여 가장 낮은 점수의 양성 아이템이 목록 상위에 가깝게 위치하도록 양성 아이템들을 그룹화하는 방법이 있습니다. 이를 위해 양성 샘플을 선택하는 확률 분포 함수를 제공합니다. 확률이 양성 아이템 목록의 상위로 편향되면 WARP 손실과 비슷한 손실이 발생합니다. 확률이 균일하면 AUC 손실이 발생합니다. 확률이 양성 아이템 목록 끝으로 치우친 경우, 평균 최대 순위와 같은 최악의 경우를 최적화합니다. NumPy 함수 `np.random.choice`는 분포 P에서 샘플링하는 메커니즘을 제공합니다.

고려할 최적화가 하나 더 있는데, 바로 양성 집합을 구성하는 데 사용할 양수 샘플의 수인 K입니다. $K=1$이면 양성 집합에서 무작위로 양성 아이템만 선택합니다. 그렇지 않으면 양성 집합을 구성하고 점수로 샘플을 정렬한 다음, 확률 분포 P를 사용하여 크기 K의 양의 목록에서 샘플을 추출합니다. 이 최적화는 컴퓨팅 비용이 비쌌던 CPU 시대에는 의미가 있었지만, 다음 경고에서 설명할 GPU와 TPU 시대에는 그다지 의미가 없을 수 있습니다.

확률적 손실과 GPU

앞서 언급한 확률적 손실에 대해 주의할 점이 있습니다. 음성 샘플을 발견하면 샘플링을 종료하는 작업이 초기 CPU 시대에는 저렴하고 쉬웠습니다. 하지만 현대 GPU에서는 모든 스레드가 동일한 코드를 병렬로 실행해야 하므로, 이러한 분기 결정branching decision을 내리는 것이 더 어려워졌습니다. 일반적으로 배치에서 분기의 양쪽을 실행하므로 조기 종료로 인한 연산 절감 효과가 적습니다. 따라서, WARP 및 k차 통계적 손실과 같은 확률적 손실을 근사하는 분기 코드는 덜 효율적입니다.

어떻게 해야 할까요? 다음 장에서 이러한 손실을 근사하는 방법을 코드로 보겠습니다. 간단히 말해서, GPU와 같은 벡터 프로세서는 많은 데이터를 균일하게 병렬 처리하기 때문에, 이러한 손실을 계산할 수 있는 GPU 친화적인 방법을 찾아야 합니다. 다음 장에서는 음성 샘플링을 간소화하기 위해 대량의 음성 샘플을 생성하고, 모두 기준 음성 샘플보다 낮은 점수를 매기거나 가장 심각하게 위반한 음성을 찾는 방법, 또는 두 가지를 혼합한 손실 함수의 혼합 방법을 사용합니다.

12.6 BM25

이 책의 대부분은 사용자에게 아이템을 추천하는 것을 목표로 하지만, 검색 순위 결정은 밀접하게 연관된 연구 분야입니다. 정보 검색, 즉 문서 검색 순위 결정 분야에서 **BM25**best matching 25는 필수적인 도구입니다.

BM25는 정보 검색 시스템에서 주어진 쿼리와의 관련성을 기준으로 문서의 순위를 매기는 데 사용되는 알고리즘입니다. 이 관련성은 TF-IDF와 같은 요소를 고려하여 결정됩니다. 이는 각 문서에 나타나는 쿼리 용어를 기반으로 문서 집합의 순위를 매기는 단어 가방bag-of-words 검색 함수입니다. 또한 확률적 관련성 프레임워크의 일부이며 확률적 검색 모델에서 파생되었습니다.

BM25 순위 함수는 쿼리를 기반으로 각 문서에 대한 점수를 계산합니다. 가장 높은 점수를 받은 문서가 쿼리와 가장 관련성이 높은 것으로 간주됩니다.

다음은 BM25 공식을 단순화한 버전의 식입니다.

$$\text{score}(D,Q) = \sum_{i=1}^{n} \text{IDF}(q_i) * \frac{f(q_i,D)*(k1+1)}{f(q_i,D)+k1*\left(1-b+b*\frac{|D|}{\text{avgdl}}\right)}$$

이 공식의 요소는 다음과 같습니다.

- D는 문서를 나타냅니다.
- Q는 $\{q_1, q_2, ..., q_n\}$라는 단어로 구성된 쿼리입니다.
- $f(qi, D)$는 문서 D에서 쿼리 용어 q_i의 빈도입니다.
- $|D|$는 문서 D의 길이(단어 수)입니다.
- $avg_d l$은 컬렉션의 평균 문서 길이입니다.
- k_1 및 b는 하이퍼파라미터입니다. k_1은 문서 용어 빈도 스케일을 보정하는 양의 튜닝 파라미터입니다. b는 문서 길이에 의한 스케일을 결정하는 파라미터입니다. $b = 1$은 문서 길이에 따라 용어 가중치를 완전히 스케일링 보정하는 것에 해당하고, $b = 0$은 길이 정규화를 하지 않는 것에 해당합니다.
- $IDF(q_i)$는 쿼리 용어 q_i의 역 문서 빈도inverse document frequency, IDF로, 단어가 제공하는 정보의 양(모든 문서에서 흔한지 또는 희귀한지)을 측정합니다. BM25는 다음과 같이 계산할 수 있는 변형된 IDF를 적용합니다.

$$IDF(q_i) = \log\left(\frac{N - n(q_i) + 0.5}{n(q_i) + 0.5}\right)$$

여기서 N은 컬렉션의 총 문서 수이고, $n(q_i)$는 q_i를 포함하는 문서 수입니다.

간단히 말해, BM25는 용어 빈도term frequency(문서에서 한 용어가 나타나는 빈도)와 역 문서 빈도inverse document frequency(한 용어가 제공하는 고유 정보의 양)를 모두 결합하여 관련성 점수를 계산합니다. 또한, 문서 길이 정규화 개념을 도입하여 단순한 TF-IDF 모델에서 흔히 발생하는 문제들을 해소합니다. 이로써 너무 긴 문서에 불이익을 주고 긴 문서가 짧은 문서를 압도하는 것을 방지합니다. 자유 매개변수 k_1 및 b를 통해 문서 집합의 특정 특성에 따라 모델을 조정할 수 있습니다.

실제로, BM25는 임시 키워드 검색과 문서 유사도를 포함한 대부분의 정보 검색 작업에 대해 강력한 기준선을 제공합니다. BM25는 루센Lucene, 엘라스틱서치Elasticsearch 등 많은 오픈 소스 검색 엔진에서 사용되며, 흔히 **전체 텍스트 검색**full-text search이라고 불리는 것에 대한 사실상의 표준입니다.

그렇다면 이 책에서 논의하는 문제에 BM25를 어떻게 통합할 수 있을까요? BM25의 출력은 주어진 쿼리와의 관련성에 따라 순위가 매겨진 문서 목록을 생성하며, 그다음 단계로 LTRLearning to Rank이 작용합니다. BM25 점수를 쿼리에 대한 문서의 관련성에 영향을 미칠 수 있는 다른 특징들과 함께 LTR 모델의 특징으로 사용할 수 있습니다.

BM25와 LTR을 결합하여 순위를 매기는 일반적인 단계는 다음과 같습니다.

1. **후보 문서 목록 검색하기**: 주어진 쿼리에 대해 BM25를 사용하여 후보 문서 목록을 검색합니다.
2. **각 문서에 대한 특징 계산하기**: BM25 점수를 다른 잠재적 특징들과 함께 계산합니다. 여기에는 다양한 문서별 특징, 쿼리-문서 매칭 특징, 사용자 상호작용 특징 등이 포함될 수 있습니다.
3. **LTR 모델 훈련/평가하기**: 이러한 특징 벡터와 해당하는 레이블(관련성 판단)을 사용해 LTR 모델을 훈련하세요. 또는 이미 훈련된 모델이 있는 경우, 이를 사용하여 검색된 문서를 평가하고 순위를 매깁니다.
4. **순위 결정**: LTR 모델은 각 문서에 대한 점수를 생성하며, 이 점수를 기준으로 문서의 순위를 매깁니다.

먼저 검색(BM25 사용)과 순위 결정(LTR 사용)의 조합을 통해 매우 큰 컬렉션에서 잠재적인 후보 문서를 좁힌 다음(BM25의 강점), 더 복잡한 특징과 상호작용을 고려할 수 있는 모델로 이러한 후보들의 순위를 세밀하게 조정할 수 있습니다(LTR의 강점).

BM25 점수는 텍스트 문서 검색에서 강력한 기준을 제공할 수 있습니다. 문제의 복잡성과 보유한 훈련 데이터의 양에 따라 LTR이 상당한 개선 효과를 제공할 수도 있고 그렇지 않을 수도 있습니다.

12.7 멀티모달 검색

이 검색 방법에 대해 다시 한번 살펴보겠습니다. 8장을 다시 생각해보세요. 동시 출현 모델을 구축했는데, 다른 문서에서 공동으로 참조된 문서가 어떻게 의미와 상호 관련성을 공유하는지를 설명했습니다. 그런데 여기에 검색을 어떻게 통합할 수 있을까요?

'아, 기사 제목을 검색하면 되겠구나'라고 생각할 수도 있습니다. 하지만 이는 동시 출현 모델을 제대로 활용하지 못하며, 우리가 발견한 통합의 의미를 제대로 활용하지 못합니다. 전통적인 접근 방식은 기사 제목이나 기사 본문에 BM25와 같은 알고리즘을 사용하는 것입니다. 보다 현대적인 접근 방식은 쿼리와 기사 제목의 벡터 임베딩을 수행하는 것입니다(BERT 또는 기타 트랜스포머 모델 사용). 그러나 이 두 방식 모두 우리가 찾고자 하는 양쪽을 완전히 포착하지는 못합니다.

대신 다음 접근 방식을 고려해보세요.

- 초기 쿼리로 BM25를 사용하여 초기 '앵커anchor' 집합을 얻습니다.
- 각 앵커를 쿼리로 사용하여 잠재 모델을 통해 검색합니다.
- 검색 결과의 합집합을 집계하고, 순위를 매기는 LTR 모델을 훈련시킵니다.

이제 우리는 여러 잠재 공간을 활용하는 진정한 멀티모달 검색을 사용하고 있습니다! 이 접근 방식에서 한 가지 더 주목할 만한 점은 쿼리가 인코더 기반 잠재 공간에 대해 문서와 분포가 다르다는 것입니다. 즉, '모잠비크의 지도자는 누구인가요?'를 입력하면, 이 질문은 기사 제목(모잠비크)이나 2023년 여름 기준 관련 문장(사모라 마헬Samora Machel 대통령의 새 정부는 마르크스주의 원칙에 따라 일당 국가를 수립했다)과 상당히 다르게 보인다는 것을 의미합니다.

임베딩이 텍스트가 아닌 경우 이 방법은 더욱 강력해집니다. 예를 들어, 텍스트를 입력하여 의류 아이템을 검색한 다음, 그에 어울리는 전체 의상을 보고자 하는 경우를 생각해보세요.

12.8 요약

올바른 순서로 아이템을 배치하는 것은 추천 시스템의 중요한 측면입니다. 순서 결정이 전부는 아니더라도 파이프라인에서 필수적인 단계라는 것을 알게 되었을 것입니다. 아이템을 수집하고 올바른 순서로 배치했으니 이제 사용자에게 전송하는 일만 남았습니다.

가장 기본적인 개념인 순위 학습부터 시작하여 이를 전통적인 방법들과 비교했습니다. 그런 다음 WARP와 WSABIE로 큰 업그레이드를 했습니다. 그 결과, 보다 신중한 확률적 샘플링을 활용하는 k차 통계로 이어졌습니다. 마침내 BM25를 텍스트 설정의 강력한 기준으로 삼게 되었습니다.

서비스 제공을 정복하기 전에 이 모든 것을 종합해보겠습니다. 다음 장에서는 볼륨을 키우고 재생 목록을 만들어보겠습니다. 이번 장은 가장 집중적인 내용이 될 것이므로 음료수를 들고 스트레칭을 하세요. 할 일이 좀 있습니다.

CHAPTER 13

모두 하나로 합치기: 실험과 순위 결정

지난 몇 장에서는 다양한 종류의 손실 함수와 순위 시스템의 성능을 측정하기 위한 지표 등 순위 결정의 여러 측면을 다루었습니다. 이 장에서는 '스포티파이의 수백만 재생목록 데이터셋(Spotify Million Playlist dataset)'(https://oreil.ly/j3nvH)을 사용하여 순위 손실 및 순위 지표의 예를 들어보겠습니다.

이 장은 개념과 인프라를 소개하는 것이 목표였던 이전 장에 비해 훨씬 더 많은 실험을 장려하고 개방적입니다. 이 장은 여러분이 직접 손실 함수와 지표 작성에 직접 참여하도록 독려하기 위해 작성되었습니다.

13.1 실험 팁

데이터와 모델링을 시작하기 전에 많은 실험과 빠른 반복을 할 때 도움이 될 몇 가지 사례를 살펴보겠습니다. 다음은 실험 속도를 높여준 일반적인 가이드라인입니다. 이를 통해 목표에 도달하는 데 도움이 되는 솔루션을 빠르게 반복해볼 수 있습니다.

실험 코드는 견고성이 아니라 아이디어를 탐색하기 위해 작성된다는 점에서 엔지니어링 코드와 다릅니다. 목표는 코드 품질 측면에서 너무 많은 것을 희생하지 않으면서 최대 속도를 달성하는 것입니다. 따라서 코드를 철저하게 테스트해야 하는지, 아니면 가설 검증용이라 필요하지 않은지를 정해야 합니다. 이를 염두에 두고, 다음 몇 가지 팁을 소개합니다. 이러한 팁들은 오랜 시간에 걸쳐 개발된 저자들의 의견일 뿐이며, 절대적인 규칙은 아닙니다.

13.1.1 단순하게 유지하세요

연구 코드의 전체적인 구조는 가능한 한 단순하게 유지하는 것이 가장 좋습니다. 탐색 초기 단계에서는 상속과 재사용성 측면에서 너무 많이 생각하지 마세요. 프로젝트를 시작할 때는 일반적으로 아직 무엇이 필요한지 모르기 때문에 디버깅을 위해 코드를 읽기 쉽고 단순하게 유지하는 것이 좋습니다. 즉, 프로젝트 초기 단계에서는 모델의 구조나 데이터 수집이나 시스템 구성 요소 간 상호작용 등을 정립하기 위해 많은 코드 변경이 발생하므로, 코드 재사용에 너무 집중할 필요가 없습니다. 불확실성이 해소된 후에 코드를 더 견고한 형태로 다시 작성할 수 있지만, 너무 일찍 리팩터링하면 오히려 속도가 느려집니다.

일반적으로 코드를 세 번 복사하여 사용한 뒤, 네 번째에 라이브러리로 리팩터링하는 것이 좋습니다. 네 번째가 되면, 충분히 사용 사례를 보았으므로 코드 재사용을 정당화할 수 있기 때문입니다. 리팩터링을 너무 일찍 수행하면, 코드로 처리해야 할 수 있는 사용 사례를 충분히 확인하지 못했을 수 있습니다.

13.1.2 디버그 출력문

다수의 머신러닝 연구 논문을 읽었다면, 프로젝트 시작 시 데이터가 상당히 깔끔하고 정돈되어 있을 것으로 기대할 수 있습니다. 하지만 실제 데이터는 누락된 필드와 예상치 못한 값으로 인해 지저분할 수 있습니다. 다양한 출력 함수를 사용하면 데이터 샘플을 출력하여 시각적으로 검사할 수 있으며, 모델에 공급할 입력 데이터 파이프라인과 변환을 만드는 데도 도움이 됩니다. 또한 모델의 샘플 출력을 확인하면, 출력값이 예상대로 나오는지 확인하는 데 유용합니다.

로깅을 포함해야 할 가장 중요한 위치는 시스템 구성 요소 간의 입력 및 출력 스키마이며, 이를 통해 실제 데이터와 예상 데이터가 어떻게 다른지 파악할 수 있습니다. 나중에 단위 테스트를 수행하여 모델 리팩터링이 문제를 일으키지 않는지 확인할 수 있는데, 단위 테스트는 모델 아키텍처가 인정될 때까지 적용하지 않고 기다리는 편이 나을 수 있습니다. 일반적으로 코드를 리팩터링하거나 코드를 재사용·최적화하여 기능을 유지하려는 경우, 또는 코드가 안정되어 빌드를 깨뜨리지 않도록 하려는 경우, 단위 테스트를 추가하는 것이 좋습니다. 출력문을 추가하는 또 다른 좋은 경우는 훈련 코드를 실행할 때 불가피하게 NaN$_{\text{not-a-number}}$ 오류가 발생할 때입니다.

JAX에서는 다음 코드를 사용하여 NaN 디버깅을 활성화할 수 있습니다.

```
from jax import config
config.update("jax_debug_nans", True)

@jax.jit
def f(x):
  jax.debug.print("Debugging {x}", x=x)
```

NaN 디버그 설정은 NaN이 발견되면 JIT된 함수를 다시 실행하고, 디버그 출력 함수는 JIT 내부의 텐서 값도 출력합니다. 일반적인 출력은 컴파일 가능한 명령이 아니며 추적 중에 건너뛰기 때문에 JIT 내부에서는 작동하지 않으므로, 대신 JIT 내부에서 작동하는 디버그 출력 함수를 사용해야 합니다.

13.1.3 최적화 지연

연구 코드에서는 조기에 최적화하려는 유혹이 많이 있는데, 특히 모델이나 시스템의 구현에 집중하다 보니 계산적으로 효율적이거나 코드가 세련되었는지 확인하려 합니다. 그러나 연구 코드는 실행 속도가 아니라 실험 속도를 높이기 위해 작성됩니다.

연구 속도에 방해가 되지 않는 한 너무 일찍 최적화하지 않는 것이 좋습니다. 그 이유 중 하나는 시스템이 완전하지 않을 수 있기 때문에 시스템의 다른 부분이 더 느리고 실제 병목현상이라면 한 부분을 최적화하는 것이 의미가 없을 수 있기 때문입니다. 또 다른 이유는 최적화 중인 부분이 최종 모델에 포함되지 않을 수 있기 때문에 코드가 리팩터링되면 모든 최적화 작업이 낭비될 수 있기 때문입니다.

마지막으로, 최적화는 아키텍처나 기능 측면에서 새로운 디자인 선택을 수정하거나 삽입할 가능성을 실제로 저해할 수 있습니다. 최적화된 코드는 데이터 흐름의 현재 구조에 적합한 특정 선택을 하는 경향이 있지만, 추가적인 변경에는 적합하지 않을 수 있습니다. 예를 들어, 이 장의 코드에서 가능한 최적화 선택 중 하나는 동일한 크기의 재생목록을 일괄 처리하여, 코드를 더 큰 배치로 실행할 수 있도록 하는 것이었을 것입니다. 그러나 실험의 이 시점에서 이러한 최적화는 지표 관련 코드를 더 복잡하게 만들 수 있기 때문에 시기상조이고 방해가 될 수 있습니다. 따라서 대부분의 실험이 완료되고 아키텍처, 손실 함수, 지표가 선택되고 정해질 때까지 최적화를 미루는 것이 좋습니다.

13.1.4 변경 사항 추적

연구 코드에서는 너무 많은 변수가 작용하기 때문에 한 번에 하나씩 변경하여 그 효과를 확인하기 어려울 수 있습니다. 이 문제는 어떤 변경이 어떤 효과를 일으키는지 확인하기 위해 많은 실행이 필요한 대규모 데이터셋에서 특히 두드러집니다. 따라서 일반적으로 여러 매개변수를 고정하고 코드를 조금씩 변경하여 가장 큰 개선 효과를 가져오는 변경 사항을 추적하는 것이 좋습니다. 매개변수뿐만 아니라 코드 변경 사항도 추적해야 합니다.

변경 사항을 추적하는 한 가지 방법은 5장에서 설명한 '웨이트 앤 바이어스' 같은 서비스를 이용하는 것입니다. 변경을 초래한 정확한 코드와 매개변수를 추적하여, 실험을 재현하고 분석할 수 있도록 하는 것이 좋습니다. 특히 자주 변경되고 때때로 체크인되지 않는 연구 코드의 경우, 실행된 코드는 사본을 어딘 가에 부지런히 보관해야 합니다. MLOps 도구를 사용하여 코드와 하이퍼파라미터를 추적할 수도 있습니다.

13.1.5 피처 엔지니어링 사용

학술 논문에서의 특징 증강·공학과 달리, 대부분의 응용 연구는 이론적으로 아름다운 결과보다는 좋은 결과에 관심을 둡니다. 우리는 모델이 데이터에 대한 모든 것을 스스로 학습해야 한다는 순수주의적 견해에 얽매이지 않습니다. 그 대신 실용적이고 좋은 결과에 관심을 갖습니다.

특히 데이터가 부족하거나 시간이 촉박하고 적절한 결과를 빨리 얻어야 할 때는 피처 엔지니어링과 같은 방법을 버려서는 안 됩니다. 피처 엔지니어링을 사용한다는 것은 수작업으로 만든 특징이 아이템의 순위와 같은 결과와 양성 또는 음성 상관관계가 있는지 알고 있다면, 반드시 이러한 특징을 데이터에 추가해야 합니다. 추천 시스템의 한 예로, 점수화되는 아이템의 속성이 사용자 프로필의 어떤 아이템과 일치하는 경우를 들 수 있습니다. 따라서, 아이템에 사용자의 재생목록과 동일한 아티스트 또는 앨범이 있으면, 부울값 True를 반환하고, 그렇지 않으면 False를 반환할 수 있습니다. 이 추가적인 특징은 모델이 더 빠르게 수렴하는 데 도움이 되며, 수작업으로 엔지니어링된 특징이 잘 작동하지 않는 경우에도 임베딩과 같은 다른 잠재적 특징을 사용하여 보완할 수 있습니다.

일반적으로 수작업으로 엔지니어링된 특징을 가끔씩 제거하는 것이 좋습니다. 이렇게 하려면 일부 특징을 제외한 실험을 수행하여 시간이 지나면서 해당 특징이 쓸모없어졌는지 또는 비즈니스 지표에 여전히 도움이 되는지 확인합니다.

제거

머신러닝 애플리케이션에서 '**제거**ablation'는 특정 특징을 제거했을 때 모델의 성능 변화를 측정하는 관행입니다. 컴퓨터 비전 애플리케이션에서 제거는 종종 이미지나 시야의 일부를 차단하여 모델의 데이터 식별 또는 세분화 능력에 어떤 영향을 미치는지 확인하는 것을 의미합니다. 다른 종류의 머신러닝에서는 특정 특징을 전략적으로 제거하는 것을 의미할 수도 있습니다.

제거의 한 가지 주의점은 특징을 무엇으로 대체할지 결정하는 것입니다. 특징을 단순히 '**제로화**'하는 것은 모델의 출력을 크게 왜곡할 수 있습니다. 이를 **제로 제거**zero-ablation라고 하며, 모델이 해당 특징을 분포 밖으로 취급하도록 강제하여 신뢰도가 떨어지는 결과를 초래할 수 있습니다. 대신 일부는 평균 제거, 즉 해당 특징의 평균 또는 가장 흔한 값을 취하는 방법을 권장합니다. 이렇게 하면 모델에서 훨씬 더 많은 예상 값을 볼 수 있고 이러한 위험들을 줄일 수 있습니다.

그러나 이는 우리가 연구해 온 모델에서 가장 중요한 측면인 잠재적인 고차 상호작용을 고려하지 못합니다. 이 책의 공동 저자 중 한 명은 '**인과적 스크러빙**causal scrubbing'이라는 제거에 대한 보다 심층적인 접근 방식을 연구했습니다. 이 방법에서는 다른 특징에 의해 생성된 사후 분포에서 제거 값을 샘플링하도록 고정하는 것을 제안합니다. 즉, 모델이 그 시점에 보게 될 나머지 값들과 '이치에 맞는' 값을 사용합니다.

13.1.6 이해 지표 대 비즈니스 지표

때때로 머신러닝 실무자로서 우리는 모델이 달성할 수 있는 최상의 지표에 집착할 때가 있습니다. 그러나 최고의 머신러닝 지표가 당면한 비즈니스 이해관계를 완전히 반영하지 못할 수도 있으므로, 이러한 열정을 절제해야 합니다. 또한 비즈니스 로직을 포함한 다른 시스템이 모델의 결과를 수정할 수도 있습니다. 따라서 머신러닝 지표에 너무 집착하지 말고 비즈니스 지표가 포함된 적절한 A/B 테스트를 수행하는 것이 가장 좋은데, 머신러닝을 통한 좋은 결과의 주요 척도가 될 수 있기 때문입니다.

가장 좋은 상황은 관련 비즈니스 지표와 잘 일치하거나 예측하는 손실 함수를 찾는 것입니다. 하지만 안타깝게도 비즈니스 지표가 미묘한 차이가 있거나 우선 순위가 경쟁 관계에 있는 경우 이를 찾기가 쉽지 않은 경우가 많습니다.

13.1.7 빠른 반복 수행

다소 짧은 실행 결과를 보는 것을 두려워하지 마세요. 모델 아키텍처와 데이터 간의 상호작용을 이해할 때, 초기 단계부터 데이터 전체에 대해 진행할 필요는 없습니다. 짧은 시간 동안 지표가 어떻게 변화하는지 확인하기 위해 약간의 조정을 통해 빠르게 실행해보세요. 스포티파이의 수백만 재생목록 데이터셋에서는 더 긴 실행을 하기 전에 100,000개의 재생목록을 사용하여 모델 아키텍처를 조정했습니다. 때로는 변경 사항이 너무 극적이어서 첫 번째 테스트 세트 평가에서 그 효과를 즉시 확인할 수도 있습니다.

이제 실험적 연구 코딩의 기초를 다루었으니, 데이터와 코드로 이동하여 음악 추천 모델링을 조금 해보겠습니다.

13.2 스포티파이의 수백만 재생목록 데이터셋

이번 절의 코드는 https://github.com/BBischof/ESRecsys/tree/main/spotify(이 책의 깃허브 저장소)에서 찾을 수 있습니다. 데이터에 대한 설명서는 https://oreil.ly/eVA7f에서 확인할 수 있습니다.

가장 먼저 해야 할 일은 데이터를 살펴보는 것입니다.

```
less data/spotify_million_playlist_dataset/data/mpd.slice.0-999.json
```

그러면 다음과 같은 결과가 나타납니다.

```
{
    "info": {
        "generated_on":"2017-12-03 08:41:42.057563",
        "slice":"0-999",
        "version":"v1"
    },
    "playlists": [
        {
            "name":"Throwbacks",
            "collaborative":"false",
            "pid": 0,
            "modified_at": 1493424000,
            "num_tracks": 52,
            "num_albums": 47,
            "num_followers": 1,
            "tracks": [
                {
                    "pos": 0,
                    "artist_name":"Missy Elliott",
                    "track_uri":"spotify:track:0UaMYEvWZi0ZqiD0oHU3YI",
                    "artist_uri":"spotify:artist:2wIVse2owClT7go1WT98tk",
                    "track_name":"Lose Control (feat. Ciara & Fat Man Scoop)",
                    "album_uri":"spotify:album:6vV5UrXcfyQD1wu4Qo2I9K",
                    "duration_ms": 226863,
```

```
                    "album_name":"The Cookbook"
                },
        }
}
```

새로운 데이터셋을 접할 때는 항상 이를 살펴보고 어떤 특징을 사용하여 데이터에 대한 추천을 생성할지 계획하는 것이 중요합니다. 스포티파이의 수백만 재생목록 데이터셋 챌린지의 한 가지 가능한 목표는 재생목록의 처음 5개 트랙에서 다음 트랙을 예측할 수 있는지 확인하는 것입니다.

이 경우, 몇 가지 특징이 이 작업에 유용할 수 있습니다. 각각 트랙, 아티스트, 앨범의 고유 식별자인 track, artist, album 유니버설 리소스 식별자$_{URI}$가 있습니다. 그리고 아티스트와 앨범의 이름과 재생목록 이름도 있습니다. 또한 데이터셋에는 트랙의 재생 시간 및 재생목록의 팔로워 수와 같은 수치적 특징도 포함되어 있습니다. 직관적으로 재생목록의 팔로워 수는 재생목록의 트랙 순서에 영향을 미치지 않아야 하므로 정보성이 떨어지는 이러한 특징을 사용하기 전에 더 나은 특징을 찾아보는 것이 좋습니다.

전체 특징 통계를 살펴보면 많은 인사이트를 얻을 수 있습니다.

```
less data/spotify_million_playlist_dataset/stats.txt
number of playlists 1000000
number of tracks 66346428
number of unique tracks 2262292
number of unique albums 734684
number of unique artists 295860
number of unique titles 92944
number of playlists with descriptions 18760
number of unique normalized titles 17381
avg playlist length 66.346428

top playlist titles
  10000 country
  10000 chill
   8493 rap
   8481 workout
   8146 oldies
   8015 christmas
   6848 rock
   6157 party
   5883 throwback
   5063 jams
```

```
5052 worship
4907 summer
4677 feels
4612 new
4186 disney
4124 lit
4030 throwbacks
```

우선, 트랙 수가 재생목록 수보다 많다는 점에 주목하세요. 이는 상당수의 트랙에 훈련 데이터가 매우 적을 수 있음을 의미합니다. 따라서 `track_uri`는 일반화가 잘 되지 않는 특징일 수 있습니다. 반면에 `album_uri`와 `rtist_uri`는 여러 재생목록에서 여러 번 나타나기 때문에 일반화할 수 있습니다. 코드의 명확성을 위해 여기서는 주로 `album_uri`와 `artist_uri`를 트랙의 특징으로 사용하겠습니다.

이전 '모두 하나로 합치기' 장에서는 콘텐츠 기반 특징이나 텍스트 토큰 기반 특징을 대신 사용할 수 있는 방법을 설명했지만, 직접적인 임베딩 특징이 순위를 표시하는 데 가장 명확합니다. 실제 애플리케이션에서는 임베딩 특징과 콘텐츠 기반 특징을 함께 연결하여 추천 순위에 더 적합한 일반화 특징을 구성할 수 있습니다. 이 장에서는 트랙을 (track_id, album_id, artist_id)의 튜플로 표현하며, 여기서 ID는 URI를 나타내는 정수입니다. 다음 절에서 URI에서 정수 ID로 매핑하는 딕셔너리를 구축하겠습니다.

13.2.1 URI 딕셔너리 구축하기

8장과 유사하게, 먼저 모든 URI에 대한 딕셔너리를 구축하는 것부터 시작하겠습니다. 이 딕셔너리를 사용하면 임의의 URI 문자열이 아닌 정수에서 임베딩을 쉽게 조회할 수 있으므로 텍스트 URI를 정수로 변환하여 JAX에서 더 빠르게 처리할 수 있습니다.

다음은 `make_dictionary.py`의 코드입니다.

```
import glob
import json
import os
from typing import Any, Dict, Tuple

from absl import app
from absl import flags
from absl import logging
```

```python
import numpy as np
import tensorflow as tf

FLAGS = flags.FLAGS
_PLAYLISTS = flags.DEFINE_string("playlists", None, "Playlist json glob.")
_OUTPUT_PATH = flags.DEFINE_string("output", "data", "Output path.")

# 필수 플래그
flags.mark_flag_as_required("playlists")

def update_dict(dict: Dict[Any, int], item: Any):
    """딕셔너리에 아이템을 추가합니다."""
    if item not in dict:
        index = len(dict)
        dict[item] = index

def dump_dict(dict: Dict[str, str], name: str):
    """딕셔너리를 json으로 덤프합니다."""
    fname = os.path.join(_OUTPUT_PATH.value, name)
    with open(fname, "w") as f:
        json.dump(dict, f)

def main(argv):
    """메인 함수"""
    del argv  # 미사용

    tf.config.set_visible_devices([], 'GPU')
    tf.compat.v1.enable_eager_execution()
    playlist_files = glob.glob(_PLAYLISTS.value)
    track_uri_dict = {}
    artist_uri_dict = {}
    album_uri_dict = {}

    for playlist_file in playlist_files:
        print("Processing ", playlist_file)
        with open(playlist_file, "r") as file:
            data = json.load(file)
            playlists = data["playlists"]
            for playlist in playlists:
                tracks = playlist["tracks"]
                for track in tracks:
                    update_dict(track_uri_dict, track["track_uri"])
                    update_dict(artist_uri_dict, track["artist_uri"])
                    update_dict(album_uri_dict, track["album_uri"])

    dump_dict(track_uri_dict, "track_uri_dict.json")
    dump_dict(artist_uri_dict, "artist_uri_dict.json")
    dump_dict(album_uri_dict, "album_uri_dict.json")
```

```
if __name__ == "__main__":
    app.run(main)
```

새로운 URI가 발견될 때마다 카운터를 증가시키고 해당 고유 식별자를 URI에 할당하기만 하면 됩니다. 트랙, 아티스트, 앨범에 대해 이 작업을 수행한 후 JSON 파일로 저장합니다.

이를 위해 파이스파크와 같은 데이터 처리 프레임워크를 사용할 수도 있지만, 데이터 크기를 고려해야 합니다. 100만 개의 재생목록처럼 데이터 크기가 작은 경우에는 단일 컴퓨터에서 처리하는 것이 더 빠를 수 있습니다. 빅데이터 처리 프레임워크를 사용할 시점은 현명하게 판단해야 하며, 작은 데이터셋의 경우 클러스터에서 실행되는 코드를 작성하는 대신 하나의 컴퓨터에서 간단히 코드를 실행하는 것이 더 빠를 수 있습니다.

13.2.2 훈련 데이터 구성하기

이제 사전이 있으므로 이를 사용하여 원시 JSON 재생목록 로그를 머신러닝 학습에 더 사용하기 쉬운 형태로 변환할 수 있습니다. 이를 위한 코드는 make_training.py에 있습니다.

```python
import glob
import json
import os
from typing import Any, Dict, Tuple

from absl import app
from absl import flags
from absl import logging
import numpy as np
import tensorflow as tf

import input_pipeline

FLAGS = flags.FLAGS
_PLAYLISTS = flags.DEFINE_string("playlists", None, "Playlist json glob.")
_DICTIONARY_PATH = flags.DEFINE_string("dictionaries", "data/dictionaries",
                   "Dictionary path.")
_OUTPUT_PATH = flags.DEFINE_string("output", "data/training", "Output path.")
_TOP_K = flags.DEFINE_integer("topk", 5, "Top K tracks to use as context.")
_MIN_NEXT = flags.DEFINE_integer("min_next", 10, "Min number of tracks.")
```

```python
# 필수 플래그
flags.mark_flag_as_required("playlists")


def main(argv):
    """메인 함수"""
    del argv  # 미사용

    tf.config.set_visible_devices([], 'GPU')
    tf.compat.v1.enable_eager_execution()
    playlist_files = glob.glob(_PLAYLISTS.value)

    track_uri_dict = input_pipeline.load_dict(
        _DICTIONARY_PATH.value, "track_uri_dict.json")

    print("%d tracks loaded" % len(track_uri_dict))
    artist_uri_dict = input_pipeline.load_dict(
        _DICTIONARY_PATH.value, "artist_uri_dict.json")
    print("%d artists loaded" % len(artist_uri_dict))
    album_uri_dict = input_pipeline.load_dict(
        _DICTIONARY_PATH.value, "album_uri_dict.json")
    print("%d albums loaded" % len(album_uri_dict))
    topk = _TOP_K.value
    min_next = _MIN_NEXT.value
    print("Filtering out playlists with less than %d tracks" % min_next)

    raw_tracks = {}

    for pidx, playlist_file in enumerate(playlist_files):
        print("Processing ", playlist_file)
        with open(playlist_file, "r") as file:
            data = json.load(file)
            playlists = data["playlists"]
            tfrecord_name = os.path.join(
                _OUTPUT_PATH.value, "%05d.tfrecord" % pidx)
            with tf.io.TFRecordWriter(tfrecord_name) as file_writer:
                for playlist in playlists:
                    if playlist["num_tracks"] < min_next:
                        continue
                    tracks = playlist["tracks"]
                    # 상위 k개의 첫 번째 트랙은 모두 콘텍스트를 위한 것입니다.
                    track_context = []
                    artist_context = []
                    album_context = []
                    # 나머지는 예측을 위한 것입니다.
                    next_track = []
                    next_artist = []
                    next_album = []
```

```python
            for tidx, track in enumerate(tracks):
                track_uri_idx = track_uri_dict[track["track_uri"]]
                artist_uri_idx = artist_uri_dict[track["artist_uri"]]
                album_uri_idx = album_uri_dict[track["album_uri"]]
                if track_uri_idx not in raw_tracks:
                    raw_tracks[track_uri_idx] = track
                if tidx < topk:
                    track_context.append(track_uri_idx)
                    artist_context.append(artist_uri_idx)
                    album_context.append(album_uri_idx)
                else:
                    next_track.append(track_uri_idx)
                    next_artist.append(artist_uri_idx)
                    next_album.append(album_uri_idx)
            assert (len(next_track) > 0)
            assert (len(next_artist) > 0)
            assert (len(next_album) > 0)
            record = tf.train.Example(
              features=tf.train.Features(feature={
                "track_context": tf.train.Feature(
                    int64_list=tf.train.Int64List(value=track_context)),
                "album_context": tf.train.Feature(
                    int64_list=tf.train.Int64List(value=album_context)),
                "artist_context": tf.train.Feature(
                    int64_list=tf.train.Int64List(value=artist_context)),
                "next_track": tf.train.Feature(
                    int64_list=tf.train.Int64List(value=next_track)),
                "next_album": tf.train.Feature(
                    int64_list=tf.train.Int64List(value=next_album)),
                "next_artist": tf.train.Feature(
                    int64_list=tf.train.Int64List(value=next_artist)),
            }))
            record_bytes = record.SerializeToString()
            file_writer.write(record_bytes)

    filename = os.path.join(_OUTPUT_PATH.value, "all_tracks.json")
    with open(filename, "w") as f:
        json.dump(raw_tracks, f)

if __name__ == "__main__":
    app.run(main)
```

이 코드는 원시 재생목록 JSON 파일을 읽고, URI에 대한 텍스트 식별자를 사전의 인덱스로 변환하고, 최소 크기 미만의 재생목록을 필터링합니다. 그리고 재생목록을 분할하여 처음 5개 요소는 아이템을 추천할 콘텍스트 혹은 사용자로 그룹화하고, 나머지 아이템은 사용자에게 예측하는 아이템으로 구성합니다. 처음 5개 요소를 **콘텍스트**라 부르는 이유는 이것들이 해당 재생목록을 대표하기 때문이고, 사용자가 1개 이상의 재생목록을 보유하고 있다면 사용자와 재생목록을 일대일 매핑할 수 없기 때문입니다. 그런 다음 각 재생목록을 텐서플로_{TensorFlow} 데이터 입력 파이프라인에서 사용할 수 있도록 텐서플로 레코드 파일에 텐서플로 예제로 작성합니다. 이 레코드에는 항상 콘텍스트로 사용되는 5개의 트랙, 앨범, 아티스트와 함께 다음 트랙을 예측하기 위한 최소 5개의 다음 트랙을 포함합니다.

 여기서는 JAX와의 호환성 및 매우 편리한 데이터 형식을 도입하기 위해 텐서플로 객체를 사용합니다.

또한 모든 특징이 포함된 트랙의 고유 행을 저장하는데, 이는 주로 디버깅 및 `track_uri`를 사람이 읽을 수 있는 형태로 변환해야 할 경우 표시하기 위한 것입니다. 이 트랙 데이터는 `all_tracks.json`에 저장됩니다.

13.2.3 입력 읽기

입력은 input_pipeline.py를 통해 읽습니다.

```
import glob
import json
import os
from typing import Sequence, Tuple, Set

import tensorflow as tf
import jax.numpy as jnp

_schema = {
    "track_context": tf.io.FixedLenFeature([5], dtype=tf.int64),
    "album_context": tf.io.FixedLenFeature([5], dtype=tf.int64),
    "artist_context": tf.io.FixedLenFeature([5], dtype=tf.int64),
    "next_track": tf.io.VarLenFeature(dtype=tf.int64),
    "next_album": tf.io.VarLenFeature(dtype=tf.int64),
    "next_artist": tf.io.VarLenFeature(dtype=tf.int64),
}

def _decode_fn(record_bytes):
    result = tf.io.parse_single_example(record_bytes, _schema)
    for key in _schema.keys():
      if key.startswith("next"):
```

```
        result[key] = tf.sparse.to_dense(result[key])
    return result


def create_dataset(
    pattern: str):
    """스포티파이 데이터셋 만들기

    Args:
      pattern: tf 레코드의 glob 패턴
    """
    filenames = glob.glob(pattern)
    ds = tf.data.TFRecordDataset(filenames)
    ds = ds.map(_decode_fn)
    return ds
```

우리는 텐서플로 데이터를 사용하여 텐서플로 레코드와 예제를 읽고 디코딩합니다. 이를 위해 디코더에 예상되는 기능의 이름과 유형을 알려주는 스키마 또는 사전을 제공해야 합니다. 콘텍스트에 대해 각각 5개의 트랙을 선택했으므로 각 트랙에 대해 track_context, album_context, artist_context가 입력될 것으로 예상합니다. 그런데 재생목록의 길이는 가변적이므로 next_track, next_album, next_artist 특징에 대해 가변 길이의 정수를 예상하도록 디코더에 지시합니다.

input_pipeline.py의 두 번째 부분은 사전을 로드하고 메타데이터를 추적하기 위한 재사용 가능한 입력 코드입니다.

```
def load_dict(dictionary_path: str, name: str):
    """사전 로드하기"""
    filename = os.path.join(dictionary_path, name)
    with open(filename, "r") as f:
        return json.load(f)


def load_all_tracks(all_tracks_file: str,
                    track_uri_dict, album_uri_dict, artist_uri_dict):
    """트랙 로드하기"""
    with open(all_tracks_file, "r") as f:
        all_tracks_json = json.load(f)
    all_tracks_dict = {
        int(k): v for k, v in all_tracks_json.items()
    }
```

```
    all_tracks_features = {
        k: (track_uri_dict[v["track_uri"]],
            album_uri_dict[v["album_uri"]],
            artist_uri_dict[v["artist_uri"]])
        for k, v in all_tracks_dict.items()
    }
    return all_tracks_dict, all_tracks_features


def make_all_tracks_numpy(all_tracks_features):
    """점수 매기기 위해 전체 말뭉치 만들기."""
    all_tracks = []
    all_albums = []
    all_artists = []
    items = sorted(all_tracks_features.items())
    for row in items:
      k, v = row
      all_tracks.append(v[0])
      all_albums.append(v[1])
      all_artists.append(v[2])
    all_tracks = jnp.array(all_tracks, dtype=jnp.int32)
    all_albums = jnp.array(all_albums, dtype=jnp.int32)
    all_artists = jnp.array(all_artists, dtype=jnp.int32)
    return all_tracks, all_albums, all_artists
```

또한 최종 추천에서 점수를 매기기 위해 `all_tracks.json` 파일을 전체 트랙 말뭉치로 변환하는 유틸리티 함수도 제공합니다. 결국 목표는 처음 5개의 콘텍스트 트랙이 주어졌을 때, 전체 말뭉치의 순위를 매기고 주어진 다음 트랙 데이터와 얼마나 잘 일치하는지 확인하는 것입니다

13.2.4 문제 모델링하기

다음으로, 문제를 어떻게 모델링할지 생각해봅시다. 각각 연관된 아티스트와 앨범이 있는 5개의 콘텍스트 트랙이 있습니다. 재생목록보다 트랙이 더 많다는 것을 알고 있으므로, 지금은 `track_id`를 무시하고 `album_id`와 `artist_id`만 특징으로 사용하겠습니다. 한 가지 전략은 앨범과 아티스트에 원-핫 인코딩을 사용하는 것인데, 이는 잘 작동하겠지만 원-핫 인코딩으로 인해 정밀도는 높지만 일반화가 덜 된 모델이 만들어질 수 있습니다.

식별자를 표현하는 다른 방법은 식별자를 임베딩하는 것, 즉 식별자의 카디널리티cardinality보다 낮은 차원의 고정된 크기의 임베딩으로 룩업 테이블을 만드는 것입니다. 이 임베딩은 식별자의 완전한 순위의 행렬에 대한 낮은 순위의 근사 행렬로 생각할 수 있습니다. 이전 장에서 낮은 순위 임베

딩을 다루었으며, 여기서는 이 개념을 앨범과 아티스트를 표현하는 특징으로 사용합니다.

SpotifyModel의 코드가 포함된 models.py를 살펴보세요.

```python
from functools import partial
from typing import Any, Callable, Sequence, Tuple

from flax import linen as nn
import jax.numpy as jnp

class SpotifyModel(nn.Module):
    """맥락에 따라 다음 트랙을 예측하는 스포티파이 모델"""
    feature_size : int

    def setup(self):
        # 트랙과 앨범이 너무 많으므로, 해싱으로 제한하기
        self.max_albums = 100000
        self.album_embed = nn.Embed(self.max_albums, self.feature_size)
        self.artist_embed = nn.Embed(295861, self.feature_size)

    def get_embeddings(self, album, artist):
        """
        트랙, 앨범, 아티스트 인덱스를 주면 임베딩을 반환하기
        Args:
            album: n x 1 모양의 int 배열
            artist: n x 1 모양의 int 배열
        Returns:
            트랙을 표현하는 임베딩.
        """
        album_modded = jnp.mod(album, self.max_albums)
        album_embed = self.album_embed(album_modded)
        artist_embed = self.artist_embed(artist)
        result = jnp.concatenate([album_embed, artist_embed], axis=-1)
        return result
```

설정 코드에서 앨범과 아티스트에 대해 두 개의 임베딩이 있다는 것을 알 수 있습니다. 앨범 수가 많으므로 앨범 임베딩의 메모리 공간을 줄이는 한 가지 방법을 보겠습니다. 임베딩 수보다 작은 수인 나머지를 사용하여 여러 앨범이 하나의 임베딩을 공유할 수 있도록 하는 것입니다. 더 많은 메모리를 사용할 수 있는 경우 나머지를 사용하지 않을 수 있지만, 여기서는 카디널리티가 매우 큰 특징에 대한 임베딩의 이점을 얻기 위한 방법으로 이 기술을 시연해보았습니다.

아티스트는 아마도 가장 많은 정보를 제공하는 특징일 것이며, 데이터에는 고유한 아티스트 수가

훨씬 적기 때문에 `artist_id`와 임베딩 사이에 일대일 매핑이 됩니다. (`album_id`, `artist_id`) 튜플을 임베딩으로 변환할 때, 각 ID를 별도로 조회한 다음 임베딩을 연결하여 트랙을 나타내는 하나의 완전한 임베딩을 반환합니다. 더 많은 재생목록 데이터를 사용할 수 있게 되면 `track_id`를 임베드할 수도 있습니다. 그러나 재생목록보다 고유한 트랙이 더 많기 때문에 `track_id` 특징은 더 많은 재생목록 데이터가 확보되고 `track_id`가 더 자주 관측될 때까지는 일반화되지 않을 것입니다. 일반적인 경험에 따르면 특징이 유용하려면 최소 100회 이상 발생해야 하며, 그렇지 않으면 해당 특징의 경사도가 자주 업데이트되지 않고 초기화되기 때문에 임의의 숫자와 다를 바 없습니다.

`call` 부분에서는 콘텍스트와 다른 트랙의 선호도를 계산하는 무거운 작업을 수행합니다.

```python
def __call__(self,
             track_context, album_context, artist_context,
             next_track, next_album, next_artist,
             neg_track, neg_album, neg_artist):
    """콘텍스트에 대한 친화도 점수 반환하기.
    Args:
        track_context: n 모양의 int 배열
        album_context: n 모양의 int 배열
        artist_context: n 모양의 int 배열
        next_track: m 모양의 int 배열
        next_album: m 모양의 int 배열
        next_artist: m 모양의 int 배열
        neg_track: o 모양의 int 배열
        neg_album: o 모양의 int 배열
        neg_artist: o 모양의 int 배열
    Returns:
        pos_affinity: 다음 트랙에 대한 콘텍스트의 친화도, m 모양.
        neg_affinity: 음성 트랙에 대한 콘텍스트의 친화도, o 모양.
    """
    context_embed = self.get_embeddings(album_context, artist_context)
    next_embed = self.get_embeddings(next_album, next_artist)
    neg_embed = self.get_embeddings(neg_album, neg_artist)

    # 콘텍스트와 다른 트랙 간의 친화도는 간단히 각 콘텍스트 임베딩과
    # 다른 트랙의 임베딩 간의 도트 곱(dot product)으로 계산됩니다.
    # 또한 앨범이나 아티스트가 일치하면 약간의 부스트를 추가합니다.
    pos_affinity = jnp.max(jnp.dot(next_embed, context_embed.T), axis=-1)
    pos_affinity = pos_affinity + 0.1 * jnp.isin(next_album, album_context)
    pos_affinity = pos_affinity + 0.1 * jnp.isin(next_artist, artist_context)

    neg_affinity = jnp.max(jnp.dot(neg_embed, context_embed.T), axis=-1)
    neg_affinity = neg_affinity + 0.1 * jnp.isin(neg_album, album_context)
    neg_affinity = neg_affinity + 0.1 * jnp.isin(neg_artist, artist_context)
```

```
        all_embeddings = jnp.concatenate(
        [context_embed, next_embed, neg_embed], axis=-2)
        all_embeddings_l2 = jnp.sqrt(
        jnp.sum(jnp.square(all_embeddings), axis=-1))

        context_self_affinity = jnp.dot(jnp.flip(
        context_embed, axis=-2), context_embed.T)
        next_self_affinity = jnp.dot(jnp.flip(
        next_embed, axis=-2), next_embed.T)
        neg_self_affinity = jnp.dot(jnp.flip(neg_embed, axis=-2), neg_embed.T)

        return (pos_affinity, neg_affinity,
                context_self_affinity, next_self_affinity, neg_self_affinity,
                all_embeddings_l2)
```

이것이 모델 코드의 핵심이므로 좀 더 자세히 살펴보겠습니다. 첫 번째 부분은 매우 간단합니다. 앨범과 아티스트 임베딩을 조회하고 트랙당 하나의 벡터로 연결하여 인덱스를 임베딩으로 변환합니다. 이 위치에서 다른 밀집 특징을 추가로 연결하거나 희소 특징을 임베딩으로 변환할 수 있습니다.

다음 부분에서는 다음 트랙에 대한 콘텍스트의 친화도affinitiy를 계산합니다. 콘텍스트는 처음 5개의 트랙으로 구성되고 다음 트랙은 계산할 재생목록의 나머지 트랙이라는 점을 기억하세요. 여기에는 콘텍스트를 표현하고 선호도를 계산하기 위한 몇 가지 선택지가 있습니다.

콘텍스트의 친화도를 위해 가장 단순한 형태인 도트 곱을 선택했습니다. 또 다른 고려 사항은 5개의 트랙으로 구성된 콘텍스트를 어떻게 처리할 것인가입니다. 한 가지 가능한 방법은 모든 콘텍스트 임베딩의 평균을 구해 이를 콘텍스트의 표현으로 사용하는 것입니다. 또 다른 방법은 콘텍스트에서 다음 트랙과 가장 가까운 트랙으로 최대 친화도를 가진 트랙을 찾는 것입니다.

다양한 옵션에 대한 자세한 내용은 제이슨 웨스턴 등이 작성한 〈친화도 가중 임베딩(Affinity Weighted Embedding)〉(https://oreil.ly/ig7Ch)에서 확인할 수 있습니다. 사용자의 관심사가 다양한 경우, 최대 친화도를 찾는 것으로는 평균 임베딩만큼 다음 트랙과 같은 방향으로 콘텍스트 임베딩을 업데이트하지 않는다는 것을 확인했습니다. 재생목록의 경우, 단일 테마로 구성되는 경향이 있기 때문에 평균 콘텍스트 임베딩 벡터가 잘 작동해야 합니다.

음성 트랙에 대한 친화도도 계산한다는 점에 주목하세요. 이는 다음 트랙이 음성 트랙보다 콘텍스트에 더 많은 친화도를 갖기를 원하기 때문입니다. 콘텍스트와 다음 트랙의 콘텍스트에 대한 친화도 외에도, 모델이 훈련 데이터에 과도하게 적합하지 않도록 모델을 정규화하는 방법으로 벡터의 L2 노름norm도 계산합니다. 또한 임베딩 벡터를 반전시켜 **자기 친화도**self-affinity라고 부르는 것을 계산합니다. 이는 콘텍스트, 다음 트랙, 음성 임베딩의 자기 자신에 대한 친화도로, 단순히 벡터 목록을 뒤집고 도트 곱을 구하는 방식으로 계산합니다. 이는 집합의 모든 친화도를 자체적으로 계산하는 것이 아니며, JAX 사용에 대한 직관과 기술을 쌓는 연습으로 남겨두겠습니다.

결과는 호출자에게 튜플로 반환됩니다.

13.2.5 손실 함수 구성하기

이제 `train_spotify.py`를 살펴봅시다. 상용구 코드boilerplate code는 건너뛰고, 평가 및 훈련 단계만 살펴보겠습니다.

```
def eval_step(state, y, all_tracks, all_albums, all_artists):
    result = state.apply_fn(
            state.params,
            y["track_context"], y["album_context"], y["artist_context"],
            y["next_track"], y["next_album"], y["next_artist"],
            all_tracks, all_albums, all_artists)
    all_affinity = result[1]
    top_k_scores, top_k_indices = jax.lax.top_k(all_affinity, 500)
    top_tracks = all_tracks[top_k_indices]
    top_artists = all_artists[top_k_indices]
    top_tracks_count - jnp.sum(jnp.isin(
      top_tracks, y["next_track"])).astype(jnp.float32)
    top_artists_count = jnp.sum(jnp.isin(
      top_artists, y["next_artist"])).astype(jnp.float32)

    top_tracks_recall = top_tracks_count / y["next_track"].shape[0]
    top_artists_recall = top_artists_count / y["next_artist"].shape[0]

    metrics = jnp.stack([top_tracks_recall, top_artists_recall])

    return metrics
```

첫 번째 코드는 평가입니다. 전체 말뭉치의 친화도를 계산합니다. 이를 위해 가능한 모든 트랙에 대한 앨범 및 아티스트 인덱스를 모델에 전달한 다음, `jax.lax.top_k`를 사용하여 정렬합니다. 처음 두 줄은 추천 중 콘텍스트에서 다음 트랙을 추천하기 위한 점수 코드입니다. LAX는 JAX와 함께 제공되는 유틸리티 라이브러리로, GPU 및 TPU와 같은 벡터 프로세서에서 편리하게 사용할 수 있는 NumPy API 외부의 함수가 포함되어 있습니다. 스포티파이의 수백만 재생목록 데이터셋 챌린지에서 측정 지표 중 하나는 아티스트 및 트랙 수준에서의 재현율@k입니다. 트랙의 경우 `isin` 함수는 다음 트랙과 말뭉치의 상위 500개 득점 트랙의 교집합을 다음 트랙 세트의 크기로 나눈 정확한 지표를 반환합니다. 이는 트랙이 말뭉치에서 고유하기 때문입니다. 그러나 JAX의 `isin`은 요소를 고유하게 만드는 것을 지원하지 않으므로 아티스트 재현율 지표의 경우 재현율 집합에 있는 아티스트를 두 번 이상 계산할 수 있습니다. 계산 효율성을 위해 대신 다중 카운트를 사용하여 GPU에서 빠르게 평가가 계산하여 학습 파이프라인이 지연되지 않도록 합니다. 최종 평가에서는 보다 정확한 지표를 위해 데이터셋을 CPU로 옮길 수 있습니다.

여기서는 '웨이트 앤 바이어스'를 다시 사용하여 그림 13-1에 표시된 것처럼 모든 지표를 추적합니다. 여러 실험을 통해 서로 어떻게 작용하는지 확인할 수 있습니다.

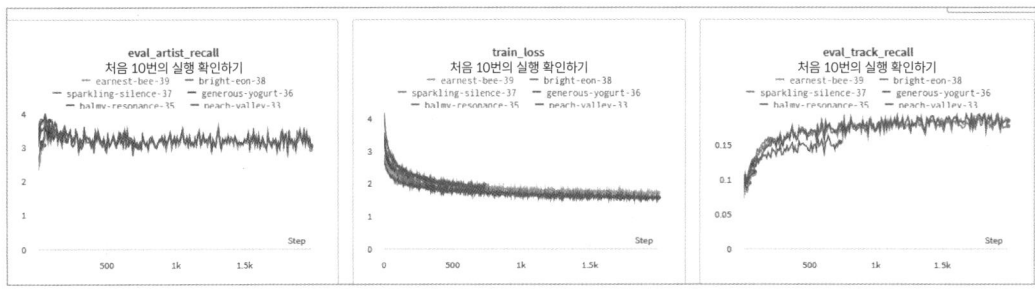

그림 13-1 웨이트 앤 바이어스 실험 추적하기

다음으로, 이 장의 마지막 연습에서는 실험해볼 또 다른 중요한 부분인 손실 함수에 대해 살펴보겠습니다.

```
def train_step(state, x, regularization):
    def loss_fn(params):
        result = state.apply_fn(
            params,
            x["track_context"], x["album_context"], x["artist_context"],
            x["next_track"], x["next_album"], x["next_artist"],
            x["neg_track"], x["neg_album"], x["neg_artist"])
        pos_affinity = result[0]
        neg_affinity = result[1]
        context_self_affinity = result[2]
        next_self_affinity = result[3]
        neg_self_affinity = result[4]
```

```
            all_embeddings_l2 = result[5]

            mean_neg_affinity = jnp.mean(neg_affinity)
            mean_pos_affinity = jnp.mean(pos_affinity)
            mean_triplet_loss = nn.relu(1.0 + mean_neg_affinity - mean_pos_affinity)

            max_neg_affinity = jnp.max(neg_affinity)
            min_pos_affinity = jnp.min(pos_affinity)
            extremal_triplet_loss = nn.relu(
                            1.0 + max_neg_affinity - min_pos_affinity
                            )

            context_self_affinity_loss = jnp.mean(nn.relu(0.5 - context_self_affinity))
            next_self_affinity_loss = jnp.mean(nn.relu(
                            0.5 - next_self_affinity)
                            )
            neg_self_affinity_loss = jnp.mean(nn.relu(neg_self_affinity))

            reg_loss = jnp.sum(nn.relu(all_embeddings_l2 - regularization))
            loss = (extremal_triplet_loss + mean_triplet_loss + reg_loss +
                    context_self_affinity_loss + next_self_affinity_loss +
                    neg_self_affinity_loss)
            return loss

        grad_fn = jax.value_and_grad(loss_fn)
        loss, grads = grad_fn(state.params)
        new_state = state.apply_gradients(grads=grads)
        return new_state, loss
```

여기에는 몇 가지 손실이 있으며, 일부는 주요 작업과 직접 관련이 있고, 다른 일부는 정규화 및 일반화에 도움이 됩니다.

처음에는 `mean_triplet_loss`로 시작했는데, 이는 단순히 양성 친화도, 즉 콘텍스트 트랙과 다음 트랙의 선호도가 음성 친화도, 즉 콘텍스트 트랙과 음성 트랙의 친화도보다 하나 더 커야 한다는 손실 함수입니다. 다른 보조 손실 함수를 얻기 위해 실험한 방법에 대해 설명하겠습니다.

그림 13-2에 설명된 실험 추적은 재현성과 마찬가지로 모델을 개선하는 과정에서 중요합니다. 동일한 시작 난수 생성기 시드를 사용하여 재현 가능한 JAX의 난수 생성기를 이용해 훈련 프로세스를 결정론적으로 만들기 위해 최대한 노력했습니다.

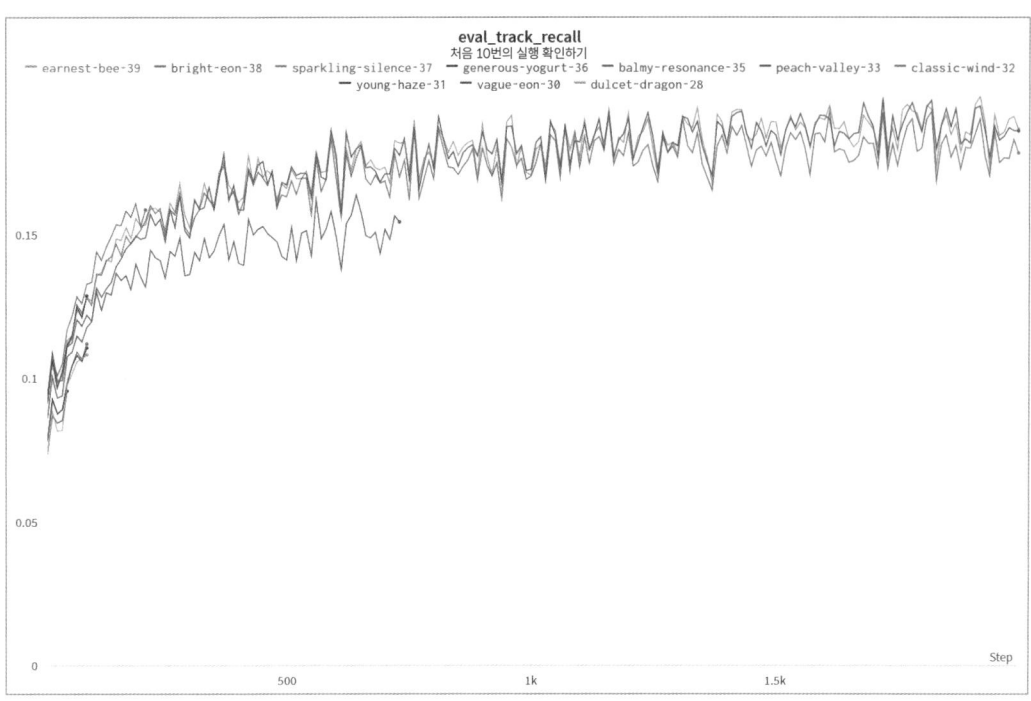

그림 13-2 재현율 실험 추적하기

정규화 손실인 mean_triplet_loss와 reg_loss를 좋은 기준선으로 삼았습니다. 이 두 가지 손실은 단순히 다음 트랙에 대한 콘텍스트의 평균 양성 친화도가 음성 트랙에 대한 콘텍스트의 음성 친화도보다 하나 더 크고 임베딩의 L2 노름이 정규화 임곗값을 초과하지 않는지 확인합니다. 이는 최악의 성과를 낸 지표를 의미합니다. 전체 데이터셋에 대해 실험을 실행하지 않았다는 점에 유의하세요. 이는 빠른 반복을 위해 먼저 적은 수의 단계로 실행하고 비교한 다음, 전체 데이터셋을 사용하는 긴 실행으로 가끔씩 교차interleaving하는 것이 더 빠를 수 있기 때문입니다.

다음으로 추가한 손실은 max_neg_affinity와 min_pos_affinity입니다. 이 손실은 부분적으로 마크 A 스티븐스Mark A. Stevens의 〈지배 손실을 통한 효율적인 좌표 하강 또는 순위 결정(Efficient Coordinate Descent or Ranking with Domination Loss)〉(https://oreil.ly/_aEF9)과 제이슨 웨스턴 등의 〈k-차 통계 손실로 추천 순위 결정 학습하기(Learning to Rank Recommendations with the k-Order Statistic Loss)〉(https://oreil.ly/CPexf)에서 영감을 받았습니다. 하지만 전체 음성 집합을 사용하지 않고 하위 샘플만 사용합니다. 왜 그럴까요? 음성 집합은 노이즈가 많기 때문입니다. 사용자가 특정 트랙을 재생목록에 추가하지 않았다고 해서 해당 트랙이 재생목록과 관련이 없다는 의미는 아닙니다. 사용자가 아직 해당 트랙을 듣지 않았기 때문에 노출 부족으로 인해 노이즈가 발생한 것일 수도 있습니다. 또한 샘플링은 CPU에서는 효율적이지만 GPU에서는 효율적이지 않기 때문에 k-차 통계 손실 논문에서 설명한 대로 샘플링 단계를 수행하지 않습니다. 따라서 두 논문의 아이디어를 결합하여 가장 큰 음성 친화도를 취하고 가장 작은 양성 친화도보다 하나 더 작게 만듭니다. 다음 집합과 음성 집합의 극단적인 트랙에 이 손실을 추가함으로써 실험에서 성능이 한 단계 향상되었습니다.

마지막으로 자기 친화도 손실을 추가했습니다. 이를 통해 콘텍스트와 다음 트랙 집합의 트랙은 최소 0.5의 친화도를 가지며, 음성 트랙 친화도는 최대 0이 되도록 했습니다. 이는 도트 곱 친화도이며, 양성 친화도가 음성 친화도보다 1만큼 더 큰 상대적인 양성 및 음성 친화도와는 달리 절대적입니다. 장기적으로는 큰 도움이 되지 않지만, 초반에 모델이 더 빨리 수렴하는 데 도움이 되었습니다. 마지막 훈련 단계에서 평가지표를 개선할 수 있기 때문에 그대로 두었습니다. 이것으로 '모두 하나로 합치기'의 설명 부분을 마무리합니다. 이제 재미있는 부분인 연습을 해보겠습니다!

13.3 연습

데이터와 코드를 가지고 놀면 다양한 손실 함수와 사용자 모델링 방법에 대한 직관을 키우는 데 도움이 되도록 많은 연습 문제를 제공하고 있습니다. 또한 코드를 작성하는 방법에 대해 고민해보면 JAX 사용 숙련도를 향상시킬 수 있습니다. 따라서 이 책에서 제공하는 내용을 이해하는 데 도움이 되는 재미있고 유용한 연습 문제 목록을 준비했습니다.

이 장을 마무리하며 몇 가지 흥미로운 연습을 해보겠습니다. 이러한 연습을 통해 손실 함수와 JAX의 작동 방식에 대한 많은 직관을 얻을 수 있을 뿐만 아니라 실험 과정에 대한 감각을 익힐 수 있습니다.

쉬운 연습 문제부터 시작해보세요.

- 다양한 최적화 도구를 사용해보세요(예: ADAM, RMSPROP).
- 특징 크기를 변경해보세요.
- 특징에 재생 시간을 추가합니다(정규화에 주의하세요!).
- 추론에는 코사인 거리를, 훈련에는 도트 곱을 사용하면 어떨까요?
- NDCG와 같은 새로운 지표를 추가합니다.
- 손실에서 양성 친화도와 음성 친화도 분포를 가지고 놀아보세요.

- 가장 낮은 다음 트랙과 가장 높은 음성 트랙에 대한 힌지 손실을 계산합니다.

다음은 좀 더 어려운 연습 문제들입니다.

- 트랙 이름을 특징으로 사용해보고, 일반화에 도움이 되는지 살펴보세요.
- 친화도 계산에 2계층 네트워크를 사용하면 어떻게 될까요?
- 친화도를 계산하기 위해 LSTM을 사용하면 어떻게 될까요?
- 트랙 임베딩을 상관관계로 바꿔보세요.
- 집합의 모든 자기 친화도를 계산해보세요.

13.4 요약

임베딩을 특징으로 대체한다는 것은 무엇을 의미할까요? 양성과 음성 친화도 예제에서는 두 개의 트랙, 즉 x와 y 사이의 친화도를 계산하기 위해 도트 곱을 사용했습니다. 임베딩으로 표현되는 잠재적인 특징을 사용하는 대신, 두 엔티티인 x와 y 사이의 친화도를 나타내는 특징을 수동으로 구성하는 것이 대안이 될 수 있습니다. 9장에서 다룬 것처럼 로그 카운트log count, 다이스 상관계수Dice correlation coefficient, 또는 상호 정보mutual information가 될 수 있습니다.

다양한 카운팅 특징을 만든 다음, 데이터베이스에 저장할 수 있습니다. 훈련 및 추론 시, 데이터베이스는 각 엔티티 x 및 y를 조회하고, 친화도 점수는 학습 중인 도트 곱 대신 또는 함께 사용됩니다. 이러한 특징은 임베딩 표현보다 더 정확하지만 재현율이 떨어지는 경향이 있습니다. 낮은 순위의 임베딩 표현은 일반화를 더 잘하며, 재현율을 향상시킬 수 있습니다. 카운팅 특징은 임베딩 특징과 시너지 효과가 있는데, 정밀한 카운팅 특징을 활용하여 정밀도를 향상시키고, 임베딩과 같은 낮은 순위 특징을 활용하여 재현율을 향상시킬 수 있습니다.

집합 내 트랙 간 모든 n^2 친화도를 계산하려면 JAX의 `vmap` 함수를 사용하는 것이 좋습니다. `vmap`은 코드를 변환할 수 있기 때문인데, 예를 들어 한 트랙의 다른 모든 트랙에 대한 친화도를 계산하고, 모든 트랙에 대해 해당 코드를 실행하도록 하는 데 사용할 수 있습니다.

데이터와 코드를 가지고 노는 것이 즐거웠기를 바라며, 이 연습을 통해 JAX로 추천 시스템을 작성하는 기술이 크게 향상되었기를 바랍니다!

PART IV

서비스 제공

> 그건 추천할 수 없습니다! 최고의 추천이, 때로는 적절하지 않기도 하죠.

저자 중 한 명인 브라이언Bryan은 아마존Amazon 추천 팀에 큰 질문을 던졌습니다. '내게 정확히 몇 대의 진공 청소기가 필요할까요?' 브라이언이 반려견 털 청소를 위해 멋진 다이슨 청소기를 막 구입했으니 곧바로 두 번째 청소기를 또 구입할 것 같지 않은데, 아마존 홈페이지는 이를 추천하는 데 열중하고 있는 것 같습니다. 추천 시스템의 흐름에 항상 비즈니스 논리 또는 기본적인 인간 논리를 포함시켜야 어리석음을 방지할 수 있습니다. 맥락상 부적절한 추천, 비즈니스적으로 실현 불가능한 추천, 또는 그저 추천 집합을 조금 덜 획일적으로 만들 필요가 있는 경우, 마지막 단계인 순서 지정을 통해 추천을 크게 개선할 수 있습니다.

하지만 잠깐만요! 순서 지정 단계가 단순히 switch 문과 수동으로 추천 결과를 재배치하는 것이라고 생각하지 마세요. 순위 결정과 서비스 제공 사이에도 시너지가 필요합니다. 브라이언은 의류에 대한 쿼리 기반 추천 시스템을 구축한 경험이 있었습니다. 그는 추천된 옷이 서로 다른 클래스의 상품인지 확인하기 위해 매우 간단한 다양성 필터를 구현했습니다. 그는 평점scoring 모델을 통해 상품 클래스별로 추천의 순위를 매겨 정렬하고, 각 클래스별로 몇 가지를 골라 제공할 수 있도록 했습니다. 그런데 놀랍게도 출시 첫 주에 10개의 추천 상품 중 3개, 4개, 심지어 5개의 백팩을 추천했습니다. 사용자들이 아무리 공부를 많이 한다 해도, 이것은 잘못된 것 같았고 약간의 QA가 필요했습니다. 그의 실수는? 백팩은 최대 3개의 상품 클래스에 속할 수 있기 때문에 여러 개의 다양성 클래스에 중복으로 들어가 있었던 것입니다!

이론이 실제 상용 환경에서의 추천과 만날 때 발생하는 까다로운 문제가 이번 부분의 주제입니다. 이 예제처럼 다양한 추천에 대해 이야기할 뿐만 아니라, 추천 파이프라인의 서비스 제공 부분에 영향을 미치는 다른 중요한 비즈니스 우선순위에 대해서도 논의할 것입니다.

CHAPTER 14   비즈니스 로직
CHAPTER 15   추천 시스템의 편향성
CHAPTER 16   가속 구조

CHAPTER 14

비즈니스 로직

이제 '그래, 우리의 알고리즘으로 순위 결정과 추천을 만들 수 있게 되었다! 잠재적 이해를 기반으로 모든 사용자를 위한 개인화 진행하고 우리 비즈니스를 운영하겠어!'라고 생각할 수 있습니다. 하지만 안타깝게도 비즈니스는 그렇게 간단하지 않습니다.

아주 간단한 예로 레시피 추천 시스템을 생각해보겠습니다. 자몽을 싫어하지만(이 책의 저자 중 한 명은 정말 자몽을 싫어합니다), 자몽과 잘 어울리는 재료들을 좋아하는 사용자가 있다고 가정해보겠습니다. 아스파라거스, 아보카도, 바나나, 버터, 캐슈, 샴페인, 치킨, 코코넛, 게, 생선, 생강, 헤이즐넛, 꿀, 레몬, 리임, 멜론, 민트, 올리브 오일, 양파, 오렌지, 피건, 파인애플, 라즈베리, 림, 연어, 해초, 새우, 스타 아니스, 딸기, 타라곤, 토마토, 바닐라, 와인, 요구르트 등이 있습니다. 이 재료들은 자몽과 가장 잘 어울리고 인기 있는 재료이며, 사용자들은 이 중 거의 모든 것을 좋아합니다.

추천기가 이 케이스를 처리하는 올바른 방법은 무엇일까요? 협업 필터링, 잠재 특징 latent feature, 하이브리드 추천으로 이러한 상황을 해결할 수 있을 것 같을 수 있습니다. 그러나 사용자가 이러한 공통된 맛을 좋아한다면 아이템 기반 CF 모델로는 이를 잘 포착하지 못할 것입니다. 마찬가지로 사용자가 자몽을 정말 '싫어'한다면 잠재적 특징만으로는 자몽을 완전히 피하기에 충분하지 않을 수 있습니다.

이 경우에는 간단한 접근 방식인 **하드 회피** hard avoid가 좋습니다. 이번 장에서는 추천 시스템의 출력과 교차하는 비즈니스 로직의 몇 가지 복잡성에 대해 이야기하겠습니다.

모델이 추천할 때 활용하는 잠재 특징의 일부를 사용하여 예외 사항을 학습하려고 시도하는 대신, 이러한 비즈니스 규칙을 결정론적 논리를 통해 외부로 나가는 단계에 통합하는 것이 더 일관적이고 간단합니다. 예를 들어 모델이 자몽 칵테일의 순위를 낮추도록 학습하는 대신, 검색된 모든 자몽 칵테일을 제거할 수 있습니다.

14.1 하드 순위 결정

자몽 시나리오와 비슷한 상황을 생각해보면, 이러한 현상에 대한 많은 예시를 떠올릴 수 있습니다. **하드 순위 결정**은 일반적으로 두 가지 종류의 특수한 순위 결정 규칙 중 하나를 의미합니다:

- 순위를 매기기 전에 목록에서 일부 아이템을 명시적으로 제거합니다.
- 카테고리 특징을 사용하여 결과에 대해 카테고리별로 순위를 매깁니다(여러 특징에 대해 이 작업을 수행하여, 계층적 하드 순위 결정을 수행할 수도 있습니다.).

다음과 같은 상황을 경험해본 적이 있나요?

- 한 사용자가 소파를 구입했습니다. 향후 5년 동안 소파가 필요하지 않은데도, 시스템이 이 사용자에게 소파를 계속 추천합니다.
- 한 사용자가 원예에 관심이 있는 친구를 위해 생일 선물을 구매합니다. 그런데 이커머스 사이트는 사용자가 원예에 관심이 없음에도 원예 도구를 계속 추천합니다.
- 한 부모가 자녀를 위해 장난감을 사려고 합니다. 하지만 부모가 평소 장난감을 구입하는 웹사이트를 방문했을 때, 해당 사이트에서는 몇 살 어린 아이에게 맞는 장난감을 여러 개 추천합니다. 부모는 아이가 그 나이였을 때 이후 해당 사이트에서 장난감을 구입한 적이 없습니다.
- 한 달리기 선수가 심각한 무릎 통증을 경험하고 더 이상 장거리 달리기를 할 수 없다고 판단합니다. 충격이 덜한 자전거 타기로 종목을 바꿉니다. 하지만 지역 모임 추천은 여전히 모두 달리기 위주입니다.

이 모든 사례는 결정론적 논리, 즉 규칙 기반 논리를 통해 비교적 쉽게 처리할 수 있습니다. 이러한 상황에서는 머신러닝을 통해 이러한 규칙을 학습하려고 시도하지 않는 것이 좋습니다. 이런 유형의 시나리오에서는 이러한 선호도에 대한 신호가 낮을 것이라고 가정해야 합니다. 부정적인 암묵적 피드백은 관련성이 낮은 경우가 많으며, 나열된 상황 중 상당수는 시스템이 한 번 정도만 학습된 세부 사항으로 표현됩니다. 또한 앞의 사례 중 일부에서는 선호도가 존중되지 않아 사용자와의 관계에 해를 끼치거나 불쾌감을 줄 수 있습니다.

이러한 선호도를 회피avoid라고 부릅니다. 또는 때에 따라 제약 조건constraint, 오버라이드override, 하드 규칙hard rule이라고도 합니다. 시스템에 대한 명시적인 기대 사항이라고 생각해야 합니다. '자몽을 사용한 레시피는 보여주지 마세요', '소파는 더 이상 보여주지 마세요', '저는 정원 가꾸는 것을 좋아하지 않아요', '제 아이는 이제 10살이 넘었어요', '트레일 러닝trail running은 보여주지 마세요' 등이 그 예가 될 수 있습니다.

14.2 학습된 회피

모든 비즈니스 규칙이 명시적인 사용자 피드백에서 직접적으로 파생되지 않을 수 있으며, 일부는 특정 아이템과 직접 관련이 없는 명시적인 피드백에서 비롯될 수 있습니다. 추천 서비스 제공을 고려할 때는 다양한 회피 아이템을 포함하는 것이 중요합니다.

간단하게 설명하기 위해 패션 추천 시스템을 구축한다고 가정해보겠습니다. 보다 미묘한 회피의 예는 다음과 같습니다.

이미 소유한 아이템

사용자가 정말로 한 번만 구매해야 하는 아이템들로, 예를 들어 사용자가 당신의 플랫폼을 통해 구매했거나 이미 소유하고 있다고 말한 의류입니다. **가상 옷장**virtul closet을 만들고 사용자에게 가지고 있는 아이템을 알려달라고 요청하여 이러한 문제를 방지할 수도 있습니다.

싫어하는 특징

아이템의 특징 중 사용자가 관심 없음으로 표시할 수 있는 특징입니다. 온보딩 설문조사에서 사용자에게 물방울 무늬를 좋아하는지 또는 선호하는 색상 팔레트가 있는지 물어볼 수 있습니다. 이는 회피에 사용될 수 있도록 명시적으로 표시된 피드백입니다.

무시된 카테고리

사용자에게 공감을 얻지 못하는 카테고리 또는 아이템 그룹입니다. 이는 암묵적일 수 있지만 기본적인 추천 모델의 외부에서 학습됩니다. 예를 들어, 사용자가 드레스를 즐겨 입지 않기 때문에 당신의 이커머스 웹사이트에서 드레스 카테고리를 한 번도 클릭한 적이 없을 수 있습니다.

품질이 낮은 아이템

시간이 지남에 따라 일부 품목은 대부분의 사용자가 볼 때 품질이 낮다는 것을 알게 될 것입니다. 반품이 많거나 낮은 평점을 통해 이를 감지할 수 있습니다. 이러한 아이템은 궁극적으로 인벤토리에서 삭제해야 하지만 당분간은 가장 강력한 매칭 신호가 있을 때를 빼고는 모든 사용자에 대해 회피 아이템으로서 포함시키는 것이 중요합니다.

이 추가적인 회피는 서비스 제공 단계에서 쉽게 구현할 수 있으며, 간단한 모델을 포함할 수도 있습니다. 이러한 규칙 중 일부를 캡처하도록 선형 모델을 훈련한 다음, 서비스 중에 적용하면 순위를 높이는 데 유용하고 신뢰할 수 있는 메커니즘이 될 수 있습니다. 소규모 모델은 매우 빠른 추론을 수행하기 때문에 일반적으로 파이프라인에 포함해도 부정적 영향은 거의 없습니다. 대규모 행동 트렌드나 고차원적인 요인에 대해서는 핵심 추천 모델이 이러한 아이디어를 학습할 것으로 기대합니다.

14.3 수동 조정 가중치

회피 스펙트럼의 반대편에는 **수동 조정 순위**가 있습니다. 이 기법은 검색 순위 결정 분야의 초기에는 널리 사용되었는데, 사람이 분석과 관찰을 통해 순위에서 가장 중요하다고 생각하는 특징을 결정하고 다목적 순위 모델을 만들었습니다. 예를 들어, 5월 초에는 많은 사용자가 어버이날 선물을 검색하기 때문에 꽃집의 순위가 높아질 수 있습니다. 추적해야 할 변수가 많을 수 있기 때문에 이러한 종류의 접근 방식은 확장성이 떨어지고 최신 추천 순위 결정에서는 큰 의미가 없습니다.

하지만 수동 조정 순위 결정은 **회피**로서 매우 유용할 수 있습니다. 엄밀히 말하면, 기술적으로 회피가 아니지만, 이를 종종 그렇게 부르기도 합니다. 실제 예시를 들어보면 신규 사용자는 배송을 신뢰할 수 있는지 확인하는 단계에는 저렴한 가격의 상품으로 시작하는 것을 선호한다는 사실을 알고 있습니다. 따라서 첫 주문 전에 더 낮은 가격의 품목의 순위를 올리는 것은 유용한 기법입니다.

수동 조정 순위를 구축하는 것이 부담스러울 수도 있지만, 이 기법을 배제하지 않는 것이 중요합니다. 이 기법도 특정 상황에서 필요할 수 있으며 종종 좋은 시작점이 됩니다. 이러한 기법의 흥미로운 적용 사례 중 하나는 전문가가 직접 순위를 조정하는 것입니다. 다시 패션 추천으로 돌아와서 스타일 전문가가 올 여름 트렌드 컬러가 특히 젊은 세대 사이에서 연보라색이라는 것을 알고 있을 수 있습니다. 그런 다음 전문가가 해당 연령대의 사용자에게 적합한 연보라색 아이템을 추천하면 사용자 만족도에 긍정적인 영향을 미칠 수 있습니다.

14.4 재고 건전성

하드 순위 결정의 독특하며 다소 논란의 여지가 있는 측면은 **재고 건전성**inventory health입니다. 정의하기 어렵기로 유명한 재고 건전성은 기존 재고가 사용자 수요를 얼마나 잘 충족시키는지 추정합니다.

선호도 점수와 예측을 통해 재고 건전성을 정의하는 한 가지 방법을 간단히 살펴보겠습니다. 비즈니스를 최적화하는 데 매우 강력하고 널리 사용되는 방법인 수요 예측을 활용할 때 다음 N 기간 동안 각 카테고리의 예상 매출은 얼마인지 예측할 수 있습니다. 이러한 예측 모델 구축은 이 책의 범위를 벗어나지만, 핵심 아이디어는 롭 하인드먼Rob Hyndman과 조지 아타나소풀로스George Athanasopoulos의 유명한 책, 《Forecasting: Principles and Practice, 3e(예측: 원칙과 실제, 3판)》(OTexts, 2021)(https://otexts.com/fpp3/)에 잘 정리되어 있습니다. 논의의 예로, 다음 달에 판매할 양말의 수를 크기와 사용 유형별로 대략적으로 추정할 수 있다고 가정해보겠습니다. 이는 다양한 유형의 양말을 얼마나 보유해야 하는지 파악하는 데 매우 유용한 추정치가 될 수 있습니다.

그러나 재고는 한정적일 수 있으며, 실제로 재고는 실물 상품을 판매하는 비즈니스에서 큰 제약이 되는 경우가 많습니다. 이러한 점을 염두에 두고 시장 수요의 반대편으로 눈을 돌려야 합니다. 수요가 공급을 초과하면 결국 원하는 상품을 구매하지 못한 사용자에게 실망감을 줄 수 있습니다.

베이글을 판매한다고 가정하고 양귀비 씨, 양파, 아시아고 치즈, 달걀의 평균 수요를 계산해봅시다. 특정한 날에는 많은 고객이 명확한 선호도를 가지고 베이글을 구매하러 오겠지만, 그 베이글을 충분히 확보할 수 있을까요? 사람들은 신선한 베이글을 좋아하기 때문에, 판매하지 않고 있던 베이글은 모두 폐기될 수 있습니다. 즉, 각 고객에게 추천되는 베이글은 재고 상황에 따라 달라집니다. 일부 사용자는 덜 까다롭기 때문에 두세 가지 옵션 중 하나를 선택해도 만족할 수 있습니다. 이 경우에는 다른 베이글 옵션을 제공하고 까다로운 사용자를 위해 가장 낮은 재고를 저장하는 것이 좋습니다. 이는 **최적화**optimization로 불리는 다양한 기법을 포함한 모델 개선 방법입니다. 여기서는 최적화 기법에 대해서 다루지 않겠지만, 수학적 최적화나 운영 연구에 관한 책에서 방향을 찾을 수 있을 것입니다. 미켈 J. 코헨더퍼Mykel J. Kochenderfer와 팀 A. 휠러Tim A. Wheeler의 《Algorithms for

Optimization(최적화를 위한 알고리즘)》(MIT Press, 2019)이 좋은 출발점이 될 수 있습니다.

재고를 추천의 일부로 적극적으로 관리하는 것은 매우 중요하며 강력한 도구가 될 수 있어, 재고 건전성은 하드 순위 결정과 관련이 있습니다. 궁극적으로 재고 최적화는 추천의 체감 성능을 저하시킬 수 있으나 이를 비즈니스 규칙의 일부로 포함하면 비즈니스 및 추천 시스템의 전반적인 상태가 개선됩니다. 이 때문에 이를 **전역 최적화**global optimization라고 부르기도 합니다.

이러한 방법이 열띤 토론을 불러일으키는 이유는 '더 큰 이익'을 위해 일부 사용자의 추천 품질을 낮춰야 한다는 데 모두가 동의하는 것은 아니기 때문입니다. 마켓플레이스의 건전성과 평균 만족도는 고려해야 할 유용한 지표이지만, 이러한 지표가 추천 시스템 전반에 대한 핵심적이고 최종적인 지표와 일치하는지 확인해야 합니다.

14.5 회피 구현하기

회피를 구현하는 가장 간단한 접근 방법은 하류 단계 필터링downstream filtering을 수행하는 것입니다. 이를 위해서는 사용자에게 추천이 전달되기 전에 순위 결정기ranker에서 해당 사용자에 대한 회피 규칙을 적용해야 합니다. 이 접근 방식을 구현하면 다음과 같습니다.

```python
import pandas as pd

def filter_dataframe(df: pd.DataFrame, filter_dict: dict):
    """
    특정값이 있는 행을 제외하도록 데이터프레임을 필터링합니다.

    Args:
        df (pd.DataFrame): 입력 데이터프레임
        filter_dict (dict): 키가 열 이름이고 값이 제외할 값인 딕셔너리

    Returns:
        pd.DataFrame: 필터링된 데이터프레임
    """
    for col, val in filter_dict.items():
        df = df.loc[df[col] != val]
    return df

filter_dict = {'column1': 'value1', 'column2': 'value2', 'column3': 'value3'}

df = df.pipe(filter_dataframe, filter_dict)
```

물론, 이는 간단하지만 비교적 단순한 회피 방식입니다. 첫째, 순수하게 판다스로만 작업하면 추천 시스템의 확장성이 일부 제한되므로 이를 JAX로 변환해보겠습니다.

```python
import jax
import jax.numpy as jnp

def filter_jax_array(arr: jnp.array, col_indices: list, values: list):
    """
    특정 열에 특정값이 있는 행을 제외하도록 JAX 배열을 필터링합니다.

    Args:
        arr (jnp.array): 입력 배열
        col_indices (list): 필터링할 열 인덱스 목록
        values (list): 제외할 해당 값들의 목록

    Returns:
        jnp.array: 필터링된 배열
    """
    assert len(col_indices) == len(values),

    masks = [arr[:, col] != val for col, val in zip(col_indices, values)]
    total_mask = jnp.logical_and(*masks)

    return arr[total_mask]
```

하지만 더 심각한 문제가 있습니다. 다음으로 고려해야 할 문제는 회피 데이터를 저장할 위치입니다. 명확한 위치는 사용자를 키로 하는 NoSQL 데이터베이스와 같은 곳이며, 이를 통해 모든 회피 데이터를 간단히 조회할 수 있습니다. 앞서 '피처 스토어'에서 설명한 것처럼 피처 스토어를 자연스럽게 사용하는 방식입니다. 일부 회피는 실시간으로 적용될 수도 있고, 다른 회피는 사용자 온보딩 시 학습될 수도 있습니다. 피처 스토어는 회피를 저장하기에 좋은 장소입니다.

우리의 단순한 필터에서 다음으로 발생할 수 있는 문제점은 공변량 회피covariate avoid 또는 더 복잡한 회피 시나리오로 자연스럽게 확장되지 않는다는 점입니다. 일부 회피는 실제로 맥락에 따라 다릅니다. 노동절 이후 흰색 옷을 입지 않는 사용자, 금요일에 고기를 먹지 않는 사용자, 특정 커피 추출 방식과 잘 어울리지 않는 커피 등 상황에 따라 달라질 수 있습니다. 이러한 모든 상황에는 조건부 논리가 필요합니다. 강력하고 효과적인 추천 시스템 모델이 이러한 세부 사항을 확실히 학습할 수 있다고 생각할 수 있지만, 이는 드물게만 맞는 이야기입니다. 실제로 이러한 종류의 고려 사항 중 상당수는 추천 시스템이 학습해야 하는 대규모 개념에 비해 신호가 적기 때문에 일관되게

학습하기 어렵습니다. 또한 이러한 종류의 규칙은 낙관적인 태도를 유지하는 것이 아닌 반드시 지켜야 하는 규칙인 경우가 많습니다. 따라서 이러한 제한 사항을 명시적으로 지정해야 하는 경우가 많습니다.

이러한 사양은 종종 이러한 요구 사항을 부과하는 명시적이고 결정론적인 알고리즘을 통해 구현할 수 있습니다. 커피 문제의 경우, 저자 중 한 명이 커피 로스팅 특징과 추출기 간 몇 가지 나쁜 조합을 처리하기 위한 결정 트리를 직접 만들었습니다. 혐기성anaerobic 발효 방식의 에스프레소?! 윽!

그러나 다른 두 가지 예시(노동절 이후 흰색 옷을 입지 않기, 금요일에 고기 먹지 않기)는 조금 더 미묘합니다. 명시적인 알고리즘 접근 방식으로는 다루기 까다로울 수 있습니다. 사용자가 일년 중 특정 기간 동안 금요일에 고기를 먹지 않는다는 것을 어떻게 알 수 있을까요?

이러한 사용 사례의 경우 모델 기반 회피가 이러한 요구 사항을 충족시킬 수 있습니다.

14.6 모델 기반 회피

더 복잡한 규칙을 포함하고 잠재적으로 학습하려는 우리의 탐구 과정에서 다시 검색의 영역으로 돌아가는 것처럼 보일 수 있습니다. 안타깝게도 사용자 모델링과 아이템 모델링을 모두 수행하고 많은 매개변수가 있는 와이드-앤-딥wide-and-deep 모델에서도 이러한 높은 수준의 관계를 학습하는 것은 까다로울 수 있습니다.

이 책의 대부분은 상당히 크고 심층적인 작업에 초점을 맞추었지만, 추천 시스템의 이 부분은 단순한 모델에 더 적합합니다. 특징 기반 이진 예측feature-based binary prediction(이것이 추천되어야 할까요?)의 경우, 확실히 좋은 옵션이 많이 있습니다. 가장 좋은 접근 방식은 포착하려는 회피를 구현하는 데 관련된 특징의 수에 따라 크게 달라집니다. 이번 절에서 예로 들고 있는 많은 회피들은 가정이나 가설에서 시작한다는 점을 고려하기 바랍니다. 예를 들어, 노동절 이후에는 일부 사용자가 흰색 옷을 입지 않을 수 있다고 가정한 다음, 이 결과를 잘 모델링하는 특징을 찾으려고 시도하는 것입니다. 이렇게 하면 매우 간단한 회귀 모델을 사용하여 문제의 결과와 공변하는 특징을 찾는 것이 더 쉬워질 수 있습니다.

이 문제의 또 다른 중요한 요소는 잠재 표현latent representations입니다. 금요일 채식주의자의 경우, 우리는 이 규칙을 가진 특정 페르소나를 추론하려고 할 수 있습니다. 이 페르소나는 잠재적 특징으로 간주되며, 우리는 이를 다른 속성을 통해 매핑하려고 합니다. 이러한 종류의 모델링은 신중해야 하지만(일반적으로 페르소나는 미묘한 차이가 있어 신중한 의사 결정이 필요할 수 있습니다), 상당히 유용할 수 있습니다. 대규모 추천 모델의 사용자 모델링 부분이 이를 학습해야 할 것 같다고 생각할 수 있는데, 실제로 가능합니다! 유용한 기법으로는 해당 모델에서 학습한 페르소나를 활용해 가설로 세운 회피에 대해 회귀 분석을 수행하여 더 많은 신호를 얻는 것이 있습니다. 그런데 검색 관련성에 대한 손실 함수(및 순위 결정을 위한 하류 단계)가 잠재 페르소나 특징에서 개별 사용자의 관련성을 분석하려 시도하므로, 다른 모델에서는 굳이 항상 이러한 페르소나를 학습할 필요는 없습니다. 다른 모델은 콘텍스트 특징을 통해 이러한 회피를 예측할 수 있습니다.

대체로 회피를 구현하는 것은 매우 쉬우면서도 매우 어렵기도 합니다. 상용 추천 시스템을 구축할 때 서비스 제공 단계에 도달했다고 해서 여정이 끝나는 것은 아닙니다. 많은 모델이 프로세스의 마지막 단계에서야 반영되기 때문입니다.

14.7 요약

때로는 하류 단계로 보내는 추천이 비즈니스의 필수 규칙을 충족하는지 확인하기 위해보다 고전적인 접근 방식에 의존해야 할 때도 있습니다. 사용자로부터 명시적이거나 미묘한 교훈을 얻으면 간단한 방법으로 적용하여 지속적으로 사용자를 만족시킬 수 있습니다.

하지만 이것이 서비스 과제의 끝은 아닙니다. 또 다른 종류의 하류 단계에서 고려해야 할 사항은 여기서 수행한 필터링과 관련이 있지만 사용자 선호도 및 인간 행동에서 비롯됩니다. 추천이 반복되거나 암기되거나 중복되지 않도록 하는 것은 추천의 다양성에 관한 다음 장에서 다룰 주제입니다. 또한 정확히 무엇을 제공할지 결정할 때 여러 우선순위의 균형을 동시에 맞추는 방법에 대해서도 논의할 것입니다.

CHAPTER 15

추천 시스템의 편향성

지금까지 추천을 개선하여 개별 사용자에게 더욱 개인화되고 관련성 있게 만드는 방법을 자세히 살펴보았습니다. 그 과정에서 사용자와 사용자 페르소나 간의 잠재적 관계가 공유된 선호도에 대한 중요한 정보를 인코딩한다는 점을 알게 되었습니다. 안타깝게도 이 모든 것에는 편향성이라는 중요한 문제가 있습니다.

이 논의에서는 추천 시스템에서 가장 중요한 두 가지 종류의 편향성에 대해 이야기하겠습니다.

- 지나치게 중복되거나 자신과 유사한self-similar 추천 집합
- AI 시스템이 학습한 고정관념stereotype

먼저, 추천 결과의 다양성이라는 중요한 요소에 대해 자세히 살펴보겠습니다. 추천 시스템이 사용자에게 적절한 선택을 제공하는 것만큼이나 중요한 것은 다양한 추천을 보장하는 것입니다. 다양성은 지나친 전문화overspecialization를 방지할 뿐만 아니라, 새롭고 우연한 발견을 장려하여 전반적인 사용자 경험을 풍부하게 해줍니다.

관련성과 다양성 사이의 균형은 미묘하고 까다로울 수 있습니다. 이러한 균형은 알고리즘이 단순히 사용자의 과거 행동을 반영하는 것을 넘어 새로운 영역에 대한 탐험을 장려하여 콘텐츠에 대해 보다 총체적으로 긍정적인 경험을 제공하도록 합니다.

이러한 편향성은 주로 기술적 과제인데, 다양성과 관련성이라는 다중적 목표를 모두 충족하는 추천을 어떻게 제공할 수 있을까요?

여기서는 추천 시스템의 내재적 편향과 외재적 편향을 기본 알고리즘과 학습 데이터의 의도하지 않은 결과로 간주하겠습니다. 데이터 수집이나 알고리즘 설계의 시스템적 편향은 편견을 포함하는 결과를 초래하여, 윤리적 문제와 공정성 문제를 초래할 수 있습니다. 또한 에코 챔버echo chamber 또는 필터 거품filter bubble을 만들어 사용자가 더 광범위한 콘텐츠에 노출되는 것을 제한하고 의도치 않게 기존의 믿음을 강화할 수 있습니다.

이 장의 마지막에서는 이러한 위험에 대해 논의하고 이에 대해 자세히 알아볼 수 있는 자료를 제공합니다. 우리는 AI 공정성과 편견에 대한 전문가는 아니지만, 모든 머신러닝 실무자는 이러한 주제를 이해하고 진지하게 고려해야 합니다. 이 장에서는 소개와 이정표를 제공하고자 합니다.

15.1 추천의 다양화

편향성에 맞서기 위한 우리의 첫 번째 접근은 명시적으로 추천 결과의 다양성을 목표로 삼는 것입니다. 추구할 수 있는 여러 목표 중 두 가지인 목록 내 다양성과 우연한 추천에 대해 간략히 살펴보겠습니다.

목록 내 다양성은 단일 추천 목록 내에 다양한 유형의 아이템이 포함되도록 보장하려고 시도합니다. 이는 추천 아이템 간의 유사성을 최소화하여 지나친 전문화를 줄이고 탐색을 장려하기 위한 것입니다. 추천 목록 내에서 목록 내 다양성이 높으면 사용자가 좋아할 만한 많은 아이템에 노출될 수 있지만, 특정 관심사에 대한 추천의 깊이는 더 얕아져 기억에 남는 아이템이 줄어듭니다.

우연한 추천은 사용자에게 놀랍고 흥미로운 아이템을 제공하는 것을 의미합니다. 사용자가 직접 발견하지 못했거나 일반적으로 시스템에서 인기가 훨씬 낮은 아이템인 경우가 많습니다. 우연성serendipity을 전반적으로 올리기 위해, 사용자와의 친화도 점수가 상대적으로 낮더라도 명확하지 않거나 예상치 못한 선택지를 추천 과정에 추가하면 됩니다. 이상적으로는 이러한 우연한 선택은 그 인기도에 비해 다른 인기 아이템보다 친화도가 높기 때문에 '외부 선정 아이템 중 최고'가 될 수 있습니다.

15.1.1 다양성 개선하기

이제 다양성 측정 방법을 확보했으므로 명시적으로 개선할 수 있습니다. 중요한 것은 다양성 지표를 목표 중 하나로 추가하면, 재현율이나 NDCG와 같은 것들의 성능을 잠재적으로 희생할 수 있다는 것입니다. 이를 파레토 문제로 생각하면 도움이 되며, 다양성을 추구하기 위해 순위 결정 지표의 성능에 하한선을 설정하는 것도 도움이 됩니다.

 **파레토 문제**Pareto problem는 서로 상충되는 두 가지 우선순위를 포함합니다. 머신러닝의 많은 영역과 일반적인 응용 수학에서는 특정 결과들 사이에 자연스러운 긴장 관계가 존재합니다. 추천의 다양성은 추천 시스템에서 파레토 문제의 중요한 예시이지만, 이것이 유일한 예시는 아닙니다. 14장에서 전역 최적화를 간단히 살펴보았는데, 절충점의 극단적인 사례입니다.

다양성 지표를 개선하기 위한 간단한 접근 방식 중 하나는 **재순위 결정**reranking입니다. 다양성을 향상시키기 위해, 처음에 검색된 추천 목록을 다시 정렬하는 후처리 단계입니다. 재순위 결정을 위한 다양한 알고리즘은 관련성 점수뿐만 아니라 추천 목록에 포함된 아이템 간의 비-유사도dissimilarity도 고려합니다. 재순위 결정은 모든 외부 손실 함수를 운영시킬 수 있는 전략이므로, 다양성을 위해 사용하기에 간편한 접근 방식입니다.

또 다른 전략은 228페이지의 '추천 시스템 평가를 위한 성향 가중치 적용' 절에서 설명한 추천 피드백의 폐쇄 루프에서 벗어나는 것입니다. 멀티암드 밴딧 문제에서와 마찬가지로, **탐색-활용 절충안**을 통해 모델이 사용자가 좋아할 것으로 알고 있는 것을 활용하는 것과 더 높은 보상을 얻을 수 있는 덜 확실한 옵션을 탐색하는 것 중에서 선택할 수 있습니다. 이 트레이드오프는 추천 시스템에서 때때로 덜 확실한 선택을 **탐색**explore하고 추천하여 다양성을 보장하는 데 사용될 수 있습니다. 이와 같은 시스템을 구현하기 위해 친화도affinity를 보상 추정치로, 성향propensity을 활용 척도로 사용할 수 있습니다.

이러한 사후 전략을 사용하는 대신, **학습 과정에서 다양성을 목표로 통합**하거나 다양성 정규화 항diversity regularization term을 손실 함수에 포함하는 것도 대안이 될 수 있습니다. 쌍별 유사도를 정규화 항으로 포함하는 다중목적 손실multiobjective loss은 모델이 다양한 추천 집합을 훈련하는 데 도움이 될 수 있습니다. 앞서 이러한 종류의 정규화를 통해 특정 행동을 최소화하도록 훈련 과정에서 지도할 수 있다는 것을 살펴보았습니다. 명시적으로 사용할 수 있는 정규화 항 중 하나는 **추천 간의 유사도**입니다. 추천에 포함된 각 임베딩 벡터들 간의 도트 곱으로 이 자기-유사도self-similarity를 근사해볼 수 있습니다. $\mathcal{R} = (R_1, R_2, ..., R_k)$를 추천에 대한 임베딩 목록이라고 하고, $\mathcal{R}$을 열 행렬(각 행이 하나의 추천)로 간주합니다. 그리고, $\mathcal{R}$의 그래미안Gramian을 계산하면 모든 도트 곱 유사도를 얻을 수 있고, 적절한 하이퍼파라미터 가중치로 이 항을 정규화할 수 있습니다. 이 경우 개별 쿼리에 대한 추천만 고려하기 때문에 이전의 그래미안 정규화와는 다릅니다.

마지막으로 여러 도메인의 순위를 사용하여 추천 다양성을 높일 수 있습니다. 다양한 순위 측정 방법을 통합함으로써, 추천 시스템은 사용자의 '모드mode' 외부의 아이템을 제안할 수 있으므로 추천의 범위가 넓어집니다. 멀티모달 추천multimodal recommendation에 관한 활발한 분야가 존재하며, 특히 핀터레스트의 피너세이지PinnerSage 논문(https://oreil.ly/KOQK2)이 특히 인상적인 구현 사례입니다. 멀티모달 추천에 관한 많은 연구에서 검색 단계에서는 사용자의 쿼리 벡터에 가까운 추천을 너무 많이 반환합니다. 이렇게 하면 검색된 목록 간에 자기 유사성이 발생하게 됩니다. 멀티모달리티multimodality는 각 요청에 대해 여러 쿼리 벡터를 사용하도록 하여 다양성을 보장합니다.

아이템 자기 유사도에 대한 또 다른 관점을 살펴보고 이를 위해 아이템 간의 쌍별 관계를 어떻게 사용할 수 있는지 생각해보겠습니다.

15.1.2 포트폴리오 최적화 적용하기

금융에서 차용한 개념인 **포트폴리오 최적화**portfolio optimization는 추천 시스템의 다양성을 높이는 데 효과적인 접근 방식이 될 수 있습니다. 여기서 목표는 관련성과 다양성이라는 두 가지 주요 매개변수의 균형을 이루는 추천 아이템의 '포트폴리오'를 만드는 것입니다.

포트폴리오 최적화의 핵심은 위험(이 경우, 관련성)과 수익(다양성)의 균형입니다. 다음은 추천 시스템에 이러한 최적화를 적용하는 기본 접근 방식입니다.

1. 공간 내 거리가 유사도의 좋은 척도가 되도록 아이템 표현을 공식화합니다. 이는 좋은 잠재 공간을 만드는 것이 무엇인가에 대한 이전의 논의와 일치합니다.
2. 아이템 간의 쌍별 거리를 계산합니다. 잠재 공간을 풍부하게 하는 어떤 거리 지표든 사용할 수 있습니다. 검색된 모든 아이템에 대해 이러한 쌍별 거리를 계산하고, 반환할 준비하는 것이 중요합니다. 이러한 거리 분포를 집계하는 방법은 미묘한 차이가 있을 수 있습니다.
3. 검색된 집합에 대한 친화도를 평가합니다. 보정된 친화도 점수는 보다 현실적인 반환 추정치를 제공하므로 더 나은 성능을 발휘합니다.
4. 최적화 문제를 풉니다. 문제를 풀면 관련성과 다양성 사이의 균형을 맞춘 각 아이템에 대한 가중치가 산출됩니다. 가중치가 높은 아이템은 다양성과 관련성 측면에 더 가치가 있으며, 추천 목록에서 우선순위가 높아야 합니다. 수학적으로 이 문제는 다음 식과 같습니다.

$$Maximize(w^T \times r - \lambda \times w^T \times C \times w)$$

여기서 w는 가중치(즉, 추천 목록에서 각 아이템이 차지하는 비율)를 나타내는 벡터, r은 관련성 점수 벡터, C는 공분산 행렬(다양성을 포착)이며, λ는 관련성과 다양성의 균형을 잡는 매개변수에 해당합니다. 여기서 제약 조건은 가중치의 합이 1이 되어야 한다는 것입니다.

하이퍼파라미터 λ는 연관성과 다양성 사이에서 균형을 맞춘다는 점을 기억하세요. 따라서 이 프로세스에서 매우 중요한 부분이며 시스템과 사용자의 특정 요구 사항에 따라 실험이나 튜닝이 필요할 수 있습니다. 이는 웨이트 앤 바이어스와 같은 여러 패키지 중 하나를 통해 하이퍼파라미터 최적화를 간단하게 수행할 수 있습니다.

15.2 다중 목적 함수

다양성에 대한 또 다른 접근 방식은 다중 목적 손실multiobjective loss에 따라 순위를 매기는 것입니다. 순전히 개인화 친화도만을 기준으로 순위를 매기는 대신, 두 번째(또는 그 이상!) 순위 결정 항을 도입하면 다양성을 크게 향상시킬 수 있습니다.

가장 간단한 접근 방식은 14장의 하드 순위 결정에서 배운 것과 유사한 하드 순위 결정입니다. 다양성에 적용될 수 있는 비즈니스 규칙은 각 아이템 카테고리를 하나의 아이템으로 제한하는 것입니다. 범주 열을 기준으로 정렬하고 각 그룹에서 최댓값을 선택하면, 해당 공변량에 대한 명시적인 다양성을 달성할 수 있습니다. 이는 다중 목적 순위 결정의 가장 간단한 사례입니다. 좀 더 미묘한 것으로 넘어가겠습니다.

'쿼리 기반 추천을 위한 공간 연결하기(Stitching Together Spaces for Query-Based Recommendations)' (https://oreil.ly/OREt2)에서 이 책의 공동 저자 이안 혼Ian Horn과 협력하여 개인화와 이미지 검색 문제에 대한 관련성 간의 균형을 맞춘 다중 목적 추천 시스템을 구현했습니다.

목표는 사용자가 업로드한 이미지의 옷과 유사한 옷을 개인화된 추천으로 제공하는 것이었습니다. 이는 두 개의 잠재 공간이 있다는 것을 의미합니다.

- 사용자에게 개인화된 의류들의 잠재 공간
- 의류 이미지의 잠재 공간

이 문제를 해결하기 위해 먼저 관련성 측면에서 개인화와 이미지 유사성 중에서 무엇이 더 중요한지 결정해야 했습니다. 사진 업로드 경험을 중심으로 한 제품이었기 때문에 이미지 유사성을 선택했습니다. 하지만 고려해야 할 또 다른 사실이 있었습니다. 업로드된 각 이미지에는 여러 벌의 옷이 포함되어 있었습니다. 컴퓨터 비전 분야에서 널리 사용되는 것처럼 먼저 모델을 여러 아이템으로 세분화한 다음 각 아이템을 자체적인 쿼리(**앵커 아이템**이라고 함)로 다루었습니다. 즉, 여러 가지 쿼리 벡터를 사용하여 검색했기 때문에 이미지 유사도 검색이 멀티모달로 이루어졌습니다. 모든 쿼리 벡터를 수집한 후에는 이미지 유사도 및 개인화에 대한 다중 목적 순위 결정, 즉 최종 순위 결정을 해야 했습니다. 최적화한 손실 함수는 다음과 같습니다.

$$s_i = \alpha \times (1 - d_i) + (1 - \alpha) \times a_i$$

α는 가중치를 나타내는 하이퍼파라미터이고, d_i는 이미지 거리, a_i는 개인화입니다. α는 실험적으로 학습합니다. 마지막 단계는 각 앵커에서 하나의 추천이 나오도록 하드 순위 결정을 적용하는 것이었습니다.

정리하면 다음과 같습니다.

1. 두 개의 잠재 공간과 거리를 사용하여 순위를 제공했습니다.
2. 이미지 세분화를 통해 멀티모달 검색을 수행했습니다.
3. 순위 중 하나만 사용하여 검색했습니다.
4. 최종 순위는 모든 잠재 공간과 비즈니스 로직을 활용한 하드 순위 결정을 통해 다중 목적 순위를 매겼습니다.

이를 통해 서로 다른 아이템에 해당하는 쿼리의 여러 영역에서 관련성을 달성했다는 의미에서 추천이 다양하게 이루어질 수 있었습니다.

15.3 프레디케이트 푸시다운

이번 부분의 제목처럼 이러한 지표들을 서비스 제공 중에 적용하는 것이 좋을 수 있지만, 다음 주제로 넘어가기 전에 매우 심각한 결과를 초래할 수 있는 에지 케이스에 대해 이야기해야 합니다. 이 장의 앞부분에서 설명한 하드 순위 결정의 엄격한 규칙을 적용하고 다양성을 기대하면서 다중 목적 순위를 매길 때, 때로는 추천이 없는 결과에 이를 수 있습니다.

k개의 아이템을 검색하는 것으로 시작했지만 비즈니스 규칙을 충족하는 충분히 다양한 조합을 검색한 후에는 아무것도 남지 않았다고 가정해보겠습니다. '그냥 더 많은 아이템을 검색할 테니 k

를 늘리자!'라고 말할 수도 있습니다. 하지만 이는 지연 시간을 증가시키고, 매칭 정확도를 떨어뜨리며, 낮은 카디널리티 집합에 맞춰진 순위 모델을 무너뜨리는 등의 심각한 문제를 야기할 수 있습니다.

특히 다양성과 관련한 흔한 경험은 검색 모드에 따라 일치 점수가 크게 달라진다는 것입니다. 패션 추천의 예를 들어보면, 모든 청바지가 어떤 셔츠보다 더 잘 어울리는 상황에서 다양한 카테고리의 옷을 추천하려는 경우, 아무리 k가 크더라도 셔츠가 누락될 가능성이 있습니다.

이 문제에 대한 한 가지 해결책은 프레디케이트 푸시다운predicate pushdown입니다. 이 최적화 기법은 데이터베이스, 특히 데이터 검색의 맥락에서 사용됩니다. 프레디케이트 푸시다운의 주요 개념은 데이터 검색 프로세스에서 가능한 한 빨리 데이터를 필터링하여 쿼리 실행 계획에서 나중에 처리해야 하는 데이터의 양을 줄이는 것입니다.

예를 들어 전통적인 데이터베이스의 경우, '내 쿼리의 `where` 절을 데이터베이스에 적용하여 I/O를 줄이세요'와 같이 프레디케이트 푸시다운이 적용되는 것을 볼 수 있습니다. 이를 위해 명시적으로 관련 열을 가져와 `where` 절을 먼저 확인한 다음, 나머지 쿼리를 실행하기 전에 통과한 열에서 행 ID를 가져오는 방식으로 이를 달성할 수 있습니다.

이 방법이 우리 사례에 어떻게 도움이 될까요? 간단한 아이디어는 벡터 저장소에 벡터에 대한 특징도 있는 경우, 검색의 일부로 특징 비교를 포함할 수 있습니다. 지나치게 간단한 예를 들어보겠습니다. 아이템에 `color`라는 범주형 특징이 있고, 좋고 다양한 추천을 위해 5개의 추천에 최소 3개의 색상으로 구성된 멋진 세트를 원한다고 가정해보겠습니다. 이를 달성하려면 스토어의 각 색상에 대해 상위 k 검색을 수행한 다음(단점은 검색량이 색상 수 C만큼 커진다는 것입니다), 이러한 세트의 조합에 대해 순위 및 다양성을 수행할 수 있습니다. 이렇게 하면, 최종 추천에서 다양성 규칙을 충족할 가능성이 훨씬 더 높습니다. 훌륭합니다! 검색 지연 시간이 상대적으로 낮을 것으로 예상되므로, 어디를 찾아야 할지 알고 있다면 추가 검색 비용도 나쁘지 않습니다.

이 최적화 기법은 적용하려는 필터의 종류에 맞게 벡터 저장소가 잘 설정되어 있다면 상당히 복잡한 프레디케이트에도 적용할 수 있습니다.

15.4 공정성

일반적으로 공정성fairness은 머신러닝에서 특히 미묘한 주제이므로, 짧은 요약으로는 제대로 다룰 수 없습니다. 다음 주제들이 중요하며, 여기에 포함된 탄탄한 참고 자료를 검토해보시기 바랍니다.

너지

공정성은 반드시 '모든 결과에 대해 동일한 확률'일 필요는 없으며, 특정 공변량에 대해 공정할 수도 있습니다. 추천기를 통한 너지, 즉 특정 행동이나 구매 패턴을 강조하기 위해 아이템을 추천하는 것은 공정성을 높일 수 있습니다. 스포티파이의 칼리힌 디니센Karlijn Dinnissen과 크리스틴 바우어Christine Bauer의 연구, 〈음악 추천에서 성별 표현을 개선하기 위해 너지 사용하기(using nudging to improve gender representation in music recommendations)〉(https://oreil.ly/fit3j)를 살펴보세요.

필터 버블

필터 버블은 극단적인 협업 필터링의 단점으로, 사용자 그룹이 비슷한 추천에 대해 '좋아요'를 누르기 시작하면 시스템이 비슷한 추천을 받아야 한다고 학습하고, 피드백 루프가 이를 영구화한다는 점입니다. 이 개념뿐만 아니라 완화 전략에 대해 자세히 알아보려면 자오린 가오Zhaolin Gao 등의 〈관련성을 유지하면서 필터 버블 완화하기(Mitigating the Filter Bubble While Maintaining Relevance)〉(https://oreil.ly/2jyeJ)를 참조하세요.

고위험

모든 AI 애플리케이션의 위험도가 동일하지는 않습니다. AI 시스템이 제대로 보호되지 않을 때 특히 해로울 수 있는 일부 영역도 있습니다. 가장 위험한 상황과 완화 방안에 대한 일반적인 개요는 《머신러닝 리스크 관리 with 파이썬》(한빛미디어, 2024)를 참조하세요.

신뢰성

설명 가능한 모델explainable model은 위험한 AI 애플리케이션을 위한 인기 있는 완화 전략입니다. 설명 가능성이 문제를 해결하지는 못하지만, 종종 문제를 식별하고 해결할 수 있는 경로를 제공합니다. 이에 대해 자세히 알아보려면 《Practicing Trustworthy Machine Learning(신뢰할 수 있는 머신러닝 연습하기)》(https://learning.oreilly.com/library/view/practicing-trustworthy-machine/9781098120269/)(O'Reilly, 2023)에서 도구와 기술을 확인할 수 있습니다.

추천에서의 공정성

추천 시스템은 AI의 공정성 문제에 매우 취약하기 때문에, 이 주제에 대한 많은 글이 쓰였습니다. 주요 소셜 미디어 대기업들은 각각 AI 안전 관련 팀을 운영하고 있습니다. 특히 주목할 만한 팀 중 하나는 루만 초두리Rumman Chowdhury가 이끄는 트위터 책임 AI 팀입니다. 이 팀의 작업에 대한 자세한 내용은 '감사를 통해 알고리즘의 편견을 제거할 수 있을까요?(Can Auditing Eliminate Bias from Algorithms?)'(https://oreil.ly/uvFep)에서 확인할 수 있습니다.

15.5 요약

이러한 기법은 다양성을 향상시킬 수 있는 경로를 제공하지만, 다양성과 관련성 사이의 균형을 유지하는 것이 중요하다는 점을 기억해야 합니다. 사용되는 정확한 방법 또는 방법의 조합은 특정 사용 사례, 사용 가능한 데이터, 사용자 기반의 복잡성, 수집하는 피드백의 종류에 따라 달라질 수 있습니다. 추천 시스템을 구현할 때, 다양성 문제에서 가장 핵심적인 측면이 무엇인지 생각해보세요.

CHAPTER 16

가속 구조

그렇다면 가속 구조란 무엇일까요? 컴퓨터 과학 용어로 말뭉치의 모든 아이템에 대해 하나씩 순위를 매기려고 할 때, 아이템이 N개일 때 걸리는 일반적인 시간은 N개에 비례하고, 일반적인 시간 복잡도가 $O(N)$이라 합니다. 이를 빅 O 표기법(Big O notation)(https://oreil.ly/9-ton)이라고 합니다. 따라서 사용자 벡터가 있고 N개의 아이템으로 구성된 말뭉치가 있는 경우, 한 사용자에 대해 말뭉치의 모든 아이템을 점수화하는 데 일반적으로 $O(N)$ 시간이 걸립니다. 일반적으로 N이 작고 GPU RAM에 들어갈 수 있는 경우(일반적으로 _N_이 100만 개 이하인 경우)에는 이 시간을 감당할 수 있습니다. 그러나 10억 개의 아이템으로 구성된 매우 큰 말뭉치가 있는 경우, 10억 명의 사용자를 위한 추천도 해야 한다면 매우 오랜 시간이 걸릴 수 있습니다. 빅 O 표기법으로는 10억 명의 사용자 각각에 대해 10억 개의 아이템에 점수를 매기기 위해 $O(10^{18})$ 도트 곱을 수행해야 합니다.

이 장에서는 $O(N*M)$ 시간을 아이템 수 N과 사용자 수 M에서 선형 이하의 값으로 줄이는 방법을 시도해보겠습니다. 다음과 같은 전략들을 논의할 것입니다.

- 샤딩
- 지역 민감 해싱
- k-d 트리
- 계층적 k-평균
- 더 저렴한 검색 방법

또한 각 전략과 관련된 절충점과 각 전략이 사용될 수 있는 용도에 대해서도 다뤄보겠습니다. 다음의 모든 예에서는 사용자와 아이템이 같은 크기의 벡터로 임베딩되며, 선호도는 도트 곱, 코사인 거리, 유클리드 거리로 계산된다고 가정합니다. 만약 두 개의 탑 모델과 같은 신경망을 사용하여 사용자와 아이템의 점수를 매긴다면, 속도를 높이기 위해 사용할 수 있는 유일한 방법은 샤딩 또는 더 저렴한 사전 필터링 방법일 것입니다.

16.1 샤딩

샤딩Sharding은 아마도 '분할 및 정복(divide and conquer)'(https://oreil.ly/ul_lK)에서 가장 간단한 전략일 것입니다. k대의 머신, N개의 아이템, M명의 사용자가 있다고 가정해봅시다. 샤딩 전략을 사용하면 런타임을 $O(N*M/k)$로 줄일 수 있습니다. 각 아이템에 고유 식별자를 할당하여 `unique_id, item_vector` 형식의 튜플을 만들면 이 작업을 수행할 수 있습니다. 그런 다음 `machine_id = unique_id % k`를 사용하면 말뭉치의 하위 집합을 다른 머신에 할당할 수 있습니다.

그러면 사용자가 추천이 필요할 때, 미리 또는 필요에 따라 k대의 머신에 워크로드를 분산하여 최고 점수를 받은 추천을 계산할 수 있습니다. 이로 인해 서버에서 상위 결과를 수집하고 공동으로 정렬하는 오버헤드를 제외하고는 계산 속도가 k배 빨라집니다. 예를 들어 상위 100개의 점수 아이템을 원한다면 각 샤드에서 상위 100개 결과를 얻고 이들을 함께 정리한 다음에 모든 결과를 공동으로 정렬하면 됩니다. 이를 통해 전체 말뭉치를 점수화하고 무차별로 뽑는 방식과 동일한 결과를 얻을 수 있습니다.

샤딩은 다른 가속 방법과 결합할 수 있고 단일 벡터와 같은 특정 형태의 표현에 의존하지 않는다는 점에서 유용합니다.

16.2 지역 민감 해싱

지역 민감 해싱locality sensitive hashing, LSH은 벡터를 토큰 기반 표현으로 변환하는 흥미로운 기법입니다. CPU를 쉽게 사용할 수 있다면, 부동 소수점 연산이 아닌 특수 어셈블리 명령어로 XOR 및 비트 카운팅과 같은 저렴한 정수 연산을 사용하여 벡터 간의 유사성을 계산할 수 있기 때문에 이 기법은 매우 강력합니다. 정수 연산은 부동 소수점 연산보다 CPU에서 훨씬 빠른 경향이 있으므로 벡터 연산을 사용하는 것보다 훨씬 빠르게 아이템 간의 유사도를 계산할 수 있습니다.

또 다른 장점은 아이템이 일련의 토큰으로 표현되면 일반 검색 엔진 데이터베이스에서 토큰 매칭을 사용하여 이러한 아이템을 저장하고 검색할 수 있다는 것입니다. 반면에 일반 해싱은 입력에 약간의 변화가 발생하면 해시 코드가 크게 달라지는 경향이 있습니다. 이는 해시 함수를 비판하는 것이 아니라 데이터의 종류에 따라 다른 용도로 사용되는 것일 뿐입니다.

벡터를 해시로 변환하는 몇 가지 방법을 살펴보겠습니다. LSH는 일반 해싱과 다르게 벡터에 작은 변화가 있어도 원래 벡터의 해시 비트와 동일한 해시 비트가 생성되어야 합니다. 이는 해시 맵과 같은 빠른 방법을 사용해 벡터의 이웃을 조회할 수 있게 해주기 때문에 중요한 속성입니다. 간단한 해싱 방법 중 하나는 '비교 추론의 힘(the Power of Comparative Reasoning)'(https://oreil.ly/_1Bd8), 즉 승자 독식 해싱 Winner Take All hashing 입니다. 이 해싱 방식에서는 먼저 알려진 재현 가능한 순열을 사용하여 벡터를 순열화합니다. 이 알려진 순열은 시드를 받아들이고 동일한 셔플 시퀀스를 안정적으로 재현하는 난수 생성기로 모든 벡터 차원의 인덱스를 셔플링하여 생성할 수 있습니다. 해시를 생성할 때뿐만 아니라 검색 시간 동안에도 해싱 연산을 재현해야 하므로 순열이 여러 버전의 파이썬에서 안정적이어야 합니다. 우리는 JAX의 랜덤 라이브러리를 사용하고 있으며, JAX는 순열의 재현성에 대해 신중을 기하기 때문에, JAX의 순열 함수를 직접 사용합니다. 그 이후의 해시 코드 계산은 다음과 같이 순열된 벡터의 인접한 차원을 비교하는 것입니다.

예제 16-1 **승자독식**

```
def compute_wta_hash(x):
    """몇 가지 승자독식(Winner take all) 해시 벡터를 계산하는 예제 코드
    Args:
        x: 벡터
    Result:
        hash: 해시 코드
    """
    key = jax.random.PRNGKey(1337)
    permuted = jax.random.permutation(key, x)

    hash1 = permuted[0] > permuted[1]
    hash2 = permuted[1] > permuted[2]

    return (hash1, hash2)

x1 = jnp.array([1, 2, 3])
x2 = jnp.array([1, 2.5, 3])
x3 = jnp.array([3, 2, 1])
x1_hash = compute_wta_hash(x1)
x2_hash = compute_wta_hash(x2)
```

```
x3_hash = compute_wta_hash(x3)
print(x1_hash)
print(x2_hash)
print(x3_hash)

(Array(False, dtype=bool), Array(True, dtype=bool))
(Array(False, dtype=bool), Array(True, dtype=bool))
(Array(True, dtype=bool), Array(False, dtype=bool))
```

이와 같이 벡터 x2는 x1과 약간 다르지만 01이라는 동일한 해시 코드를 생성하는 반면, x3은 다르고 10이라는 해시 코드를 생성합니다. 그런 다음 해시 코드의 해밍 거리(https://oreil.ly/RF-x1)를 사용하여 두 벡터 간의 거리를 계산합니다. 거리는 단순히 두 해시 코드의 XOR로, 비트가 불일치할 때마다 1이 되고, 그다음에 비트 카운팅을 수행합니다.

예제 16-2 **해밍 함수**

```
x = 16
y = 15
hamming_xy = int.bit_count(x ^ y)
print(hamming_xy)
5
```

해밍 거리를 사용하면 거리 계산 속도가 약간 빨라지지만, 해시 맵에서 해시 코드를 사용하면 속도가 크게 향상됩니다. 예를 들어, 해시 코드를 8비트 청크로 나누고 각 8비트 청크로 키가 지정된 조각으로 말뭉치를 저장하면, 최근접 이웃에 대한 쿼리 벡터와 동일한 키를 가진 해시 맵만 찾으면 되므로 속도가 256배 빨라집니다.

하지만 쿼리 벡터와 일치하는 아이템을 검색하려면 8비트가 모두 일치해야 하므로 재현율 측면에서 단점이 있습니다. 해싱에 사용되는 해시 코드의 비트 수와 해밍 거리 계산 사이에는 트레이드오프가 존재합니다. 비트 수가 많을수록 말뭉치가 점점 더 작은 덩어리로 나뉘기 때문에 검색 속도가 빨라집니다. 하지만 점점 더 많은 비트가 일치해야 하므로 원래 공간에서 가까운 벡터의 모든 해시 코드 비트가 일치하지 않아서 검색되지 않을 수 있다는 단점이 있습니다.

이 문제를 해결하는 방법은 난수 생성기가 다른 해시 코드를 여러 개 사용하고, 다른 난수 시드를 사용하여 이 과정을 몇 번 반복하는 것입니다. 이 추가 단계는 연습용으로 남겨 두겠습니다.

또 다른 일반적인 해시 비트 계산 방법은 '존슨-린덴스트라우스 정리(Johnson-Lindenstrauss

lemma)'(https://oreil.ly/vbAGn)를 사용하는데, 이는 두 벡터를 동일한 랜덤 가우스 행렬로 곱하면 비슷한 위치로 끝나는 경향이 있다는 것을 멋지게 표현한 말입니다. 그러나 L2 거리는 보존되므로 이 해시 함수는 도트 곱이 아닌 유클리드 거리를 사용하여 임베딩을 훈련할 때 더 잘 작동합니다. 이 방식에서는 해시 코드 계산만 다를 뿐 해밍 거리 처리 방식은 완전히 동일합니다.

LSH의 속도 향상은 정확히 일치해야 하는 해시 코드의 비트 수에 정비례합니다. 해시 맵에 해시 코드의 8비트만 사용한다고 가정하면, 속도 향상은 2^8, 즉 원본의 256배입니다. 속도에 대한 트레이드오프는 해시 맵을 메모리에 저장해야 한다는 것입니다.

16.3 k-d 트리

컴퓨터 과학에서 계산 속도를 높이기 위한 일반적인 전략은 **분할 및 정복**divide and conquer입니다. 이 방식에서는 데이터가 재귀적으로 두 개의 절반으로 분할되고, 검색 쿼리와 관련된 절반만 검색됩니다. 말뭉치 체계의 아이템 수가 선형 $O(n)$인 것과 달리, 분할 및 정복 알고리즘은 $O(\log2(n))$ 시간 내에 말뭉치를 쿼리할 수 있으므로 n이 큰 경우 속도가 상당히 빨라집니다.

벡터 공간에 대한 이러한 이진 트리 중 하나를 k-d 트리(https://oreil.ly/z0vFO)라고 합니다. 일반적으로 k-d 트리를 구축하려면 컬렉션에 있는 모든 점의 경계 상자를 계산하고, 경계 상자의 가장 긴 가장자리를 찾아 분할 차원에서 그 가장자리의 가운데로 분할한 다음 컬렉션을 두 개의 반으로 나눕니다. 중앙값을 사용하는 경우, 컬렉션은 같은 번호의 두 아이템으로 더 많거나 적게 분할되며, 분할 차원을 따라 동점이 있을 수 있으므로 **더 많거나 적게**라고 합니다. 재귀 프로세스는 리프 노드에 적은 수의 아이템이 남으면 중지됩니다. 많은 k-d 트리 구현이 존재합니다(예: https://oreil.ly/iZZD9).

이 방법은 속도가 상당히 빨라지지만, 벡터의 특징 차원 수가 적을 때 잘 작동하는 경향이 있습니다. 또한 다른 방법과 마찬가지로 k-d 트리는 임베딩에 사용되는 지표가 L2 거리일 때 가장 잘 작동합니다. 유사도 지표에 도트 곱을 사용하면 검색 손실이 발생할 수 있는데, k-d 트리가 유클리드 공간 분할에 더 적합하기 때문입니다.

다음은 가장 큰 차원을 따라 포인트 배치를 분할하는 샘플 코드를 제공합니다.

예제 16-3 **k-d tree를 통한 분할**

```
import jax
import jax.numpy as jnp

def kdtree_partition(x: jnp.ndarray):
    """벡터 x의 배치에 대해 분할 평면과 값을 찾습니다."""
    # 먼저, 경계 상자를 찾습니다.
    bbox_min = jnp.min(x, axis=0)
    bbox_max = jnp.max(x, axis=0)
    # 가장 큰 분할 차원과 값을 반환합니다.
    diff = bbox_max - bbox_min
    split_dim = jnp.argmax(diff)
    split_value = 0.5 * (bbox_min[split_dim] + bbox_max[split_dim])
    return split_dim, split_value

key = jax.random.PRNGKey(42)
x = jax.random.normal(key, [256, 3]) * jnp.array([1, 3, 2])
split_dim, split_value = kdtree_partition(x)
print("Split dimension %d at value %f" % (split_dim, split_value))

# 점들을 두 그룹으로 나눕니다. 왼쪽 서브트리는
# 분할 평면의 왼쪽에 있는 모든 요소를 포함합니다.
left = jnp.where(x[:, split_dim] < split_value)
right = jnp.where(x[:, split_dim] >= split_value)

Split dimension 1 at value -0.352623
```

코드에서 볼 수 있듯이 k-d 트리 분할 코드는 가장 긴 중간 차원을 따라 분할하는 것만큼 간단할 수 있습니다. 다른 가능성으로는 가장 긴 차원의 중앙값을 따라 분할하거나 표면적 휴리스틱surface area heuristic(https://oreil.ly/BxAf7)을 사용하는 것입니다.

k-d 트리는 한 번에 하나의 공간 차원(일반적으로 데이터의 분포에 정렬된 가장 큰 축을 따라)만을 따라 데이터를 반복적으로 분할하여 구성됩니다. 그림 16-1을 참조하세요.

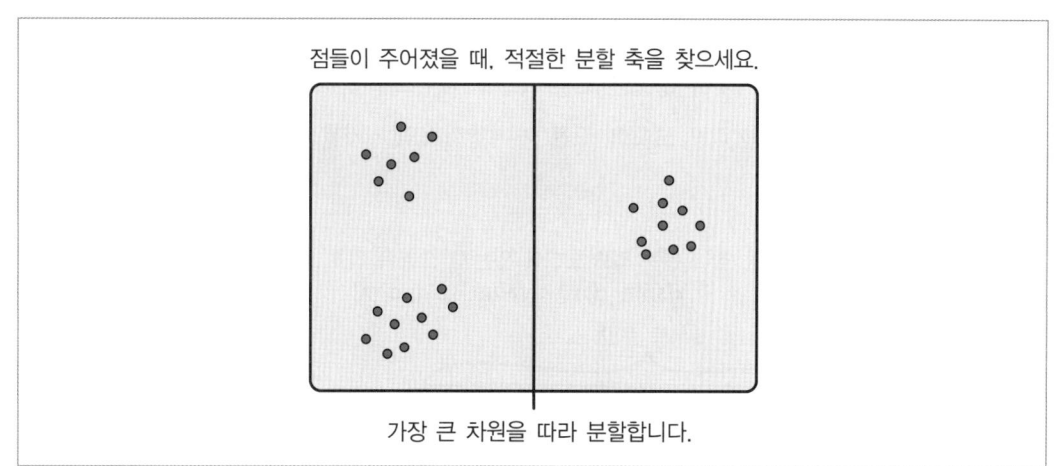

그림 16-1 k-d 트리 구조의 초기 경계 상자

파티션은 일반적으로 가장 긴 축을 따라 파티션의 점 수가 선택한 작은 수보다 작아질 때까지 재귀적으로 다시 세분화됩니다. 그림 16-2를 참조하세요.

k-d 트리 조회 시간은 말뭉치의 아이템 수인 n에서 $O(\log2(n))$입니다. 또한 트리는 트리 자체를 저장하는 데 약간의 메모리 오버헤드가 필요하며, 이는 리프 노드의 수에 의해 결정되므로 너무 미세한 분할을 방지하기 위해 리프의 아이템 수를 최소화하는 것이 가장 좋습니다.

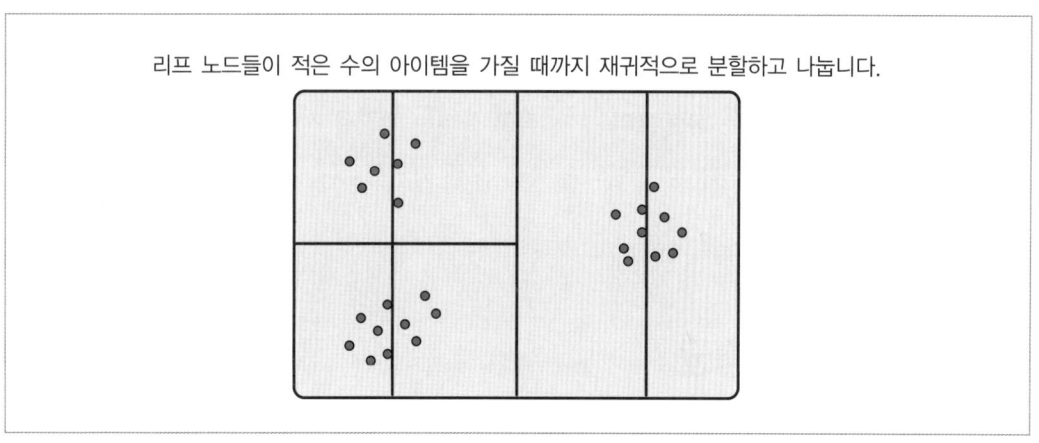

그림 16-2 재귀적으로 분할된 k-d 트리 구조

루트 노드에서 쿼리 포인트(예: 최근접 이웃을 찾고자 하는 아이템)가 그림 16-3과 같이 루트 노드의 왼쪽 또는 오른쪽 자식에 있는지 반복적으로 확인합니다. 예를 들어 `go_left = x[split_dim] < value_split[dim]`를 사용합니다. 이진 트리 규칙에서 왼쪽 자식에는 분할 차원에서의 값이 분할

값보다 작은 모든 포인트가 포함됩니다. 따라서 분할 차원에서의 쿼리 포인트의 값이 분할값보다 작으면 왼쪽으로 이동하고, 그렇지 않으면 오른쪽으로 이동합니다. 리프 노드에 도달할 때까지 트리를 재귀적으로 내려간 다음 리프 노드의 모든 아이템까지의 거리를 철저하게 계산합니다.

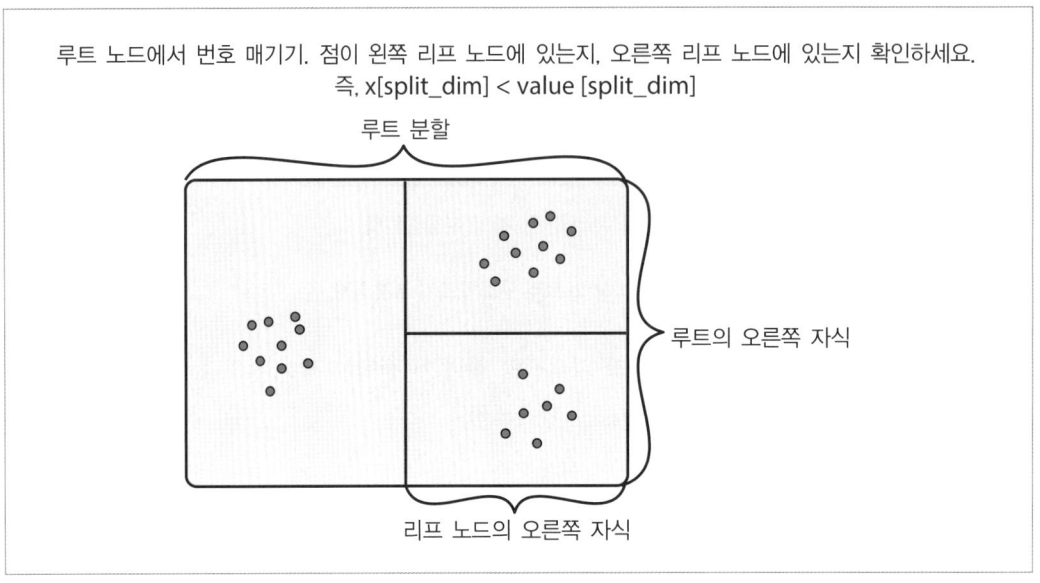

그림 16-3 k-d 트리 쿼리

k-d 트리에는 잠재적인 단점이 있습니다. 아이템이 분할 평면에 가까우면 해당 아이템은 트리의 반대편에 있는 것으로 간주됩니다. 결과적으로 해당 아이템은 최근접 이웃 후보로 간주되지 않습니다. 일부 k-d 트리 구현에서는 **유출 트리**spill tree라고 불리는 방식을 사용하는데, 쿼리 점이 평면의 결정 경계에 충분히 가까우면 분할 평면의 양쪽을 모두 확인합니다. 이 변경은 더 많은 재현율을 위해 실행 시간을 약간 증가시킵니다.

16.4 계층적 k-평균

더 높은 특징 차원으로 확장하는 또 다른 분할 및 정복 전략은 k-**평균 클러스터링**k-means clustering 입니다. 이 방식에서는 말뭉치를 k개의 클러스터로 클러스터링한 다음, 각 클러스터가 정의된 한계보다 작아질 때까지 재귀적으로 k개의 클러스터로 더 클러스터링합니다.

k-평균의 구현은 사이킷런의 웹페이지(https://oreil.ly/E45Lo)에서 확인할 수 있습니다.

클러스터링을 구축하려면 먼저 기존 포인트에서 무작위로 클러스터 중심을 생성합니다. 그림 16-4를 참조하세요.

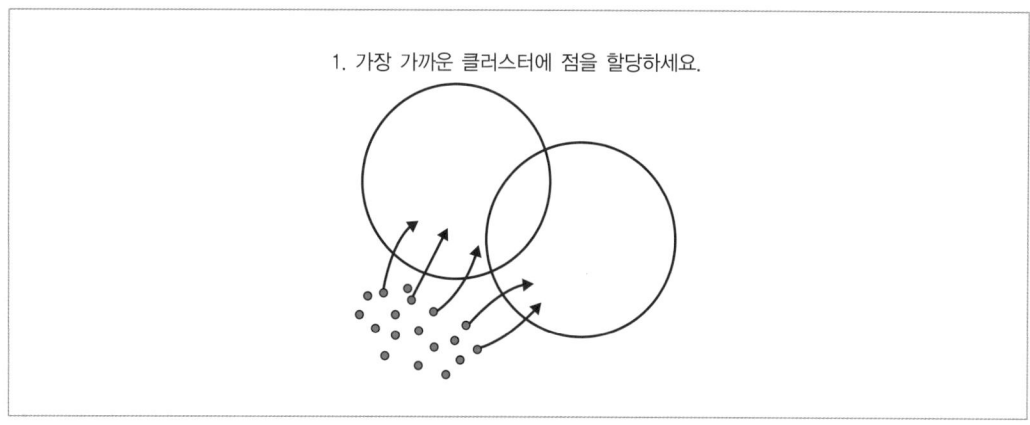

그림 16-4 k-평균 초기화

다음으로 모든 점을 가장 가까운 클러스터에 할당합니다. 그런 다음 각 클러스터에 대해 할당된 모든 포인트의 평균을 새로운 클러스터 중심으로 삼습니다. 완료될 때까지 이 과정을 반복하며, 이는 고정된 단계 수일 수 있습니다. 그림 16-5는 이 과정을 보여줍니다. 출력은 k 클러스터의 중심입니다. 이 과정은 각 클러스터 중심에 대해 다시 반복될 수 있으며, k개의 클러스터로 다시 분할될 수 있습니다.

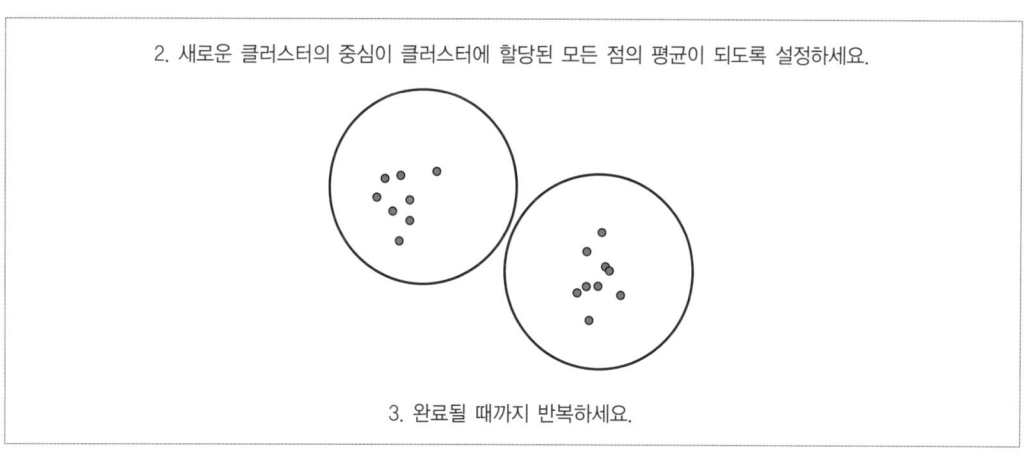

그림 16-5 k-평균 클러스터링

다시 말하면 속도 향상은 아이템 수에 대해 $O(\log(n))$이지만, k-평균 클러스터링은 k-d 트리보다 고차원 데이터 점들을 클러스터링하는 데 더 적합합니다.

k-평균 클러스터링에 대한 쿼리는 매우 간단합니다. 쿼리 지점에서 가장 가까운 클러스터를 찾은 다음 리프 노드를 찾을 때까지 모든 하위 클러스터에 대해 이 과정을 반복한 후, 리프 노드의 모든 아이템이 쿼리 지점에 대해 점수를 매기면 됩니다.

k-평균 클러스터링의 대안으로 특잇값 분해SVD를 수행하고 첫 번째 k개의 고유 벡터를 클러스터링 기준으로 사용할 수 있습니다. SVD의 사용은 고유 벡터를 계산하기 위한 폐쇄 형식closed form 및 파워 반복법power iteration(https://oreil.ly/ZgZ2-)과 근사 방법이 존재한다는 점에서 흥미롭습니다. 도트 곱을 사용하여 친화도를 계산하는 것은 도트 곱을 친화도 지표로 사용하여 학습된 벡터에 더 적합할 수 있습니다.

이 주제에 대해 자세히 알아보려면 이 책의 저자 중 한 명인 제이슨 웨스턴 등이 작성한 〈라벨 분할을 위한 선형 순위 결정(Label Partitioning for Sublinear Ranking)〉(https://oreil.ly/rMg-3)을 참조하세요. 이 논문에서는 LSH, SVD, 계층적 k-평균을 비교합니다. 무차별 대입을 기준으로 검색 속도 향상과 검색 손실에 대한 비교를 확인할 수 있습니다.

그래프 기반 ANN

ANN(최근접 이웃)에서 새로운 추세는 그래프 기반 방법을 사용하는 것입니다. 최근에는 **계층 탐색 가능한 작은 세계**hierarchical navigable small world가 특히 인기 있는 접근 방식입니다. 이 그래프 알고리즘(https://oreil.ly/Z2ohy)은 다층 구조에서 근접성을 인코딩한 다음, '한 노드에서 다른 노드로의 연결 단계 수는 종종 놀라울 정도로 적다'라는 일반적인 격언에 의존합니다. 그래프 기반 ANN 방법에서는 종종 하나의 이웃을 찾은 다음 그 이웃과 연결된 가장자리를 탐색하여 다른 이웃을 빠르게 찾습니다.

16.5 더 저렴한 검색 방법

말뭉치가 아이템별로 저렴한 검색 방법을 수행할 수 있다면, 검색 속도를 높이는 한 가지 방법은 저렴한 검색 방법을 사용해 아이템의 작은 하위 집합을 얻은 다음, 더 비싼 벡터 기반 방법을 사용해 하위 집합의 순위를 매기는 것입니다. 이러한 저렴한 검색 방법 중 하나는 한 아이템과 다른 아이템의 상위 동시 출현 목록을 만드는 것입니다. 그런 다음 순위 후보를 생성할 때 사용자가 선호하는 아이템 등에서 가장 많이 함께 발생하는 아이템을 모두 모은 다음 머신러닝 모델을 사용하여 함께 점수를 매깁니다. 이렇게 하면 전체 말뭉치를 머신러닝 모델로 평점할 필요 없이 작은 하위 집합만 평점할 수 있습니다.

16.6 요약

이번 장에서는 재현율을 너무 많이 잃지 않고 정밀도를 유지하면서, 쿼리 벡터가 주어졌을 때 말뭉치에서 아이템을 검색하고 점수를 매기는 속도를 높일 수 있는 몇 가지 방법을 살펴보았습니다. 가속 구조는 데이터의 분포에 따라 달라지며, 이는 데이터셋마다 다르기 때문에 완벽한 ANN 방법은 없습니다. 이번 장이 말뭉치에서 아이템 수를 줄이고 검색 속도를 높일 수 있는 다양한 방법을 탐색하는 출발점이 되기를 바랍니다.

PART V

추천 시스템의 미래

> 더 많은 것을 알고 싶습니다. 기업들은 상용 환경에서 어떤 작업을 하고 있나요?

우리는 많은 진전을 이루었지만, 아직 더 많은 것이 있습니다! RecSys는 빠르게 발전하고 있으며, 앞으로 보게 될 개념을 미리 알아두는 것이 좋습니다. 이러한 아이디어는 이미 어느 정도 입증되었지만(순수한 공상 과학 소설은 아닙니다) 아직 최종 형태로 정착되지는 않았습니다.

이러한 몇 가지 최신 아이디어를 살펴보기 전에, 이 책에서 다루지 않은 모든 주제들을 짚고 넘어갈 필요가 있습니다. 가장 큰 주제는 강화 학습reinforcement learning 기법과 적합성conformal 방법과 관련된 아이디어일 것입니다. 두 가지 모두 추천 시스템에서 매우 중요한 측면이지만, 배경과 접근 방식이 상당히 다르기 때문에 이 책의 구성에 담기에는 적합하지 않았습니다. 또한 두 가지 모두 JAX 생태계에서 다루기 어려워 구현하기가 훨씬 더 복잡합니다.

추천 시스템의 규모가 충분히 커지고 이전 장들이 더 이상 도움이 되지 않을 때, V부에서 소개할 방법들이 도움이 될 것입니다. 이 책의 집필 시점에 이 모든 방법은 100억 달러 이상의 가치를 지닌 포춘 500대 기업에서 사용하고 있습니다. 이러한 개념을 배운 뒤 직접 적용해보기 바랍니다.

CHAPTER 17 순차적 추천기
CHAPTER 18 추천 시스템의 미래

CHAPTER 17

순차적 추천기

지금까지 추천 문제에서 명시적으로 또는 잠재적인 구성 요소로 나타나는 다양한 특징에 대해 배웠습니다. 암묵적으로 나타나는 특징 중 하나는 이전 추천 및 상호작용의 기록입니다. 여기서 '지금까지 우리가 수행한 모든 작업은 이전 추천과 상호작용을 고려한 것입니다! 심지어 프리퀀셜 prequential 훈련 데이터에 대해서도 학습했습니다'라고 항의할 수 있습니다.

이는 사실이지만, **추론 요청으로 이어지는 추천의 순서** 사이의 보다 명시적인 관계를 설명하지 못합니다. 두 가지를 구분하기 위한 예를 살펴보겠습니다. 비디오 스트리밍 웹사이트는 사용자가 이전에 대런 아로노프스키 Darren Aronofsky의 영화를 모두 본 적이 있다는 것을 알고 있어, 〈너 웨일The Whale〉이 개봉하면 이 영화를 추천할 가능성이 매우 높습니다. 하지만 이러한 유형의 추천은 미국의 드라마 〈석세션Succession〉 에피소드 10을 마친 후 받을 수 있는 추천과는 다릅니다. 여러분은 수년 전에 〈파이Pi〉, 올해 초에 〈블랙 스완Black Swan〉 등 아로노프스키 영화를 오랜 기간에 걸쳐 시청해 왔을 수도 있습니다. 그러나 이번 주에는 매일 밤 〈석세션〉의 한 에피소드를 시청하고 있으며, 최근의 모든 기록은 로건 로이Logan Roy로 구성되어 있습니다. 이 후자의 예는 순차적 추천 문제로, 가장 최근에 시청한 순서대로 나열된 상호작용 이력을 사용하여 다음에 시청할 콘텐츠를 예측하는 것입니다.

모델링 목표 측면에서 볼 때, 지금까지 살펴본 추천기는 잠재적 추천과 과거 상호작용 간의 쌍대 관계를 사용합니다. 순차적 추천은 훨씬 더 높은 **차수**, 즉 3개 이상의 아이템 간의 상호작용 조합일 수 있는 과거의 순차적 상호작용을 기반으로 사용자의 다음 행동을 예측하는 것을 목표로 합니다. 대부분의 순차적 추천 모델에는 마르코프 체인Markov chains, 순환 신경망recurrent neural networks, RNN, 자기-의도self-attention 같은 순차적 데이터 마이닝 기법이 사용됩니다. 이러한 모델은 일반적으로 단기적인 사용자 행동을 고려하며 시간이 지남에 따라 안정화된 전역 사용자 선호도에 덜 민감하고 심지어 무시하기도 합니다.

순차적 추천의 초기 연구는 연속적인 아이템 간의 전환을 모델링하는 데 초점을 두었습니다. 여기에는 마르코프 체인과 번역 기반 방법translation-based method이 사용되었습니다. 딥러닝 방법이 NLP에서 가장 큰 성공을 거두면서 순차적 데이터를 모델링하는 데 점점 더 많은 가능성을 보였고, 신경망 아키텍처를 사용하여 사용자 상호작용 기록의 순차적 역학을 모델링하려는 시도가 많이 이루어졌습니다. 이러한 방향의 초기 성공 사례로는 RNN을 사용하여 사용자의 순차적 상호작용을 모델링하는 GRU4Rec이 있습니다. 최근에는 트랜스포머 아키텍처가 순차적 데이터 모델링에서 우수한 성능을 입증했습니다. 트랜스포머 아키텍처는 효율적인 병렬화에 적합하며 장거리 시퀀스를 모델링하는 데 효과적입니다.

17.1 마르코프 체인

마이닝을 통해 과거 추천과의 관계를 파악했음에도 우리가 고려해온 모델은 종종 사용자 행동의 순차적 패턴을 포착하지 못하여 사용자 상호작용의 시간 순서를 무시하는 경우가 많았습니다. 이러한 단점을 해결하기 위해 아이템 간의 시간적 의존성을 모델링하기 위해 마르코프 체인과 같은 기술을 통합한 순차적 추천 시스템이 개발되었습니다.

마르코프 체인은 **기억 없음 원리**memorylessness principle에 따라 작동하는 확률 모델입니다. 이 모델은 앞선 이벤트의 순서를 고려하지 않고 현재 상태가 주어졌을 때 한 상태에서 다른 상태로 전환될 확률을 모델링합니다. 마르코프 체인은 각 상태를 하나의 아이템으로 간주하여 사용자의 순차적 행동을 모델링하고, 전환 확률을 사용자가 현재 아이템 이후에 특정 아이템과 상호작용할 가능성으로 간주합니다.

미래 상태가 현재 상태에만 의존하는 1차 마르코프 체인은 초기 순차적 추천에서 흔히 사용되는 전략이었습니다. 1차 마르코프 체인은 단순하지만 단기간의 아이템 간 전환 패턴을 포착하는 데 효과적이며 비순차적 방식보다 추천 품질을 향상시킵니다.

예를 들어, 앞의 〈석세션〉 예시를 살펴보겠습니다. 1차 마르코프 체인만 사용하는 경우, 정말 훌륭한 휴리스틱은 '시리즈인 경우 시리즈의 다음 에피소드는 무엇인가? 시리즈가 아닌 경우, 협업 필터링(CF) 모델로 돌아가세요'입니다. 대부분의 시청 시간 동안 이 순진한 1차 체인은 사용자에게 단순히 프로그램의 다음 에피소드를 시청하라고 알려줄 것입니다. 특별한 통찰을 주지는 않지만 좋은 신호입니다. 이를 더 추상화하면 더 강력한 방법을 얻을 수 있습니다.

사용자 행동은 종종 더 긴 상호작용의 기록에 의해 영향을 받기 때문에 실제 애플리케이션에서 1차 가정이 항상 적용되는 것은 아닙니다. 이러한 한계를 극복하기 위해 높은 차수 마르코프 체인은 더 거슬러 올라가 이전 상태 집합에 의해 다음 상태가 결정되므로, 사용자 행동에 대한 더 풍부한 모델을 제공합니다. 하지만 차수가 너무 높으면 과적합과 전이 행렬의 희소성으로 이어질 수 있으므로 적절한 차수를 선택하는 것이 중요합니다.

17.1.1 2차 마르코프 체인

날씨를 사용하는 **2차 마르코프 체인** 모델의 예를 살펴보겠습니다. 날씨가 맑음(S), 흐림(C), 비(R)의 세 가지 상태라고 가정해보겠습니다.

2차 마르코프 체인에서 오늘 날씨(t)는 어제 날씨(t-1)와 그저께 날씨(t-2)에 따라 달라집니다. 전이 확률은 $P(S_t \mid S_{t-1}, S_{t-2})$로 나타낼 수 있습니다.

마르코프 체인은 한 상태에서 다른 상태로 전환할 확률을 제공하는 전환 행렬로 정의할 수 있습니다. 그러나 우리는 2차 마르코프 체인을 다루고 있기 때문에 대신 전이 텐서를 사용할 수 있습니다. 간단하게 하기 위해 다음과 같은 전이 확률이 있다고 가정해보겠습니다:

$$P(S \mid S,S) = 0.7, P(C \mid S,S) = 0.2, \quad P(R \mid S,S) = 0.1,$$
$$P(S \mid S,C) = 0.3, P(C \mid S,C) = 0.4, \quad P(R \mid S,C) = 0.3,$$
$$\ldots$$

이러한 확률을 3차원 큐브에서 시각화할 수 있습니다. 처음 두 차원은 오늘과 어제의 상태를 나타내고, 세 번째 차원은 내일의 가능한 상태를 나타냅니다.

지난 이틀 동안 날씨가 맑았고 내일의 날씨를 예측하려는 경우, (S,S)로 시작하는 전이 확률을 살펴보면 $P(S \mid S,S) = 0.7, P(C \mid S,S) = 0.2, P(R \mid S,S) = 0.1$이 됩니다. 따라서 이 모델에 따르면 날씨가 맑을 확률은 70%, 흐리고 비가 올 확률은 20%, 비가 올 확률은 10%입니다.

전이 행렬(또는 텐서)의 확률은 일반적으로 데이터에서 추정합니다. 몇 년 동안의 날씨에 대한 과거 기록이 있는 경우, 각 전이가 발생한 횟수를 세고 총 전이 횟수로 나누어 확률을 추정할 수 있습니다.

이것은 2차 마르코프 체인의 기본적인 시연일 뿐입니다. 실제 애플리케이션에서는 상태가 훨씬 더 많고 전이 행렬이 훨씬 더 클 수 있지만 원리는 동일하게 유지됩니다.

17.1.2 기타 마르코프 모델

보다 발전된 마르코프 접근 방식은 **마르코프 결정 과정**Markov decision process, MDP입니다. 행동과 보상을 도입하여 마르코프 체인을 확장한 것입니다. 추천 시스템에서 각 행동은 추천을 의미하고, 보상은 추천에 대한 사용자의 반응이 될 수 있습니다. 사용자 피드백을 통합함으로써 MDP는 보다 개인화된 추천 전략을 학습할 수 있습니다.

MDP는 (S, A, P, R) 튜플로 정의되며, 여기서 S는 상태 집합, A는 행동 집합, P는 상태 전이 확률 행렬, R은 보상 함수입니다.

영화 추천 시스템을 위한 단순화된 MDP를 예로 들어보겠습니다.

상태state (S)
이는 사용자가 과거에 시청한 영화의 장르를 나타낼 수 있습니다. 간단하게 하기 위해 세 가지 상태가 있다고 가정해보겠습니다. 코미디(C), 드라마(D), 액션(A)입니다.

행동action (A)
이는 추천할 수 있는 영화를 나타낼 수 있습니다. 이 예에서는 행동(영화)이 다섯 개 있다고 가정해보면, 영화 1, 2, 3, 4, 5입니다.

변이 확률transition probability (P)
특정 액션이 주어졌을 때 한 상태에서 다른 상태로 전이될 가능성을 나타냅니다. 예를 들어, 사용자가 방금 드라마(D)를 시청했는데 액션 영화인 영화 3을 추천하는 경우 전환 확률 $P(A \mid D, Movie\ 3)$은 0.6으로, 사용자가 다른 액션 영화를 시청할 확률이 60%임을 나타냅니다.

보상reward (R)
행동(추천)을 취한 후 사용자가 받은 피드백입니다. 간단히 설명하기 위해 사용자가 추천된 영화를 클릭하면 +1의 보상을 받고 클릭하지 않으면 0의 보상을 받는다고 가정해보겠습니다.

이 상황에서 추천 시스템의 목표는 기대 누적 보상을 최대화하는 정책 $\pi : S \to A$를 학습하는 것입니다. 정책은 에이전트(추천 시스템)가 각 상태에서 어떤 행동을 취해야 하는지를 결정합니다.

이 정책은 Q-학습 또는 정책 반복과 같은 강화 학습 알고리즘을 통해 학습할 수 있습니다. 이는 기본적으로 사용자가 특정 장르를 시청한 후 영화를 추천하는 것과 같이 어떤 상태에서 어떤 행동을 취할 때의 가치를 즉각적인 보상과 잠재적인 미래 보상을 고려하여 학습합니다.

실제 추천 시스템 시나리오의 주요 과제는 상태 공간과 행동 공간이 모두 매우 크고, 전이 역학 및 보상 함수가 복잡하고 정확하게 추정하기 어렵다는 것입니다. 하지만 이 간단한 예시에서 설명한 원칙은 동일합니다.

마르코프 체인 기반 추천 시스템은 유망한 성능이 있지만 몇 가지 과제가 남아 있습니다. 마르코프 체인의 **기억 없음**memorylessness 가정은 장기적인 의존성이 존재하는 특정 시나리오에서는 성립하지 않을 수 있습니다. 또한 대부분의 마르코프 체인 모델은 사용자-아이템 상호작용을 이진 이벤트(상호작용 또는 무반응)로 처리하기 때문에 탐색, 클릭, 구매 등 사용자가 아이템과 할 수 있는 다양한 상호작용을 과도하게 단순화합니다.

다음으로 신경망을 살펴보겠습니다. 여러분에게 친숙한 몇 가지 아키텍처가 순차적 추천 작업을 학습하는 데 어떻게 연관될 수 있는지 살펴보겠습니다.

17.2 RNN 및 CNN 아키텍처

순환 신경망recurrent neural networks, RNN은 텍스트, 음성, 시계열 데이터와 같은 데이터 시퀀스의 패턴을 인식하도록 설계된 신경망 아키텍처의 한 유형입니다. 이러한 네트워크는 시퀀스의 한 단계의 출력이 다음 단계를 처리하는 동안 네트워크에 입력으로 다시 공급된다는 점에서 **순환적**입니다. 이는 RNN에 일종의 메모리를 제공하며 각 단어가 이전 단어에 의존하는 언어 모델링과 같은 작업에 유용합니다.

각 시간 단계에서 RNN은 입력(예: 문장의 단어)을 받아 출력(예: 다음 단어 예측)을 생성합니다. 또한 시퀀스에서 마지막으로 '본' 내용의 표현인 내부 상태를 업데이트합니다. 이 내부 상태는 다음 입력을 처리할 때 다시 네트워크에 전달됩니다. 결과적으로 네트워크는 이전 단계의 정보를 사용하여 현재 단계의 예측에 영향을 줄 수 있습니다. 이것이 바로 RNN이 순차적 데이터를 효과적으로 처리할 수 있는 이유입니다.

GRU4Rec(https://oreil.ly/OwEFj)은 추천 문제에 신경망 아키텍처를 최초로 적용한 사례 중 하나로, 세션 기반 추천을 모델링하기 위해 순환 신경망을 사용했습니다. **세션**session은 사용자가 다른 페이지로 이동하거나 컴퓨터를 끄지 않고 페이지에서 보낸 시간과 같이 단일하고 연속적인 사용자 상호작용 기간을 의미합니다.

여기서 순차적 추천 시스템의 극적인 이점을 살펴볼 수 있습니다. 대부분의 기존 추천 방법은 명시적인 사용자 ID에 의존하여 사용자 관심사 프로필을 구축합니다. 그러나 세션 기반 추천은 프로필 모델링에 사용하기에 매우 짧은 익명 사용자 세션에 대해 작동합니다. 또한 세션마다 사용자의 모티베이션에 많은 차이가 있을 수 있습니다. 이러한 추천 상황에 적합한 사용자 무관 추천 솔루션은 단일 세션 내에서 동시에 발생하는 아이템을 기반으로 아이템 간 유사도 행렬을 계산하는 아이템 기반 모델입니다. 이 사전 계산된 유사도 행렬은 런타임에 사용되어 마지막으로 클릭한 아이템과 가장 유사한 아이템을 추천합니다. 이 접근 방식은 마지막으로 클릭한 아이템에만 의존하는 등의 명백한 한계가 있습니다. 이를 위해 GRU4Rec은 세션의 모든 아이템을 사용하고 세션을 아이템의 시퀀스로 모델링합니다. 추가할 아이템을 추천하는 작업은 시퀀스의 다음 아이템을 예측하는 작업으로 변환됩니다.

언어의 작고 고정된 크기의 어휘와 달리, 추천 시스템은 시간이 지남에 따라 더 많은 아이템이 추가되어 증가하는 많은 수의 아이템에 대해 추론해야 합니다. 이러한 문제를 처리하기 위해 **쌍별 순위 손실**pairwise ranking losses(예: BPR)이 고려됩니다. GRU4Rec은 GRU4Rec+(https://oreil.ly/Y17DB)에서 더욱 확장되어 상위 k개 추천에서의 이득을 위해 특별히 설계된 새로운 손실 함수를 활용합니다. 이러한 손실 함수는 딥러닝과 LTR을 혼합하여 신경망 추천 설정neural recommendation settings을 처리합니다.

추천을 위한 신경망에 대한 다른 접근 방식으로 순차 추천을 위한 합성곱 신경망convolutional newral networks, CNN을 채택했습니다. 여기서는 CNN의 기초적인 내용은 다루지 않겠지만, 핵심적인 내용은 브랜든 로러Brandon Rohrer의 '컨볼루션 신경망은 어떻게 작동할까요?(How Do Convolutional Neural Networks Work?)'(https://oreil.ly/-jEiE)를 참조하시기 바랍니다.

많은 성공을 거둔 방법 중 하나인 CosRec(https://oreil.ly/wlCdN)을 살펴보겠습니다. 그림 17-1에 시각화되어 있습니다. 이 방법(및 다른 방법들)은 이 책의 대부분에서 사용된 MF와 유사한 구조인 사용자-아이템 행렬로 시작합니다. 두 개의 잠재 요인 행렬, 즉 $E_\mathcal{I}$와 $E_\mathcal{U}$가 있다고 가정하지만, 먼저 아이템 행렬에 집중해보겠습니다.

아이템 행렬의 각 벡터는 단일 아이템에 대한 임베딩 벡터이지만, 길이 L의 시퀀스를 취하고 이러한 임베딩 벡터를 수집하여 시퀀스를 인코딩하고자 합니다. 이제 시퀀스의 각 아이템마다 행이 하나씩 있는 $L \times D$ 행렬이 생겼습니다. 인접한 행을 쌍으로 취하고 3차원 텐서의 각 벡터에 연결하면, 일련의 쌍별 전이로 시퀀스를 효과적으로 포착할 수 있습니다. 이 3차원 텐서는 벡터화된 2D CNN을 통과하여 원래 사용자 벡터와 연결되고 완전히 연결된 계층layer을 통해 공급되는 벡터(길이 L)를 생성할 수 있습니다. 마지막으로 이진 교차 엔트로피는 최상의 추천을 예측하기 위한 손실 함수입니다.

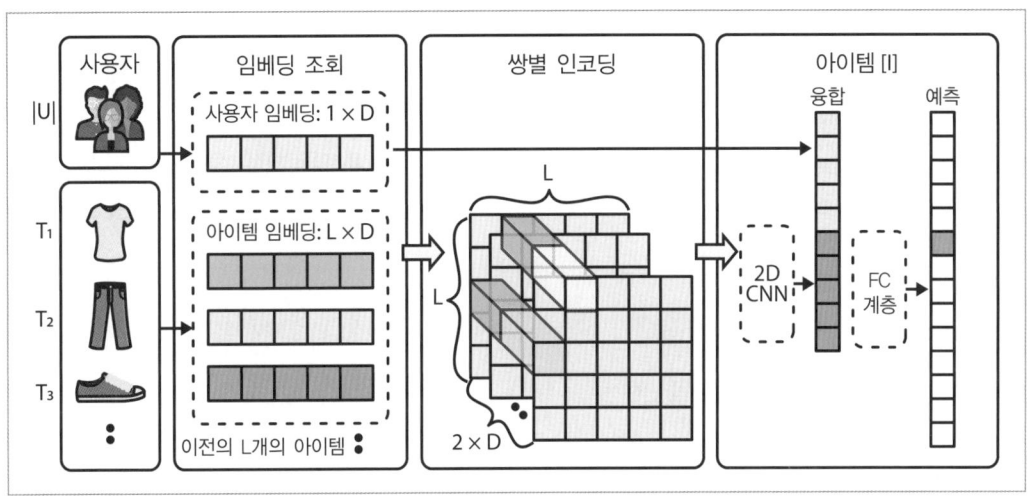

그림 17-1 CosRec CNN

17.3 어텐션 아키텍처

신경망과 일반적으로 연관되어 있으며 이제는 한 번쯤 들어봤을 용어는 **어텐션**attention입니다. 이는 트랜스포머, 특히 GPT generalized pretrained transformer(일반화된 사전 학습 트랜스포머) 같은 대형 언어 모델large language model, LLM에 나타나는 트랜스포머가 AI 사용자들 사이에서 중심이 되었기 때문입니다.

여기에서는 셀프 어텐션과 트랜스포머에 대해 매우 간략하고 기술적인 내용을 소개하겠습니다. 트랜스포머에 대한 보다 자세한 가이드는 브랜든 로러의 '처음부터 시작하는 트랜스포머(Transformers from Scratch)'(https://oreil.ly/4PSx-)에 있는 훌륭한 개요를 참조하세요.

먼저, 트랜스포머 모델에 대한 핵심적이고 차별화된 가정인 임베딩의 위치에 대해 설명해보겠습니다. 우리는 모든 아이템에 대해 하나의 임베딩뿐만 아니라 모든 아이템-위치 쌍에 대한 임베딩도 학습하고자 합니다. 따라서 한 기사가 세션의 첫 번째와 마지막인 경우, 이 두 인스턴스는 **두 개의 개별 아이템**으로 취급됩니다.

또 다른 중요한 개념은 스태킹stacking입니다. 트랜스포머를 구축할 때 우리는 종종 아키텍처를 부분들을 서로 겹겹이 쌓아 올린 레이어 케이크라고 생각합니다. 핵심 구성 요소는 임베딩, 셀프 어텐션self-attention 레이어, 스킵-어디션skip-addition, 피드-포워드feed-forward 레이어입니다. 가장 복잡한 작업은 셀프 어텐션에서 발생하므로 먼저 셀프 어텐션에 집중해보겠습니다. 위치 임베딩은 이러한 임베딩 벡터의 시퀀스로 전송됩니다. 트랜스포머는 시퀀스-투-시퀀스sequence-to-sequence 모델이라는 점을 기억하세요! 스킵-어디션은 임베딩을 셀프 어텐션 레이어(그리고 위의 피드-포워드 레이어)로, **주변으로**around 밀어내고 어텐션 레이어의 위치 출력에 추가하는 것을 의미합니다. 피드-포워드 레이어는 위치 열에 머무르며 ReLU 또는 GeLU 액티베이션을 사용하는 단순한 다층 퍼셉트론multilayer perceptron입니다.

ReLU 대 GeLU

ReLUrectified linear unit(정류 선형 단위)는 $f(x) = \max(0, x)$ 로 정의되는 활성화 함수입니다. GeLUGaussian error linear unit(가우스 오차 선형 단위)는 가우스 누적 분포 함수에서 영감을 받은 또 다른 활성화 함수로, $f(x) = 0.5x \left[1 + \tanh\left(\sqrt{\frac{2}{\pi}} \left(x + 0.044715x^3 \right) \right) \right]$ 로 근사됩니다. GeLU는 극한값을 부드럽게 포화시키면서 작은 값의 x는 통과시키는 경향이 있어, 딥 모델에 더 나은 경사도 흐름을 구현할 수 있다는 것이 직관적으로 이해됩니다. 두 함수 모두 신경망에 비선형성을 도입하며, 특정 상황에서 GeLU는 종종 ReLU보다 향상된 학습 역학을 보여줍니다.

다음은 셀프 어텐션에 대한 몇 가지 간단한 팁입니다.

- 셀프 어텐션의 기본 개념은 시퀀스의 모든 아이템이 어떤 방식으로든 다른 모든 아이템에 영향을 미친다는 것입니다.
- 셀프 어텐션 계층은 헤드당 4개의 가중치 행렬을 학습합니다.
- 헤드는 시퀀스 길이와 1-1로 대응합니다.
- 우리는 종종 가중치 행렬을 Q, K, O, V라고 부릅니다. Q와 K는 모두 위치 임베딩과 교차하지만, O와 V는 먼저 임베딩 차원 크기의 정사각 행렬로 교차한 후 임베딩과 도트 곱됩니다. $Q\dot{E}$와 $K\dot{E}$가 곱해져 이름이 붙여진 어텐션 행렬을 만듭니다. **어텐션** 행렬을 만들고, 그 위에 행

단위 소프트맥스softmax를 적용하여 어텐션 벡터를 얻습니다.
- 일부 정규화가 존재하지만, 이해에 필수적이지 않으므로 여기서는 생략하겠습니다.

어텐션에 대해 정확하면서도 간략하게 설명하고자 할 때, 우리는 보통 '위치 임베딩의 시퀀스를 받아 모두 함께 섞어mush 어떻게 연관되어 있는지 학습한다'라고 말합니다.

17.3.1 셀프 어텐션에 의한 순차적 추천

셀프 어텐션에 의한 순차적 추천self-attentive sequential recommendation, SASRec(https://oreil.ly/aKKzg)은 우리가 고려할 첫번째 트랜스포머 모델입니다. 이 자기회귀 순차 모델(인과적 언어 모델과 유사)은 과거 사용자 상호작용을 통해 다음 사용자 상호작용을 예측합니다. 순차적 마이닝 작업에서 트랜스포머 모델의 성공에서 영감을 얻은 셀프 어텐션 기반 아키텍처는 순차적 추천에 사용됩니다.

SASRec 모델이 자기회귀 방식으로 학습된다고 말할 때, 셀프 어텐션이 시퀀스에서 오직 이전 위치들만 참조할 수 있다는 것을 의미합니다. 미래를 들여다보는 것은 허용되지 않습니다. 앞서 언급한 머싱mushing의 경우, 영향을 앞으로만 전파하는 것으로 생각할 수 있습니다. 어떤 사람들은 이를 시간의 인과적 화살표causal arrow를 존중하기 때문에 '인과적causal'이라고 부르기도 합니다. 이 모델은 또한 학습 가능한 위치 인코딩을 허용하므로, 업데이트가 임베딩 계층까지 이어집니다. 이 모델은 두 개의 트랜스포머 블록을 사용합니다.

17.3.2 BERT4Rec

NLP의 BERT 모델에서 영감을 얻은 BERT4Rec(https://oreil.ly/SH9ON)은 양방향 마스크된 순차(언어) 모델을 학습하여 SASRec을 개선합니다.

BERT는 단어 임베딩을 사전 훈련하기 위해 마스크된 언어 모델을 사용하는 반면, BERT4Rec은 이 아키텍처를 사용하여 엔드투엔드 추천 시스템을 훈련합니다. 사용자 상호작용 시퀀스에서 마스크된 아이템을 예측하려고 시도합니다. 원래의 BERT 모델과 마찬가지로 셀프 어텐션은 양방향입니다. 행동 시퀀스에서 과거와 미래의 상호작용을 모두 살펴볼 수 있습니다. 미래 정보의 유출을 방지하고 실제 설정을 에뮬레이트하기 위해 추론 중에 시퀀스의 마지막 아이템만 마스크됩니다. 아이템 마스킹을 사용하면 BERT4Rec의 성능이 SASRec보다 뛰어납니다. 그러나 BERT4Rec 모델의 단점은 계산 집약적이며 훨씬 더 많은 훈련 시간이 필요하다는 점입니다.

17.3.3 최신성 샘플링

순차적 추천과 이러한 작업에서 트랜스포머 아키텍처의 채택은 최근 많은 관심을 받고 있습니다. BERT4Rec 및 SASRec와 같은 심층 신경망 모델은 전통적인 접근 방식에 비해 향상된 성능을 보여주었습니다. 하지만 이러한 모델에는 느린 훈련 문제가 있습니다. 최근에 발표된 한 논문은 최첨단 성능을 달성하면서 훈련 효율을 개선하는 문제를 다루고 있습니다. 자세한 내용은 알렉산드르 페트로프Aleksandr Petrov와 크레이그 맥도널드Craig Macdonald가 작성한 〈최근 샘플링을 이용한 순차적 추천을 위한 효과적이고 효율적인 훈련(Effective and Efficient Training for Sequential Recommendation Using Recency Sampling)〉(https://oreil.ly/yV4ro)을 참조하세요.

방금 설명한 순차적 모델에 대한 두 가지 훈련 패러다임은 사용자 상호작용 시퀀스에서 다음 아이템을 예측하는 자기회귀와 상호작용 시퀀스에서 마스크된 아이템을 예측하는 마스킹입니다. 자기회귀 접근 방식은 훈련 과정에서 시퀀스의 시작 부분을 레이블로 사용하지 않으므로 중요한 정보가 손실됩니다. 반면에 마스킹 접근 방식은 순차적 추천의 최종 목표와 약하게만 관련되어 있습니다.

페트로프와 맥도널드의 논문에서는 훈련 데이터를 구축하기 위해 시퀀스에서 양성 예제의 최신성 기반 샘플링을 할 것을 제안합니다. 이 샘플링은 더 최근의 상호작용이 샘플링될 확률을 높이도록 설계되었습니다. 그러나 샘플링 메커니즘의 확률적 특성으로 인해 가장 오래된 상호작용도 선택될 확률이 0은 아닙니다. 각 상호작용이 샘플링될 확률이 동일한 마스킹 기반 샘플링과 시퀀스 끝에 있는 아이템부터 샘플링되는 자기회귀 샘플링 사이에 보간하는 샘플링 루틴으로 지수 함수가 사용됩니다. 이 방법은 순차적 추천 작업에서 훨씬 적은 훈련 시간이 필요하면서도 우수한 성능을 보였습니다. 샘플링이 추천 시스템 훈련에 상당한 개선을 가져온 다른 몇 가지 사례와 이 접근 방식을 비교해보세요!

17.3.4 정적 및 순차적 병합

핀터레스트는 최근 지아징 쉬Jiajing Xu 등이 작성한 〈핀터레스트에서 개인화된 순위 결정을 다시 생각하기: 엔드투엔드 접근법(Rethinking Personalized Ranking at Pinterest: An End-to-End Approach)〉(https://oreil.ly/r_kPN)을 통해 원시 사용자 행동을 활용하도록 구축된 개인화된 추천 시스템에 대해 설명했습니다. 추천 작업은 사용자의 장기적 의도와 단기적 의도를 모델링하는 것으로 세분화됩니다.

장기적인 사용자 관심사를 이해하는 과정은 피너포머PinnerFormer 모델이라는 엔드투엔드 임베딩 모델을 훈련시키고, 플랫폼에서 사용자의 과거 행동을 통해 학습하여 이루어집니다. 이후 이러한 행동은 사용자 임베딩으로 변환되며, 이는 향후 예상되는 장기적인 사용자 활동을 기반으로 최적화하도록 설계되었습니다.

이 절차에서 적응형 트랜스포머 모델을 사용하여 사용자의 장기적인 미래 활동을 예측하기 위해 사용자의 순차적 행동에 대해 작동하도록 합니다. 각 사용자의 활동은 1년과 같은 특정 기간 동안의 활동을 포괄하는 시퀀스로 컴파일됩니다. 관련 메타데이터(예: 작업 유형, 타임스탬프 등)와 함께 그래프 신경망 기반 피너세이지PinnerSage 임베딩을 사용하여 시퀀스의 각 행동에 특징을 추가합니다.

전통적인 순차적 모델링 작업 및 순차적 추천 시스템과는 달리, 피너포머는 바로 다음 동작이 아닌 확장된 미래의 사용자 활동을 예측하도록 설계되었습니다. 이 목표는 임베딩 생성 후 14일 동안 사용자의 긍정적인 미래 상호작용을 예측하도록 모델을 훈련시켜 달성할 수 있습니다. 이에 비해 전통적인 순차적 모델은 다음 행동만을 예측합니다.

이 대안적 접근 방식을 사용하면 임베딩 생성을 배치 처리 모드로 오프라인에서 수행할 수 있으므로 인프라 요구 사항을 크게 줄일 수 있습니다. 실시간으로 작동하고 상당한 계산 및 인프라 비용이 발생하는 대부분의 전통적인 순차적 모델링 시스템과 달리, 이러한 임베딩은 사용자가 작업을 수행할 때마다 생성하는 것이 아니라 일괄적으로(예: 일 단위) 생성할 수 있습니다.

이 방법론에서는 모델의 배치 훈련을 용이하게 하기 위해 밀집 전체 행동 손실dense all-action loss이 도입되었습니다. 여기서 목표는 즉각적인 다음 행동을 예측하는 것이 아니라 사용자가 이후의 k일 동안 수행할 모든 행동을 예측하는 것입니다. 목표는 $T+3$, $T+8$, $T+12$와 같은 간격으로 발생하는 사용자의 모든 긍정적인 상호작용을 예측하여 시스템이 장기적인 의도를 학습하도록 유도하는 것입니다. 전통적으로 마지막 행동의 임베딩을 사용하여 예측을 수행했지만, 밀집 전체 행동 손실은 행동 시퀀스에서 무작위로 선택된 위치를 사용하고 해당 임베딩을 사용하여 각 위치에 대한 모든 행동을 예측하는 데 사용합니다.

오프라인 및 온라인 실험 결과에 따르면, 밀집 전체 행동 손실을 사용하여 장기적인 사용자 행동을 학습하면 일괄 생성과 사용자 임베딩의 실시간 생성 간의 격차가 크게 해소되었습니다. 또한 사용자의 단기 관심사를 수용하기 위해 트랜스포머 모델은 각 사용자의 가장 최근 행동을 실시간으로 검색하여 장기 사용자 임베딩과 함께 처리합니다.

17.4 요약

트랜스포머와 순차적 추천 시스템은 최신 추천 시스템의 최첨단에 있습니다. 오늘날 추천 시스템의 대부분의 연구는 순차적 데이터셋 영역에서 이루어지고 있으며, 가장 인기 있는 추천 시스템은 예측을 위해 점점 더 긴 시퀀스를 사용하고 있습니다. 두 가지 중요한 프로젝트가 주목할 만합니다.

Transformers4Rec

이 오픈 소스 프로젝트는 NVIDIA Merlin 팀의 확장 가능한 트랜스포머 모델에 맞춰져 있습니다. 자세한 내용은 〈Transformers4Rec: NLP와 순차적/세션 기반 추천 사이의 격차 해소(Transformers4Rec: Bridging the Gap Between NLP and Sequential/Session-Based Recommendation)〉(https://oreil.ly/jwWBq)를 참조하십시오.

Monolith

틱톡의 For You 페이지의 추천기로 알려져 있으며, 현재 가장 인기 있고 흥미로운 추천 시스템 중 하나입니다. 기본적으로 순차적 추천 시스템이며, 몇 가지 우아한 하이브리드 접근 방식을 사용합니다. 〈모놀리스: 충돌 없는 임베딩 테이블을 사용한 실시간 추천 시스템(Monolith: Real-Time Recommendation System with Collisionless Embedding Table)〉(https://oreil.ly/EADgK)에서는 아키텍처 고려 사항을 다룹니다.

다음 장에서는 이 책을 마무리하기 전 마지막 단계로 추천에 대한 몇 가지 접근 방식을 고려해보겠습니다. 이 접근방식은 정확히 우리가 해온 것을 기반으로 하지는 않지만, 우리가 해온 것의 일부를 사용하고 몇 가지 새로운 아이디어를 소개할 것입니다. 마무리를 향해 전력 질주해봅시다!

CHAPTER 18

추천 시스템의 미래

우리는 추천 시스템의 과도기에 놓여 있습니다. 하지만 이는 기술 업계의 많은 분야가 그렇듯이 이 분야에서도 매우 정상적인 현상입니다. 비즈니스 목표와 매우 밀접하게 연계되어 있고 비즈니스 가치에 대한 강력한 역량을 갖춘 분야의 현실 중 하나는 이 분야가 발전할 수 있는 모든 기회를 끊임없이 모색하는 경향이 있다는 것입니다.

이 장에서는 추천 시스템이 나아갈 방향에 대한 현대적 관점을 간략하게 소개합니다. 고려해야 할 중요한 점은 과학으로서의 추천 시스템이 깊이와 폭을 동시에 추구한다는 것입니다. 이 분야의 최첨단 연구를 살펴보면 수십 년 동안 연구되어 온 영역이나 지금은 공상저럼 보이는 엉역에서 심층 최적화가 이루어지고 있다는 것을 알 수 있습니다.

이번 장에서는 세 가지 영역을 집중적으로 살펴보겠습니다. 첫 번째는 앞에서 조금 소개한 멀티모달 추천입니다. 이 영역은 사용자가 플랫폼을 통해 더 많은 일을 하려고 함에 따라 점점 더 중요해지고 있습니다. 멀티모달 추천은 사용자가 여러 잠재 벡터로 동시에 표현될 때 발생한다는 점을 기억하세요.

두 번째는 그래프 기반 추천입니다. 지금까지 그래프 기반 추천 시스템에서 가장 간단한 모델인 동시 출현 모델에 대해 설명했습니다. 이보다 훨씬 더 심층적입니다! GNN은 개체 간의 관계를 인코딩하고 이러한 표현을 활용하는 데 매우 강력한 메커니즘이 되어 추천에 유용하게 사용되고 있습니다.

세 번째는 대형 언어 모델과 생성 AI에 대해 살펴보겠습니다. 이 책을 집필하는 동안 LLM은 소수의 머신러닝 전문가만 이해하는 개념에서 HBO 코미디 방송에서 언급되는 개념으로 발전했습니다. 추천 시스템에 LLM을 적용하기 위해 서두르고 있지만, 업계에서는 이미 이러한 도구를 특정 방식으로 적용하는 데 자신감을 가지고 있습니다. 그러나 추천 시스템을 LLM 앱에 적용하는 것 또한 흥미로운 일입니다.

앞으로 어떤 일이 일어날지 살펴봅시다!

18.1 멀티모달 추천

멀티모달 추천은 **사용자가 다수를 포함한다**는 이해를 전제합니다. 사용자 선호도에 대한 단일 표현으로는 사용자의 전체 스토리를 포착하지 못할 수 있습니다. 예를 들어, 대규모 종합 이커머스 웹사이트에서 쇼핑하는 사용자는 다음과 같을 수 있습니다.

- 반려견에게 필요한 물품을 자주 구입하는 개 주인
- 성장하는 아기를 위해 항상 옷장을 업데이트하는 부모
- 트랙에서 자동차를 운전하는 데 필요한 부품을 구입하는 취미로 자동차를 운전하는 드라이버
- 수백 개의 봉인된 스타워즈 세트 상자를 옷장 속에 숨겨두는 레고 투자자

이 책에서 배운 기법들로 이처럼 다양한 유형의 사용자들에게 적절한 추천을 제공할 수 있습니다. 하지만 이 목록에서 몇 가지 상충되는 부분이 있을 수 있습니다.

- 아이가 아주 어리다면, 왜 벌써 레고 세트를 사주나요? 또 반려견이 레고를 물어뜯지는 않을까요?
- 차고에 레고 세트가 가득하다면 이 모든 자동차 부품을 어디에 보관하나요?
- 2인승 마쓰다스피드 MX-5 미아타에 개를 어디에 태우나요?

구입한 물건의 일부가 다른 물건과 잘 맞지 않는 경우가 있을 것입니다. 이것은 멀티모달의 문제로 이어집니다. 관심사의 잠재 공간에서 여러 지점이 하나의 모드mode나 메도이드medoid[1]만으로 응집되지만, 단 하나만 존재하지는 않습니다.

---

[1] 옮긴이 메도이드는 데이터 군집화에서 중심 역할을 하는 지표 중 하나로서, 군집 내 실제 데이터 포인트 중에서 다른 포인트들과의 거리가 가장 작은 합을 갖도록 정의된 점이다.

이전에 했던 기하학적 논의로 돌아가서, 사용자 벡터의 최근접 이웃을 사용하고 있다면 어느 메도이드가 가장 중요한 역할을 하게 될까요?

이 문제에 접근하는 방법은 멀티모달 또는 단일 사용자와 관련된 여러 벡터를 제공하는 것입니다. 사용자의 모든 모드를 고려하기 위해 확장시키는 단순한 접근 방식은 아이템 측면에서 모델의 차원을 늘리는 것이지만(다양한 유형의 아이템이 불연속적으로 포함될 수 있는 영역을 더 많이 만드는 것), 이는 훈련 및 메모리 문제 측면에서 규모에 심각한 문제를 야기할 수 있습니다.

이 분야의 첫 번째 중요한 연구 중 하나는 이 책의 저자 중 한 명이 공동 집필한 것으로, 이 문제를 해결하기 위한 MF의 확장인, 제이슨 웨스턴 등의 〈다중 사용자 관심사 임베딩을 통한 비선형 잠재 요인화(Nonlinear Latent Factorization by Embedding Multiple User Interests)〉[2]를 소개합니다. 목표는 다른 행렬 분해Matrix Factorization 방법에서 했던 것처럼 여러 잠재 요소를 동시에 구축하고 각 요소가 사용자 관심사 중 하나를 표현하는 것입니다.

이는 사용자 아이템 분해 행렬을 인코딩하는 대신 각기 다른 관심사에 대한 각 잠재 요인을 나타내는 세 번째 텐서 차원을 가진 텐서를 구성함으로써 달성할 수 있습니다. 이 분해는 텐서 케이스로 일반화되며, 앞서 살펴봤던 WSABIE 손실이 훈련에 사용됩니다.

이 작업을 기반으로, 몇 년 후 핀터레스트는 15장에서 언급했던 피너세이지를 출시했습니다. 이는 각 사용자에 대해 알려진 숫자만큼의 표현을 가정하지 않도록 하여 웨스턴 등의 논문의 일부 가정을 수정합니다. 또한 이 접근 방식은 그래프 기반 특징 표현을 사용하며, 이에 대해서는 다음 절에서 자세히 설명하겠습니다. 마지막으로, 이 방법이 사용하는 마지막 중요한 수정 사항은 클러스터링으로 아이템 공간에서 클러스터링을 통해 모드를 구축하려고 시도합니다.

피너세이지의 기본 접근 방식은 다음과 같습니다.

1. 아이템 임베딩을 수정합니다(이를 **pin**이라고 부릅니다).
2. 사용자 상호작용을 클러스터링합니다(감독되지 않고 카디널리티가 지정되지 않음).
3. 클러스터 임베딩의 메도이드로서 클러스터 표현을 구축합니다.
4. 메도이드-앵커드medoid-anchored ANN 검색을 사용하여 검색합니다.

피너세이지는 여전히 대규모 멀티모달 추천을 위한 최신 기술에 가까운 것으로 간주됩니다. 일부

---

2 https://static.googleusercontent.com/media/research.google.com/ko//pubs/archive/41535.pdf

시스템은 사용자가 찾고 있는 테마를 선택하여 '모드'를 보다 직접적으로 수정할 수 있도록 하는 다른 접근 방식을 취하고, 다른 시스템은 일련의 상호작용을 통해 이를 학습하고자 합니다.

다음에는 아이템 또는 사용자 간에 높은 차수의 관계를 명시적으로 지정할 수 있는 방법을 살펴보겠습니다.

18.2 그래프 기반 추천기

그래프 신경망graph neural networks, GNN은 데이터의 구조 정보를 사용하여 데이터의 심층적인 표현을 구축하는 신경망의 한 클래스입니다. 관계형 데이터나 네트워크 데이터를 다룰 때 특히 유용하며, 두 가지 모두 유용성이 있는 것으로 입증되었습니다.

계속하기 전에 잠시 설명을 덧붙이겠습니다. 여기서 사용할 **그래프**graph는 **노드**node, **에지**edge의 컬렉션을 가리킵니다. 이는 순수하게 수학적 개념이지만, 일반적으로 노드는 관심 대상으로, 에지는 노드와 에지 사이의 관계로 생각할 수 있습니다. 이러한 수학적 객체는 구축하려는 표현의 종류에 필요한 핵심을 추려내는 데 유용합니다. 개체는 매우 단순해보일 수 있지만, 다양한 방법으로 적절한 수준의 복잡성을 추가하여 더 많은 뉘앙스를 포착할 수 있습니다.

가장 간단한 설정에서 그래프의 노드는 아이템 또는 사용자를 나타내고, 에지는 사용자와 아이템의 상호작용과 같은 관계를 나타냅니다. 하지만 사용자 간 네트워크와 아이템 간 네트워크도 매우 강력한 확장입니다. 동시 출현 모델은 단순한 그래프 네트워크이지만, 표현을 학습하지 않고 직접 모델로 사용했습니다.

그래프에 더 많은 구조를 추가하여 아이디어를 인코딩하는 몇 가지 예를 살펴봅시다.

방향성directionality
: 에지(간선)의 버텍스vertex(정점)에 순서를 추가하여 한 노드가 다른 노드에 작용하는 관계를 엄밀히 나타낼 수 있습니다(예: 사용자는 책을 **읽지만**, 그 반대는 하지 않는다).

에지 장식edge decoration
: 에지 레이블과 같은 설명자를 추가하여 관계에 대한 특징을 전달할 수 있습니다(예: 두 명의 사용자가 계정 자격 증명을 공유하고, **그중 한 사용자는 아동으로 식별된다**).

멀티에지multiedge

관계가 더 높은 다중성을 갖도록 허용하거나 동일한 두 엔티티가 여러 관계를 갖도록 허용할 수 있습니다. 의류 아이템이 노드로 있는 의상 그래프에서 각 에지는 다른 두 아이템을 잘 어울리게 하는 또 다른 의류 아이템이 될 수 있습니다.

하이퍼에지hyper-edge

추상화 수준을 한 단계 더 높여 여러 노드를 동시에 연결하는 에지를 추가할 수 있습니다. 비디오 장면의 경우, 다양한 클래스의 객체를 감지할 수 있고 그래프에는 해당 클래스에 대한 노드가 있을 수 있지만, 하이퍼에지를 사용하면 어떤 객체 클래스 쌍이 나타나는지, 어떤 높은 차수의 조합이 나타나는지 파악할 수 있습니다.

GNN의 기본 개념과 그 표현은 어떻게 다른지 살펴보겠습니다.

18.2.1 신경망 메시지 전달

GNN에서 관심 대상은 그래프의 노드로 할당됩니다. 일반적으로 GNN의 주요 목표는 노드와 에지 또는 둘 다의 관계를 통해 강력한 표현을 구축하는 것입니다.

GNN과 기존 신경망의 근본적인 차이점은 훈련 중에 '가장자리를 따라along the edge' 노드 표현 간에 데이터를 전송하는 연산자를 명시적으로 사용한다는 점입니다. 이를 **메시지 전달**message passing이라고 합니다. 기본 개념을 익히기 위해 예제부터 시작해보겠습니다.

노드는 사용자를 나타내고 노드의 기능은 인구 통계, 온보딩 설문조사 질문 등과 같은 페르소나 세부 정보라고 가정합니다. 에지를 소셜 네트워크의 그래프라고 가정해보겠습니다. 그들은 친구인가요? 그리고 에지에 플랫폼에서 주고받은 DM의 수와 같은 장식을 추가해봅시다. 플랫폼에 광고 쇼핑을 도입하려는 소셜 미디어 회사라면 이러한 페르소나 기능으로 시작할 수도 있지만, 이 커뮤니케이션 네트워크에 대한 정보를 사용하고 싶을 것입니다. 이론적으로 서로 소통하고 콘텐츠를 많이 공유하는 사람들은 비슷한 취향을 가지고 있을 수 있습니다. 그래서 우리는 '메시지 함수'라는 개념을 도입했습니다. **메시지 함수**message function라는 개념을 도입하여 노드에서 노드로 기능을 전송할 수 있습니다. 메시지 함수는 각 노드의 특징과 해당 노드를 연결하는 에지의 특징을 사용하며, 수식으로는 $h_i^{(k)}$와 $h_j^{(k)}$가 각각 i번째 노드와 j번째 노드의 k-번째 레이어에서의 특징일 때 다음과 같이 표현할 수 있습니다.

$$m_{ij}^{(k)} = \mathcal{M}(h_i^{(k)}, h_j^{(k)}, e_{ij})$$

에지의 특징은 e_{ij}이고, $\mathcal{M}$은 미분 가능한 함수입니다. 윗첨자 $^{(k)}$는 역전파 back-prop 표기법에서 표준인 계층을 나타냅니다. 다음은 두 가지 간단한 예입니다.

- $m_{ij}^{(k)} = h_i^{(k)}$ 는 '이웃 노드에서 특징을 가져온다'를 의미합니다.
- $m_{ij}^{(k)} = \dfrac{h_i^{(k)}}{c_{ij}}$ 는 'i와 j 사이의 에지 수로 평균을 낸다'를 의미합니다.

학습을 사용하는 많은 강력한 메시지 전달 체계는 노드 특징에 어텐션 메커니즘을 추가하는 등 머신러닝의 다른 영역에서 나온 접근 방식을 사용하지만, 이 책에서는 이 이론에 대해 자세히 다루지 않습니다.

다음으로 소개할 함수는 **집계 함수**aggregation function 는 메시지 모음을 입력으로 받아 집계하는 함수입니다. 가장 일반적인 유형의 집계 함수는 다음과 같은 작업을 수행합니다.

- 모든 메시지 연결
- 모든 메시지 합산
- 모든 메시지 평균
- 모든 메시지 중 최댓값

마지막으로, 업데이트 함수는 노드 특징과 집계된 메시지 함수를 취한 다음 추가적인 변환을 적용합니다. 이 업데이트 함수는 집계 출력을 사용합니다. '이 모델은 어디에서 무엇을 학습할까?'라고 궁금했다면, 그 해답은 업데이트 함수에 있습니다. 업데이트 함수에는 일반적으로 가중치 행렬이 연결되어 있으므로 이 신경망을 훈련할 때 업데이트 함수의 가중치를 학습하게 됩니다. 가장 간단한 업데이트 함수는 가중치 행렬에 집계의 벡터화된 출력을 곱한 다음 벡터별로 활성화 함수를 적용합니다.

이러한 메시지 전달, 집계, 업데이트의 연쇄는 GNN의 핵심이며 광범위한 기능을 포괄합니다. 추천을 포함한 모든 종류의 머신러닝 작업에 유용하게 활용되고 있습니다. 추천 시스템에 직접 적용되는 몇 가지 사례를 살펴보겠습니다.

18.2.2 애플리케이션

RecSys 영역에서 GNN을 활용할 수 있는 몇 가지 높은 수준의 아이디어를 다시 살펴봅시다.

1 사용자-아이템 상호작용 모델링

앞서 살펴본 행렬 분해와 같은 다른 방법에서 사용자와 아이템 간의 상호작용user-item interaction은 고려하지만, 사용자나 아이템 간의 복잡한 네트워크는 활용하지 않습니다. 반면, GNN은 사용자-아이템 상호작용 그래프에서 복잡한 연결을 포착한 다음 이 그래프의 구조를 사용하여 보다 정확한 추천을 할 수 있습니다.

메시지 전달을 다시 생각해보면, 일부 노드(이 경우 사용자와 아이템)의 정보를 이웃 노드에 확산spread시킬 수 있습니다. 이를 비유적으로 설명하면, 사용자가 특정 특징을 가진 아이템과 점점 더 많이 상호작용할수록 그 특징 중 일부가 사용자에게 스며든다고 할 수 있습니다. 이는 잠재 특징과 비슷하게 들릴 수도 있는데, 그것이 맞습니다. 이는 결국 네트워크가 아이템에서 사용자에게 특징을 전달하는 메시지에서 잠재적 표현을 구축하는 데 도움이 됩니다. 이는 구조적 관계와 이러한 특징을 전달하는 방법을 명시적으로 정의하기 때문에 다른 잠재적 임베딩 방법보다 훨씬 더 강력할 수 있습니다.

2 특징 학습

GNN은 노드 간의 연결을 활용하여 이웃 노드의 특징 정보를 집계함으로써 그래프에서 노드들(사용자 또는 아이템)의 특징 표현을 보다 표현력 있게 학습할 수 있습니다. 이렇게 학습된 특징은 사용자의 선호도나 아이템의 특성에 대한 풍부한 정보를 제공하여 추천 시스템의 성능을 크게 향상시킬 수 있습니다.

앞서 사용자의 표현을 상호작용하는 아이템에서 학습할 수 있다고 이야기했는데, 아이템은 서로 학습할 수도 있습니다. 아이템-아이템 협업 필터링(CF)을 통해 아이템이 공유하는 사용자로부터 잠재된 특징을 포착할 수 있는 방식과 유사하게, GNN을 사용하면 아이템 간에 잠재적으로 다른 많은 직접적인 관계를 추가할 수 있습니다.

3 콜드 스타트 문제

콜드 스타트 문제를 상기해보세요. 과거에는 상호작용의 부족으로 인해 새로운 사용자나 아이템에 대한 추천을 제공하는 것이 어려웠습니다. GNN은 노드의 특징과 그래프의 구조를 이용해 새로운 사용자나 아이템에 대한 임베딩을 학습하여 콜드 스타트 문제를 잠재적으로 완화할 수 있습니다.

사용자 그래프의 일부 그래픽 표현에서 에지는 사전 추천이 많은 사용자 사이에만 존재할 필요는 없습니다. 다른 사용자 행동을 사용하여 일부 초기 에지를 **부트스트랩**할 수도 있습니다. '물리적 위치 공유', '동일한 사용자로부터 초대', '온보딩 질문에 유사하게 답변'과 같은 구조적 에지는 여러 사용자 간 에지를 빠르게 부트스트랩하여 해당 사용자에 대한 추천을 웜 스타트할 수 있게 해줍니다.

❹ 콘텍스트 인식 추천

GNN은 추천 프로세스에 콘텍스트 정보를 통합할 수 있습니다. 예를 들어, 세션 기반 추천에서 GNN은 사용자가 세션에서 상호작용한 아이템의 순서를 그래프로 모델링할 수 있으며, 여기서 각 아이템은 노드이고 순차적 순서는 에지를 형성합니다. 그런 다음 GNN은 아이템 간의 동적이고 복잡한 전이를 학습하여 콘텍스트 인식 추천context-aware recommendation을 할 수 있습니다.

이러한 개략적인 아이디어들을 통해 추천 문제에 대한 그래프 인코딩을 활용할 기회를 알 수 있었으므로, 이제는 두 가지 구체적인 애플리케이션인 랜덤 워크와 메타패스에 대해 살펴보겠습니다.

18.2.3 랜덤워크

GNN 내에서의 랜덤워크random walk를 통해 사용자-아이템 상호작용 그래프를 사용하여 효과적인 노드(즉, 사용자 또는 아이템) 임베딩을 학습할 수 있습니다. 그 후 임베딩은 추천을 하는 데 사용됩니다. 그래프의 맥락에서 보면 랜덤워크는 특정 노드에서 시작한 다음 무작위 선택을 통해 연결된 다른 노드로 확률적으로 이동하는 반복적인 프로세스입니다.

네트워크 임베딩에 널리 사용되는 랜덤워크 기반 알고리즘 중 하나는 딥워크DeepWalk로, 추천 시스템을 비롯한 다양한 작업에 맞게 여러 가지 방식으로 조정되고 확장되었습니다.

추천의 맥락에서 랜덤워크 GNN 접근 방식은 다음과 같이 작동합니다.

1. **랜덤워크 생성**: 먼저 상호작용 그래프에서 랜덤 워크를 수행합니다. 각 노드에서 시작하여 연결된 다른 노드까지 일련의 무작위 단계를 수행합니다. 이렇게 하면 서로 다른 노드 간의 관계를 나타내는 일련의 경로, 즉 워크walk가 생성됩니다.
2. **노드 임베딩**: 랜덤워크에 의해 생성된 노드 시퀀스는 텍스트 말뭉치의 문장처럼 취급하고, 각 노드는 하나의 단어처럼 취급합니다. 그런 다음 `Word2vec` 또는 이와 유사한 언어 모델링 기술을 사용하여 노드에 대한 임베딩(벡터 표현)을 학습하여, 유사한 콘텍스트(동일한 워크)에 나타나는 노드가 유사한 임베딩을 갖도록 합니다.

3. **추천**: 노드 임베딩을 학습한 후에는 이를 사용하여 추천을 만들 수 있습니다. 특정 사용자에 대한 거리 지표에 따라 임베딩 공간에서 해당 사용자와 '가까운' 아이템을 추천할 수 있습니다. 여기에서 이전에 잠재 공간 표현을 통한 추천을 위해 개발한 모든 기법을 사용할 수 있습니다.

이 접근 방식에는 몇 가지 좋은 특성이 있습니다.

- 그래프에서 고차적 연결을 포착할 수 있습니다. 각 랜덤워크는 시작 노드와 직접 연결되지 않은 그래프의 일부를 탐색할 수 있습니다.
- 그래프의 구조를 사용하여 표현을 학습하기 때문에, 상호작용 데이터가 덜 필요하므로 추천 시스템의 희소성 문제를 해결할 수 있습니다.
- 콜드 스타트 문제를 자연스럽게 처리하려고 시도합니다. 새로운 사용자나 상호작용이 거의 없는 아이템의 경우, 연결된 노드에서 임베딩을 학습할 수 있습니다.

그럼에도 이 접근 방식에는 몇 가지 문제가 있습니다. 랜덤워크는 큰 그래프에서 계산 비용이 많이 들 수 있으며, 랜덤워크의 길이와 같은 적절한 하이퍼파라미터를 선택하기 어려울 수 있습니다. 또한 이 접근 방식은 본질적으로 시간적 정보를 고려하지 않기 때문에, 시간에 따라 상호작용이 변하는 동적 그래프에서는 잘 작동하지 않을 수 있습니다.

이 방법은 노드가 이질적heterogeneous이라고 암묵적으로 가정하므로, 연결을 통해 노드를 함께 임베딩 하는 것이 자연스럽습니다. 명시적인 요구 사항은 아니지만, 딥워크가 빌드하는 시퀀스 임베딩의 유형은 구조적으로 이를 가정하는 경향이 있습니다. 다음 아키텍처 예제이 메타경로에서는 이질적인 유형 간의 학습을 진행하기 위해 이 규칙을 깨보겠습니다.

18.2.4 메타패스와 이질성

메타패스(https://oreil.ly/pZlkC)는 설명 가능한 추천explainable recommendation을 개선하고 지식 그래프의 아이디어를 GNN과 통합하기 위해 도입되었습니다.

메타패스metapath란 이기종heterogeneous 네트워크(또는 그래프)에서 서로 다른 유형의 노드를 서로 다른 유형의 관계를 통해 연결하는 경로를 말합니다. 이기종 네트워크에는 다양한 유형의 노드와 에지가 포함되어 있으며, 여러 유형의 개체와 상호작용을 나타냅니다. 노드 유형은 단순히 사용자와 아이템 외에도 '아이템 장바구니', '조회 세션', '구매에 사용된 채널' 등이 될 수 있습니다.

메타패스는 GNN에서 이기종 정보 네트워크heterogeneous information network, HIN를 처리하는 데 사용할 수 있습니다. 이러한 네트워크는 현실 세계에 대한 보다 포괄적 표현을 제공합니다. 메타패스가 GNN에서 사용되면, 네트워크를 통해 정보가 집계되고 전파되는 방식에 대한 체계를 제공합니다. 메타패스는 노드의 이웃의 정보를 모을pooling 때 고려해야 하는 경로의 유형을 정의합니다.

예를 들어, 추천 시스템에서 사용자, 영화, 장르를 노드 유형으로, '시청함watches' 및 '속함belongs to'을 에지 유형으로 사용하는 이기종 네트워크가 있을 수 있습니다. 메타패스는 '사용자-시청함 → 영화-속함 → 장르-속함 → 영화-시청함 → 사용자'로 정의할 수 있습니다. 이 메타패스는 두 사용자가 시청하는 영화와 그 영화의 장르를 통해 두 사용자를 연결하는 방법을 나타냅니다.

메타패스를 활용하는 가장 인기 있는 방법은 이기종 GNNheterogeneous GNN, Hetero-GNN과 그 변형입니다. 이러한 모델은 메타패스 개념을 활용하여 HINs의 풍부한 의미를 포착하여 노드 표현에 대한 학습을 향상시킵니다.

메타패스 기반 모델은 앞서 언급한 메시지 전달 메커니즘에 훨씬 더 추상적인 관계를 명시적으로 인코딩할 수 있기 때문에 다양한 애플리케이션에서 유망한 결과를 보여줬습니다.

고차수higher-order 모델링에 관심이 있다면, 이 책에서 다룰 마지막 개념에 주목하세요. 이 주제는 최첨단이며 고수준의 추상화로 가득 차 있습니다. 언어 모델 기반 에이전트는 머신러닝 모델링의 최첨단에 있습니다.

18.3 LLM 애플리케이션

대형 언어 모델large language model, LLM에 대한 엄청난 찬사는 모두 이미 사용되었습니다. 그렇기 때문에, 그냥 이렇게 말하겠습니다. LLM은 강력하며 놀라울 정도로 많은 응용 분야가 있습니다.

LLM은 사용자가 자연어를 통해 상호작용할 수 있는 일반적인 모델입니다. 기본적으로 이러한 모델은 생성형(텍스트를 작성)이고 자기 회귀형(이전에 작성된 내용에 따라 작성됨)입니다. LLM은 대화하듯 말할 수 있기 때문에, 일반적인 인공 에이전트로 분류됩니다. 그렇다면 '에이전트가 저를 위해 물건을 추천해줄 수 있나요?'라고 묻는 것은 당연히 할 수 있는 질문입니다. LLM을 사용하여 추천을 하는 방법부터 살펴보겠습니다.

18.3.1 LLM 추천기

자연어는 추천을 요청할 수 있는 훌륭한 인터페이스입니다. 동료에게 점심 식사 추천을 받고 싶을 때, 동료의 책상에 가서 아무 말도 하지 말고, 동료가 내 선호도에 대한 잠재적 지식을 기억하고, 시간대를 파악하고, 요일에 따라 레스토랑이 있는지 기억하고, 어제 파스트라미 샌드위치를 먹었다는 것을 기억하고 있기를 바랄 수도 있습니다.

더 효과적으로, '점심에 먹을 만한 식당이 있나요?'라고 물어볼 수도 있습니다.

영리한 동료처럼 모델도 단순히 물어보는 것이 더 효과적으로 추천을 제공할 수 있습니다. 이 접근 방식은 또한 사용자가 원하는 추천의 종류를 보다 정확하게 정의할 수 있는 기능을 추가합니다. LLM의 인기 있는 활용 사례는 일련의 재료를 사용하는 레시피를 요청하는 것입니다. 지금까지 구축한 추천기의 맥락에서 생각해보면 이러한 종류의 추천기를 구축하는 데는 몇 가지 장애물이 있습니다. 사용자 모델링이 필요할 수도 있지만, 이는 지정된 아이템에 따라 크게 달라집니다. 즉, 지정된 아이템의 각 조합에 대한 신호가 매우 낮습니다.

반면에 LLM은 '몇 가지 재료가 주어지고 레시피의 맥락에서 다음에 포함될 가능성이 가장 높은 재료가 무엇인가'와 같은 작업의 자기 회귀적 특성에 매우 효과적입니다. 이와 같이 여러 아이템을 생성하고, 순위 결정 모델로 이를 보강하여 현실적인 추천을 제공할 수 있습니다.

18.3.2 LLM 훈련

인기가 폭발적으로 증가한 LLM은 세 단계로 훈련됩니다.

1. 완성을 위한 사전 훈련
2. 대화에 대한 지도 파인튜닝supervised fine-tuning
3. 사람의 피드백을 통한 강화 학습

때로는 후자의 두 단계를 결합하여 **인스트럭트**(지시)Instruct라고 부릅니다. 이 주제에 대해 자세히 알아보려면 원본 InstructGPT 논문인 〈인간의 피드백을 통해 지시를 따르도록 언어 모델 훈련(Training Language Models to Follow Instructions with Human Feedback)〉(https://oreil.ly/e-T2J)을 참조하세요.

텍스트 완성 작업은 k개 앞의 단어를 본 후 시퀀스에서 올바른 단어를 예측하도록 모델을 훈련하는 것과 같다는 점을 상기해봅시다. 이는 8장의 GloVe 또는 순차적 추천기sequential recommender에 대한 논의를 떠올리게 할 수 있습니다.

다음은 대화를 위한 파인튜닝하는 단계로, 이 단계는 모델에 '다음 단어word 혹은 다음 어구phrase' 가 원래 문장statement의 확장이 아닌 응답이 되어야 한다는 것을 가르치는 데 필요합니다.

이 단계에서, 이 훈련에 사용되는 데이터는 **시연 데이터**demostration data 형태로, 즉 문장과 응답 쌍으로 이루어져 있습니다. 예를 들면 다음과 같습니다.

- 요청과 해당 요청에 대한 응답
- 문장과 그 문장에 대한 번역문 혹은 해석
- 긴 텍스트와 그 텍스트의 요약

추천의 경우, 첫 번째가 우리가 모델이 시연하기를 바라는 작업과 관련성이 높다고 볼 수 있습니다.

마지막으로, 인간 피드백을 통한 강화 학습reinforcement learning from human feedback, RLHF 단계로 가겠습니다. 여기서의 목표는 나중에 LLM을 더욱 최적화하는 데 사용할 수 있는 보상 함수를 학습하는 것입니다. 하지만 보상 모델 **자체**를 훈련시켜야 합니다. 여러분과 같은 추천 시스템 애호가들에게 흥미로울 수 있는 점은 AI 엔지니어들이 이를 순위 결정ranking 데이터셋을 통해 수행한다는 점입니다.

앞서 살펴본 시연 데이터와 유사한 많은 수의 튜플이 문장과 응답을 제공하지만, 하나의 응답이 아닌 여러 개의 응답이 있습니다. 이러한 응답은 (인간 레이블러에 의해) 순위가 매겨지고, 각 우월-열등 응답 쌍 (x, sup, inf)에 대해 손실을 평가합니다.

- $r_{sup} = \Theta(x, sup)$는 우월 응답에 대한 보상 모델의 점수입니다.
- $r_{inf} = \Theta(x, inf)$는 열등 응답에 대한 보상 모델의 점수입니다.

최종 손실은 $-log(\sigma(sup - inf))$로 계산됩니다.

그런 다음, 이 보상 함수를 사용하여 모델을 파인튜닝합니다.

OpenAI는 그림 18-1의 다이어그램을 통해 이 접근 방식을 요약했습니다.

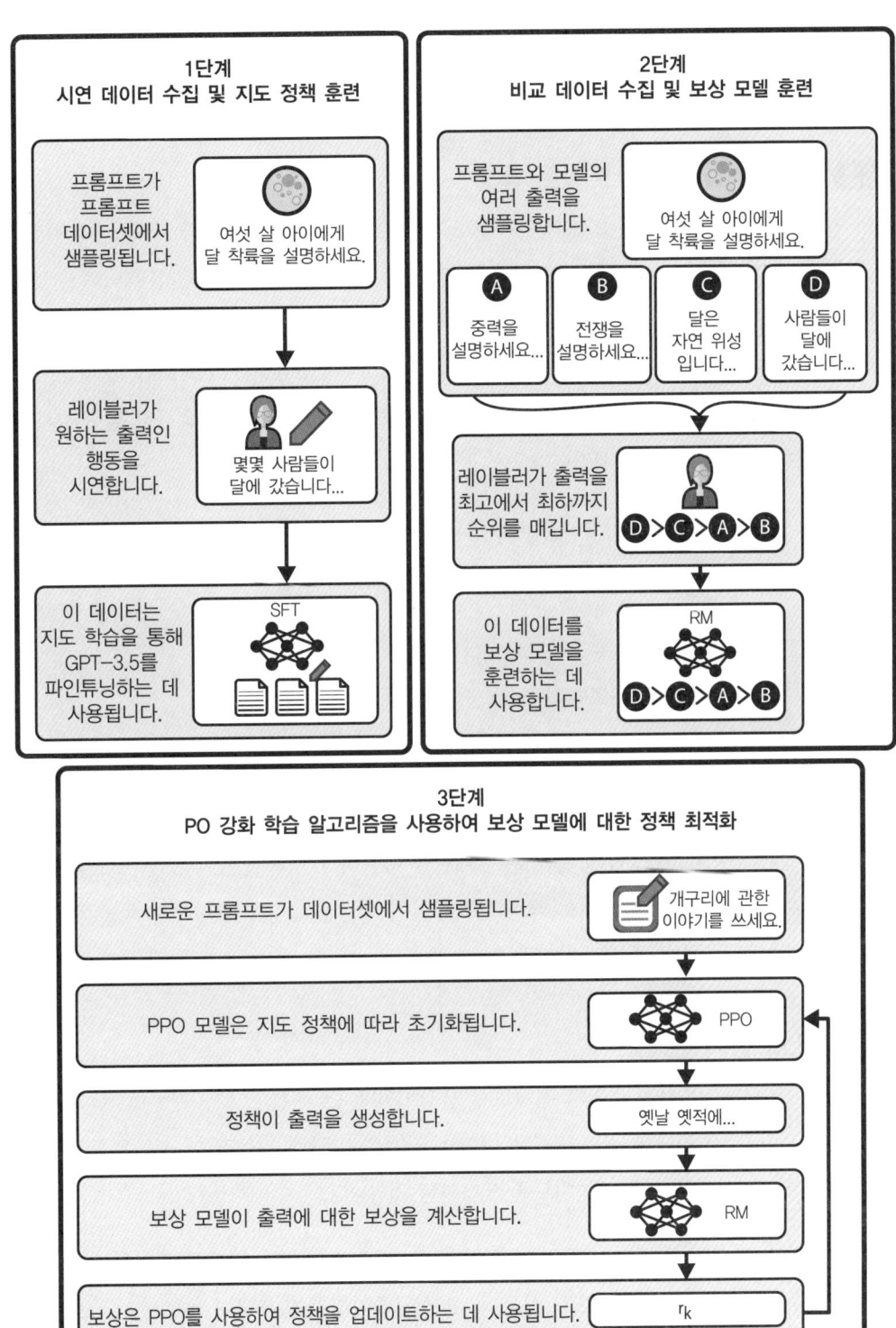

그림 18-1 모델 파인튜닝을 위한 인스트럭트 방법론

이 간략한 개요에서 볼 수 있듯이, 이러한 LLM은 요청에 응답하도록 훈련되어 있으며, 이는 추천 시스템에 매우 적합하다는 것을 알 수 있습니다. 이 훈련을 보강하는 방법을 살펴보겠습니다.

18.3.3 추천을 위한 인스트럭트 튜닝

이전의 인스트럭트 쌍에 대한 논의에서, 우리는 궁극적으로 훈련의 목표가 두 응답 간의 순위 비교를 학습하는 것이라는 점을 확인했습니다. 이런 종류의 훈련은 매우 친숙하게 느껴질 것입니다. 커친 바오Keqin Bao 등이 작성한 〈TALLRec: 대형 언어 모델을 추천에 맞추기 위한 효과적이고 효율적인 튜닝 프레임워크(TALLRec: An Effective and Efficient Tuning Framework to Align Large Language Model with Recommendation)〉(https://oreil.ly/ViZCT)에서 저자들은 유사한 설정을 사용하여 사용자 선호도를 모델에 학습시킵니다.

이 논문에서 언급했듯이, 과거 상호작용 아이템은 평점에 따라 사용자의 '좋아요'와 사용자의 '싫어요'의 두 그룹으로 수집됩니다. 이 정보를 자연어 프롬프트로 수집하여 최종 'Rec Input'으로 형식화합니다.

1. 사용자 선호도: $[item_1, ... , item_n]$
2. 사용자 선호도: $[item_1, ... , item_n]$
3. 사용자가 선호도 $[item_{n+1}]$을 즐길까요?

이는 앞서 언급한 InstructGPT와 동일한 훈련 패턴을 따릅니다. 저자들은 추천 문제에 대해 훈련되지 않은 LLM에 비해 추천 문제에서 극적으로 향상된 성능을 달성했지만, 이는 목표 작업이 아니므로 기준선baseline으로 간주해야 합니다.

18.3.4 LLM 랭커

지금까지 이 장에서는 LLM을 추천기 전체로서 생각했지만, 그 대신 LLM을 단순히 랭커로 사용할 수도 있습니다. 가장 간단한 접근 방식은 LLM에 사용자의 관련 기능과 이이템 목록을 프롬프트로서 제공하고 최상의 옵션을 제안하도록 요청하는 것입니다.

단순하긴 하지만, 이 접근 방식의 변형은 매우 일반적인 환경에서 다소 놀라운 결과를 보였습니다. '사용자가 오늘 밤 무서운 영화를 보고 싶은데, 고어를 좋아하지 않는다면 movie-1, movie-2 등 중에서 어떤 것이 가장 좋을지 잘 모르겠습니다'와 같습니다. 하지만 이보다 더 나은 방법이 있습니다.

궁극적으로 LTR 접근 방식과 마찬가지로 점 방식pointwise, 쌍 방식pairwire, 목록 방식listwise을 생각해볼 수 있습니다. LLM을 점 방식에 사용하려면, 이러한 모델들이 유용하게 작동할 수 있는 설정으로 프롬프트와 응답을 제한해야 합니다. 예를 들어 과학 논문 추천의 경우 사용자가 현재 작업 중인 내용을 작성하면 LLM이 관련성이 높은 논문을 추천해주기를 원할 수 있습니다. 이는 전통적인 검색 문제이지만, 최신 도구가 많은 유용함을 보일 수 있는 환경입니다. LLM은 요약과 의미적 매칭에 효과적이므로, 대규모 말뭉치에서 의미적으로 유사한 결과를 찾을 수 있으며, 에이전트는 이러한 결과의 결과물을 종합하여 일관된 응답을 합성해낼 수 있습니다. 여기서 가장 큰 문제는 환각hallucination, 즉 존재하지 않을 수 있는 논문을 제안하는 것입니다.

쌍 방식과 목록 방식도 비슷하게 생각할 수 있습니다. 이러한 LLM의 고유한 능력이 적절한 도움을 줄 수 있는 형태로 참조 데이터를 추출하면 됩니다.

검색이라는 주제와 관련해서는, 추천이 LLM 애플리케이션에 도움을 줄 수 있는 방법 중 하나인 검색 증강이 중요합니다.

18.3.5 AI를 위한 추천

지금까지는 LLM이 추천을 생성하는 데 있어 어떻게 사용되는지 살펴보았지만, 그렇다면 추천 시스템이 LLM 애플리케이션을 개선할 수도 있을까요? LLM 에이전트는 그 기능이 매우 일반적이지만 많은 삽입에서 구체성이 부족합니다. 에이전트에게 '올해 내가 읽은 책 중 비소구권 작가가 쓴 책은 무엇인가요?'라고 묻는다면 에이전트는 성공할 확률이 전혀 없습니다. 일반 사전 훈련general pretrain을 받은 모델은 고객이 올해 어떤 책을 읽었는지 전혀 모르기 때문입니다.

이 문제를 해결하려면 **검색 증강**retrieval augmentation, 즉 기존 데이터 저장소에서 관련 정보를 모델에게 제공하는 방법을 활용해야 합니다. 데이터 저장소는 SQL 데이터베이스, 조회 테이블, 벡터 데이터베이스일 수 있는데, 궁극적으로 여기서 중요한 요소는 사용자의 요청에서 어떻게든 관련 정보를 찾아서 에이전트에게 제공할 수 있다는 것입니다.

여기서 한 가지 가정은 검색 시스템에서 요청을 해석할 수 있다는 것입니다. 앞의 예에서는 '내가 올해 읽은 책'이라는 문구를 시스템이 다음과 같은 정보 검색 작업으로 자동으로 이해하기를 원할 것입니다.

```
SELECT * FROM read_books
WHERE CAST(finished_date, YEAR) = CAST(today(), YEAR)
```

SQL 데이터베이스를 구성했다고 가정하면, 이 요청을 만족시키는 스키마를 상상할 수 있습니다. 이제 요청을 이 SQL로 변환하는 것은 또 다른 작업으로, 에이전트에게 전달할 또 다른 요청일 수 있습니다.

다른 맥락에서는 검색을 돕기 위해 추천기 전체로서 원할 수 있습니다. 즉, 사용자가 에이전트에게 오늘 밤을 위한 영화를 요청할 때 각 사용자의 취향에 대한 심층적인 이해를 활용하고 싶다면, 먼저 사용자의 선호도에 따라 잠재적인 영화를 필터링한 다음 추천 모델이 사용자에게 적합하다고 생각하는 영화만 보낼 수 있습니다. 그런 다음, 에이전트는 이미 훌륭하다고 판단된 영화의 하위 집합에서 텍스트 요청을 처리할 수 있습니다.

LLM과 추천 시스템의 교차점은 당분간 추천 시스템에 대한 많은 대화를 지배하게 될 것입니다. 추천 시스템에 대한 지식을 이 새로운 산업에 도입하는 데에는 많은 손쉬운 결실이 있습니다. 유진 얀Eugene Yan은 최근 다음과 같이 말했습니다.

> 핵심 과제이자 해결책은 그들(LLM)에게 적절한 정보를 적시에 제공하는 것이라고 생각합니다. 잘 정리된 문서 저장소가 도움이 될 수 있습니다. 그리고 키워드 검색과 시맨틱semantic 검색을 혼합하여 사용하면, LLM이 요구하는 맥락을 정확하게 검색할 수 있습니다.

18.4 요약

추천 시스템의 미래는 밝지만, 기술은 계속해서 더 복잡해질 것입니다. 지난 5년간의 주요 변화 중 하나는 GPU 기반 훈련과 이러한 GPU를 사용할 수 있는 아키텍처로의 놀라운 전환이었습니다. 이 책에서 텐서플로나 토치보다 JAX를 선호한 주된 이유입니다.

이번 장의 방법들은 더 큰 모델, 더 많은 상호 연결, 대부분의 조직에서 수용하기 어려운 규모의 추론까지 수용할 수 있습니다. 궁극적으로 추천 문제는 언제나 다음을 통해 해결할 수 있습니다.

- 신중한 문제 프레임 설정
- 사용자와 아이템에 대한 깊이 있게 관련된 표현
- 작업의 뉘앙스를 인코딩하는 사려 깊은 손실 함수
- 훌륭한 데이터 수집

■ **진솔한 서평을 올려주세요!**

이 책 또는 이미 읽은 제이펍의 책이 있다면, 장단점을 잘 보여주는 솔직한 서평을 올려주세요.
매월 최대 5건의 우수 서평을 선별하여 원하는 제이펍 도서를 1권씩 드립니다!

- **서평 이벤트 참여 방법**
  - ❶ 제이펍 책을 읽고 자신의 블로그나 SNS, 각 인터넷 서점 리뷰란에 서평을 올린다.
  - ❷ 서평이 작성된 URL과 함께 review@jpub.kr로 메일을 보내 응모한다.

- **서평 당선자 발표**

  매월 첫째 주 제이펍 홈페이지(www.jpub.kr)에 공지하고, 해당 당선자에게는 메일로 연락을 드립니다.
  단, 서평단에 선정되어 작성한 서평은 응모 대상에서 제외합니다.

독자 여러분의 응원과 채찍질을 받아 더 나은 책을 만들 수 있도록 도와주시기 바랍니다.

찾아보기

기호 / 숫자

@k	241
0에 집중된 사전 확률	170
2단계 예측 비교	127
2차 마르코프 체인	325

A~C

A/B 테스트	238
AI를 위한 추천	349
Airflow	96, 119
ALS를 이용한 MF 최적화	193
API로서의 모델	115
AUC 및 cAUC	247
AUC-ROC	247
BatchNorm 레이어	62
BCOO (batched coordinate)	180
BERT4Rec	331
best matching 25 (BM25)	258
BM25	258
BPR (Bayesian personalized ranking)	249
CD (continuous deployment)	120
CF (collaborative filtering)	19
CG (cumulative gain)	244
CI (continuous integration)	120
CI/CD	120
CNN (convolutional neural network)	62
CNN 탑	68
CosRec	328
CTR (click-through rate)	176

D~J

Dagster	96, 119
DataLoader	93
ELK 스택	133
FastAPI	116
Flax	63, 158
FPR (false positive rate)	247
GeLU (Gaussian Error Linear Unit)	330
GloVe 모델의 사양	158
GloVE 임베딩	156
GPU 기반 훈련	350
GRU4Rec	328
HIN (heterogeneous information network)	343
HPO (hyperparameter optimization)	203
InstructGPT 논문	345
JAX	8
JIT 컴파일	12

K~L

k-평균 클러스터링	316
k-d 트리	313
k차 통계적 손실	258
KL 발산(KLD)	126, 190
L2 손실 함수	254
LAX 라이브러리	282
LLM (large language model)	344
LLM 랭커	348
LLM 추천기	344
LLM 훈련	345
LSH (locality sensitive hashing)	310
LTR (learning to rank)	252
LTR 모델 훈련하기	253

M~N

mAP (mean average precision)	242
mAP 대 NDCG	245
MDP (Markov decision process)	326
MDS (multidimensional scaling)	223
MF (matrix factorization)	112, 169, 191
MF를 위한 정규화	194
min-hashing	157
MLP (multilayer perceptron)	173
Module 클래스	67
Monolith	334
MPIR (most-popular-item recommender)	6, 156, 176
MRR (mean reciprocal rank)	243
MSE (mean square error)	198
NaN (not-a-number)	264
NaN 디버깅	265
NDCG (normalized discounted cumulative gain)	244
NLP와 RecSys의 관계	45
NumPy	9

O~R

OMSE (observed mean square error)	194, 214
Optax 라이브러리	63, 160
p-sale	227
PCA (principal component analysis)	222
PMI (pointwise mutual information)	180
R-정밀도	242
RDD (resilient distributed dataset)	147
ReLU (rectified linear unit)	64, 330
RLHF (reinforcement learning from human feedback)	346
RNN (recurrent neural network)	324
ROC (receiver operating characteristic curve)	126

S~U

SASRec (self-attentive sequential recommendation)	331
SGD (stochastic gradient descent)	94
skipgram-word2vec 모델	45
STL 데이터셋	55
STL 데이터셋에서 이미지 가져오기	61
STL 모델	68
SVD (singular value decomposition)	156, 191
t-분포 확률적 이웃 임베딩(t-SNE)	225
TF-IDF	147
TPR (true positive rate)	247
TR (trivial recommender)	5
Transformers4Rec	334
UMAP (uniform manifold approximation and projection)	173, 225
URL 정규화	145

V~X

vmap	159
WALS (weighted alternating least squares)	194
WARP (weighted approximate rank pairwise)	256
word2vec	45
WSABIE (web scale annotation by image embedding)	219
WSL (Windows Subsystem for Linux)	55
XML	143

ㄱ

가상 옷장	291
가상 환경	58
가속 구조	97, 309
가우스 오차 선형 단위(GeLU)	330
가장 인기 있는 아이템 추천 시스템(MPIR)	6, 176
가중 교대 최소 제곱법(WALS)	194
가중 근사 순위 쌍별(WARP)	255
가중치 감소	195
가환군	150
간단한 추천 시스템(TR)	5
거리	38
검색 증강	349
결합 단계	149
경사 하강법	161
계층적 k-평균	316
고위험 애플리케이션	306
고유 벡터	221
고차원의 동시 출현	179
공동 커버리지	139
공변량	24
공정성	306
과거 평가 데이터	237
과도한 검색	123
과적합	127
관련성 모델	254
관측 가능성	123
교대 최소 제곱법(ALS)	193
교란 변수	228
교차 엔트로피 손실	254
구글 코랩	8
구조화된 로그	136
구형 모델	127
군론	149
그래미안 정규화	194, 301
그래프 기반 ANN	318
그래프 신경망(GNN)	3, 335
근사 순위	255
기록 대상	22
기술 스택	142
기억 없음 원리	324
기여도	29
기저 벡터	179
긴밀한 결합	136
깃허브	57, 143

ㄴ

난수	11
낮은 계수 근사	187
낮은 계수 방법	185
너지	306
넷플릭스 챌린지	20
노드	338
노출 수	26
누적 이득(CG)	244
느린 피드백	125
능동 학습	136

ㄷ

다단계 모델링	174
다중 레이블 다중 분류	173
다중 레이블 작업	253
다중 목적 함수	303
다차원 스케일링(MDS)	223
다층 퍼셉트론(MLP)	173
단순한 시퀀스 임베딩	111
대형 언어 모델(LLM)	344
댁스터	96, 119
더 저렴한 검색 방법	318
데이터 누출	105
데이터 웨어하우스	96
데이터 표현	143
데이터 희소성	37
데이터베이스 스냅숏	95
도커	118
도트 곱 유사도	187, 301
동시 출현 모델	189
동시 출현 행렬	156
동시 출현에서의 유사도	181
동시 출현을 통한 포인트별 상호 정보	180
두 개의 탑 아키텍처	112
드라이버 프로그램	85
디버그 출력문	264
딥워크	342

ㄹ

람다 아키텍처	132
랜덤워크	342
랭커	4, 44, 52
레지스트리	104
로깅	133
로깅 모범 사례	133
리눅스용 윈도우 서브시스템(WSL)	55

ㅁ

마르코프 결정 과정(MDP)	326
마르코프 체인	324
마이크로서비스 아키텍처	115
마진	64
마태 효과	34, 127, 136, 192, 230
맵 단계	149
멀티모달 검색	261
멀티모달 추천	302, 336
멀티암드 밴딧	42, 120, 129, 177
멀티에지	338
메시지 전달	339
메시지 함수	339
메타패스	343
명시적 평점	21
모놀리식 아키텍처	115
모델 기반 회피	296
모델 드리프트	126
모델 레지스트리	105
모델 배포	115
모델 서비스 시작하기	116
모델 서비스 아키텍처	174
모델 지표	125
모델 최적화	63
모델 캐스케이드	129
목록 내 다양성	300
목록별 LTR	253
무작위 아이템 추천 시스템	59
문자열 도표	4
미니 배치	94
밀집 전체 행동 손실	333
밀집 표현	17

ㅂ

반복	267
반사실적 평가	230
발생률 벡터	178
방향성	338
배치 프로세스	50
배포	115
배포 토폴로지	127
버전 관리 소프트웨어	56
베이지안 개인화 순위(BPR)	249
벡터 검색	45, 97
벡터 유사도	20
병렬화	116
보상 극대화하기	44
부스트 모델	112
부스팅	112
분류	253
분산 컴퓨팅	116
분포	125
분포가 다름	110
분할 및 정복	313
브로드캐스팅	11
블룸 필터	52, 100
비-유사도 함수	38
비동기 서버 게이트웨이 인터페이스(ASGI)	116
비선형 국소 측정 가능 임베딩	225
비음수 행렬 인수분해(NMF)	222
비즈니스 로직	289
비즈니스 로직 순서 지정	135
비즈니스 인사이트	29
비즈니스 지표	267
빅 데이터 프레임워크	145
빠른 반복	267

ㅅ

사용자 가입	140
사용자 공간	169
사용자 대 아이템 지표	237
사용자 독립적 성향 점수	231
사용자 세분화	139
사용자 온보딩	140
사용자 유사도	19, 38, 88
사용자 평점 분산	138
사용자 행렬	170
사용자-사용자 추천	182
사용자-아이템 발생 구조	178
사용자-아이템 발생 행렬	178
사용자-아이템 상호작용 모델링	340
사용자-아이템 선호도 점수	41
사용자-아이템 평점	15
사용자-아이템 행렬	15
산업적 규모	43, 49
삼각 부등식	41
삼중항 손실	64
상관계수	246
상관관계 마이닝	178
상관관계 분석	226
상관관계 측정 공간	41
상관관계 ID	133
상용 환경에서의 평가	124
상위 r개의 추천	242
상호 보완적인 아이템	180
새로운 사용자	140
샘플링 기법	44
샤딩	310
섀도잉	128
서버	44, 53
서비스로서의 인코더	114
선행 조건	120
선형 회귀	168

선호도	227, 279, 293
성향 가중치	228
성향 점수	23
세분화 모델	171
세션	328
셀프 어텐션	300
셀프 어텐션에 의한 순차적 추천(SASRec)	331
속도 계층	132
쇠렌센-다이스 유사도	181
수동 조정 가중치	292
수동 조정 순위	292
수신기 작동 특성 곡선 아래 영역(AUC-ROC)	247
수신기 작동 특성(ROC)	126
수요 예측	293
수집 및 계측	26
수집기	4, 51
수집기 로그	134
수평적 확장	87, 116
순서 지정	135
순위 결정	52
순위 결정 학습(LTR)	252
순위 인플레이션	171
순위 지표	247
순진한 머신러닝 접근법	166
순차적 추천기	323
순차적 훈련	114
스냅숏	95
스위칭	174
스케줄링	119
스키마	121, 143
스키마 및 선행 조건	121
스테이징	129
스토리지 계층	104
스트리밍 계층	104
스파크	83
스팬	123
스포티파이 데이터셋	268
슬라이싱	10
시간 이동	105
시그모이드 활성화 함수	254
시연 데이터	345
시퀀스 기반 추천	111
신뢰성	306
신선도	100
실시간 프로세스	50
실행기	85
실험 라우팅	136
실험 연습	285
실험 코드	263
실험 팁	263
심슨의 역설	231
쌍별 LTR	253
아이소메트릭 임베딩	223
아이템 공간	169
아이템 기반 협업 필터링	38
아이템 유사도	19
아이템 지표	237
아이템별 사용자 추천	108
아키텍처	107
알림 및 모니터링	120
암묵적 쿼리	108
암묵적 평점	21
암묵적 피드백	112
앙상블	128
앙상블 구조	128
앵커 아이템	304
야코비안	94
양성 제품	63
어텐션 아키텍처	329
어텐션 행렬	330

에이전트	42
에지	338
엔트로피	138
역성향 평점(IPS)	230
영향력 기반 최적화	139
예제 코드	143, 268
예측	293
오버라이드	291
오케스트레이션 도구	132
오프라인 수집기	51
온라인 및 오프라인 평가	236
온라인 수집기	51
온보딩 퍼널	28
완전한 재현	241
용어 빈도	147
우연한 추천	300
워크플로 오케스트레이션	118
웜 스타트	131, 142, 169
웨이트 앤 바이어스	57, 266, 282
위양성률(FPR)	247
위키피디아 말뭉치	141
유사도	40
유사도 기반 추천	182
유출 트리	316
이기종 정보 네트워크(HIN)	343
이미지	118
이벤트	26
이산 동시 출현 분포	190
이상적인 DCG (IDCG)	244
이중 강건 추정(DRE)	212
이중 모델	172
이중 인코더 네트워크	112
이중선형 모델의 한계	175
이중선형 요인 모델	166
이중선형 회귀	168
이진 교차 엔트로피 손실	254
이진 예측	139
이탈률	27
인간 참여 머신러닝	52
인간 피드백을 통한 강화 학습(RLHF)	346
인과적 스크러빙	267
인구통계 기반 시스템	171
인기 편향	34
인기도	139, 182
인덱싱	10
인수분해	191
인코더	114
인코더 아키텍처	112
일일 웜 스타트	131
임베딩 모델	52, 110
임베딩 벡터	62
입력 파이프라인	65

ㅈ

자기 친화도	281
자기회귀	111, 126
자연어 처리(NLP)	45
자카드 유사도	181
작업	75
작업 노드	85
작은 배치 작업 기반 경사 하강법	93
잔차 네트워크(Resnet)	62
잠재 공간	20
잠재 표현	296
장기 홀드아웃	238
장바구니에 추가하기	26
재고 건전성	293
재순위 결정	301
재현율	239
저차원 잠재 공간	191
전역 최적화	294
전체 텍스트 검색	260

점별 LTR	253
정규화	68, 70, 188, 301
정규화된 할인 누적 이득(NDCG)	244, 248
정규화된 행렬 분해	195
정규화된 MF 구현	195
정밀도	239
정보 검색 작업	260
정보 병목현상	186
정적 및 순차적 병합	332
제거	267
제로 제거	267
제약	291
조건부 MPIR	156, 179
존슨-린덴스트라우스 정리	312
주변 공간	45
중심 커널 정렬	226
중요도 샘플링	44
증분 이득	30
지속적 배포(CD)	120
지속적 통합(CI)	120
지속적인 훈련 및 배포	126
지역 민감 해싱(LSH)	310
지연 연산	85
지표 학습	166
지프의 법칙	33
직렬화된 프로토콜 버퍼	143
진양성률(TPR)	247
집계 함수	340

ㅊ

차원	167, 185
차원 축소	219
차원의 저주	185
최근접 이웃 근사하기	99
최근접 이웃(ANN)	47, 99, 121, 318
최신성 샘플링	332

최적화 지연	265
추가 특징	112
추천 간의 유사도	301
추천 구조에 따른 아키텍처	107
추천 시스템 설계	49
추천 시스템에서 순위 결정의 역할	251
추천 시스템의 편향성	299
추천기 문제의 계수 줄이기	191
추천을 위한 인스트럭트 튜닝	348
추천의 다양화	300
취향	45
측정 공간	41
친화도에서의 RMSE	247

ㅋ

카프카	104, 133
캐스케이딩	174
커널 메서드	224
컨테이너화	116
컨트롤러 프로그램	145
코드	143, 263, 268
코느로시의 인프라	119
코사인 유사도	167, 181, 188
콘텍스트 기반 추천	110
콘텍스트 인식 추천	342
콘텐츠 기반 추천	55
콘텐츠 기반 특징 벡터	166
콜드 스타트	112, 142, 341
쿼리	108
쿼리 기반 추천	108
크론	119
클러스터 관리자	85
클러스터 프레임워크	146
클릭 수	25
클릭-스트림 데이터	26
클릭률(CTR)	176

ㅌ

타임아웃	124
탄력적인 분산 데이터셋(RDD)	147
탐색-활용	41, 301
탐욕적 확장	138
태그 기반 추천기	172
텐서플로	65
토큰	148
토큰화	145, 148
통합 테스트	122
트레이스	123
트렌드 상태	103
트리거 스케줄링	119
특잇값 분해(SVD)	156, 191, 220, 318
특징 기반 웜 스타트	169
특징 기반 추천	165
특징 누출	106
특징 증강	133, 135, 174
특징-아이템	157

ㅍ

파레토 문제	301
파레토 차트	217
파레토 프런티어	217
파이스파크	83, 145
파이썬 가상 환경	58
파이썬 빌드 시스템	57
파이썬 패키지 인덱스	57
파티션	149
판매 확률(p-sale)	227
패키지	57
퍼널	27
페이지 로드	23
페이지 조회수	24
편향성	299
평가 플라이휠	130
평균 역순위(MRR)	242
평균 평균 정밀도(mAP)	242
평균제곱근오차(RMSE)	247
평균제곱오차(MSE)	198
평점	21
평행 좌표 차트	215
폐쇄 루프 피드백	231
포맷 지정	136
포트폴리오 최적화	302
폴백	124
표현 공간	45
프레디케이트 푸시다운	304
프로베니우스	195
프로토콜 버퍼	143
프로토콜 버퍼 컴파일러	144
프리퀀셜 검증	217
피너세이지	302, 337
피너포머	332
피드백	125, 230
피어슨 상관관계	40
피처 스토어	102
피처 엔지니어링	103, 266
필터 버블	306
필터링	52, 135

ㅎ

하드 규칙	291
하드 순위 결정	290
하드 회피	289
하이드레이션	83
하이브리드화	174
하이퍼에지	339
하이퍼파라미터 스윕	73
하이퍼파라미터 최적화(HPO)	203
학습된 회피	291
할당 계획	177

합성곱 신경망	62	확률적 경사 하강법(SGD)	94
해밍 거리	312	확률적 손실	258
해싱	157, 310	확장	116
행렬 분해 방법	220	회귀	254
행렬 분해(MF)	112, 169, 191	회피	291
행렬 완성	18, 187	회피 구현하기	294
헬링거 거리	190	훈련 데이터 누출	106
협업 필터링(CF)	19	희소 행렬 표현	179
협업 필터링을 위한 사용자 유사도	38	희소성	18, 37, 111
호버	24	힌지 손실	255